Die unsichtbare Welt

Die unsichtbare Welt

Beiträge zur Weltwahrnehmung in
den Wissenschaften

Herausgegeben von Klaus Böhmer[†],
Dirk Evers und Paul-Gerhard Reinhard

EVANGELISCHE VERLAGSANSTALT
Leipzig

Die Deutsche Nationalbibliothek verzeichnet diese Publikation in
der Deutschen Nationalbibliographie; detaillierte bibliographische
Daten sind im Internet über http://dnb.dnb.de abrufbar.

© 2025 by Evangelische Verlagsanstalt GmbH · Blumenstr. 76 · 04155 Leipzig
Printed in Germany

Der Verlag behält sich die Verwertung des urheberrechtlich geschützten Inhalts dieses Werkes für Zwecke des Text- und Data-Minings nach § 44 b UrhG ausdrücklich vor. Jegliche unbefugte Nutzung ist hiermit ausgeschlossen.

Das Buch wurde auf alterungsbeständigem Papier gedruckt.

Bei Fragen zur Produktsicherheit wenden Sie sich bitte an info@eva-leipzig.de.

Cover: Zacharias Bähring, Leipzig
Satz: Dirk Evers, Halle/Saale
Druck und Binden: Beltz Grafische Betriebe GmbH, Bad Langensalza

ISBN 978-3-374-07847-9 // eISBN (PDF) 978-3-374-07848-6
www.eva-leipzig.de

Vorwort

Dieses Buch geht auf eine Initiative von Prof. Dr. Klaus Böhmer, emeritierter Ordinarius für Mathematik an der Universität Marburg, zurück. Dem wurde es ein dringendes Anliegen, Wissenschaftler aus verschiedenen Disziplinen und Denkrichtungen miteinander ins Gespräch zu bringen zum Thema ‚Auferstehung'. Mit vehementem Einsatz gelang es ihm, einen kleinen Planungskreis zusammen zu rufen, der im Februar 2017 bei Prof. Dr. Dr. h.c. mult. Michael Welker (Heidelberg) tagen durfte. Daraus entstanden zwei interdisziplinäre Seminare. Zum ersten trafen wir uns im September 2018 in Neversdorf, unterstützt von der Udo Keller Stiftung Forum Humanum, zum zweiten im September 2019 in Räumen der Universität Marburg. Schnell wurde uns klar, dass ‚Auferstehung' den Rahmen der sichtbaren und wissenschaftlich fassbaren Welt sprengt. Um dem gerecht zu werden, haben wir den Rahmen weiter gesteckt zum Thema ‚Die unsichtbare Welt'. In den Seminaren haben wir eine bereichernde Vielfalt von Zugängen und Perspektiven erfahren. Diese Vielfalt spiegeln die hier vorgelegten Beiträge wieder, die biblisch-theologische und mathematisch-naturwissenschaftliche Perspektiven entfalten, in denen Grundfragen menschlicher Existenz und wissenschaftliche Forschung zusammengebracht werden. Wir hoffen, dass wir den Leserinnen und Lesern damit etwas von der anregenden Atmosphäre unserer Seminare weitergeben können.

Da die Beitragenden aus sehr verschiedenen Wissenschaftskulturen kommen, hat es sich als unverhältnismäßig aufwendig erwiesen, die Zitierweise und andere Formalia für den Band insgesamt zu vereinheitlichen. Wir haben deshalb darauf verzichtet und nur für die Einzelbeiträge auf Kohärenz geachtet.

Der Initiator des Projekts, Prof. Dr. Klaus Böhmer, ist leider im Jahre 2020 verstorben. Das war uns ein Ansporn, das Projekt mit vorliegendem Buch zu Ende zu bringen und so abzurunden. Ohne seinen starken Willen und unermüdliches Vorangehen wären die Seminare und die Vorarbeiten für dieses Buch nicht umgesetzt worden. Wir sind Kollegen Böhmer dankbar für seine Initiative und froh, dass das Projekt mit diesem Buch einen guten Abschluss gefunden hat. Der Evangelischen Kirche in Mitteldeutschland danken wir für einen Zuschuss zu den Druckkosten.

Halle (Saale)/Erlangen, im Juli 2024
Dirk Evers/Paul-Gerhard Reinhard

Inhalt

Dirk Evers
Wirklichkeit und Auferstehung 9

Stefan Alkier
Zeichen und Zeugen der Auferweckung Jesu Christi 27

Udo Schnelle
Auferstehung als Teilhabe an Gottes Lebensmacht 55

Hans Kessler
Auferstehung? 75

Michael Welker
Auferstehung, geistiger und geistlicher Leib 119

Ulrich Lüke
Auferstehung am Jüngsten Tag als Auferstehung im Tod 131

Jürgen Spieß
Fakt oder Fiktion? 153

Barbara Drossel
Auferstehung und die Gesetze der Physik 171

Bernold Fiedler
Wunder – Widersprüche – Wirklichkeiten 183

Jörg Hüfner
Wie konnte es gelingen, die Quantenwelt mathematisch zu
verstehen? 215

Paul-Gerhard Reinhard
Stärken und Grenzen von Naturwissenschaft 225

Ulrich Lüke
Sterben, Tod und Hoffnung auf Auferstehung aus der Perspektive
des Krankenhausseelsorgers 247

Autorenverzeichnis 264

Dirk Evers

Wirklichkeit und Auferstehung
Grundlegende erkenntnistheoretische Bemerkungen

In diesem einführenden Beitrag soll es darum gehen, wie wir eigentlich unser Erkennen von Wirklichkeit in der Neuzeit – also vor dem Hintergrund von und in Auseinandersetzung mit naturwissenschaftlicher Welterkenntnis, wie sie sich vor allen Dingen im 20. Jahrhundert entwickelt hat – verstehen können und wie ein solches Verständnis von Wirklichkeit sich zu der Frage nach der Auferstehung verhält. Ich werde mich dabei auf die Auferstehung Jesu Christi beschränken und die Frage, inwiefern sie ein neues Licht auf die Wirklichkeit wirft. Erst in diesem Licht kommt dann auch die christliche Auferstehungshoffnung in den Blick. Das wird in anderen Beiträgen dieses Bandes noch ausführlicher erörtert.

Ich bin jedenfalls überzeugt, dass wir eine Hoffnung über den Tod hinaus nicht durch Unsterblichkeitsvorstellungen oder rationale Argumente begründen können, weil diese immer auf der Ebene des Theoretischen bleiben und unter dem Verdacht stehen, dass sich hier menschliches Wunschdenken äußert, das mit der eigenen Endlichkeit nicht fertig wird. Von unseren Toten ist niemals jemand wiedergekehrt. Unser Tod ist, nach allem, was wir wissen, das definitive Ende des Lebens, wie wir es jetzt führen, und ein anderes kennen wir nicht. Auch Jesus Christus ist nicht einfach in das Leben zurückgekehrt, wie er es vorher geführt hat. Er hat aber auch nicht mit seiner Seele oder etwas anderem seinen eigenen Tod irgendwie doch überlebt, als ob er bloß verwandelt, aber nicht gestorben wäre. Nach den neutestamentlichen Zeugnissen ist er mit allem, was sein Leben ausgemacht hat, in eine andere Existenzform übergegangen. Und dieser Übergang schloss sein Leiden und Sterben gerade ein, in dem sich wie in einem Brennglas sein ganzes Dasein für andere und seine Gottesbotschaft bündelten. Jesus ist in seinem Gottvertrauen und seinem Einssein mit Gott von Gott selbst bestätigt worden in seinem Leiden und Sterben. Jesus Christus, so das einhellige Zeugnis der neutestamentlichen Schriften, hat nicht sein eigenes Sterben irgendwie überlebt, sondern ist *als* Gestorbener auf neue Weise und durch Gottes Kraft lebendig. Und eben darin begründet sich die christliche Hoffnung auf neues Leben nach dem Tod.

Wenn das wirklich geschehen ist, dann wirft das ein anderes Licht auf unsere Wirklichkeit. Wir werden sterben, wie alle Menschen vor uns, und wir sterben in ein Dunkel hinein, das wir von uns aus nicht erhellen können. Insofern bleibt die Wirklichkeit, wie sie ist. Zugleich aber hat diese Wirklichkeit an einer Stelle einen Riss bekommen, ist sie neu und anders formatiert worden. Es hat in Jesus Christus ein Zusammenkommen von Gott und Mensch gegeben, das über den Tod hinaus Bestand hat und damit Räume und Zeiten übergreift. Der christliche Glaube lebt davon und er teilt sich mit dadurch, dass Menschen nun in der Gegenwart des gestorbenen und auferstandenen Jesus Christus ihr Leben führen und damit Anteil erhalten an dieser Hoffnung über das eigene Leben und Sterben hinaus. Ist all dieses eine realistische Perspektive, zum einen auf das historische Geschehen, das als Auferweckung des Gekreuzigten verstanden wird, und zum anderen auf die Wirklichkeit, in der wir leben? Das wollen die Beiträge in diesem Band erörtern.

Ich selbst möchte mich in meinem Beitrag auf die Frage konzentrieren, was denn eigentlich mit ‚Wirklichkeit' gemeint sein, von der ich jetzt schon einleitend geschrieben habe. Denn es ist in diesem Zusammenhang wichtig, dass wir nicht von vornherein ‚Wirklichkeit' auf eine abstrakte Weise verstehen. Die einen sagen dann, Wirklichkeit sei doch letztlich nichts anderes als ..., während die anderen dagegenhalten, Wirklichkeit sei immer auch mehr als ... Doch beide Male kommt man über reichlich abstrakte Vorstellungen über die Wirklichkeit nicht hinaus. Doch – und das ist mein erster Punkt, den der folgende Abschnitt entfaltet, – bevor wir anfangen, uns über die Wirklichkeit zu verständigen, müssen wir zur Kenntnis nehmen, dass wir immer schon Teil der Wirklichkeit sind, dass wir auf unlösbare Weise mit ihr verbunden sind und deshalb jedes Reden *über* die Wirklichkeit in der Gefahr steht, wichtig Momente der Wirklichkeit, die in unserer Teilnahme an der Wirklichkeit begründet sind, auszuschließen. Das soll mein folgender erster Punkt etwas erläutern.

1. In der Mitte anfangen

Wirklichkeitserfahrungen sind im Grunde keine Erfahrungen *der* Wirklichkeit, sondern Erfahrungen von Aspekten oder Dimensionen der Wirklichkeit *inmitten* der Wirklichkeit, die uns ja auch hervorgebracht hat. Die Wirklichkeit als ganze kann nie als Erfahrungsgegenstand oder auch nur als Inbegriff des Erfahrungszusammenhangs *gegeben* sein, weil wir selbst Teil der Wirklichkeit sind. Wir leben immer schon inmitten der Wirklichkeit und versuchen, mit unserem Erfahren und Verstehen uns darin zu orientieren und unser Leben zu gestalten. Alles Verstehen von Menschen ist insofern immer schon voraussetzungsreich, als wir weder als Individuen noch als Gemeinschaften, Gesellschaften und Kulturen gewissermaßen bei null anfangen. Oder um es mit dem Theologen Friedrich Daniel Ernst

Schleiermacher zu sagen: „Das Anfangen aus der Mitte ist unvermeidlich."[1] Die Konsequenzen aus dieser Einsicht sollen die folgende sieben Punkte verdeutlichen.

1.1 Wir können Wirklichkeit erkennen und verstehen

Die Einsicht, dass wir schon immer mit der Wirklichkeit vertraut sind und uns als Teil der Wirklichkeit mit ihr auseinandersetzen, ist zunächst der Grund für einen *erkenntnistheoretischen Optimismus* und *Realismus.* Wir sind immer schon getragen von der Wirklichkeit, in sie eingebettet und einbezogen. Es ist uns deshalb im Grunde unmöglich, *völlig* im Irrtum zu sein: Wir wissen, dass wir da sein; wir haben ein intuitives Verständnis von Raum und Zeit, von Mengen und Verhältnissen, von Körpern und Lebewesen, von Daseinsfreude und den grundlegenden Lebensvollzügen und vielem anderen mehr. Und unsere kulturellen Errungenschaften zeigen, dass und wie wir uns *auf* die Wirklichkeit verstehen und in ihr gemeinschaftlich und als Individuen nicht nur bestehen, sondern sie auch genießen können. Und auch wenn wir uns irren, gelingt es uns doch immer wieder, die Verbindung mit der Wirklichkeit so wiederherzustellen, dass wir unsere Ansichten darüber korrigieren können. In dieser Hinsicht ist die Neuzeit mit der Methodik der eigentlichen Naturwissenschaften und darüber hinaus inzwischen auch mit empirischen Methoden in anderen Wissensgebieten sehr erfolgreich geworden, und das auch über Kulturgrenzen hinweg. Die Naturwissenschaften haben Methoden entwickelt, um durch Beobachtung, Experiment und formale, mathematische Rekonstruktion die verlässlichen, regulären und gesetzmäßigen Aspekte unserer Wirklichkeit zu ergründen. Daraus sind Technik und Medizin entstanden, die vieles im Umgang mit der Wirklichkeit ermöglichen, was vorher undenkbar war.

Das ging und geht allerdings auch nicht ohne Konflikte ab. Die Geschichte des neuzeitlichen, wissenschaftlichen Verstehens der Wirklichkeit ist auch eine Verlust- und Enttäuschungsgeschichte. Sie ging, um nur ein Beispiel zu nennen, einher mit einer ungeheuren Entgrenzung der räumlichen und zeitlichen Dimensionen des Kosmos. Wir haben erkannt, dass wir uns auf einem durchaus besonderen Planeten inmitten eines ansonsten lebensfeindlichen und uns geradezu auf uns selbst zurückwerfenden Kosmos befinden. Wir haben erkannt, dass sich dieser Planet und vor allem auch alles Leben auf ihm einer langen Entstehungs- und Entwicklungsgeschichte verdankt. Wir haben erkannt, wie sehr wir Menschen mit dieser Geschichte des Lebens verwoben sind und das Schicksal aller Lebewesen teilen. So neu ist diese Einsicht allerdings auch nicht, denn vor dem Hintergrund eines ganz anderen Weltbilds formulierte schon das biblische Buch des Predigers: „Denn es geht dem Menschen wie dem Vieh: Wie dies stirbt, so stirbt auch er, und

---

[1] *Friedrich D. E. Schleiermacher,* Vorlesungen über die Dialektik 1 (KGA II/10-1), hg. v. A. Arndt, Berlin/New York 2002, 186.

sie haben alle einen Odem, und der Mensch hat nichts voraus vor dem Vieh" (Pred 3,19). Alles Erkennen baut darauf auf, dass Menschen mit und in dieser Wirklichkeit hervorgebracht werden und zugleich ihre Wirklichkeit nach den Maßstäben und Fähigkeiten menschlicher Vernunft und in deren Möglichkeiten erkennen und sich darin orientieren können. Es ist die Einheit des Wirklichen, die einerseits die Voraussetzung für die Pluralität unserer Verstehenszugänge zur Wirklichkeit bildet, andererseits aber auch realistische Wahrheitsansprüche als regulative Idee begründet.

1.2 Verstehen und Irrtum

Deshalb gibt uns zum anderen die Einsicht in unseren Status als Teilnehmer an der Wirklichkeit – und nicht als ihr gegenüberstehende Beobachter – auch Anlass, eine gesunde skeptische Haltung zu entwickeln. Weil wir als Teilnehmer an der Wirklichkeit und als endliche menschliche Wesen beständig darauf angewiesen sind, sie zu interpretieren, sie zu verstehen und zu deuten und uns in ihr zu orientieren, ohne uns letztlich von ihr distanzieren zu können, deshalb stehen wir auch ständig in der Gefahr, uns zu irren, uns zu täuschen, uns etwas vorzumachen oder Aspekte der Wirklichkeit misszuverstehen. Wir unterstellen Ordnung, wo keine ist. Wir unterstellen Zusammenhänge, die nur scheinbar sind. Wir behaupten als unausweichlich, was geändert werden könnte und müsste. Und wir missverstehen einander und müssen Wege zur Verständigung und zur Gewinnung eines tragfähigen Einverständnisses finden. Deshalb ist es wichtig, dass wir immer wieder neu kritische Distanz zu allem scheinbar selbstverständlichen Verstehen gewinnen und uns in unserer Wirklichkeit neu verstehen und positionieren können.

Auch das gilt zunächst vom Alltagsverstand, dann aber auch von den Wissenschaften. Auch hier gilt, dass ein wesentlicher Anteil wissenschaftlicher Erkenntnisgewinnung darin liegt, Fehler zu korrigieren, Vorstellungen und Vermutungen auf ihre Tragfähigkeit zu überprüfen und irreführende Erklärungen zu eliminieren. Die Schule des so genannten Kritischen Rationalismus, die von Karl Popper begründet wurde, hat in der *Falsifikation*, also in der Widerlegung des Falschen, die eigentliche Triebkraft der Wissenschaft gesehen. Die Wissenschaft macht Versuche, stellt Hypothesen auf und überprüft Vorhersagen. Und dabei entstehen auch Sackgassen, Fehlversuche und Irrtümer. Doch zugleich gilt, wie das der Wissenschaftsphilosoph Gerhard Vollmer ausdrückte: „Wir irren uns empor"[2]. Auch wissenschaftliche Erkenntnis bleibt deshalb in gewisser Hinsicht immer vorläufig, weil weder Erfahrung noch Autorität, weder Vernunft noch Logik oder das Experiment als letzte Garanten von endgültiger Wahrheit in Betracht kommen.

---

[2] *Gerhard Vollmer*, Wir irren uns empor. Zum Tode des Philosophen Karl Raimund Popper, Skeptiker 8, H. 1 (1995), 4–6 Vgl. zur Illustration auch den Beitrag von *Jörg Hüfner* in diesem Band.

Und insofern die modernen Wissenschaften auch zu ganz neuen technischen Möglichkeiten geführt haben, mit denen wir die Wirklichkeit gestalten können, gilt auch für sie, dass wir uns der Grenzen, Gefahren und Irrtümer bewusstwerden müssen, die damit einhergehen können. Inzwischen greifen wir mit Wissenschaft und Technik z. B. in grundlegende biologische Zusammenhänge in Zeugung und Fortpflanzung bei Pflanzen, Menschen und Tieren ein, wir verändern die ökologischen Zusammenhänge auf unserem Planeten, so dass sich jetzt schon schwerwiegende Folgen einstellen und wir kaum wissen, wie wir unser technologisches und politisches Handeln so regulieren können, dass wir die Lebenszusammenhänge auf diesem Planeten nicht nachhaltig gefährden. Wir sind in unserem Erkennen, Wissen und Handeln auch dazu aufgerufen, verantwortlich mit den *Grenzen* unseres Erkennens, Wissens und Handelns und also mit *Irrtum* und *Unbeherrschbarkeit* umzugehen.

1.3 Vielschichtige Wirklichkeit

Die Wirklichkeit als ein vollständiges Ganzes ist uns also unzugänglich. Damit hängt zusammen, dass wir bei unserem Anfangen und Verstehen aus der Mitte heraus grundsätzlich nie das Ganze in den Blick bekommen können. Wir können zwar etwa in physikalischer Hinsicht den ‚Kosmos' als das Ganze des irgendwie auf großen Skalen physikalisch Zusammenhängenden und Beobachtbaren bestimmen und auch Theorien darüber entwerfen. Wir können auch in der theoretischen Physik so genannte ‚Theorien über alles' (theories of everything) aufstellen wie die String-Theorie, mit deren Hilfe eine Vereinigung von allgemeiner Relativitätstheorie und Quantentheorie durch ein neues Modell der Elementarteilchen gelingen soll, so dass die bekannten Elementarteilchen und die vier physikalischen Grundkräfte durch einen Ansatz beschrieben werden können. Doch das ‚Ganze' unserer Wirklichkeit als solcher ist auch damit nicht erreicht.[3]

Hinzu kommen grundsätzliche Überlegungen, die einer Totalität von Erkenntnis und einer theoretischen Beherrschbarkeit des ‚Ganzen' entgegenstehen. Aus der Mathematik kennen wir zum Beispiel Antinomien und Paradoxien, die auftreten, wenn wir uns mit Eigenschaften unendlicher Mengen beschäftigen.[4] Konzepte von Vollständigkeit und Ganzheit können zu Unentscheidbarkeit führen, wenn mit den Mitteln eines Systems auch das System selbst noch dargestellt werden soll und Vollständigkeit und Widerspruchsfreiheit zugleich nicht zu haben sind. Selbstreferentialität kann zu Instabilität und beschreibbarem (!) Chaos führen.[5] Und wollte eine Theorie wirklich das ‚Ganze' der Wirklichkeit beschreiben, aus der sie ja selbst hervorgeht, dann müsste sie als ihr eigener Gegenstand in ihr

---

[3] Vgl. dazu *Robert B. Laughlin,* Abschied von der Weltformel. Die Neuerfindung der Physik, München ³2007.
[4] Vgl. dazu den Beitrag von *Bernold Fiedler* in diesem Band.
[5] Vgl. *Jan C. Schmidt,* Das Andere der Natur. Neue Wege zur Naturphilosophie, Stuttgart 2015.

selbst wieder auftauchen. Konzepte von Individualität erweisen sich darüber hinaus als sperrig und schwer vermittelbar mit allgemeinen Beschreibungen, was die klassische Erkenntnistheorie mit dem Grundsatz ‚individuum est ineffabile' zum Ausdruck brachte: ‚das Individuum ist unaussprechlich'. So liefert uns die Einsicht in das Anfangen aus der Mitte auch eine Einsicht in fundamentale Grenzen unserer Erkenntnis: das ‚Ganze' steht uns als ‚Gegen-Stand' nicht zur Verfügung. Und die verschiedenen Hinsichten, in denen wir mit der Wirklichkeit umgehen und sie entsprechend verstehen, lassen sich nicht zu einem Totalbegriff von Wirklichkeit einfach addieren.

Vielmehr gilt, dass auch die Naturwissenschaften immer nur Bereiche und Dimensionen der Wirklichkeit untersuchen und beschreiben können, indem sie unter bestimmten Fragestellungen Bilder oder *Modelle* der Wirklichkeit entwerfen, die dann durch empirische Daten und Verfahren in ihrer Leistungsfähigkeit überprüft werden. Hierbei sind die Fragen und Erkenntnisabsichten leitend, mit denen man diese Bereiche und Dimensionen der Wirklichkeit untersuchen möchte. Über den Status von Modellen kommt man dabei nicht hinaus. So geben uns die Wissenschaften Theorien als Modelle der Natur an die Hand, aber ein geschlossenes Weltbild liefern sie gerade nicht. Die positive Seite dieser Einsicht besteht im Übrigen darin, dass sich so die Wirklichkeit auch als eine offene Wirklichkeit erweist, die nicht durch eine einzige Theorie erfasst werden kann. Jedenfalls legt es sich nahe, die Wirklichkeit nicht als Umsetzung eines fertigen Plans oder Programms zu verstehen, sondern als eine kreative Mischung von Regelmäßigkeiten, die wir mit unseren Modellen in mancher Hinsicht immer besser erfassen können, die aber zugleich einen Überschuss an Möglichkeiten bereithalten, der Freiräume des Kreativen in der Natur und der Eigenverantwortlichkeit im Fall des Menschen eröffnet.

1.4 Kontexte

Alle unsere Erkenntnis beginnt inmitten der Wirklichkeit, so sagten wir. Das bedeutet auch, dass Wissenschaft sich immer in vielfältigen Praxiszusammenhängen vollzieht, in denen die Forscherinnen und Forscher sich auf die Wirklichkeit verstehen, ohne schon gleich eine Theorie dafür zu haben. Durch diese Kontexte wissenschaftlicher Praxis werden Gegenstandsbereiche wie unser Kosmos, biochemische Prozesse, physikalische Oberflächen oder Ökosysteme und vieles anderes mehr zugänglich. Das gilt dann aber immer nur relativ zu bestimmten Messverfahren und Untersuchungsmethoden (Licht- und Radioteleskope, Laboratorien, quantifizierende Feldstudien etc.). Zudem ist Wissenschaft immer auch mitbestimmt von den politischen und forschungspolitischen Kontexten, in denen sie stattfindet. Insofern können auch die real sich vollziehenden Naturwissenschaften selbst Gegenstand wissenschaftlicher Neugier werden. In sozialwissenschaftlicher Hinsicht lassen sich die Naturwissenschaften als historisch sich entwickelnde Unternehmungen beschreiben und Wissenschaftlerinnen und Wissenschaftler als „lebendige Charaktere [...], die inmitten ihrer Laboratorien voller Leidenschaft arbeiten, bepackt mit Instrumenten, durchdrungen von Know-How und fest mit einem pulsierenden Milieu verbunden"[6].

Das heißt nicht, dass die Ergebnisse wissenschaftlicher Forschung beliebig oder das bloße Konstrukt kultureller Prozesse sind. Sie sind geschichtlich gewachsene, erfolgreiche menschliche Versuche, die regelhaften Aspekte der Wirklichkeit zu ergründen, darzustellen und zu nutzen, aber ihre Ergebnisse in Form von Theorien und Modellen sind weder direkte Abbildungen der Wirklichkeit ‚an sich' noch bloße Konstrukte menschlicher Willkür. Der Kontakt zwischen unserem Erkennen und der erkannten Wirklichkeit wird weder einseitig von uns bestimmt noch einseitig von der ‚Wirklichkeit' festgelegt, sondern er ist eine Art Koproduktion von Menschen und des vom Menschen unabhängigen Wirklichen. Erkenntnis und Wissenschaft vollziehen sich also „in der Interaktion, dem Zwischenraum unseres Umgangs mit den Dingen"[7], durch den sich das Wirkliche erschließt. Die Wirklichkeit ist deshalb auch nicht ein stummes Gegenüber, das auf unser Verstehen und unsere Interpretation und ‚Deutung' wartet, sondern sie ist das vielschichtige Medium, aus dem heraus wir immer schon existieren. Das erklärt auch, warum wir auf den verschiedenen Ebenen des Verstehens so genannte hermeneutische Zirkel finden. Menschliches Verstehen kommt nämlich immer von schon Verstandenem her und sucht sich in Richtung besseres Verstehen unter Anleitung des Wirklichen zu entwickeln, das sich dabei erschließt.

2. Sprache: Qualifizierter Pluralismus

Alle menschliche Erkenntnis ist immer sprachlich verfasst. Selbst mathematisch-symbolische Erkenntnis muss in sprachliche Vollzüge eingefasst werden, um Bedeutung zu erhalten. Die Bedeutung von Sprache ist ihrerseits, wie der vorige Punkt deutlich gemacht hat, in Praxiszusammenhänge eingebunden. In der Wissenschaft selbst werden andere Sprachformen verwendet als zum Beispiel in der Darstellung der Geschichte der Naturwissenschaften. Und wenn wir darüber reden, was uns wissenschaftliche Erkenntnis bedeutet, wechseln wir oft von einer möglichst präzisen beschreibenden Sprache zu expressiven Ausdrucksformen.

Dabei entsteht zumeist eine Art Unschärferelation zwischen Präzision und Bedeutung: je präziser kontrolliert werden kann, auf welche Gegenstände und objektivierbaren Sachverhalte eine Aussage sich bezieht, desto weniger Bedeutungshorizonte können aufgerufen und gleichzeitig kommuniziert werden – und je expressiver und ausdrucksstärker Sprache ist, desto weniger kann ihre Referenz

---

[6] *Bruno Latour*, Die Hoffnung der Pandora. Untersuchungen zur Wirklichkeit der Wissenschaft, Frankfurt am Main ⁵2015, 9.
[7] *Hubert L. Dreyfus/Charles Taylor*, Die Wiedergewinnung des Realismus, Berlin 2016, 75.

objektiv kontrolliert werden, weil auch Metaphern, Bilder und andere Sprachformen dazu gehören, mit denen nicht Sachinformationen mitgeteilt, sondern Haltungen, Überzeugungen und Einstellungen, also Sinndimensionen kommuniziert werden. Um solche geht es zum Beispiel in den biblischen Texten, wie dies gerade bei den Auferstehungsgeschichten des Neuen Testaments zu berücksichtigen ist.[8] Aber auch unsere Lebensfragen angesichts von Sterben und Tod kommen ohne diese Dimension von Sprache nicht aus.[9] Wollen wir uns selbst und unser Leben inmitten der Wirklichkeit verstehen, gehört dazu immer auch eine Vielfalt an Zugängen und Darstellungsformen.

Das führt zu der Einsicht in eine unhintergehbare Pluralität unterschiedlicher Perspektiven, Interpretationen und Verstehenszusammenhänge, die dennoch gerade nicht einfach beliebig sind. Das zeigt sich auch in diesem Band, der unterschiedliche disziplinäre Zugänge zur Wirklichkeit im Allgemeinen und zur Frage nach der Auferstehung im Besonderen zusammenbringt. Die meisten der Beteiligten an diesem Band sind im Grunde so etwas wie Realisten, weil sie der Auffassung sind, dass es die Dinge und Zustände der Erfahrungswelt gibt unabhängig davon, ob wir sie jeweils wahrnehmen oder mit ihnen umgehen. Dies gilt vor allem für Gegenstände und Einsichten der Naturwissenschaften, die mit wissenschaftlichen Modellen *beschrieben*, nicht aber durch diese *erzeugt* werden. Es ist geradezu die Pointe naturwissenschaftlicher Methodik, dass unsere Beschreibungen der Wirklichkeit von der Wirklichkeit selbst unterschieden und zugleich auf möglichst kontrollierbare Weise an sie gekoppelt werden. Auf jeden Fall gilt: Unser Erfahren, Fühlen, Denken und Verstehen bringt die Wirklichkeit nicht hervor, sondern setzt sich mit ihr auseinander.

Doch noch eine weitere Überzeugung teilen viele Beiträge dieses Bandes: Es ist nicht nur zwischen Wirklichkeit und Beschreibung zu unterscheiden, sondern zugleich festzuhalten, dass Wirklichkeit nur *als* von uns beschriebene Wirklichkeit zugänglich ist und dass diese Formen der Beschreibung sehr unterschiedlich sein können, je nachdem, welche Aspekte von Wirklichkeit wir zum Ausdruck bringen wollen. Niemand von uns vertritt einen reduktiven szientifischen Realismus, der einer naturwissenschaftlichen oder gar physikalischen Wirklichkeitsbeschreibung alleinige Gültigkeit zuspricht, die „die lebensweltlichen Dinge auf den Teilchenzoo der Mikrophysik reduzieren und unser Verstehen von Sprache und Denken als eine etwas schlampige Form rekursiver Datenverarbeitung begreifen möchte"[10]. Möglichst präzises, mathematisch modellierbares und empirisch überprüfbares wissenschaftliches Beschreiben und Erklären bildet einen „Grenzfall des kreativen Verstehens", der in der Tat „wesentliche Aspekte des Realen angemessen beschreibt und erklärt"[11]. Doch es weist auch über sich selbst hinaus und

---

[8] Vgl. dazu die Beiträge von *Stefan Alkier* und *Hans Kessler* in diesem Band.
[9] Vgl. dazu die Beiträge von *Ulrich Lüke* in diesem Band.
[10] *Anton F. Koch*, Hermeneutischer Realismus, Tübingen 2016, 3.
[11] Ebd.

lässt uns nach den Gründen und den Erwartungen für das Wirkliche, seinem Woher und Woraufhin und seinem Sinn fragen und erkennt an, dass solches Fragen andere Quellen und andere Denk- und Sprachformen braucht als nur die empirisch festgestellte und mathematisch modellierte Erfahrungswelt. Deshalb sind es gerade *nicht allein* „die Wissenschaften, die uns sagen, was es in der Welt gibt und wie das, was es gibt, beschaffen ist"[12], wie es eine rein naturalistische Wirklichkeitsauffassung behauptet.

Wenn man alles dieses unterstellt, dann folgt daraus auch ein qualifizierter Pluralismus, der nicht beliebige, aber doch vielfältige und reichhaltige Beschreibungen der Wirklichkeit zulässt, sofern sie bestimmten Standards gehorchen, mit den grundlegenden Methoden und Einsichten der Naturwissenschaften verträglich sind und auch die vielfältigen Facetten menschlicher Existenz einschließlich unserer Sinnfragen nicht zu unsinnigen Begleiterscheinungen rein physischer Wirkzusammenhänge erklären. Dann haben aber auch Glaubensüberzeugungen ihr relatives Recht, um die es bei der Frage nach Gott und einer Hoffnung über den Tod hinaus natürlich geht, weil Gott als Grund der Wirklichkeit und das ewige Leben als jenseits von Raum und Zeit sich gerade nicht direkt an den Gegenständen und Sachverhalten in Raum und Zeit demonstrieren lassen. Diejenigen Beiträge in diesem Band, die solche Überzeugungen zum Ausdruck bringen wollen, gewinnen dann aber nicht dadurch an Überzeugungskraft, dass alle sozusagen dogmatisch dasselbe sagen, sondern eher dadurch, dass sie – bildlich gesprochen – in dieselbe Richtung blicken.

3. Drei Hinsichten von Wirklichkeit und Verstehen

Um den hier vertretenen qualifizierten Pluralismus und den damit verbundenen hermeneutischen Realismus genauer zu erfassen, möchte ich drei Hinsichten und Perspektiven unterscheiden, in denen wir mit der Wirklichkeit umgehen und in die wir zugleich eingebunden sind. Sie schlagen sich in verschiedenen Sprachformen und Rationalitätsformen nieder, durch die sie sich sowohl gegenseitig irreduzibel unterscheiden, als auch sich wechselseitig bedingen. Man kann sich diese drei Hinsichten deutlich machen anhand der grammatischen Person[13]: wir er-

---

[12] *Ansgar Beckermann*, Naturwissenschaften und manifestes Weltbild. Über den Naturalismus, DZPhil 60, H. 1 (2012), 5–26, 6.

[13] Vgl. dazu schon die älteste uns bekannte Grammatik des Dionysios Thrax aus dem 2. vorchristlichen Jahrhundert: „Die erste Person ist die, von der die Rede ausgeht, die zweite Person ist diejenige, an die sich die Äußerung richtet, die dritte Person ist diejenige, von der die Äußerung handelt" (leicht geänderte Übersetzung nach: *Wilfried Kürschner*, Die Lehre des Grammatikers Dionysios (Dionysios Thrax, *Tékhnē grammatiké* – Deutsch), in: Ancient Grammar: Content and Context (Orbis Supplementa 7), hg. v. *Pierre Swiggers*, Leuven 1996, 177–215, 199).

schließen uns Wirklichkeit in der Perspektive der 3. Person, wir erleben Wirklichkeit in der Perspektive der 1. Person, und wir gestalten Wirklichkeit in interpersonalen Beziehungen, in kommunikativen und kooperativen Zusammenhängen der 2. Person sozusagen.

3.1 Wirklichkeit in der Perspektive der 3. Person

Ich beginne mit der objektivierenden Perspektive der 3. Person, in der wir über etwas reden. In der philosophischen Tradition sprach man an dieser Stelle von Realität (lat. *realitas*). Dies kann man verstehen als die sachhaltige Seite der Wirklichkeit. Die neuzeitlichen Naturwissenschaften haben uns in besonderer Weise dazu in die Lage versetzt, auf diese Perspektive auf die Wirklichkeit gewissermaßen scharf zu stellen. Wissenschaft und Technik erlauben es uns, solche Modelle zu entwickeln, die an der Wirklichkeit kontrolliert scheitern oder sich als verlässlich bewähren können. Durch die verschiedenen Methoden empirisch kontrollierter, sich also auf Beobachtung und Experiment stützender Wissenschaften, die die Gesetzförmigkeit der Wirklichkeit durch Modelle zu rekonstruieren versuchen, haben wir es also vor allem gelernt, die Wirklichkeit zu befragen und „genau den Druck auf die Dinge auszuüben, der nötig ist, um unsere Ansichten zu korrigieren"[14]. Das erlaubt uns ein kontrolliertes *Verstehen von etwas*, und wir bringen es zumeist in Form von Aussagesätzen vor, die Gegenstände, Sachverhalte und Naturgesetze formulieren.

Die Wirklichkeit hat sich in dieser Hinsicht über weite Strecken sehr erfolgreich als ein geregelter Zusammenhang erwiesen, den wir durch technische Verfahren auch für uns zu nutzen gelernt haben. Insgesamt wird man sagen können, dass Wissenschaft und Technik mit dem konstruktiv umgehen, was gerade nicht von uns konstruiert wird. Doch zugleich zeigt dieser Zugriff auf die Wirklichkeit auch Grenzen und Schranken. Das beginnt schon damit, dass auch in dieser Perspektive die Wirklichkeit selbst komplexer ist als unsere Modelle von ihr. Zufälle, ‚chaotische' Prozesse, Instabilitäten, komplexe Systeme und vieles andere mehr zeigen, dass Regelmäßigkeit und Erfassbarkeit durch Theorie ihre Grenzen haben. Geschichtliche Prozesse der Vergangenheit wie etwa die Herausbildung des Menschen in der Evolution müssen aus wenigen Funden rekonstruiert und dann irgendwie in einer möglichst plausiblen Erzählung beschrieben werden. Dazu kommen grundsätzliche Fragen: Wie steht es mit Kategorien wie Freiheit, Unendlichkeit, Emotionen oder der Wahrheit selbst? Was bleibt dabei alles gewissermaßen im Rücken der Betrachterin, wenn sie sich der Wirklichkeit in dieser Form zuwendet? Wo bleiben unsere eigenen Erkenntnisinteressen und Lebensfragen, aus denen heraus sich ja zugleich auch die Leidenschaft für Wissenschaft und Forschung speist? Und wir erkennen heute auch, dass eine Beschränkung auf den Umgang mit der Wirklichkeit in der Perspektive der 3. Person, die deren Grenzen

---

[14] *Hubert L. Dreyfus/Charles Taylor*, Wiedergewinnung, 185.

und Schranken nicht wahrhaben will, leicht in Aporien führen kann. So haben Wissenschaft und Technik auch dazu geführt, dass wir vor den ungeahnten Herausforderungen der ökologischen Krise stehen. Und in der Medizin werden großartige Erfolge begleitet von ganz neuen Fragestellungen: Wie stark dürfen wir z.B. in das Erbgut von Pflanzen, Tieren und vielleicht sogar Menschen eingreifen? Welche Medizin wollen wir nutzen am Anfang und am Ende menschlichen Lebens? Und wie verteilen wir gerecht, was Wissenschaft und Technik hervorbringen? Wissenschaftliche Forschung kann dann auch entweder zum Feindbild werden, wie es weit verbreitete Einstellungen von Wissenschaftsfeindlichkeit dokumentieren, oder selbst zum Heilsversprechen, wenn von ihr die endgültige Überwindung von Krankheit und möglicherweise sogar Tod erwartet wird.[15]

3.2 Wirklichkeit in der Perspektive der 1. Person

Doch damit sind wir schon in Fragen verstrickt, die sich primär mit Perspektiven der 1. Person verbinden. Dies ist die Wirklichkeit, aus der heraus wir als Subjekte und Personen an der Wirklichkeit teilnehmen. In dieser Perspektive gründen unsere Emotionen, wird uns bewusst, dass wir ein Selbst sind und wie wir als Person existieren. Wir erfahren uns selbst in unserem Lebensvollzug und wie es sich ‚anfühlt‘, man selbst zu sein. Es ist dieser besondere Selbstbezug, den wir in unserer Existenz als Lebewesen und Menschen erfahren, der anderen von außen, in ihrer Perspektive in der 3. Person auf uns nicht direkt zugänglich ist. Hier zeigt sich Wirklichkeit nicht als gegenständliche Sachhaltigkeit, sondern als innere Wirksamkeit (lat. *actualitas*).[16] Hier wird uns die Wirklichkeit nicht gegenständlich, hier erfahren wir in uns und an uns selbst ihre Dynamik, ihre Wirksamkeit, die uns als Selbstgefühl präsent ist in Selbstbewusstsein und eigener Tätigkeit, und zwar noch bevor wir sie artikulieren und mitteilen können. Und während wir die Wirklichkeit in der Perspektive der 3. Person primär durch Aussagesätze beschreiben, wechseln wir hier oft in eine expressive Sprachform, in Metaphern, Bilder und Geschichte, mit denen wir uns selbst ‚ausdrücken‘ und zur Sprache bringen. Hier erfahren wir uns als herausgefordertes und tätiges Subjekt und entwickeln dadurch eine eigene Identität, ein personales *Selbstverstehen*. Dabei gehören beide Arten von Verstehen, das Verstehen von etwas und das Sich-selbst-Verstehen untrennbar zusammen, und sie werden zusammengehalten durch unsere leibliche Existenz, über die wir ja auch uns selbst zum Gegenstand machen

---

[15] Vgl. *Urban Wiesing*, Heilswissenschaft. Über Verheißungen der modernen Medizin, Frankfurt a.M. 2020.

[16] Es war übrigens der deutsche Mystiker Meister Eckhart, der zur Bezeichnung des lateinischen *actualitas* das deutsche Wort ‚Wirklichkeit‘ geprägt hat. Damit wollte er den Aspekt zum Ausdruck bringen, dass „aller creâtûren wesen" „in irem wirken" liegt, also alle Geschöpfe im eigentlichen Sinne nicht einfach vorhanden sind, sondern sich in ihrem Wirken als Wirklichkeit erfahren; vgl. dazu *Tobias Trappe*, Wirklichkeit, in: Historisches Wörterbuch der Philosophie Bd. 12 (HWP 12), Basel 2005, 829–846, 830.

können, wenn wir z.B. in den Spiegel schauen. Gerade wir Menschen gebrauchen unseren Leib auch dazu, uns auszudrücken durch Gestik und Mimik, durch Haltung, Kleidung und Schmuck. Und umgekehrt erfahren wir uns selbst nur als Person, indem uns etwas widerfährt, dass uns sinnlich und leiblich in unserem Innersten berührt. So hängen schon in unserer eigenen Existenz beide Dimensionen des Wirklichen auf das engste zusammen, ohne dass wir bis heute genau sagen könnten, wie dies geschieht. Und auch wissenschaftliche Erkenntnis kann auf dieses Moment gar nicht verzichten, denn schließlich sind wir selbst die Erkenntnissubjekte, die Wissenschaft betreiben, die leidenschaftlich nach Wahrheit, Verlässlichkeit und technischen Möglichkeiten fragen und die das auch wieder zurückwirken lassen auf die Art und Weise, sich selbst zu verstehen.

3.3 Wirklichkeit in Zusammenhängen der 2. Person

Bei alledem ist dann aber noch ein drittes Moment von Wirklichkeit zu berücksichtigen, nämlich Wirklichkeit als ein sich *vermittelnder* Zusammenhang. Jüngere Forschungen in der evolutionären Anthropologie machen deutlich, wie sehr die Ontogenese von Menschenkindern, also unsere frühkindliche Entwicklung geprägt ist von Kooperation und Kommunikation, aus der Regeln von Fairness und Verbindlichkeit, aber dann auch Sprache und Kultur hervorgehen.[17] Wir werden zu Menschen, die etwas von der Wirklichkeit verstehen und darin auch sich selbst verstehen können, dadurch, dass wir durch andere Menschen, durch eine Gemeinschaft in den Vollzug des Menschseins eingewiesen werden. Wir entwickeln unser Verstehen von Wirklichkeit aus der Lebensform heraus, in der wir als soziale, sprachliche und kulturelle Wesen immer schon existieren und die wir uns dann auf je unsere eigene Weise aneignen als selbst verantwortliche Akteurinnen und Akteure. Man könnte dies als Zusammenhänge der 2. Person beschreiben, in denen wir ‚intersubjektiv' agieren. Hier verstehen wir nicht objektivierend etwas oder erfahren uns primär als ein Selbst, sondern hier vollziehen wir unser Menschsein, indem wir miteinander und mit den Dingen dieser Welt umgehen. Dabei steht nicht das Verstehen von etwas oder ein Selbst-Verstehen im Vordergrund, sondern die oft gar nicht wirklich artikulierbare Kompetenz im Umgang mit der Wirklichkeit, ein *Sich-auf-etwas-Verstehen*. Und Sprache steht dann nicht mit ihrem objektivierenden, beschreibenden oder mit ihrem expressiven Aspekt im Vordergrund, sondern wird zur Vermittlung, zum Medium des Zusammenseins, etwa wenn wir uns unterhalten und dadurch unsere Welt miteinander teilen.

Auch auf diesen Aspekt der Wirklichkeit kann wissenschaftliche Forschung und Erkenntnis nicht verzichten. Zum einen kann Forschung nur gelingen, weil wir uns auf die eine oder andere schon immer auf die Wirklichkeit verstehen, mit ihr umgehen und sie gestalten können. Nur so sind zum Beispiel bestimmte Beobachtungen oder Experimente überhaupt möglich, und nur von daher bringen

---

[17] Vgl. *Michael Tomasello*, Mensch werden. Eine Theorie der Ontogenese, Berlin 2020.

wir schon Vorstellungen von Raum und Zeit und von den Zusammenhängen von Ursache und Wirkung mit. Und dann wirken wissenschaftliche Erkenntnis und Technik wieder zurück auf unsere Lebensform als Menschen, unseren Umgang mit der Welt und miteinander. Nur im Wechselspiel aller drei Hinsichten also kann sich auch ein umfassendes Verstehen in einem gefüllten Sinn vollziehen, ohne dass alle notwendigerweise dasselbe auf die gleiche Weise verstehen müssten, denn objektivierbare Erkenntnis ist nur eines der Momente eines reichhaltigen Verstehens des Wirklichen.

Mit diesem Band wollen wir uns mit einer zentralen Frage des christlichen Glaubens und seinem reichhaltigen Wirklichkeitsverständnis auseinandersetzen, mit der Hoffnung über den Tod hinaus, die durch den Vorgang begründet wird, den der christliche Glaube in der Auferweckung des am Kreuz ermordeten Jesus von Nazareth sieht. Dazu noch eine letzte Bemerkung. Auch für das Verstehen des Wirklichen im Licht des Glaubens ist auf der Bedeutung aller drei Hinsichten von Wirklichkeit zu bestehen, die auch in Glaubensdingen zu einer fruchtbaren und gerade nicht beliebigen Form von qualifizierter Pluralität führen, die dennoch und gerade deshalb einen Anspruch auf Wahrheit erheben kann – nun aber einer Wahrheit, deren Einlösung nur von dem erwartet werden kann, den der Glaube Gott nennt. Denn auch für den christlichen Glauben besteht immer wieder die Gefahr, ihn auf eine der drei vorgestellten Hinsichten zu reduzieren und damit zu verkürzen. So gibt es Formen einer Rechtgläubigkeit, die dogmatische Behauptungen aufstellt und damit das Glaubensverstehen auf objektivierte Glaubensinhalte reduziert. Dann verkommt der Glaube letztlich zu einem Fürwahrhalten von übernatürlichen ‚Tatsachen'. Auch als Reaktion darauf lassen sich andererseits Glaubensformen identifizieren, die auf reine Innerlichkeit, auf bestimmte Gefühlslagen abheben, ohne dass man sich überhaupt noch die Mühe macht, den inneren Vollzug einer religiösen Haltung mit der faktischen Welt- und Lebenswirklichkeit kritisch zusammenzubringen oder solche Formen dafür zu finden, die verbindliche Gemeinschaft begründen könnten. Und schließlich gibt es einen reinen Traditionalismus, der einfach das religiöse Sprachspiel weiter pflegt und Glauben und religiöse Formen als kulturellen Rahmen für bestimmte gemeinschaftliche Vollzüge versteht. Der Wirklichkeitsgehalt diese Sprachspiels und die Frage nach der je persönlichen Aneignung bleiben dann auf problematische Weise unterbelichtet. Deshalb sollen nun abschließend in dem letzten Teil dieses Beitrags dies Einsichten auf die Frage nach der Wirklichkeit der Auferweckung von Jesus Christus angewendet werden.

4. Die ‚Wirklichkeit' der Auferweckung Jesu

Auch in der Perspektive des christlichen Glaubens erscheint die Wirklichkeit in dem Wechselspiel der drei Perspektiven. Das mag besonders deutlich werden an solchen theologischen Ansätzen, die dieses Wechselspiel gerade vermissen lassen und sich reduktionistisch auf eine der drei Hinsichten als der letztlich wahrheitsbegründenden Perspektive ausrichten. So gibt es solche Ansätze, die auf die Perspektive in der 3. Person scharf stellen, um gegen relativistische Einschränkungen, aber auch gegen eine sich in ihren Augen um kritische Anfragen an den eigenen Wahrheitsgehalt herummogelnde Theologie an der Wahrheitsfähigkeit theologische Aussagen festzuhalten. Das ist das Projekt, das zur Zeit eine so genannte analytische Theologie verfolgt:

> „Christliche Theologie erhebt den Anspruch, eine Wirklichkeitswissenschaft in dem Sinne zu sein, dass sie wahre Aussagen über die Wirklichkeit als Ganze und ihre Geschichte formuliert. Basierend auf einem korrespondenztheoretisch inspirierten Wahrheitsverständnis ist es die Aufgabe der Theologie, den propositionalen Kern des christlichen Glaubens herauszuarbeiten und seine Wahrheit vor dem Forum der Vernunft sowohl durch die Angabe wissenschaftlich nachvollziehbarer Gründe für die Wahrheit ihrer metaphysischen Sätze als auch durch das Aufzeigen der Konsistenz christlichen Glaubens mit den Erkenntnissen der Geistes- und Naturwissenschaften zu rechtfertigen."[18]

Doch es erscheint wiederum fraglich, inwiefern sich etwa eine Glaubensüberzeugung wie die der Auferweckung Jesu von den Toten auf in einem strengen Sinne wahrheitsfähige Sätze reduzieren lässt, die sich dann irgendwie an der Wirklichkeit in einem wissenschaftlich relevanten Sinne ausweisen lassen sollen, und was dabei ‚Konsistenz mit den Erkenntnissen der Geistes- und Naturwissenschaften' heißen soll. Sind dann zum Beispiel ‚Wunder' als Unterbrechung des gesetzmäßigen Zusammenhangs der Wirklichkeit und damit eigentlich auch das einzigartige und unableitbare Wunder der Auferweckung ausgeschlossen?

Gegen eine objektivistische Begründung christlicher Theologie hat sich demgegenüber in der akademischen evangelischen Theologie seit Friedrich Schleiermacher (1768–1834) die Einsicht durchgesetzt, dass christliche Theologie es nicht primär mit objektivierbaren Sätzen über die Wirklichkeit als solche zu tun habe, sondern eine bestimmte Gestalt des christlich-frommen Selbstbewusstsein als ein durch die Person des Erlösers vermitteltes Gefühl schlechthinniger Abhängigkeit auslegt und beschreibt. Für Schleiermacher gilt: „Christliche Glaubenssätze sind Auffassungen der christlich frommen Gemüthszustände in der Rede

---

[18] *Benedikt P. Göcke*, Der Anspruch des christlichen Glaubens auf objektive Wahrheit, in: Glaube ohne Wahrheit. Theologie und Kirche vor den Anfragen des Relativismus (Theologie kontrovers), hg. v. *Michael Seewald*, Freiburg, Basel, Wien 2018, 56–73, 69, vgl. auch *Benedikt P. Göcke*, Einleitung, in: Die Wissenschaftlichkeit der Theologie. Band 1: Historische und systematische Perspektiven (STEP 13/1), hg. v. *Benedikt P. Göcke*, Münster 2018, VII–LXIV, bes. XXXIV.

dargestellt."[19] Man sieht, wie hier die Perspektive der ersten Person im Zentrum steht und die Theologie der Darstellung der Binnensicht von Religion und Frömmigkeit dienen soll. Während sich die Naturwissenschaften der Faktizität der Wirklichkeit zuwenden, ist Religion dann so etwas wie eine persönliche Deutung der Wirklichkeit. Deshalb fordert Schleiermacher gerade keine wissenschaftliche Begründung der Deutung des Glaubens, sondern vielmehr, „daß jedes Dogma [theologischer Lehrsatz], welches wirklich ein Element unseres christlichen Bewußtseyns repräsentirt, auch so gefaßt werden kann, daß es uns unverwickelt läßt mit der Wissenschaft"[20]. Wird eine solche deutungstheoretische Sicht auf Kreuz und Auferweckung Jesu angewendet, dann kann etwa ein protestantischer Theologe der Gegenwart so formulieren, dass der Tod Jesu „die Momente der Anfechtung und des Gerichts" symbolisiert, die Auferstehung die „unableitbare Entstehung des Glaubens als eines neuen und tieferen Selbstverständnisses des Menschen"[21]. Es geht also nicht um das faktische Geschehen, was dahinterstehen mag, sondern um die symbolische Anwendung auf das Selbstverständnis von Menschen.

Doch auch Positionen, die sich auf diese Alternative von Faktizität und Deutung gar nicht erst einlassen wollen, sondern Zusammenhänge der Kommunikation zwischen Personen, also das, was wir als Zusammenhänge der zweiten Person beschrieben haben, in den Mittelpunkt stellen, werden in Gestalt der hermeneutischen Theologie vertreten. Dann wird die Bedeutung objektivierbarer Fakten für die Theologie ebenso in Frage gestellt wie die aus einer religiösen Innensicht gewonnenen Deutungsmuster. Es geht nun vielmehr um den kommunikativen Vollzug der christlichen Verkündigung, um ihre kerygmatisch-hermeneutische Vermittlung, die in die Entscheidung für Gott ruft und dadurch ein neues Verstehen der eigenen Existenz und von daher der Wirklichkeit ermöglicht. Es ist das Wort Gottes, das in der christlichen Botschaft verkündet wird und Menschen in ihrer Existenz trifft. Angewendet auf die Auferstehung besagt dies nach Rudolf Bultmann, dass Jesus ins ‚Kerygma' (Verkündigung) auferstanden ist. Das aber besagt für ihn, „daß Jesus im Kerygma wirklich gegenwärtig ist, daß es *sein* Wort ist, das den Hörer im Kerygma trifft." Dann aber haben weder metaphysische Behauptungen noch historische Fakten oder religiöse Deutungsmuster eine entscheidende Bedeutung: „Ist das der Fall, so werden alle Spekulationen über die Seinsweise des Auferstandenen, alle Erzählungen vom leeren Grabe und alle Osterlegenden, welche Momente an historischen Fakten sie auch enthalten mögen,

---

[19] *Friedrich D. E. Schleiermacher*, Der christliche Glaube nach den Grundsätzen der evangelischen Kirche im Zusammenhange dargestellt. Zweite Auflage (1830/31) Teilbd. 1 (KGA I/13-1), Berlin 2003, 127 (§15 Leitsatz).
[20] *Friedrich D. E. Schleiermacher*, Dr. Schleiermacher über seine Glaubenslehre, an Dr. Lücke, in: Kritische Gesamtausgabe I. Abteilung. Bd. 10: Theologisch-dogmatische Abhandlungen und Gelegenheitsschriften (KGA I/10), hg. v. *Hans-Friedrich Traulsen*, Berlin 1990, 307–394, 351.
[21] *Christian Danz*, Grundprobleme der Christologie, Tübingen 2013, 222.

und so wahr sie in ihrem symbolischen Gehalt sein mögen, gleichgültig. An den im Kerygma präsenten Christus glauben, ist der Sinn des Osterglaubens."[22]

Wir wollen in diesem Band ein reichhaltigeres Verständnis von Wirklichkeit wiedergewinnen, gerade auch im Gespräch mit der Mathematik und den Naturwissenschaften, das alle Engführungen vermeidet. Die Auferweckung Jesu ist ein unauflösliches Ineinander von Ereignissen und Deutungen und darin zugleich der tragende Grund für die gemeinschaftlichen christlichen Überlieferungen und Erfahrungen der Gegenwart des Auferstandenen im Leben und Sterben, in Alltag und Gottesdienst.

Das Geschehen der Auferweckung Jesu Christi ist ein reales Ereignis in Raum und Zeit, von dem das christliche Glaubensbekenntnis eine reale Zeitangabe gibt: ‚am dritten Tage auferstanden'. Es ist als solches von der Entstehung und dem Akt des Glaubens der Jünger nicht zu trennen, aber als das, worauf sich der Glaube bezieht, zu unterscheiden. Die neutestamentlichen Texte sind hier sehr klar: Gott, der Vater Jesu Christi, der Schöpfer des Kosmos und der Gott Israels handelt an dem gestorbenen Jesus Christus, und zwar so, dass dieser trotz seines faktischen und wirklichen Todes von den Auferstehungszeugen und der Gemeinde als lebendig erfahren wird. Das meint keine einfache Wieder-Lebendigmachung oder Rückgängigmachung des Todes, die man sich in der Antike als Wiedervereinigung von einem erneuerten Leib mit der Seele vorgestellt hätte, aber auch keine rein inneren psychologischen Vorgänge der Jünger, die damit das traumatische Erlebnis des Kreuzestodes Jesu religiös verarbeiten. Der Bedeutungskern der Auferweckung besteht in der Aufnahme des gelebten Lebens und der durch dieses Leben bestimmten Person Jesus Christus in das Leben und die Gegenwart Gottes selbst. Das Handeln Gottes in der Auferweckung Jesu wird durch seine Folgen erschlossen, aber nicht selbst als solches erlebt, weil Gott im Zusammenhang der Wirklichkeit nur unanschaulich und verborgen in, mit und unter natürlichen Prozessen handeln kann. In der Perspektive der dritten Person greifen alle unsere Gottesbilder zu kurz, bleibt Gott immer unverfügbar. Über Gott und sein Handeln kann man nicht objektiv im Bilde sein, erst recht nicht im Sinne eines wissenschaftlich begründeten Bescheid-Wissens.[23] Objektivierte Wahrheiten über Gott, sein Handeln und seinen Willen bleiben immer strittig.

In der Perspektive des Glaubens allerdings verbindet sich die Einsicht, dass der tote Jesus nun auf neue Weise lebendig und gegenwärtig ist, mit *innerer Gewissheit*: „Denn sie wussten, dass es der Herr war" (Joh 21,12). Deshalb sprechen die biblischen Texte in diesem Zusammenhang von „Offenbarung" (ἀποκάλυψις, z.B. Gal 1,12). Offenbarung, so könnte man mit einer verbreiteten theologischen

---

[22] *Rudolf Bultmann*, Das Verhältnis der urchristlichen Christusbotschaft zum historischen Jesus, in: Exegetica. Aufsätze zur Erforschung des Neuen Testaments, hg. v. *Erich Dinkler*, Tübingen 1967, 445–469, 469.

[23] Vgl. *Dirk Evers*, Kein Bildnis machen? Theologische Bemerkungen zur Dynamik von Gottesbildern, in: Gottesbilder. An der Grenze zwischen Naturwissenschaft und Theologie, hg. v. *Georg Souvignier/Ulrich Lüke et al.*, Darmstadt 2009, 9–25.

Formel sagen, ist nicht eine besondere Erfahrung von *etwas*, sondern so etwas wie eine *Erfahrung mit der Erfahrung*, ein Vorgang, durch den die ganze Wirklichkeit, unsere Erfahrungswelt als solche, in einem neuen Licht erscheint. Deshalb bewirkt die Auferweckung Jesu ein anderes Sehen einer revolutionär neuen Wirklichkeit, die nicht den Tod Jesu nachträglich korrigiert, sondern dem Tod als solchem die Macht genommen hat, die er augenscheinlich hat. Diese neue Sicht der Wirklichkeit konsolidiert und bewährt sich in der Gemeinschaft der Glaubenden, die von diesem Evangelium, von dieser ‚guten Nachricht' ergriffen ist. Damit kommt es zum Nachvollzug des Auferstehungsglaubens durch die Zeiten: „So predigen wir, und so habt ihr geglaubt" (1. Kor 15,11).

Vielleicht spielt deshalb der Sehsinn bei den Erscheinungen des Auferweckten Jesus vor den Jüngern eine so entscheidende Rolle, weil beim Sehen unmittelbare Gewissheit und der Charakter der Widerfahrnis untrennbar zusammengehören, und trotzdem Täuschung, Zweifel und Skepsis nicht kategorisch ausgeschlossen sind. Wir sehen immer etwas *als* etwas, und sind deshalb im Akt des Sehens immer auch als Personen mit eingebunden. Man sieht nicht allein mit den Augen und nicht allein mit dem Herzen, wie es bei Antoine de Saint-Exupéry bekanntlich heißt, sondern immer nur im Verbund mit beidem.

In den Erscheinungsgeschichten und den biblischen Berichten über die Erfahrungen mit dem Auferweckten können Gottes letztlich unanschauliches, die Wirklichkeit neu dynamisierendes Handeln in der Auferweckung Jesu und die Glaubensgewissheit der Auferstehungszeugen nicht durch dualistische Modelle wie Erscheinung und Deutung o.ä. aufeinander bezogen werden. Sie sind eingebettet in die Traditionen Israels und bringen neue gemeinschaftliche Praxiszusammenhänge, Kommunikations- und Sprachzusammenhänge und liturgisches, soziales, ja politisches Zusammen-Leben hervor. Zu den biblischen Erzählungen, wie die ersten Zeugen Jesus *als* Auferweckten gesehen und erfahren haben, gehören solche Vollzüge der zweitpersonalen Beziehung immer mit dazu. So wird Jesus an seinen Formen der Anrede, an seinem Friedensgruß, an der Art und Weise, wie er das Brot bricht und die alten biblischen Geschichten auslegt, und an seiner Zuwendung zu den Jüngerinnen und Jüngern erkannt.[24] Und die Geschichten münden in Sendung und Beauftragung derjenigen, denen der Auferweckte begegnet. Es werden geradezu gottesdienstliche Vollzüge geschildert, durch die Menschen in das neue Leben des Auferweckten einbezogen werden, weil sich ihre Wirklichkeit neu formiert. Dieses Zusammenspiel von faktischem Geschehen und innerer Gewissheit, das konstitutiv geworden ist für eine Gemeinschaft, die das zu bezeugen versucht, was Dietrich Bonhoeffer die „Christuswirklichkeit"[25] nannte, bildet die Grundlage für den christlichen Glauben an Kreuz und Auferstehung. Deshalb wird die Auferweckung Jesu Christi auch nicht dadurch verstanden, dass wir die richtige Theorie davon entwickeln, und sie wird den Verdacht

---

[24] Vgl. dazu den Beitrag von *Michael Welker* in diesem Band.
[25] *Dietrich Bonhoeffer*, Ethik, hg. von *Ilse Tödt* u.a., Dietrich Bonhoeffer Werke 6, Gütersloh 1992, 43 (im Original kursiv).

eines frommen Wunschdenkens auch nicht dadurch los, dass sie uns angesichts unserer Erfahrung von Endlichkeit und Tod innerlich tröstet. Sondern wir kommen dann in einen realistischen Kontakt zur Auferweckung Jesu, wenn wir von der in ihr realisierten Gegenwart Gottes angemessenen Gebrauch machen und uns von ihr dazu anleiten lassen, ein christliches Leben in Glauben, Hoffen und Lieben zu führen.

Stefan Alkier

Zeichen und Zeugen der Auferweckung Jesu Christi

Abstract: Die Grundthese des Aufsatzes lautet, dass die christliche Bibel als Interpretant des ihr vorausliegenden dynamischen Objekts konzipiert ist und die Geschichte ihrer Auslegung eine Wirkkontinuität vom dynamischen Objekt bis hin zu gegenwärtigen Interpretantenbildungen generiert. Dieses dynamische Objekt gerät durch den Zeichenzusammenhang der Schriften des Alten und Neuen Testaments als Jesus-Christus-Geschichte (Eckart Reinmuth) in den Blick, die ihre überräumliche und überzeitliche Bedeutsamkeit durch die Überzeugung von der Auferweckung des gekreuzigten Jesus von Nazareth erhält. Die neutestamentlichen Schriften sind in ihrem Zusammenspiel mit den alttestamentlichen Schriften als Zeichen und Zeugen der Auferweckung des Gekreuzigten konzipiert. Wer von der biblischen Botschaft als gute Nachricht von der Auferweckung des Gekreuzigten angesprochen wird und dem Gott vertraut, der sie den biblischen Texten zufolge allein bewerkstelligen konnte, reiht sich in die Zeugenschaft der biblischen Schriften ein und wird selbst zum Zeichen für die Wirkkraft und Wahrheit der Erzählung von der Auferweckung Jesu durch den Gott Israels, dem lebendigen Schöpfer und Bewahrer des Lebens.

1. Anmerkungen zur Fragestellung und zur Terminologie

Schon die Formulierung der Frage bezieht Position, wenn auch nur im Ungefähren, Vorausgesetzten, vorkritisch Empfundenen. Fragt man nach Auferweckung, Auferstehung, Leben nach dem Tod, Weiterleben der Seele, Weiterleben im Geist, Neuschöpfung? Oder stellt man Fragen wie: Ist mit dem biologischen Tod alles aus? Kommt da noch was? Gibt es ein Leben nach dem Tod? Gibt es einen Übergang in andere Dimensionen, Bewusstseinszustände, Geistwelten? Das in diesem Buch anvisierte Thema changiert zwischen alten und trotzdem aktuell bleibenden anthropologischen, theologischen und kosmologischen Fragen und Traditionen sowie pseudowissenschaftlichen, esoterischen, abergläubischen und gänzlich irrationalen Meinungen. Die Formulierung des Themas meines Beitrags bezieht daher schon als solche Position und es geht auch gar nicht anders: Die zur Diskussion stehende Frage ist so grundlegend wie komplex und sie drängt als solche zu Stellungnahmen und Positionierungen, die mit der Wortwahl beginnen.

Bereits der Terminus „Auferweckung" ist eine christliche, auf Schriften des Neuen Testaments zurückgehende Formulierung. Das griechische Substantiv *égersis*, das mit „Auferweckung" übersetzt wird, kommt nur einmal im Neuen Testament vor (Mt 27,53) und bedeutet in der griechischen Literatur „1) das Erwecken aus dem Schlaf [...] 2) Aufregung [...] 3) Errichtung eines Gebäudes".[1] Wesentlich häufiger und an zentraler Stelle erscheint dagegen das Verb *egeíro*. Erst in neutestamentlichen Schriften erhält dieses Verb die metaphorische Bedeutung „auferwecken" im Sinne eines Erweckens aus dem Tod. Theologisch prägnant findet sich die passive Form im Aorist in Mk 16,6. Dort teilt der Engel am leeren Grab den von Schrecken ergriffenen Frauen mit: „Ihr sollt euch überhaupt nicht mehr vom Schrecken ergreifen lassen. Jesus sucht ihr, den Nazarener, den Gekreuzigten. Auferweckt worden ist er – er ist nicht hier. Schau, der Ort, wo sie ihn hingelegt hatten."[2] Das hier verwendete Passiv nennt keinen Urheber der Aktion und wird im Kontext neutestamentlicher Literatur daher zwingend als *passivum divinum* aufgefasst: Nur Gott kann der Urheber des Auferweckens von Toten sein und aus Ehrfurcht vor seinem Namen wird er nicht explizit genannt.

Das griechische Substantiv *anástasis* wird in neutestamentlichen Schriften mit „Auferstehung" übersetzt. In der griechischen Literatur heißt es für gewöhnlich „1) [...] das Aufstehnlassen, Aufstellen [...] 2) [...] das Aufstehn, u. zwar a) das Aufstehn u. Weggehn von einem Standpunkte, der Aufbruch, Abzug eines Heeres [...] das Aufbrechen, Hervorbrechen aus einem Hinterhalt, das Aufstehn aus seinem Wohnsitz, die Auswanderung [...] b) Aufstand, Aufruhr [...] c) das Erwachen aus dem Schlafe [...] d) die Auferstehung [...] e) Genesung, Erholung."[3] Als Beleg für die Bedeutung „Auferstehung" gibt Passows Handwörterbuch u.a. Aeschylos, Eumeniden, an. Allerdings wird dort *anástasis* für unmöglich erklärt: „Denn wenn des Mannes Blut erst aufgeschlürft der Staub / Er einmal tot ist, gibt's für ihn kein Auferstehn."[4]

Égersis und *anástasis* sowie deren Verbalformen sind also gängige griechische Worte, die aber erst in neutestamentlichen Schriften metaphorisch für die

---

[1] *Franz Passow*, Handwörterbuch der Griechischen Sprache. Neu bearb. u. zeitgemäß umgestaltet v. Valentin Chr. Fr. *Rost*, Friedrich *Palm* u. Otto *Kreussler*, Erster Bd., Zweite Abteilung, ND 5. Aufl. Leipzig 1847, Darmstadt 1983, 761, 1.
[2] Alle deutschen Zitate aus den Evangelien nach Markus und Matthäus stammen aus: Die Evangelien nach Markus und Matthäus (Frankfurter Neues Testament 2), hg. v. *Stefan Alkier/Thomas Paulsen*, Paderborn 2021.
[3] *Franz Passow*, Handwörterbuch, 199, Sp.2.
[4] Aesch, Eumeniden 648, zit. nach *Aeschylus*, Orestie. Gr. u. dt. v. *Oskar Werner*, München 1948, 259.

Auferweckung von Toten verwendet werden. Es spricht sprachgeschichtlich einiges dafür, dass „Auferweckung" ein Amalgam aus „Auferstehung" und „Erweckung" ist. Der Terminus „Auferweckung" betont, dass die Toten sich nicht selbst auferwecken können, dass also nichts im Menschen ist, dass dem Tod etwas entgegenzusetzen hätte. Auferweckung ist daher biblisch gedacht keine anthropologische, keine kosmologische und keine naturwissenschaftliche Kategorie, sondern ausschließlich eine im Wortsinn theologische Formulierung, denn nur Gott, und zwar genau der Gott, von dem die Schriften des Alten und Neuen Testaments Zeugnis ablegen, kann in der Kosmologie biblischer Schriften Subjekt der Auferweckung von Toten sein. Die Toten aber sind im Konzept der Auferweckung Objekte, an denen Gott so handelt, dass er sie durch seine Schöpferkraft befähigt, vom Zustand des Totseins in die Dynamik des Lebens zu wechseln, bzw. einen Ortswechsel zu vollziehen vom Ort der Toten zu dem der Lebenden, was mit dem zweiten neutestamentlichen Terminus, nämlich dem der Auferstehung bezeichnet wird. Gott erweckt Tote zu neuem Leben und als solche befähigt er sie, aufzustehen und den Todesraum zu verlassen.

Diese theologische Handlungslogik wird grundlegend, prototypisch und exemplarisch in neutestamentlichen Schriften an der Auferweckung Jesu Christi entfaltet. Die Schriften selbst sind davon die ältesten erhaltenen Zeugnisse. Es gibt nämlich aus dem ersten Jahrhundert n. Chr. gar nichts anderes als Schriftzeugnisse der Jesus-Christus-Geschichte (Eckart Reinmuth) und ihrer Rezeption. Es gibt keine christlichen Grabinschriften, keine Baudenkmäler, keine Bilder vor dem 2. Jh. n. Chr. und auch hier sind sie dann noch spärlich.[5] Wenn wir also nach der Datenmenge von zu interpretierenden Zeichen für die Frage nach der Auferweckung der Toten fragen, sind wir zunächst auf Schriftzeichen angewiesen.

Trotz dieses Sachverhalts erzeugen aber nicht allein und nicht einmal zuerst die biblischen Schriften als solche die heutige Frage nach der Auferweckung der Toten, sondern die gelebten, heute empfunden Wahrheitsgefühle, Zweifel, Irritationen, Hoffnungen, Begehrlichkeiten und Ängste, die mit dem Erleben des Todes anderer verbunden sind, weil unsere Verstorbenen den unausweichlichen Schluss nahe legen, dass wir auch selbst und sogar auch – hoffentlich in ferner Zukunft – unsere Kinder und Kindeskinder sterben werden. Dieser erfahrungsgesättigte

---

[5] Vgl. dazu *Stefan Alkier/Jürgen Zangenberg* (Hg.), Zeichen aus Text und Stein. Studien auf dem Weg zu einer Archäologie des Neuen Testaments. Hrsg. von *Stefan Alkier* und Jürgen *Zangenberg*, u. Mitarb. v. *Kristina Dronsch, Michael Schneider*, TANZ 42, Tübingen, Basel 2003; *Stefan Alkier/Hartmut Leppin* (Hg.), Juden – Heiden – Christen? Religiöse Inklusionen und Exklusionen im Römischen Kleinasien bis Decius, WUNT 400, Tübingen 2018; *Cilliers Breytenbach/Christiane Zimmermann*, Early Christianity in Lycaonia and Adjacent Areas, ECAM 2/AJEC 101, Leiden, Boston 2018; *Ulrich Huttner*, Early Christianity in the Lycus Valley, ECAM 1/AJEC 85, Leiden, Boston 2013; *Stephen Mitchell/Philipp Pilhofer* (Hg.), Early Christianity in Asia Minor and Cyprus. From the Margins to the Mainstream. Dedicated to Cilliers Breytenbach, the spiritus rector of Inscriptiones Christianae Graecae, on his sixty-fifth birthday, ECAM 3/AJEC 109, Leiden, Boston 2019.

Schluss zwingt Menschen dazu, nicht nur den Tod der anderen, sondern auch den eigenen bevorstehenden Tod zu interpretieren. Der erlebte Tod der anderen ist also letztendlich das – weiter unten erläuterte – dynamische Objekt, das jeden Menschen dazu zwingt, Interpretanten dieser Erfahrung auszubilden, sei es ein stoisches Schweigen, ein ängstliches Verstummen oder ein religiöses Empfinden, „von guten Mächten wunderbar geborgen"[6] (Dietrich Bonhoeffer) zu sein und sich im Leben wie im Sterben in der gütigen Hand Gottes zu wissen. Wenn sich bei der Antwort auf den Osterruf: „Er ist auferstanden" ein wie auch immer zu beschreibendes Wahrheitsgefühl einstellt und man auch noch so stammelnd und zaghaft mehr als nur mechanisch antwortet: „Er ist wahrhaftig auferstanden", dann hat man damit einen hoffnungsvollen Interpretanten gebildet, der Antwort gibt auf die Erfahrung des Todes. Diese christliche Antwort ist weder voraussetzungslos noch verifizierbar, aber sie ist auch nicht falsifizierbar. Sie widerspricht der Reduktion auf ein ausschließlich auf Messbarkeit und Wiederholung setzendes Wirklichkeitsverständnis und steht für ein relationales Realitätskonzept, das in Beziehungen denkt, die alle Dimensionen der Zeit berücksichtigt. Der Gegenstand biblisch initiierter Auferweckungshoffnung übergreift Zeiten und betritt Räume, die empirisch (noch) nicht zugänglich sind, die aber dennoch nicht in utopische und achronische mythische Welten abgeschoben werden dürfen, sondern die ganze Realität zumindest perspektivisch und aspiriert in den Blick geraten lässt. Dafür sollen nun zwei Präsuppositionen eingeführt werden, auf denen mein Begründungsversuch aufruht.

2. Die theologische Präsupposition biblischer Rede von der Auferweckung der Toten

Christinnen und Christen verschiedener Konfessionen feiern weltweit Ostern. Auf der Basis neutestamentlicher Texte gedenken sie am Karfreitag des Kreuzestodes Jesu von Nazareth und am Ostersonntag feiern sie seine Auferweckung durch den Gott Israels, also den Gott, von dem die Heiligen Schriften Israels erzählen und die im und durch den christlichen Kanon als Schriften des Alten Testament gelesen werden.

Christinnen und Christen verschiedener Konfessionen feiern weltweit Abendmahl. Für diese gottesdienstliche Feier gibt es verschiedene Namen und so verschiedene Vorstellungen, dass es den meisten Konfessionen schwer fällt oder sogar als unmöglich erscheint, das Mahl des Herrn gemeinsam mit Christinnen und

---

[6] *Dietrich Bonhoeffer*, Widerstand und Ergebung. Briefe und Aufzeichnungen aus der Haft (DBW 8), hg. v. *Christian Gremmels/Eberhard Bethge/Renate Bethge/Ilse. Tödt*, Gütersloh 1998, 608.

Christen aus anderen Konfessionen zu feiern.[7] Bei allen Kontroversen über das theologisch angemessene Verständnis und die kirchlich angemessene Praxis des Herrenmahls ergibt seine Feier nur Sinn, wenn sie Gemeinschaft mit dem jetzt lebenden auferweckten Gekreuzigten erzeugt. Ohne eine wie auch immer interpretierte, reale Auferweckungstheologie, die von der Auferweckung Jesu von Nazareth als Tatsache göttlicher Handlungskompetenz ausgeht, macht keine Abendmahlsvorstellung Sinn,[8] es sei denn, man entleert es zu einem religiösen Happening, das die eigene Gemeinschaft in religiöser Überhöhung feiert, nicht aber die lebendige Kommunikation mit dem auferweckten Gekreuzigten. Nur wer wie Paulus vom „Leben Jesu" (2 Kor 4,11) sprechen kann und damit das gegenwärtige Leben des auferweckten Gekreuzigten meint, feiert angemessen das Mahl des Herrn.

Die Logik des Osterfestes und die Logik des Abendmahls erzwingen die Realitätsannahme, dass der Gott Israels keine konstruktivistische autopoietische Erzeugung eines wie auch immer verstandenen religiösen „Glaubens" ist, sondern als Schöpfer wirklichkeitswirksam gehandelt hat, handelt und handeln wird und seine Handlungsmacht derart beschaffen ist, dass sie den beobachtbaren Handlungsspielraum aller bekannten Lebewesen übergreift und übersteigt, weil sie nicht den Grenzen von Raum und Zeit unterliegt. Dieser Gott, von dem die Bibel erzählt, ist daher nicht messbar, nicht objektivierbar, nicht vorzeigbar.

Auferweckung zu denken, macht im biblisch-christlichen Diskurs also nur Sinn, wenn vom Gott Israels geredet wird. Vom Gott Israels zu reden, ergibt aber wiederum nur Sinn, wenn man *mit* ihm reden, also beten kann. Wie die Feier des Osterfestes und des Abendmahls macht das Gebet nur Sinn, wenn Gott als persönlicher Gott, also als wirkliches, wirkendes, ansprechbares Gegenüber vorausgesetzt bzw. erlesen, erzählt, erfahren wird, dem man sich anvertraut.

3. Die Kanontheologische Präsupposition

Aber auf Grund welcher Datenbasis und welcher Realitätskonzepte kann eine solche Annahme mit so weitreichenden chronotopischen[9] kosmologischen Dimensionen mehr und anderes sein als die Behauptung, dass es Feen, Trolle und Einhörner gibt? Oder anders gefragt: Wo und wie kann zuverlässiges Wissen über Gott

---

[7] Vgl. dazu *Stefan Alkier/Christos Karakolis/Tobias Nicklas*, Sola Scriptura ökumenisch, Biblische Argumente in gegenwärtigen Debatten 1, Paderborn 2021.
[8] Vgl. *Michael Welker*, Was geht vor beim Abendmahl? Gütersloh ³2005.
[9] Zum Begriff der Chronotopie vgl. *Stefan Alkier/Tobias Nicklas*, Wenn sich Welten berühren. Beobachtungen zu zeitlichen und räumlichen Strukturen in der Apokalypse des Johannes, in: *dies./Thomas Hieke* (Hg.), Poetik und Intertextualität der Johannesapokalypse, hrsg. von Stefan Alkier, Thomas Hieke und Tobias Nicklas, in Zusammenarbeit mit Michael Sommer, WUNT 346, Tübingen 2015, 205–226.

erworben werden? Diese epistemologische Grundfrage hat jede wissenschaftliche Theologie in ihrer Komplexität und in ihren jeweiligen Konstellationen und Modalitäten zu beantworten.[10] Texte, Bilder, Musik, Filme, Internetseiten zum Thema Gott gibt es in unüberschaubarer Vielfalt, Widersprüchlichkeit und Konkurrenz. Es gibt Kirchen, die als Institution beanspruchen, der einzig verbindliche Weg zu Gott zu sein. Es gibt zudem auch Individuen inner- und außerhalb institutionalisierter Religionsgemeinschaften, die als Geistführer zu Gott begriffen werden, oder/und sich so inszenieren – dabei gibt es nicht nur die diversen christlichen Wege zu Gott, vor allem jedoch nicht nur monotheistische Gotteskonzeptionen. Rein empirisch betrachtet ist das als Wissen von Gott deklarierte Zeichenmaterial unüberschaubar und disparat. Es gibt kein von allen Menschen geteiltes Gottesverständnis, es gibt noch nicht einmal ein von allen Christinnen und Christen geteiltes Gottesverständnis.

In diesem Durcheinander sich widersprechender und miteinander streitender Gottesauffassungen ist die epistemologische Antwort des kanontheologischen reformatorischen Konzeptes *sola scriptura*,[11] dass unter den Bedingungen menschlicher Kommunikation das Wort Gottes noch „am gewissesten, am leichtesten zugänglich, am klarsten"[12] durch die eigene Lektüre der Bibel wahrgenommen werden kann.

Luther und andere Reformatoren griffen mit dieser epistemologischen Positionierung nicht in einen interreligiösen Diskurs einer pluralen Gesellschaft ein. Auch Atheismus und religionsablehnende Positionen waren im 16. Jh. eher die Ausnahme. Es ging vielmehr um ein innerchristliches, ja sogar innerkirchliches Problem: Wer kann wie und warum etwas Sicheres über Gott sagen. Luthers Antwort lautet:

> Man muss nämlich hier mit der Schrift als Richter ein Urteil fällen, was [aber] nicht geschehen kann, wenn wir nicht der Schrift in allen Dingen, die den Vätern beigelegt werden, den ersten Rang einräumen. Das heißt, dass sie durch sich selbst ganz gewiss ist, ganz leicht zugänglich, ganz verständlich, ihr eigener Ausleger, alles von allen prüfend, richtend und erleuchtend [ut sit ipsa per sese certissima, facillima, apertissima, sui ipsius interpres, omnium omnia probans, iudicans et illuminans].[13]

---

[10] Vgl. *Hermann Deuser*, Gottesinstinkt. Semiotische Religionstheorie und Pragmatismus, RPTh 12, Tübingen 2004.

[11] Vgl. dazu *Stefan Alkier* (Hg.), Sola Scriptura 1517–2017. Rekonstruktionen – Kritiken – Transformationen – Performanzen, unter Mitarbeit v. Dominic *Blauth* u. *Max Botner* Tübingen 2019.

[12] *Martin Luther*, Assertio omnium articulorum Martini Lutheri per bullam Leonis X. novissimam damnatorum/Wahrheitsbekräftigung aller Artikel Martin Luthers, die von der jüngsten Bulle Leos. X verdammt worden sind (1520), in: Martin *Luther*. Lat-dt. Studienausg., Bd. 1, Der Mensch vor Gott, hg. v. Wilfried *Härle*, Leipzig 2006, 71–217, hier: 73.

[13] *Martin Luther*, Assertio, 79–81.

Ich schlage vor, den Superlativen *certissima, facillima, apertissima* ihre superlativische Bedeutung auch in der Übersetzung zu belassen, denn die Einleitung mit „das heißt" (hoc est) zeigt doch das folgende als Erläuterung der im vorherigen stehenden Vorordnung der Schrift als Primärliteratur vor die Sekundärliteratur. Demnach ist die Schrift „durch sich selbst *am gewissesten, am leichtesten zugänglich, am klarsten*" und zwar als Alternative zu einer Auslegungspraxis, die erst die Sekundärliteratur und dann von dem Vorverständnis und den Setzungen der Sekundärliteratur ausgehend die Schrift interpretiert. Es geht bei Luthers *sola scriptura* nicht um die Ablehnung von Sekundärliteratur und Tradition, als solcher, sondern es geht zunächst und vor allem anderen um eine weitreichende methodische Entscheidung: erst die Quelle lesen, dann die Sekundärliteratur und die Auslegungstraditionen wahrnehmen. Keine Lehre und kein Lehramt, sei es der Papst oder seien es Universitätsprofessoren, sei es ein kirchliches Dogma oder eine wissenschaftliche Hypothese, soll der Interpretation der Schrift normierend vorangestellt werden. Der epistemologische Raum, in dem interpretierend zuverlässiges Wissen von Gott aufscheinen kann, ist reformatorischer Theologie zufolge die Rezeption des Gewebes des biblischen Textganzen.

In der gegenwärtigen Situation pluraler Gesellschaften muss noch hinzugefügt werden: *sola scriptura* ist gegenüber allen Offenbarungsansprüchen, philosophischen Gotteskonzeptionen und atheistischen Bestreitungen jeglichen Gottesglaubens die schrifttheologisch begründete christliche epistemologische Positionierung, die in den weltweiten Diskurs um das Verständnis des Kosmos als Ganzen die Überzeugung als kosmologische Hypothese[14] einzubringen hat, dass die Welt und der ganze Lebenszusammenhang durch den freien Willen und die Macht des Gottes geschaffen wurde und getragen wird, von dem die Schriften des Alten und Neuen Testament bei aller Unsicherheit und Brüchigkeit menschlicher Kommunikation und Erschließungsanstrengungen noch *am gewissesten, am leichtesten zugänglich, am klarsten* Kunde geben. *Sola scriptura* verweist daher nicht nur auf einen Primat[15] der Heiligen Schrift, sondern zugleich auf die Unhintergehbarkeit und ebenso auf die Möglichkeit der Auslegung der Heiligen Schrift durch jeden wohlwollenden Rezipienten mit dem „Geist der Urteilsfähigkeit und Leidenschaft"[16]. *Sola scriptura* steht in ökumenischer Weite[17] für die *Zumutung*

---

[14] Vgl. dazu *Hermann Deuser*, Religion: Kosmologie und Evolution. Sieben religionsphilosophische Essays, Tübingen 2014; *Markus Kleinert*/Heiko *Schulz* (Hg.), Natur, Religion, Wissenschaft. Beiträge zur Religionsphilosophie Hermann Deusers, RPT 91, Tübingen 2017.

[15] Vgl. *Hermann Schüssler*, Der Primat der Heiligen Schrift als Theologisches und kanonistisches Problem im Spätmittelalter, Veröffentlichungen des Instituts für europäische Geschichte Mainz 86, Wiesbaden 1977. Vgl. auch *Friedrich Kropatscheck*, Das Schriftprinzip der lutherischen Kirche I. Die Vorgeschichte. Das Erbe des Mittelalters, 1904.

[16] *Martin Luther*, Assertio, 73.

[17] Vgl. dazu Stefan *Alkier*/Christos *Karakolis*/Tobias *Nicklas*, Sola Scriptura ökumenisch (*Biblische Argumente in öffentlichen Debatten 1*), Paderborn 2021.

und die Unhintergehbarkeit der Interpretation und damit zugleich für die *Unverfügbarkeit des Wortes Gottes*. Als Datenbasis christlicher Rede von der Auferweckung durch den Gott Israels kommen daher Grund legend nur Zeichen der Schriften des Alten und Neuen Testaments in ihrem kanonischen Zusammenspiel in Frage, und zwar als interpretierte Zeichen.

4. Ein kategorial-semiotisches Realitätskonzept

Der Titel des vorliegenden Bandes fordert zu Recht ein, über Wirklichkeitsverständnisse zu diskutieren, wenn etwas Belastbares über „Auferstehung" gesagt werden soll. Ich werde daher im Folgenden begründen, warum ich mit einem kategorial-semiotischen Realitätskonzept arbeite und dieses in der gebotenen Kürze skizzieren. Eine politische Vorbemerkung sei mir wegen der Tragweite der Konsequenzen von Wirklichkeitsverständnissen gestattet.

Wir haben in den letzten Jahren in Europa und den USA erlebt, wie gesellschaftlich und politisch verheerend es ist, wenn der gemeinsame Bezug zur Wirklichkeit durch die Inanspruchname von „alternative facts" – ein Euphemismus für „öffentliche Lüge" – verlassen wird. Ob Trumpismus, europäischer Rechtspopulismus, weltweite Verschwörungstheorien – sie alle erheben die eigene subjektive Sicht zur Wahrheit, selbst wenn unbezweifelbare Daten und Fakten dagegensprechen. Die um Worte ringende Berichterstattung in seriösen US-amerikanischen Medien hat fassungslos festgestellt, dass die dauerhaften Lügen Donald Trumps und seiner Unterstützer dazu geführt haben, dass von vielen Trump-Anhängern gegen die Datenlage und gegen jegliche Vernunft das Wahlergebnis der Präsidentschaftswahlen 2020 nicht anerkannt wurde und die Gewaltbereiten unter Ihnen sogar im Gefühl eines stolzen Patriotismus sich dazu auserkoren sahen, das Capitol, also das bedeutendste amerikanische Symbol der Demokratie, zu stürmen, zu verwüsten und sogar Todesfälle in Kauf nahmen. Genauso erschreckend ist, dass Stand heute – 11. Januar 2021 – laut CNN-Berichten fast 50% der republikanischen Wähler den Angriff aufs Capitol vom 6. Januar für gerechtfertigt halten, weil Trump die Wahl gestohlen worden sei: eine haltlose Lüge, die in allen Gerichtsverfahren zurückgewiesen wurde, weil es keine belastbaren Daten für einen Wahlbetrug gibt. Trumpisten aber vertrauen nicht auf Daten, sondern nur auf ihr subjektives Wahrheitsgefühl.

Dieses das Zusammenleben in demokratischen Gesellschaften bedrohende Wirklichkeitsverständnis besteht in der unkritischen Gleichsetzung des subjektiven Wahrheitsgefühls mit objektiver Wahrheit. Die Welt ist dann so, wie sie gesehen und empfunden wird. Es gibt kein Korrektiv vorgegebener Wirklichkeit mehr, von der Charles Sanders Peirce schrieb: „Die Idee der Wirklichkeit ist die Idee, daß die Tatsachen hart sind und all unsren Anstrengungen widerstreben werden, sie abzuschaffen."[18] Die dagegen rebellierende subjektivistische Weltsicht mit der Spitze von „alternative facts" ist aber nicht vom Himmel gefallen und auch nicht erst seit Trump wirksam. Sie ist die gefährliche, banalisierte und popularisierte Fassung von Ansätzen eines radikalen Konstruktivismus, der nicht nur die Interpretationen und Interpretationsmodelle für Konstrukte hält, sondern auch die Interpretationsgegenstände selbst für konstruiert erklärt. Im Wirklichkeitsmodell radikaler Konstruktivisten, kann Realität als der Interpretation objektiv Vorgegebenes nicht mehr als Maßstab der Welterschließung dienen, weil es in diesem Modell keine gegebene Realität mehr gibt. Damit lassen sich aber Daten als das Gegebene, vom Interpreten und seinen Modellen zu Unterscheidende, nicht mehr denken.[19] Die grundlegendste aller hermeneutischen Differenzierungen, nämlich die zwischen Ausleger und Auslegungsgegenstand wird unterlaufen.

Dass jede Interpretation, ja schon jede Wahrnehmung von etwas als etwas konstruierende Aspekte enthält, hat bereits die Transzendentalphilosophie Immanuel Kants bemerkt. Von der frühromantischen Hermeneutik bis zur semiotischen Rezeptionstheorie Umberto Ecos wird die kreative Mitarbeit der Lesenden als Bedingung für Sinnproduktion in Rechnung gestellt.[20] In der Quantenphysik wurde die erstaunliche Erkenntnis gewonnen, dass die Beobachtung das Verhalten von Quantenteilchen beeinflusst. Aber alle diese Theorien und Beobachtungen stellen nicht in Abrede, dass etwas Vorliegendes interpretiert wird, das nicht erst durch die Interpretation hergestellt wird.

Dem Realitätskonzept kategorialer Semiotik im Anschluss an Charles Sanders Peirce[21] gelingt es, reale Gegebenheiten, Kreativität und Konstruktivität im Interpretationsprozess zusammenwirkend zu denken und damit auch bis hin zur politischen Situation der Gegenwart hilfreiche Unterscheidungen zu treffen. Realität wird nämlich als Zeichenprozess begriffen, der drei verschiedene Phänomenelemente zusammenführt. Diese werden relationenlogisch unterschieden, wie gleich noch weiter ausgeführt wird. Die wichtigste Pointe aber besteht darin, dass dem vorkritischen Wahrheitsgefühl (Erstheit), dem kritischen Unterscheidungsvermö-

---

[18] *Charles S. Peirce*, Semiotische Schriften 2 (1903–1906), Frankfurt a. M. 1990, 110.
[19] Vgl. zur Kritik an solchen realitätslosen Wirklichkeitsauffassungen Robert C. *Neville*, Recovery of the Measure. Interpretation and nature, Albany (NY) 1989.
[20] Vgl. *Stefan Alkier*, Art. „Hermeneutik", in: Das wissenschaftliche Bibellexikon (www.wibilex.de), abrufbar unter: https://www.bibelwissenschaft.de/stichwort/46887/
[21] Vgl. dazu *Charles* S. *Peirce*, On a new list of Categories, dt.: Eine neue Liste der Kategorien, in: *ders.*, Semiotische Schriften 1 (1865–1903), Frankfurt a.M. 1986, 147–159. Vgl. dazu *Max H. Fisch*, Peirce's General Theory of Signs (1978), in: *ders.*, Peirce, Semeiotic and Pragmatism. Essays by *Max H. Fisch*, edited by Kenneth Laine *Ketner* and Christian J. W. *Kloesel*, Bloomington 1986, 321–355, hier: 322–326. Zur Geschichte der Kategorienlehre von Aristoteles über Kant bis Peirce siehe die hervorragende Abhandlung von *Klaus Oehler*, Zur Geschichte der Kategorienlehre, in: *Aristoteles*, Kategorien. Übers. und erl. von *Klaus Oehler*, Berlin ⁴2006, 41–64. Zur Einführung in die Semiotik Peirce's siehe *James J. Liszka*, A General Introduction to the Semeiotic of Charles Sanders Peirce, Bloomington 1996.

gen (Zweitheit) und dem synthetischen Entwerfen von übergreifenden Zusammenhängen in einem einheitlichen Modell gleichermaßen Rechnung getragen wird. Der banalisierte, aber politisch umso wirksamere radikale Konstruktivismus lässt nur Phänomenelemente der Erstheit gelten und verweigert sich den kritischen Korrektiven von Zweitheit und Drittheit.

Was dagegen aber alle Wissenschaften verbindet, ist die unhintergehbare Aufgabe, Zeichendaten zu interpretieren. Das gilt gleichermaßen für theoretische Disziplinen wie Mathematik, Naturwissenschaften, Kultur- bzw. Geisteswissenschaften, Gesellschaftswissenschaften sowie für praxisbezogenene Disziplinen wie Jura, Medizin und Theologie. Jede wissenschaftliche Aussage wird durch die Interpretation von Zeichen erzeugt, die als Datenbasis dienen. Um die Willkür und Subjektivität wissenschaftlicher Interpretationen zumindest einzuhegen und sie intersubjektiv plausibel zu formulieren, leisten Interpretationsmodelle einen konstruktiven, Zusammenhänge herstellenden Beitrag.

Aussagen über Realität, Wirklichkeit, Wahrheit von etwas sind immer Aussagen über etwas als etwas in einer bestimmten Hinsicht. Dieser Erkenntnis der triadischen Struktur jeder Wirklichkeitsaussage ist kategoriale Semiotik verpflichtet. Realität wird im Konzept kategorialer Semiotik verstanden als ein Beziehungsgeflecht von Phänomenelementen von Erstheit, Zweitheit und Drittheit. Realität wird nicht unabhängig von Phänomenen konstruiert, sie wird vielmehr auf kreative Weise durch die Interpretation von Phänomenen als Verschränkung verschiedener Phänomenelemente mittels Zeichen erschlossen. Als „Phänomen" gilt „alles, was auf irgendeine Weise vor dem Geist liegt."[22] Realität liegt nicht nur dem Denken und Fühlen, sondern schon jeglicher Wahrnehmung von Phänomenen voraus, denn immer wird auch etwas wahrgenommen, das nicht im jeweiligen Wahrnehmungsakt aufgeht, sei es ein Phänomen von Erstheit, wie ein unbestimmtes, vorkritisches Gefühl, ein Phänomen von Zweitheit wie der Zusammenprall zweier Gegenstände oder ein komplexes Phänomen von Drittheit wie etwa eine Zusammenhang herstellende Interpretation der Schriften des Alten und des Neuen Testaments als Bücher der Liebe und Gerechtigkeit Gottes und des Umdenkens seiner Geschöpfe.

Die Semiotik erhält ihren Namen aufgrund ihrer Bemühung, den Zeichenprozess, die *Semiose*, theoretisch zu erfassen. „Die Semiose, der Zeichenprozess, meint niemals ‚nur' Zeichen (gegenüber oder abgehoben von einer noch einmal ganz anderen oder ‚tiefer' gelagerten Wirklichkeit), sondern die zeichenvermittelte Realität, wie sie im Denken in der Zeit auftritt."[23] „Die Semiotik gibt eben nicht nur eine Strukturbeschreibung von Wahrnehmungs-, Erkenntnis- oder

---

[22] *Charles S. Peirce*, Semiotische Schriften 2 (1903–1906), Frankfurt a.M. 1990, 109.
[23] *Hermann Deuser*, Die phänomenologischen Grundlagen der Trinität, in: *ders.*, Gottesinstinkt, 38–45, hier: 41.

Sprachvorgängen, sondern sie bildet als dreigliedrige Struktur die Realität ab – so, wie wir sie erfahren und weiterbilden. Die Realität ist ein Zeichenprozess."²⁴

Phänomenelemente der Erstheit sind vorkritisch, weil sie nicht distanziert unterschieden werden, sondern sich vornehmlich als Empfindung ereignen. Stößt man sich den Kopf an etwas, so ist es dem Schmerzempfinden ganz gleichgültig, ob man vor eine Holztür oder eine Fensterscheibe gerannt ist. Der Schmerz schmerzt und tut eindeutig weh ohne jegliche Einbeziehung von etwas anderem als etwas anderem. „Ein Erstes ist, was immer es ist, in sich selbst, ohne Rücksicht auf etwas anderes, ob es nun außerhalb von ihm ist oder ob es Teile von ihm selbst sind."²⁵ Der geträumte Traum als solcher, vergessen, unerzählt, uninterpretiert ist Erstheit. Er ist, was er ist, vorkritisch, unzensiert, unanalysiert.

„Was ein Zweites ist, hängt teilweise von einem anderen ab, doch ist es ohne Rücksicht auf irgendein Drittes und unabhängig von der Vernunft. Es ist ein Reagierendes."²⁶ Der Widerstand, den die Holztür oder das Fenster meinem Körper bietet, ist Zweitheit. Etwas reagiert auf etwas. Phänomenelemente der Zweitheit existieren. Sie treten aus sich heraus und können daher aufeinander reagieren. „Was wir unter Existenz verstehen, besteht darin, dass jedes Existierende mit allem anderen Existierenden desselben Universums in einem weiten Sinn (der die relative Position im Raum einschließt) reagiert."²⁷ Existenz ist eine Seinsform von Zweitheit. Existenz ist empirisch wahrnehmbar, messbar, körperlich: „[...] ‚existieren' bedeutet, aufgrund des *ex* in *existere*, auf etwas wirken, gegen die anderen Dinge zurückwirken, die im psycho-physikalischen Universum existieren."²⁸

Nur Phänomenelemente der Drittheit erschließen die Beziehung aufeinander reagierender Phänomenelemente und bringen sie zur Darstellung. „Drittheit ist Vermittlung."²⁹ Drittheit verknüpft und erschließt Zusammenhänge, Regeln und Gesetzmäßigkeiten. Die je höherstellige Relation enthält die unter ihr stehenden Relationen, so dass in einer Drittheit Erstheit und Zweitheit enthalten sind, in einer Zweitheit Erstheit, aber in einer Erstheit keine Zweitheit und in einer Zweitheit keine Drittheit. Wenn ich also sage: ‚Mein Kopf schmerzt, weil ich vor eine Tür gelaufen bin', dann ist diese Zusammenhang herstellende Aussage selbst Drittheit, ihr beschriebener Wirkzusammenhang von Kopf und Tür Zweitheit und

---

[24] *Hermann Deuser*, Einleitung: American Philosophy, in: *ders.*, Gottesinstinkt, 1–18, hier: 16. Vgl. auch *ders.*, Kategoriale Semiotik und Pragmatismus, in: *ders.*, Gottesinstinkt, 20–37, hier 32.: „Das Ineinanderliegen von logischen Schlussformen und kategorialer Zeichenstruktur in der Entwicklung der Gemeinschaft der Menschen ist alles, worauf menschliche Erfahrung setzen kann. Was unter diesen Bedingungen sich darstellt, in Zeichenereignissen repräsentiert wird, ist die Realität".

[25] Charles S. *Peirce*, Semiotische Schriften 1, Frankfurt a.M. 1986, 345.

[26] Ebd.

[27] *Charles S. Peirce*, Semiotische Schriften 2 (1903–1906), Frankfurt a.M. 1990, 269.

[28] *Charles S. Peirce*, Semiotische Schriften 3 (1906–1913), Frankfurt a.M. 1993, 372.

[29] *Charles S. Peirce*, Semiotische Schriften 1, 346.

der empfundene Schmerz Erstheit. Erstheit kann nicht beurteilt werden, es ist, was es ist. Zweitheit kann unterschieden und daher trifftig oder untrifftig beschrieben werden, aber nur Drittheit kann also solche wahr oder eben nicht wahr sein.

Die kategoriale Semiotik erarbeitet ihr Zeichenmodell auf der Grundlage dieser triadischen Phänomenologie:

> Ein Zeichen oder Repräsentamen ist alles, was in einer solchen Beziehung zu einem Zweiten steht, das sein Objekt genannt wird, daß es fähig ist ein Drittes, das sein Interpretant genannt wird, dahingehend zu bestimmen, in derselben triadischen Relation zu jener Relation auf das Objekt zu stehen, in der es selbst steht. Dies bedeutet, daß der Interpretant selbst ein Zeichen ist, der ein Zeichen desselben Objekts bestimmt und so fort ohne Ende.[30]

Kategoriale Semiotik[31] spricht im Unterschied zur strukturalistischen Semiologie[32] vom Zeichen als einer dreistelligen Relation mit den Relata *Zeichen, Objekt* und

---

[30] *Charles S. Peirce*, Phänomen und Logik der Zeichen. Hg. und übers. von Helmut Pape, Frankfurt a.M. 1983, 64.

[31] Vgl. *Hermann Deuser*, Kategoriale Semiotik und Pragmatismus, 32: „Zeichen sind demnach nicht einfach nur die materialen Vehikel, die für etwas anderes stehen, sondern die *kategoriale Semiotik* beschreibt auf der Basis von Zeichenvermittlungen den umfassenden, schlusslogisch und gemäß der Zeichenstruktur gegliederten Prozess von Repräsentationsleistungen. In diesen allein ist die so genannte Außenwelt menschlich zugänglich. Dass unsere Konklusionen bezüglich der Evolution aller Wirklichkeit selbst *hypothetisch* bleiben, zeigt nur, dass menschliches Denken die Gegenstandswelt nicht hervorbringt [...], wohl aber an ihrer Entwicklung Anteil hat." (Hervorhebung im Original)

[32] Zu unterscheiden sind: 1. Strukturalistische Semiotik: In der Tradition der Linguistik Ferdinand de Saussures mit seinem binären Zeichenmodell und der Rezeption der strukturalen Semantik Algirdas Julien Greimas fragt strukturalistische Semiotik primär intratextuell nach beobachtbaren syntagmatischen und semantischen Textstrukturen. 2. Poststrukturalistische Semiotik: In der Rezeption der von Julia Kristeva, Jacques Derrida u.a. vorgetragenen Kritik am strukturalistischen Zeichenkonzept wird das strukturalistische Textverständnis, das Texte als geschlossene Strukturen versteht, vor allem durch Kristevas Theorie der Intertextualität in ideologiekritischer Absicht geöffnet. 3. Kategoriale Semiotik: Während strukturalistische und poststrukturalistische Semiotik dem binären Zeichenmodell Saussures verpflichtet bleiben, arbeitet kategoriale Semiotik durch die Vermittlung von Umberto Eco und Charles Morris mit dem triadischen Zeichenmodell Charles Sanders Peirces, das er auf der Basis seiner Kategorienlehre erarbeitete. Vgl. dazu folgende Literatur: Zu 1.: *Erhardt Güttgemanns*, Einleitende Bemerkungen zur strukturalen Erzählforschung, in: LingBib 23/24 (1973), 2–47; *Louis Marin*, Semiotik der Passionsgeschichte. Die Zeichensprache der Ortsangaben und Personennamen, BeTh 70, München 1976; *Jean Delorme* (Hg.), Zeichen und Gleichnisse. Evangelientext und semiotische Forschung, Düsseldorf 1979. Zu 2.: *Erhardt Güttgemanns*, Fragmenta semiotico-hermeneutica. Eine Texthermeneutik für den Umgang mit der Heiligen Schrift, FThL 9, Bonn 1983; George Aichele, Sign,

Interpretant. Die einzelnen Relata erhalten ihre Zeichenfunktion nur innerhalb dieser Zeichenrelation. Das Zeichen kann nur ein Zeichen sein, wenn es ein Objekt repräsentiert und von einem Interpretanten als Zeichen dieses Objekts interpretiert wird. Ein Objekt kann nur ein Objekt sein, wenn es von einem Zeichen repräsentiert und dieses von einem Interpretanten interpretiert wird. Ein Interpretant kann nur ein Interpretant sein, wenn es ein Objekt und ein Zeichen als Zeichen und Objekt verknüpft. Die erkenntnistheoretische Pointe der kategorialen Semiotik lautet daher: Ohne Zeichen und Interpretanten ist die Rede von einem Objekt sinnlos. Dasselbe gilt aber auch in die andere Richtung: Ohne Objekt und Zeichen ist die Rede von einem Interpretanten sinnlos, da der Interpretant nichts hätte, was er interpretieren könnte. Und auch das Letzte ist folgerichtig: Ohne Objekt und ohne Interpretant ist die Rede von einem Zeichen sinnlos.

Das Zeichen repräsentiert das Objekt *in einer Hinsicht.* Kein Zeichen ist dazu in der Lage, sein Objekt in jeder Hinsicht zu repräsentieren. Es wählt einen bestimmten Gesichtspunkt aus. Dieses in der Zeichenrelation durch die Auswahl einer Hinsicht repräsentierte Objekt nennt Peirce das *unmittelbare* Objekt. Das unmittelbare Objekt hat seinen Ort innerhalb der Zeichenrelation, und zwar *nur* innerhalb dieser Triade. Das *dynamische* Objekt hingegen ist das Objekt, das die Erzeugung eines Zeichens motiviert und von dem das unmittelbare Objekt nur eine Hinsicht darstellt. Die Verbindung zwischen dem dynamischen und dem unmittelbaren Objekt wird durch den *ground* des dynamischen Objekts gewährt. Die Rede von der *Hinsicht* des unmittelbaren Objekts meint also, dass das dynamische Objekt nicht zur Gänze vom Zeichen repräsentiert werden kann, sondern nur mit Blick auf eine Eigenschaft, die aber wiederum nicht nur diesem einen spezifischen dynamischen Objekt zukommt. Ein dynamisches Objekt kann fiktiv, real, geträumt sein oder auch einem anderen Seinsmodus zugehören. Die Zuordnung zu einem dieser Seinsmodi klärt nicht die semiotische Grammatik, sondern die semiotische Rhetorik, die den Geltungsbereich von Zeichen in konkreten Zeichenzusammenhängen aufgrund ihrer Zuordnung zu Diskursuniversen bzw. Enzyklopädien untersucht.

Zeichenereignisse sind nicht nur formal relationale Gebilde. Ein Zeichen funktioniert erst durch seinen Gebrauch in Zeichenzusammenhängen wie Schriften, Gottesdiensten, Texten, Bildern, Versuchsanordnungen, Gebäuden, Konzerten, wissenschaftlichen Kongressen usw. Diese aktuellen Zeichenzusammenhänge wiederum machen die Gesamtheit einer gegebenen Kultur aus. Kulturen

---

Text, Scripture. Semiotics and the Bible, Interventions 1, Sheffield 1997. Zu 3.: *Martin Pöttner,* Realität als Kommunikation. Ansätze zur Beschreibung der Grammatik des paulinischen Sprechens in 1Kor 1,4–4,21 im Blick auf literarische Problematik und Situationsbezug des 1. Korintherbriefes, Theologie 2, Münster 1995; *Stefan Alkier,* Wunder und Wirklichkeit in den Briefen des Apostels Paulus. Ein Beitrag zu einem Wunderverständnis jenseits von Entmythologisierung und Rehistorisierung, WUNT 134, Tübingen 2001, 343–360.

basieren auf dem gesellschaftlich konventionalisierten, kreativen und konfliktvollen Gebrauch der Zeichen – Kulturen sind Zeichenzusammenhänge.

Ein Zeichen bedarf also zumindest zweier Zuordnungen, um zu funktionieren: Es muss einem aktuell wahrnehmbaren Zeichenzusammenhang und zugleich einer Kultur als der Gesamtheit seiner virtuellen Zeichenzusammenhänge zugehören. Den konkret wahrnehmbaren Zeichenzusammenhang nenne ich in Anlehnung an und Modifikation Peircescher Begrifflichkeit das *Diskursuniversum*. Den übergreifenden kulturellen Zeichenzusammenhang nenne ich mit Umberto Eco die *Enzyklopädie*.[33]

Das Diskursuniversum eines gegebenen Zeichenzusammenhangs, z.B. eines Textes, ist dann die Welt, die dieser Text setzt und voraussetzt, damit das vom Text Erzählte oder Behauptete plausibel funktionieren kann. Der Begriff des Diskursuniversums bezieht sich immer auf einen konkreten Zeichenzusammenhang, sei es ein Text, eine archäologische Fundstelle, ein Bild oder eine Münze. Die demgegenüber notwendig virtuelle, weil in ihrer Komplexität nicht greifbare Enzyklopädie, umgreift das konventionalisierte Wissen einer gegebenen Gesellschaft und übersteigt damit die durch den Begriff des Diskursuniversums gesetzten Grenzen einzelner Zeichenzusammenhänge. Jede Zeichenproduktion und jede Zeichenrezeption muss auf eine Enzyklopädie kulturell konventionalisierten Wissens zurückgreifen.

Kehren wir zurück zur semiotischen Grammatik, die eine formale Theorie der Zeichen entwirft. Sie ist zuständig für ein differenziertes Verständnis des Interpretanten. Peirce unterscheidet den *unmittelbaren*, den *dynamischen* und den *finalen Interpretanten*.[34] Der *unmittelbare Interpretant* ist die unbestimmte, vage Verbindung zwischen zwei Relata, die diese als ein Zeichen und ein Objekt bestimmt, so dass überhaupt ein Prozess der Semiose in Gang gesetzt wird.[35] „Der *dynamische Interpretant* ist einfach das, was von einem gegebenen individuellen Interpreten dem Zeichen entnommen wird."[36] „Der *finale Interpretant* ist die letzte Wirkung des Zeichens, insofern diese von der Beschaffenheit des Zeichens her intendiert oder vorbestimmt (*destined*) ist, welche dabei eine mehr oder minder gewohnheitsmäßige und formale Natur hat."[37]

---

[33] Vgl. zu den beiden Konzepten und ihren Herleitungen *Stefan Alkier*, Wunder und Wirklichkeit, 72–79.

[34] Es gibt noch eine ganze Reihe anderer Terminologien bzgl. des Interpretantenbegriffs, die *Liszka*, General Introduction, 122f. (siehe Anm. 20), übersichtlich zusammengestellt hat. Vgl. dazu aber auch die weiterführenden Differenzierungen von Gesche *Linde*, Zeichen und Gewissheit. Semiotische Entfaltung eines protestantisch-theologischen Begriffs, RPTh 69, Tübingen 2013, 844–889.

[35] *Peirce*, Semiotische Schriften 3, 224: „Der *Unmittelbare Interpretant* ist das, was notwendigerweise hervorgebracht wird, wenn das Zeichen ein solches sein soll. Er ist eine vage mögliche Bewußtseinsbestimmung, eine vage Abstraktion." (Hervorhebung im Original)

[36] *Charles S. Peirce*, Semiotische Schriften 3, 215 [Kursivsetzung von mir]. Vgl. *Peirce*, Semiotische Schriften 3, 224f.

[37] *Charles S. Peirce*, Semiotische Schriften 3, 225.

Während der unmittelbare und der dynamische Interpretant in jeder Semiose gegeben sind, ist der finale Interpretant die regulative Idee einer im umfassendsten Sinn des Wortes wahren Interpretation. Seine Wahrheit besteht darin, dass er das dynamische Objekt in jeder Hinsicht darstellt. Peirce zeigt sich hier als Vertreter einer Variante der Korrespondenztheorie der Wahrheit. Peirces semiotische Pointe dieser Theorie liegt darin, dass sie die Vielfalt der Interpretationen als notwendige Stationen auf dem Weg zur Wahrheit hin begreifen lernt, ohne Beliebigkeit zu propagieren. *In the short run* aber kann keine Interpretation beanspruchen, die absolute Interpretation zu sein. Sie kann nicht selbst zeigen, dass sie dem dynamischen Objekt adäquat ist. Die Annäherung an den finalen Interpretanten kann nur eine Interpretationsgemeinschaft *in the long run* erreichen.

Die regulative Idee des finalen Interpretanten schützt vor jeglichen Absolutheitsansprüchen. Das ist ihre ideologiekritische Komponente. Sie fordert aber auch dazu auf, den Gegenstand der Auslegung als ein vom Ausleger zu unterscheidendes Anderes zu respektieren. Das ist ihre ethische Komponente.[38] Schließlich lädt sie zu einer gemeinschaftlichen Wahrheitssuche ein. Semiotik erweist sich als „Theorie der kommunikativ erschlossenen Welt"[39].

Die Interpretation der Phänomene wird also formal als ein Zeichenprozess verstanden, der von einem dynamischen Objekt angeschoben wird und gleichursprünglich einen ersten Interpretanten bildet, der etwas als Zeichen dieses dynamischen Objekts wahrnimmt und mittels dieses Zeichens einen bestimmten Aspekt des dynamischen Objekts als unmittelbares Zeichenobjekt in die vom dynamischen Objekt ontologisch zu unterscheidende Zeichenrelation einbringt auf der Basis eines zwischen dem dynamischen Objekt und dem unmittelbaren Objekt als gemeinsam postulierten Grundes.

Schon der Akt der Zeichenbildung selbst lässt sich als Schlussfolgerungsakt begreifen, weshalb neben die semiotische Grammatik und die semiotische Rhetorik die semiotische Logik tritt. Peirce stellt neben die Deduktion und Induktion die Abduktion:

> Der *abduktive* Schluss vertritt (instinktiv) das Auftreten von Neuem, den Möglichkeitsraum für die folgende Erschließung von Regelmäßigkeiten und Verhaltensgewohnheiten, [...] der *deduktive* Schluss expliziert und ordnet das Gefundene, [...] der *induktive* Schluss überprüft methodisch an der gegebenen Erfahrungswelt.[40]

Wenn etwas als Zeichen von etwas wahrgenommen wird, so haben wir einen Einzelfall vorliegen, dem hypothetisch eine Regel zu Grunde gelegt wird. Diesen

---

[38] Vgl. *Stefan Alkier*, Ethik der Interpretation, in: *Markus Witte* (Hg.), Der eine Gott und die Welt der Religionen. Beiträge zu einer Theologie der Religionen und zum interreligiösen Dialog, Würzburg 2003, 21–41.
[39] *Helmut Pape*, Einleitung, in: *Peirce*, Phänomen und Logik der Zeichen, 25.
[40] *Hermann Deuser*, Grundlagen der Trinität, 50.

Schlussfolgerungsakt nennt Peirce Abduktion. Interpretieren wird als abduktives Schlussfolgern beschreibbar, denn die Bildung eines Interpretanten bewirkt gleichursprünglich, dass etwas zu einem Zeichen von etwas wird. Interpretieren ist ein abduktiver Schlussfolgerungsakt, „bei dem wir einige sehr merkwürdige Umstände antreffen, die man durch die Annahme erklären könnte, dass es sich um den Einzelfall einer bestimmten Regel handelt, weshalb wir diese Annahme akzeptieren".[41]

> Die Abduktion gestattet uns nicht nur, Botschaften zu interpretieren, die sich auf uncodierte Kontexte oder Situationen beziehen. Sie hilft uns auch, den richtigen Code oder Subcode für eine ungenaue Botschaft auszusuchen. [...] Angesichts dessen, dass wir im Prinzip jedes Mal, wenn wir ein Wort hören, entscheiden müssen, auf welchen Code es bezogen werden muß, scheint eine Abduktion bei jedem Decodierungsakt beteiligt zu sein[42]

Auch das induktive und das deduktive Schließen finden sich im Akt der Interpretation wieder, aber die Abduktion stellt das durchgängige Schlussfolgerungsverfahren jeder Interpretantenbildung dar und erlaubt es, gerade auch die notwendige Kreativität der Interpretation zu begreifen, ohne sie konstruktivistisch zu verengen.

5. Kategorial-semiotische Interpretationen des neutestamentlichen Auferweckungsdiskurses

Werten wir nun die Daten des neutestamentlichen Auferweckungsdiskurses aus. Die Plausibilitätsdichte dieses Auferweckungsdiskurses wird durch das In- und Miteinander von Phänomenelementen der Erstheit, Zweitheit und Drittheit erreicht. Im Folgenden werden sie aus analytischen Gründen nacheinander dargestellt. Die hier vertretene Grundthese aber lautet, dass die christliche Bibel als Interpretant des ihr vorausliegenden dynamischen Objekts konzipiert ist und die Geschichte ihrer Auslegung eine Wirkkontinuität vom dynamischen Objekt bis hin zu gegenwärtigen Interpretantenbildungen generiert. Dieses dynamische Objekt gerät durch den Zeichenzusammenhang der Schriften des Alten und Neuen Testaments als Jesus-Christus-Geschichte in den Blick, die ihre überräumliche und überzeitliche Bedeutsamkeit durch die Überzeugung von der Auferweckung des gekreuzigten Jesus von Nazareth erhält. Die neutestamentlichen Schriften sind in ihrem Zusammenspiel mit den alttestamentlichen Schriften als Zeichen

---

[41] Charles S. *Peirce* 2.624, zitiert nach *Umberto Eco*, Semiotik. Entwurf einer Theorie der Zeichen, Supplemente 5, München 1987, 186. Vgl. zur semiotischen Logik der Abduktion, Induktion und Deduktion *Liszka*, General Introduction, 53–77 (siehe Anm. 20).
[42] *Umberto Eco*, Semiotik, 186f. Anm. 24.

und Zeugen der Auferweckung des Gekreuzigten konzipiert. Wer von der biblischen Botschaft als gute Nachricht von der Auferweckung des Gekreuzigten angesprochen wird und dem Gott vertraut, der sie den biblischen Texten zufolge allein bewerkstelligen konnte, reiht sich in die Zeugenschaft der biblischen Schriften ein und wird selbst zum Zeichen für die Wirkkraft und Wahrheit der Erzählung von der Auferweckung Jesu durch den Gott Israels, dem lebendigen Schöpfer und Bewahrer des Lebens.

5.1 Erstheit

Die authentischen Paulusbriefe gelten nicht nur als früheste überlieferte Zeugnisse neutestamentlicher Auferweckungstheologie, sondern vielmehr des Evangeliums Jesu Christi überhaupt. Beginnen[43] wir daher mit den Darstellungen der Transformation des Paulus vom Verfolger der Versammlungen im Namen Jesu Christi zum Apostel Jesu Christi, so stimmen die Darstellungen in Gal 1 mit denen in Apg 9, 22 und 26 darin überein, dass Paulus in keiner Weise auf dieses Geschehen vorbereitet wurde. Das Erlebnis, von dem dort gesprochen wird, ereignet sich spontan, ohne Ankündigung und ebenso spontan reagiert Paulus, was besonders deutlich wird in seiner Darstellung im Galaterbrief. Paulus prüft weder in der Darstellung der Apostelgeschichte noch in seiner autobiographischen Erzählung in Gal 1 empirisch, ob das Grab Jesu in Jerusalem leer ist. Er bemüht auch keine schriftgelehrte Argumentation, die ihn die Wahrnehmung zu bewerten hilft. Vielmehr fallen Wahrnehmung der Erscheinung und die Reaktion darauf als Wahrnehmung seiner Beauftragung chronotopisch und vorkritisch ineinander. Dieser spontane Wahrnehmungsakt mit der spontanen Reaktion des Paulus ist als Phänomen der Erstheit zu werten. Dieses Ereignis, wie immer es auch heute interpretiert und kategorisiert wird, sei es als objektive Schauung des auferweckten und erhöhten Kyrios, sei es als psychologisch erklärbare Einbildung des verstörten Paulus, bildet im Neuen Testament die Basis der paulinischen Überzeugung von der Auferweckung des gekreuzigten Jesus Christus. Keine Überlieferung, keine Argumentation, keine empirisch wiederholbaren Beweise, sondern die kontingente Evidenz eigenen Erlebens bildet in der Darstellung neutestamentlicher Schriften die emotionale Grundlage paulinischer Theologie.

Paulus verweist in 1Kor 15 mit der Eingliederung seines eigenen Erlebens in die Erinnerung an solche Erlebnisse anderer darauf, dass er seine Schau nicht als

---

[43] Ausführlich habe ich alle neutestamentlichen Schriften als Datenbasis des Auferweckungsdiskurses analysiert in Stefan *Alkier*, Die Realität der Auferweckung in, nach und mit den Schriften des neuen Testaments, NET 12, Tübingen 2009, 7–197. Die folgenden Ausführungen versuchen die exegetischen Beobachtungen und Interpretationen knapp zusammenzufassen und kategorial-semiotisch zu interpretieren. Sie basieren auf *ders.*, Realität der Auferweckung, 206–223.

singuläres Einzelerlebnis verstanden haben möchte, sondern das je eigene Erleben des Auferweckten auch die Grundlage der Zeugenschaft, der vor ihm von der Auferweckung Jesu Überzeugten bildet. Ob die in 1 Kor 15 genannten Zeugen ihre Erfahrungen ebenso verstanden wissen wollten wie Paulus, darüber lässt sich nichts sagen,[44] denn wir kennen nur die autobiographische Darstellung des Paulus. Die Evangelien und die Apostelgeschichte als Fremddarstellung solcher Erlebnisse können nicht als authentische Zeugnisse der Schauungen untersucht werden. Es ist sogar möglich, dass Lukas in der Apostelgeschichte narrativ ausschreibt, was er in Gal 1, 1 Kor 9,1 und 1 Kor 15 gelesen haben könnte.

Im Akt des im griechischen Text von 1 Kor 15 mit *óphte* angezeigten Erlebens liegt die vorkritische Grundlage der Überzeugung von der Lebendigkeit des am Kreuz getöteten Jesus Christus. Der Ursprung der Überzeugung von der Auferweckung Jesu Christi liegt demzufolge im vorkritischen Gefühl, Jesus nach seiner Hinrichtung als Lebenden erfahren zu haben.

Das, was dieses Gefühl auslöste, ist zeichentheoretisch als dynamisches Objekt anzusehen, was schon die erste vorkritische Reaktion darauf als unmittelbaren Interpretanten zu verstehen gibt, der dann als unmittelbares Objekt des ersten österlichen Zeichenbildungsprozesses den auferweckten Gekreuzigten anzeigt. Diese semiotische Rekonstruktion vertritt also die Hypothese, dass die Grundlage aller Rede von der Auferweckung Jesu Christi in einem spontanen Erleben liegt, dass durch etwas ausgelöst wurde, was nicht in diesem Erleben aufgeht.

Um Missverständnisse zu vermeiden: Diese semiotische Hypothese behauptet nicht offenbarungspositivistisch auf der Ebene von Zweitheit, dass das dynamische Objekt, das die Semiose auslöste, der auferweckte und erhöhte Gekreuzigte war, sondern vielmehr, dass der auferweckte Gekreuzigte als finaler Interpretant zumindest von Paulus als demjenigen begriffen wurde, der solch ein Erlebnis hatte und verallgemeinernd zur Sprache brachte. Damit wird in der Konsequenz dieser Paulusinterpretation zweierlei behauptet: 1. Die Überzeugung von der Auferweckung des Gekreuzigten beruht vorkritisch auf einem Erlebnis, das einen Zeichenprozess auslöste, und ist emotional in diesem Erleben verankert. 2. Die Überzeugung von der Auferweckung des Gekreuzigten ist ein abduktiver Schlussfolgerungsakt, der der Wahrnehmung des Erlebnisses eines Etwas gleichursprünglich einen unmittelbaren Interpretanten zuordnete und diesen dann mit dem dynamischen Interpretanten ‚Jesus lebt' bestimmte.

Diese Rekonstruktion wird verstärkt durch die Beobachtung, dass auch die narrativen Sekundärdarstellungen der Evangelien und der Apostelgeschichte die Spontaneität des Erlebens des Auferweckten bzw. der Botschaft von seiner Auferweckung bei allen zum Teil gewichtigen Unterschieden in Szene setzen.

---

[44] Darauf weist auch klärend Gudrun *Guttenberger* in ihrem instruktiven Aufsatz, Ὤφθη. Der visuelle Gehalt der frühchristlichen Erscheinungstradition und mögliche Folgerungen für die Entstehung und Entwicklung des frühchristlichen Glaubens an die Auferstehung Jesu (Teil 1), in: BZ NF 52/1 (2008), 40–63 hin.

Das Markusevangelium, das durch seine Darstellung die Lesenden auf den Gang zum leeren Grab schrittweise vorbereitet und mittels der mehrfachen Ansagen von Passion, Tod und Auferweckung Jesu dieses Wissen auch den engsten zwölf Schülern Jesu zukommen lässt, schildert eindrücklich, dass sie nicht mit der Auferweckung ihres Lehrers rechneten und ebenso wenig die Frauen, die die Logik des Todes und der Bestattungsriten, nicht aber die Erwartung des Auferstandenen zum Grab treibt. Die Zeichen seiner Auferweckung, also das leere Grab und die Botschaft des Engels, erzeugt als spontane Reaktion Furchtergriffenheit, Flucht und Schweigen (vgl. Mk 16,1–8). Die Reaktion der Frauen wird als Kontrastfolie zu der vom Evangelium von seinen Lesern gewünschten spontanen Reaktion lesbar, die positiv mit dem spontanen Verhalten des Paulus in den neutestamentlichen Auferweckungsdiskurs eingeschrieben ist. Während die Frauen das Weitersagen aus spontaner Furcht verweigern, ist Paulus derjenige, der angemessen reagiert, indem er nicht neutral oder gar skeptisch auf der Ebene von Zweitheit und Drittheit prüft, sondern sofort, ohne Zögern das Weitersagen, die Verkündigung der frohen Botschaft von der Auferweckung des Gekreuzigten beginnt. Paulus reist nicht erst nach Jerusalem, um zu prüfen, ob Jesu Grab auch wirklich leer ist, vielmehr beginnt er sofort damit, Zeugnis abzulegen, die gute Nachricht von der Auferweckung Jesu zu erzählen. Die Frauen im Markusevangelium hingegen verstummen. Die Lesenden bzw. Hörenden des Markusevangeliums aber sollen wie Paulus mit ihrer Zeugenschaft beginnen, indem sie die frohe Kunde weitererzählen.

Auch im Matthäusevangelium zeigt sich niemand angemessen vorbereitet auf die Begegnung mit dem Auferweckten bzw. mit der Botschaft von seiner Auferweckung. Auch hier gehen die Frauen in der Logik von Tod und Bestattungsriten zum Grab. Ironischerweise denken nur die Gegner Jesu an die Ankündigung seiner Auferweckung und bestellen deshalb Grabwachen, damit die Schüler Jesu den Leichnam nicht stehlen können und behaupteten, seine Prophezeiung seiner eigenen Auferweckung habe sich erfüllt (vgl. Mt 27,62–66). Auch die Grabwachen rechnen daher nicht mit einem Auferweckungsereignis und sie geraten in todesähnliche Furcht, als sich mit großem Getöse das Grab öffnet und in furchterregender Gestalt der Engel erscheint. Die Frauen, denen nun die Auferweckungsbotschaft mitgeteilt wird, reagieren spontan zugleich mit Schrecken und großer Freude. Der Schreck sitzt ihnen zwar wie den Soldaten in den Gliedern, aber ihre Freude, die so groß ist, dass sie die Furcht überwindet, lässt sie die Nachricht weitersagen wollen. Auf diesem Weg, schon emotional überzeugt von der Botschaft der Auferweckung des Gekreuzigten, begegnen sie ihm und fallen ihm ihn ehrend zu Füßen. Die männlichen Schüler Jesu aber reagieren mit ihrem Gang auf den Berg zunächst ebenfalls im Sinne der Auferweckungsbotschaft. Aber paradoxerweise beginnen einige von ihnen zu zweifeln, als sie ihn sehen (vgl. Mt 28,16f.).

Lukas, der wie seine Vorgänger auch den Gang der Frauen zum Grab aus der Logik des Todes und der Bestattungsriten motiviert, lässt die Frauen im leeren Grab in Ratlosigkeit verfallen. Sie können sich keinen Reim auf die die Logik des

Todes störende Wahrnehmung des abwesenden Leichnams machen. Die Auferstehungsbotschaft, die zugleich mit der Erinnerung an die Leidensankündigungen und den damit verbundenen Auferweckungsansagen verbundenen plausibilisiert wird, löst keine emotionale, sondern zunächst eine kognitive Reaktion aus (vgl. Lk 24,8) Immerhin wird das Weggehen vom Grab und das Weitersagen der Botschaft an Jesu Schüler durchaus als Zustimmung zu der Auferweckungsbotschaft gedacht werden können. Die Schüler Jesu jedenfalls halten diese Botschaft für „Geschwätz, und sie vertrauten ihnen nicht." (Lk 24,11, Frankfurter Neues Testament Bd. 4 = FNT 4[45]). Petrus aber überprüft die Aussage der Frauen, indem er zum Grab geht. Das leere Grab ist ihm jedoch kein Beweis der Auferweckung, zumindest aber ein sein Denken in Verwunderung bringendes Zeichen. Selbst Lukas, der noch am stärksten an einem auch empirisch überprüfbaren Auferckungsbeweis interessiert ist und immer wieder die materiell-körperliche Dimension des Evangeliums und auch der Auferweckung Jesu inszeniert, gilt die rationale Aufnahme der Auferweckungsbotschaft bestenfalls als Anlass, sie empirisch zu überprüfen, aber die empirischen Indizes auf der Ebene von Zweitheit erreichen die Ebene der Erstheit gerade nicht. Sie überzeugen nicht emotional von der Wahrheit des Gesagten und sie können auch keinen Interpretationsrahmen auf der Ebene von Drittheit liefern, die aus dem bloßen sich Wundern herausführen könnte in ein interpretierendes Verstehen, dass die empirischen Indizien und das emotionale Überzeugtsein plausibel und darstellbar verbinden würde. Dazu benötigt auch Lukas eine emotionale Reaktion und einen hermeneutischen Schlüssel.

Diese begegnen aber gerade in den brennenden Herzen der Emmausjünger (vgl. Lk 24,32), die sich genau da einstellen, wo der Auferweckte mit ihnen redet und ihnen „die Schriften offen legte" (Lk 24,32, FNT 4). Sie erkennen ihn beim Brotbrechen, weil ihnen dort von Gott die Augen geöffnet werden (vgl. Lk 24,31b): sie fühlen die Wahrheit durch sein Reden und sie verstehen was geschehen ist durch die Interpretation der Schrift.

In dem Augenblick, in dem sie den Begleiter auf dem Weg als den auferweckten Gekreuzigten erkennen, also einen Interpretanten auf der Ebene von Drittheit bilden, entzieht sich der Leib des Auferweckten ihren Blicken. So sehr Lukas an der empirisch-materiellen Dimension, also an Phänomenen von Zweitheit interessiert ist, so sehr beugt er dem Missverständnis eines hermeneutischen Automatismus der empirischen Phänomene vor. Das leere Grab kann bestenfalls als zu denken gebendes Zeichen eines Ereignisses verstanden werden, das die Grenzen der Phänomene von Zweitheit gerade durchbricht. Der Leib des Auferweckten gehorcht auch bei Lukas nicht mehr den Gesetzen von Körpern aus Fleisch, Blut und Knochen. Die Wahrheit der Auferweckungsbotschaft aber ist auch Lukas zufolge nur zu fühlen und im Denkrahmen der Schrift zu interpretieren. Das Grab wird

---

[45] Das Evangelium nach Lukas und die Taten der Abgesandten (Frankfurter Neues Testament 4), hg. v. Stefan Alkier/Thomas Paulsen, Paderborn 2023.

Lukas jedenfalls in seiner Apostelgeschichte nicht mehr als Beweis, ja nicht einmal mehr als Denkanstoß einbringen.

Im Johannesevangelium führt das geöffnete Grab zu einem spontanen Missverständnis:

> Am ersten Tag der Woche aber kommt Maria von Magdala früh morgens, als noch Dunkelheit war, zu dem Grabmal und erblickt den Stein, gehoben aus dem Grabmal heraus. Sie läuft nun und kommt zu Simon Petrus und zu dem anderen Schüler, den Jesus liebte, und sagt ihnen: „Gehoben haben sie den Herrn aus dem Grabmal heraus und nicht wissen wir, wo sie ihn hingelegt haben." (Joh 20,1f., FNT 3[46])

Das geöffnete Grab wird ganz in die Erfahrung des Konflikts eingetragen, die zu Jesu Hinrichtung führte. Folgerichtig stellt Maria die Hypothese auf, dass die Gegner Jesu ihre Feindschaft sogar am leblosen Leichnam ausließen und diesem nicht seine rituelle Ruhe zuteilwerden lassen wollten.

Petrus und der so genannte Lieblingsjünger laufen zum Grab, um die Sache zu überprüfen. Nur der Lieblingsjünger kommt angesichts der Indizes des geöffneten Grabes und der sorgfältig zusammengelegten Tücher spontan zum Vertrauen. Er, der wohl als der Verfasser des Johannesevangeliums besonders zuverlässig dargestellt werden soll, schließt aus dem geöffneten Grab im syntagmatischen Verbund mit der Ordnung der Tücher, dass hier kein gewaltvoller Grabraub stattgefunden haben kann. Ohne jegliche weitere Verstehenshilfe „sah und vertraute er" (Joh 20,8). Sein Vertrauen stellt sich spontan ein und bedarf nicht einmal eines Verstehensrahmens, um die Wahrheit zu fühlen. Es bedurfte lediglich eines Anstoßes, der Wahrnehmung eines Zeichens, das seine spontane Reaktion des Vertrauens ermöglicht. In der Spontaneität seines Vertrauens als dynamischer Interpretant der Wahrnehmung untercodierter Indizes liegt seine exzeptionelle Vorbildfunktion.

Petrus hingegen kommt hier noch nicht zum Vertrauen, denn ihm fehlt noch der hermeneutische Schlüssel, den Johannes von Lukas übernimmt: „Denn sie hatten noch keine Einsicht in die Schrift, dass folgen muss, dass er von den Toten aufsteht." (Joh 20,9, FNT 3)

Maria bleibt sogar hartnäckig in ihrem Missverständnis stecken und erkennt mit ihren Tränen über die Fortsetzung des Unrechts nicht den Auferweckten. Sie identifiziert ihn als „Gärtner" und hält ihn sogar für den Leichenräuber. Erst, als er sie bei ihrem Namen ruft, erkennt sie die Wahrheit und sagt sie den Schülern Jesu weiter (Joh 20,18).

Jesu Schüler schließlich, die „wegen der Furcht vor den Juden" (Joh 20,19, FNT 3) in einem geschlossenen Raum sitzen und sehen, dass der auferweckte Gekreuzigte in diesen Raum eindringen kann, ohne die Türen zu öffnen, „wurden

---

[46] Das Evangelium nach Johannes und die drei Johannesbriefe (Frankfurter Neues Testament 3), hg. v. Stefan Alkier/Thomas Paulsen, Paderborn 2022.

nun von Freude ergriffen, als sie den Herrn sahen". (Joh 20,20, FNT 3) Die angemessene emotionale Reaktion auf die Wahrnehmung des auferweckten Gekreuzigten ist die Freude.

Die Grundlage der Überzeugung von der Auferweckung Jesu Christi besteht den neutestamentlichen Schriften zufolge in einem spontanen Wahrheitsgefühl, das angestoßen wird von Phänomenen, die nicht in der Wahrnehmung der Rezipienten aufgehen. Das Vertrauen in die Wirklichkeit der Auferweckungsbotschaft ist grundlegend und vor jeder kritischen Prüfung und vor jeder enzyklopädisch reflektierenden Verknüpfungsleistung ein Phänomen der Erstheit, ein vorkritisches, Freude auslösendes Wahrheitsgefühl, das sich als dynamischer Interpretant einer Wahrnehmung von etwas einstellt. Dieses Vertrauen ist den Schriften des Neuen Testaments zufolge nicht als innerpsychologische Konstruktion zu erklären, die die kognitive Dissonanz zwischen der Erfahrung heilvoller Gemeinschaft mit Jesus in der Jesusbewegung vor dessen Tod und dann die Erfahrung seines schrecklichen Endes durch die Hinrichtung Jesu kompensiert. Es ist zunächst und vor allem anderen die spontane Antwort auf ein überwältigendes Phänomen.

5.2 Zweitheit

Die dem der Überzeugung von der Auferweckung Jesu Christi als Phänomene der Erstheit zugrunde liegenden Erfahrungen kommen der empirisch-historischen Untersuchung als Visionen[47] in den Blick. Auch kritische historische Forschung verfügt nicht über die Mittel zu prüfen, ob es sich dabei um subjektive innerpsychische Vorgänge handelte, wie es die subjektive Visionshypothese seit David Friedrich Strauß behauptet, oder ob in den Visionen etwas gesehen wurde, dass den Schauenden objektiv entgegentrat, wie es die so genannte objektive Visionshypothese verlangt.[48] Auf der Ebene von Zweitheit kann lediglich festgestellt werden, dass die neutestamentlichen Schriften es so darstellen, dass diejenigen, die den auferweckten Gekreuzigten oder etwas sehen, dass sie auf dessen Lebendigkeit schließen lässt, davon überzeugt sind, dass es sich nicht um Produkte frommer Phantasie handelte. Die fraglichen neutestamentlichen Schriften stehen ohne Zweifel auf der Seite der objektiven Visionshypothese. Das spricht aber nicht für ihre Gültigkeit auf der Ebene von historischer Triftigkeit unter den Bedingungen gegenwärtigen Weltwissens.

---

[47] Vgl. dazu die historische Erkenntnis voranbringende, weil sich methodisch auf sie beschränkende Studie von *Gudrun Guttenberger*, Ὤφθη. Der visuelle Gehalt der frühchristlichen Erscheinungstradition und mögliche Folgerungen für die Entstehung und Entwicklung des frühchristlichen Glaubens, in: Biblische Zeitschrift 52 /2 (2008), 161–173.

[48] Vgl. zur geistesgeschichtlichen und erkenntnistheoretischen Rekonstruktion und Kritik beider Hypothesen die klärenden Ausführungen von Georg *Essen*, Historische Vernunft und Auferweckung Jesu. Theologie und Historik im Streit um den Begriff geschichtlicher Wirklichkeit, Tübinger Studien zur Theologie und Philosophie 9, Mainz 1995, 295–314.

Höchst umstritten zwischen den Vertretern der subjektiven und der objektiven Visionshypothese ist das Verständnis von gr. *óphte* (‚er ist gesehen worden') in 1Kor 15,3–8. Gudrun Guttenberger fordert in ihrer historischen Analyse zu Recht ein, die Bedeutung dieses Wortes nicht zu überlasten, wie es immer wieder in der Exegese von 1Kor 15 geschehen ist. Sie stellt hingegen nüchtern fest:

1. „Die Verwendung des Terminus *óphte* [i. O. gr.] ist also nicht weit verbreitet: Der Ausdruck begegnet in den Formeln 1Kor 15,3–5 und Lk 24,34 sowie in Apg 9,17; 13,31; 26,16; Paulus verwendet ihn in freier Formulierung (1Kor 15,8) in Anlehnung an den Sprachgebrauch der Formel 1Kor 15,5. Er kommt nicht in ausgeführten Evangelienerzählungen vor."[49]

2. „Wahrscheinlicher" als ein offenbarungsterminologischer „ist also ein profaner Gebrauch (‚er ist gesehen worden') oder eine auf ein nicht näher spezifiziertes religiös relevantes Geschehen bezogene Verwendung wie in Tob 12,22 oder bei Jos., Bell VI 293–298. Damit ist die Annahme, dass sich bereits durch den Wortgebrauch erschließen ließe, dass die Texte, die die Erscheinungen des Auferstandenen mit *óphte* [i. O. gr.] benennen, ihn damit als Erhöhten in einer gottgleichen Position bestimmen, eher unsicher. Aufgrund des Wortgebrauchs lässt sich hingegen – selbst wenn man eine terminologische Verwendung annimmt – nicht begründet bezweifeln, dass *óphte* [i. O. gr.] visuell wahrnehmbare Ereignisse benennt.[50]

Es ist also historisch nicht sinnvoll zu bestreiten, dass in den Visionen, von denen prominent 1Kor 15 spricht, tatsächliche Erlebnisse historischer Individuen zur Sprache kommen, die sie schlussfolgern ließen, dass der Gekreuzigte lebt. *Diese* „kognitive Dissonanz"[51] zwischen dem empirisch-historischen Wissen um den

---

[49] *Guttenberger*, Ὤφθη, 47. Es liegt daher m.E. die literaturgeschichtliche Hypothese nah, dass Lukas den ersten Korintherbrief und auch den Galaterbrief kannte und die Visionsschilderungen narrativ ausgestaltete.

[50] *Guttenberger*, Ὤφθη, 51.

[51] Vgl. dazu *Ingolf U. Dalferth*, Der auferweckte Gekreuzigte. Zur Grammatik der Christologie, Tübingen 1994, 66f.: „Nicht die Auferweckung Jesu, sondern die Ostererfahrung der Jünger ist der entscheidende historische Sachverhalt, auf dem die Auferweckungsbotschaft basiert. Diese Erfahrung bringt ihr Zeugnis zur Sprache, der Gekreuzigte sei ihnen erschienen. Mit der Auferweckung Jesu dagegen nennen sie das, was für sie Grund dieser Erscheinungserfahrung ist und womit sie ihr Zeugnis vor sich und anderen begründen. Denn dieses Zeugnis ist durch die fundamentale Spannung zweier Sachverhalte geprägt, die für die Erscheinungszeugen je für sich unbestreitbar waren, da sie gewiß waren, beides erfahren zu haben: dass Jesus am Kreuz gestorben war und dass er ihnen als lebender Herr wirkkräftig erschienen war. Diese Erfahrungen konstituieren zusammen eine fundamentale kognitive Dissonanz und nötigen im Blick auf Jesus zu den beiden für sich genommen unvereinbaren Aussagen: ‚Er ist tot.' – ‚Er lebt.' [...] Gerade weil dieser Tod für die überhaupt nicht in Frage stand, zerbrach die Erscheinungserfahrung des lebendigen Gekreuzigten die Einheit ihres Erfahrungszusammenhangs und damit ihre Identität als Erfahrungssubjekte in dieser Welt und stellte sie so vor ein fundamentales Konsistenzproblem."

Kreuzestod Jesu und dessen Bestattung als Phänomene von Zweitheit einerseits und dem Wahrheitsgefühl, ihn als Lebenden wahrgenommen zu haben als Phänomen von Erstheit, ist der historisch greifbare und den neutestamentlichen Darstellungen entsprechende Auslöser der Rede von der Auferweckung des Gekreuzigten durch Gott. Aber das darf kategorisch nicht verwechselt werden mit der Behauptung, damit wäre historisch bewiesen oder zumindest nahegelegt, dass die Visionäre den auferweckten Gekreuzigten im Phänomenbereich von Zweitheit gesehen haben.

Während die überwiegende Mehrheit der Exegetinnen und Exegeten die Ostererfahrungen als historischen Ursprung der Überzeugung von der Auferweckung des Gekreuzigten begreifen, vertrat Hans von Campenhausen in seiner Studie „Der Ablauf der Osterereignisse und das leere Grab", die These: „Der entscheidende Anstoß, der alles ins Rollen brachte, war die Entdeckung des leeren Grabes."[52] Diese These hat sich in der historischen Forschung nicht als plausibel erwiesen, auch wenn sie immer wieder mal formuliert wird.

In abgeschwächter Weise nutzte Wolfhart Pannenberg die historische Hypothese vom leeren Grab, die er als stützendes Argument seiner objektiven Visionshypothese belastet. Dagegen aber hat Dale C. Allison, für den die Schriften Pannenbergs zu seinen maßgeblichen Einflüssen gehören, mit seiner Studie *An opend tomb and a missing body?* die Hypothese vom leeren Grab erneut, aber durchaus eigenständig als historisch plausibler denn die vom „vollen" Grab begründen wollen.[53] Allisons scharfsinnige Ausführungen arbeiten zwei starke Argumente gegen das leere Grab und zwei von ihm als stärker bewertete Argumente für die Annahme heraus, das Grab Jesu sei leer vorgefunden worden.

Obwohl Allison zu dem Ergebnis kommt, es sei historisch wahrscheinlicher, dass das Grab leer gewesen sei, weist seine Analyse jegliche einseitige Selbstsicherheit der einen oder anderen Position in ihre Schranken und bringt auch hier die bereits erwähnte zutreffende Einsicht zur Geltung, dass letztlich die Gesamtsicht über die Interpretation der Daten entscheiden wird. Gegen das leere Grab führt er an, dass die frühen Christen nachweislich in der Lage waren, fiktionale Erzählungen zu generieren, und dass eine ganze Reihe von Legenden über verschwundene Körper religionsgeschichtlich nachweisbar ist. Für das leere Grab spräche hingegen 1., dass Erscheinungen Jesu ohne die Kenntnis des leeren Grabes nicht zu der Annahme seiner Auferweckung, sondern eher seiner Entrückung bzw. Erhöhung geführt hätten und dass 2. die Entdeckung des leeren Grabes

---

[52] Der Ablauf der Osterereignisse, 50. Vgl. *Jens Adam*, Das leere Grab als Unterpfand der Auferstehung Jesu Christi. Der Beitrag Hans von Campenhausens, in: Hans-Joachim *Eckstein*/Michael Welker (Hg.), Die Wirklichkeit der Auferstehung, Neukirchen-Vluyn 2002, 59–75.
[53] Vgl. *Dale C. Allison*, Resurrecting Jesus. The earliest Christian Tradition and its interpreters, New York u.a. 2005, 299–337.

durch Maria Magdalena und die anderen Frauen eher einen nicht fiktionalen Eindruck hinterlasse.[54] Allison vermeidet nun aber den kategorialen Kurzschluss, von der größeren Wahrscheinlichkeit der Annahme des leeren Grabes auf die Tatsächlichkeit der Auferweckung Jesu zu schließen. Vielmehr spricht er hier von einem „dead end"[55] historischer Argumentation, denn das leere Grab sage nichts über den Grund seines Leerseins aus.

Eine andere historische Hypothese, die im deutschsprachigen Bereich kaum zur Geltung gekommen ist, hat John Dominic Crossan[56] vertreten, der darauf hinweist, dass Gekreuzigte für gewöhnlich kein Grab erhielten. Es sei daher fraglich, ob Jesus als hingerichteter Verbrecher überhaupt ein ordentliches Begräbnis zuteilwurde. Da die Tradition von der Grablegung aber nicht nur in den Evangelien, sondern auch in 1Kor 15 begegnet und es zudem nicht sicher ist, ob es jüdische Praxis gewesen ist, Verbrecher nicht zu bestatten, kommt dieser Hypothese nur wenig historische Wahrscheinlichkeit zu.

In keinem Fall aber kann das Grab, ob voll oder leer, als empirischer Beweis der Auferweckung Jesu gelten,[57] denn es gibt viele historisch denkbare Möglichkeiten, wie es zum leeren Grab hätte kommen können: Leichendiebstahl, Verwechslung der Gräber etc.

Von besonderer Wichtigkeit aber ist es, die Historizität des Kreuzestodes Jesu von Nazareth noch einmal ins Gedächtnis zu rufen. Die von verschiedenen Quellen auch außerhalb des Neuen Testament bezeugte Existenz Jesu von Nazareth und dessen Hinrichtung am Kreuz kann nicht mit plausiblen Argumenten kritischer historischer Vernunft bestritten werden. Das ist zwar kein Beweis seiner Auferweckung, aber es verortet die Jesus-Christus-Geschichte der neutestamentlichen Schriften im kategorialen Bereich der Existenz, der Zweitheit, der empirisch-historisch zugänglichen Wirklichkeit. Die Jesus-Christus-Geschichte erfährt mit der Existenz Jesu und der Tatsache seines Kreuzestodes ihre Erdung inmitten der harten Welt der Fakten. Sie ist nicht im mythischen Bereich religiöser Phantasmen anzusiedeln. Sie erzählt die leidvolle Geschichte einer grausamen Hinrichtung eines existierenden, leidensfähigen Menschen, der zumindest menschliches Mitgefühl verdient. Das Kreuz aber, an dem er qualvoll starb, ist als historisches Marterwerkzeug nicht dazu geeignet, in religiösem Kitsch aufzugehen.[58] Der ans Kreuz genagelte, blutende Leib Jesu ist ein Opfer menschlicher Brutalität. Das

---

[54] Vgl. *Allison*, Resurrecting Jesus, 332.
[55] *Allison*, Resurrecting Jesus, 334.
[56] Vgl. *John D. Crossan*, Der historische Jesus. Aus dem Englischen v. P. Hahlbrock, München ²1995, 516–518.
[57] Vgl. dazu auch *Andreas Lindemann*, Auferstehung – unsere Hoffnung, Kleine Schriften aus dem Reformierten Bund 8, Wuppertal 1997, 18–20.
[58] Vgl. dazu *Stefan Alkier*, Das Kreuz ist keine Metapher, in: *ders./Christfried Böttrich* (Hg.), Neutestamentliche Wissenschaft in gesellschaftlicher Verantwortung. Studien im Anschluss an Eckart Reinmuth, unter Mitarbeit v. Michael Rydryck, Leipzig 2017, 15–34.

Kreuz auf der kategorialen Ebene der Zweitheit betrachtet spottet jeder religiösen Romantik. Das Kreuz ohne Wort vom Kreuz „ist und macht stumm".[59] Das Kreuz aber im Rahmen der Jesus-Christus-Geschichte bindet das Wort vom Kreuz an die empirisch und historisch zugängliche Wirklichkeit und verortet das Evangelium inmitten der Wirklichkeit historischer Existenz. Deshalb ist Andreas Lindemann zuzustimmen, wenn er schreibt:

> „Was wäre, wenn man eines Tages Reste von Jesu Leichnam fände und zweifelsfrei identifizieren könnte? Der Glaube an Jesu Auferweckung – präziser gesagt: *mein* Glaube –, wäre dadurch nicht berührt. *Ich* könnte an Jesu Auferweckung dann nicht mehr glauben, wenn nachgewiesen würde, dass Jesus nicht am Kreuz gestorben ist."[60]

Diese wichtige Erkenntnis, die Lindemann hier bescheiden als eigenes Glaubensbekenntnis formuliert, kann getrost überindividuell formuliert werden. Die historische Analyse der neutestamentlichen Schriften zeigt, dass die Rede von der Auferweckung überwiegend ohne den Bezug auf das leere Grab auskommt, nicht aber ohne die Einschärfung der Tatsächlichkeit des Kreuzestodes Jesu. Und selbst diejenigen Schriften, die das leere Grab narrativ inszenieren, brechen durch ihre Darstellung die Logik des Faktischen: „Daß das leere Grab für die Evangelisten selber keinen Beweischarakter hat, zeigen ihre Erzählungen mit aller Deutlichkeit".[61]

Kreuz, Grab und Visionen sind kritischer historischer Forschung als Phänomene von Zweitheit zugänglich. Die Realität, von der das *Wort* vom Kreuz Zeugnis ablegt, kommt so aber nicht in den Blick, weil es die Logik des Faktischen gerade durchbricht und etwas Neues sehen lässt, etwas Kontingentes, Einmaliges, nicht Analogisierbares, das Alles, auch die Phänomene der Zweitheit schon jetzt anders werden lässt: die Auferweckung des Gekreuzigten als eschatologisches Wirken des Gottes Israels, dem Schöpfer und Bewahrer des Lebens. Das Kreuz hält die Erinnerung daran wach, dass dieses eschatologische Ereignis nicht in Utopia, sondern inmitten der leiblich erfahrbaren Wirklichkeit chronotopisch verortet ist, in mitten der Welt, die die Geschöpfe Gottes bewohnen.

5.3 Drittheit

Die neutestamentlichen Schriften behaupten nicht nur die eschatologische Auferweckung, sondern sie machen sie auch denkbar, indem sie die emotionale Überzeugung vom Leben und Wirken des auferweckten Gekreuzigten inmitten der Welt der harten Fakten verorten und beides stimmig mittels der Rede von der Auferweckung des Gekreuzigten durch den barmherzigen und gerechten Schöpfergott Israels verknüpfen. Nicht nur die überwiegend diskursiven Texte der

---

[59] *Dalferth*, Der auferweckte Gekreuzigte, 44.
[60] *Lindemann*, Auferstehung, 23.
[61] *Lindemann*, Auferstehung, 19.

Briefe, sondern auch die narrativen Texte der Evangelien und der Apostelgeschichte und auch die visionäre Komposition der Johannesapokalypse wenden sich an die Denkfähigkeit ihrer Leser, um die Realität der Auferweckung verstehbar zur Sprache zu bringen. Die neutestamentlichen Schriften zielen auf ein Gottvertrauen, das sich von religiöser Romantik, blutleeren Welterklärungsformeln und konstruktivistischen Hirngespinsten gleichermaßen abzugrenzen weiß. Die „brennenden Herzen" fühlen die wirkende Wahrheit, dass das stumme Kreuz nicht das Ende der Jesus-Christus-Geschichte bedeutet. Vielmehr lassen sie im Vertrauen auf Gottes Kreativität und mit der Verstehenshilfe der Heiligen Schriften Israels die gute Nachricht von der eschatologischen Auferweckung des Gekreuzigten als Einbruch der letztgültigen, heilvollen, ewigen Gottesherrschaft inmitten der Jetztzeit sehen, die nicht weniger bedeutet als der Anfang der Rettung der ganzen Schöpfung durch ihre Neuschöpfung.

Die Plausibilität der Rede von der Auferweckung wird durch den narrativen Rahmen von der Schöpfung bis zur Neuschöpfung als Phänomen von Drittheit erschlossen, den die Bibel als Ganze setzt. Die Texte der Bibel werden durch eine große Erzählung zusammengehalten, die vom Anfang bis zum Ende dieser Welt ausgespannt wird.[62] Die Bücher des Alten Testaments sind bestimmt von der Geschichte Gottes mit seinem erwählten Volk Israel. Die neutestamentlichen Bücher nehmen auf diese Geschichte Bezug und interpretieren sie von der Jesus-Christus-Geschichte her neu, deren Grundgeschichte und treibende Kraft der Kreuzestod Jesu und das eschatologische Ereignis seiner Auferweckung bilden. Stellen die alttestamentlichen Bücher die narrative, epistemologische und theologische Voraussetzung der neutestamentlichen Bücher dar, so eröffnet erst das Wort vom Kreuz der neutestamentlichen Bücher das sachgemäße christliche Verstehen der alttestamentlichen Schriften. Erst das Wort vom Kreuz als Erzählung des alles verändernden eschatologischen Ereignisses der Auferweckung des Gekreuzigten liest die Heiligen Schriften Israels als Schriften des Alten Testaments.[63]

Die große Geschichte, die die Heiligen Schriften Israels erzählen, entwirft einen emotional fundierten Denkrahmen der Deutung des ganzen Kosmos. Der Kosmos und alles Leben sind zweckfrei und verdanken sich allein einer schöpferischen Kraft, die Gefallen an ihren Werken hat. Kein Name und kein Sprachspiel können diese kreative Kraft und ihre zweckfreie Liebe begrenzen.

---

[62] In meinem Hörbuch „Die Nacht der Bibel", gelesen von Barbara Auer, Peter Lohmeyer und Peter Schröder, habe ich versucht, die Grundstruktur dieser Erzählung zu inszenieren, nähere Infos dazu auf meiner Frankfurter homepage.

[63] Diese These besagt aber nicht weniger, als dass Juden und Christen zwar viele Texte gemeinsam haben, aber sie unterschiedlichen großen Erzählungen zugehören und deshalb auch jeweils anderes bedeuten, selbst wenn sich ihr Wortlaut nicht unterscheidet. Das Buch Jesaja etwa bedeutet im Rahmen der großen Geschichte, die die Heiligen Schriften Israels erzählen etwas anderes als im Rahmen der großen Geschichte, die die christlichen Bibeln erzählen.

Metaphorisches und narratives Reden sind die angemessene Weise, die kreative, liebende und gerechte Macht darzustellen, die wir Gott nennen, um ihn von seinen Geschöpfen zu unterscheiden. Das ist die entscheidende Alternative in der Deutung der Welt: Handelt es sich um ein liebloses Zufallsprodukt zweckorientierter Kräfte, die lediglich der Regelhaftigkeit von Ursache und Wirkung Rechnung tragen, oder aber um ein gewolltes Ereignis kreativer Liebe? Sind wir allein oder „von guten Mächten wunderbar geborgen"?

Die große Geschichte Israels sieht die Welt als Gottes Schöpfung und die Menschen als Gottes geliebte und gewollte Kinder, als Schöpfung eines barmherzigen und gerechten Gottes, der durch die Erzählungen der Schöpfung, des Bundes, des Exodus, des Exils und seiner Überwindung und der messianischen Hoffnung auf das Friedensreich und auf die letztendliche Durchsetzung der barmherzigen Gerechtigkeit Gottes zur Sprache kommt.

Das Kreuz durchbricht die zeitliche Logik des Nacheinanders und auch die politische Logik der messianischen Hoffnungen der Heiligen Schriften Israels. Mitten in die Jetztzeit bricht das eschatologische Ereignis ein und zwar gänzlich anders als erwartet. Es verändert alles und doch scheint alles beim Alten zu bleiben.

Aber das Wort vom Kreuz wirkt. Es schafft Wirklichkeit. Es verändert das Wissen und die Weisen des Wissens. Das Wissen um die Jesus-Christus-Geschichte lässt geistreich neu denken. Es macht aus der Todesgeschichte des Kreuzes die Geschichte vom Anfang ewigen Lebens. Es spricht von Gottes unbegrenzter Macht, ohne die Macht des Todes zu verharmlosen. Es spricht von Gottes solidarischer Liebe, der kein Ort entzogen bleibt. Gott begegnet am Kreuz und nicht nur an diesem einen lokalisierbaren Ort des Grauens und der Ungerechtigkeit. Gott ist da, er war da und er wird da sein. Er schreckt vor nichts und vor niemanden zurück, denn er liebt.

Die Wahrheit dieser schriftgemäßen Wirklichkeitsdeutung als Phänomen von Drittheit, die Zweitheit und Erstheit in sich trägt und beides miteinander verbindet, wird nur durch Gottvertrauen plausibel und zwar nicht blindes Vertrauen in irgendeinen Gott, sondern konkretes Vertrauen in den Gott, dem Schöpfer und Bewahrer des Lebens, von dem die biblischen Schriften in ihrer komplexen Diversität sprechen. Nicht ein irrationaler „Glaube" an irgendetwas, sondern das Vertrauen in den biblischen Gott, der im Gebet mit sich reden lässt, verwandelt die eigene Existenz in die Zeugenschaft des lebendigen Gottes. Die in der Wirkkontinuität des christlichen Kanons stehenden Zeugen „glauben" nicht an die Auferstehung, sondern sie vertrauen im Leben und Sterben auf Gott, den Schöpfer, und seine die Grenzen des Todes übersteigende Macht, neues Leben zu schaffen. Diese Zusage gilt aber nicht nur der Menschheit als Gattung und Völkern als Kollektiven, sondern jedem Geschöpf Gottes, das sich im Gebet vertrauensvoll an ihn wendet.

Udo Schnelle

Auferstehung als Teilhabe an Gottes Lebensmacht

Die Auferstehung Jesu Christi von den Toten war zu keiner Zeit uneingeschränkt glaubwürdig; bereits im Neuen Testament werden massive Zweifel geäußert. In Mt 27,40 lästern die Vorübergehenden und fordern Jesus auf, sich selbst zu helfen und vom Kreuz herunterzusteigen, um so seine Gottessohnschaft zu erweisen. Als Paulus in Athen begann, über die Auferstehung zu reden, ergriffen die stoischen und epikureischen Philosophen spottend die Flucht, um sich einen solchen Unsinn nicht anhören zu müssen (Apg 18,32). Sowohl Paulus (vgl. nur 2Kor 4,4; Röm 10,14; 11,23) als auch Johannes (vgl. nur Joh 7,5; 8,13; 10,31) klagen wiederholt über den Unglauben. Die Menschen der Antike waren ja keineswegs so ‚naiv', einfach an ein Weiterleben nach dem Tod in der Unsterblichkeit der Seele oder eine leibliche Auferstehung von den Toten zu glauben, wie z. B. Texte der antiken Naturwissenschaft zeigen.[1] Wohl konnten Götter/Halbgötter wie Herakles/Herkules aus dem Totenreich zurückkehren[2], aber die Auferstehung eines Gekreuzigten galt als ‚dummes Zeug' (1Kor 1,23). Hinzu kommt: Die Erfahrungen der ersten Zeugen sind nicht die unseren[3] und ihr Weltbild ebenfalls nicht. Es verwundert also nicht, dass die Modelle der Auslegungsgeschichte stets sehr variierten, vom Betrugsvorwurf bis zum realen historischen Geschehen.[4]

---

[1] *Plinius*, Naturalis Historia II 26f., wonach auch für die Gottheit gilt: „sie kann Sterbliche nicht mit Unsterblichkeit beschenken und nicht Tote auferwecken"; VII 188: „Die gleichbleibende menschliche Eitelkeit dehnt sich sogar auf die Zukunft aus und erträumt sich selbst für die Zeit des Todes ein Leben, indem sie bald die Unsterblichkeit der Seele, bald eine Seelenwanderung und bald ein bewusstes Leben den Abgeschiedenen zuspricht, die Manen verehrt und den zum Gott macht, der auch nur ein Mensch zu sein aufgehört hat."

[2] Vgl. *Seneca*, Hercules Furens, 612f.

[3] Vgl. *Gotthold Ephraim Lessing*, Über den Beweis des Geistes und der Kraft, Stuttgart 1976 (= 1777), 32: „Ein andres sind erfüllte Weissagungen, die ich selbst erlebe, ein andres erfüllte Weissagungen, von denen ich nur historisch weiß, daß sie andre wollen erlebt haben."

[4] Die lebhafte Kontroverse um Kreuz und Auferstehung nach 1945 dokumentiert *Bertold Klappert* (Hg.), Diskussion um Kreuz und Auferstehung, Wuppertal⁹ 1985.

1. Modelle der Interpretation

Fünf Interpretations-Modelle entfalteten eine nachhaltige Wirkungsgeschichte; sie behandeln im Wesentlichen alle Argumente, die in der Diskussion immer wieder auftauchen. a) Betrugshypothese: Hermann Samuel Reimarus (1694–1768) unterschied zwischen dem Anliegen Jesu und dem seiner Jünger. Jesus war ein jüdischer politischer Messias, der ein weltliches Reich aufrichten und die Juden von der Fremdherrschaft erlösen wollte. Die Jünger standen nach der Kreuzigung vor der Vernichtung ihrer Träume, sie stahlen den Leichnam Jesu (vgl. bereits Mt 28,11–15) und erfanden die Botschaft von seiner Auferstehung. b) Subjektive Visionshypothese: David Friedrich Strauss (1808–1874) trennte strikt die Erscheinungstraditionen von der Überlieferung vom leeren Grab.[5] Der historische Ursprung des Osterglaubens liegt seiner Meinung nach in Visionen der Jünger in Galiläa, weit weg vom Grab Jesu, das erst in einer sekundären Legende zum leeren Grab wurde. Die Erscheinungsberichte verweisen auf Visionen der Jünger, die durch frommen Enthusiasmus und die Belastungssituation hervorgerufen wurden. c) Kriterien der Wirklichkeit: Ernst Troeltsch (1865–1923) forderte die konsequente Anwendung der historischen Methode auf alle Bereiche der Theologie, wobei drei Grundprinzipien zu gelten haben: Kritik, Analogie, Korrelation. Unter Kritik versteht Troeltsch die Haltung des Zweifels und ein methodisch kontrollierbares Urteil, dem die Erscheinungen der Geschichte ohne Ausnahme unterworfen werden. Zur Kritik tritt die Analogie; denn „das Mittel, wodurch Kritik überhaupt erst möglich wird, ist die Anwendung der Analogie. Die Analogie des vor unseren Augen Geschehenden und in uns sich Begebenden ist der Schlüssel zur Kritik. Täuschungen, Verschiebungen, Mythenbildungen, Betrug, Parteisucht, die wir vor unseren Augen sehen, sind die Mittel, derartiges auch in dem Überlieferten zu erkennen."[6] Durch das Prinzip der Korrelation wird jede geschichtliche Begebenheit in den Zusammenhang allen geschichtlichen Geschehens eingeordnet, „wo keine Veränderung an einem Punkte eintreten kann ohne vorausgegangene und folgende Änderung an einem anderen, so dass alles Geschehen in einem beständigen korrelativen Zusammenhang steht und notwendig einen Fluss bilden muss, in dem Alles und Jedes zusammenhängt und jeder Vorgang in Relation zu anderen steht."[7] Auferstehung kann kriteriologisch vor allem das Analogie-Prinzip nicht erfüllen, so dass ihr kein eigenständiger historischer Status zuzuerkennen ist. d) Auferstehung ins Kerygma hinein: Rudolf Bultmann (1884–1976) zog daraus die Konsequenzen und verzichtete bewusst auf eine historische Erhellung des Osterglaubens: „Die Gemeinde mußte das Ärgernis des Kreuzes überwinden

---

[5] Vgl. *David Friedrich Strauss*, Das Leben Jesu, kritisch bearbeitet I.II, Tübingen 1835.1836.
[6] *Ernst Troeltsch*, Ueber historische und dogmatische Methode in der Theologie, in: ders., Zur religiösen Lage. Religionsphilosophie und Ethik, Ges. Schriften II, Tübingen ²1922 (= 1900), 729–753, 732.
[7] A.a.O., 733.

und hat es getan im Osterglauben. Wie sich diese Entscheidungstat im Einzelnen vollzog, wie der Osterglaube bei den einzelnen ‚Jüngern' entstand, ist in der Überlieferung durch die Legende verdunkelt und ist sachlich von keiner Bedeutung."[8] Bultmann versteht Ostern als ein eschatologisches, d.h. alles Bisherige umstürzendes Ereignis; als eine von Gott neu herbeigeführte Welt und Zeit. Als eschatologisches Ereignis werde Ostern gerade missverstanden, wenn man es mit weltlichen Kriterien erklären will, denn die Auferstehung ist kein beglaubigendes Mirakel. Die Auferstehung ist nichts anderes „als der Ausdruck der Bedeutsamkeit des Kreuzes".[9] Das einmal von Gott mit Jesus in Gang gesetzte eschatologische Geschehen vollzieht sich weiter im Wort und im Glauben. Deshalb gilt: Jesus ist „ins Kerygma auferstanden"[10], sofern das Wort die Fortsetzung des eschatologischen Handelns Gottes an den Christen ist. Es bleibt unklar, welcher Realitätsgehalt der Auferstehung zukommt. Die Wirklichkeit der Auferstehung und das Bekenntnis zu ihr werden bewusst nicht mehr unterschieden und so faktisch in eins gesetzt. e) Auferstehung als historisches Geschehen: Wolfhart Pannenberg (1928–2014) tritt mit dem Programm ‚Offenbarung als Geschichte'[11] dem Auseinandergehen von biblischem Text und historischer Wahrheit entgegen. Dieser Diastase wollte Pannenberg durch ein universalgeschichtliches Konzept entrinnen, das von der Geschichte Israels bis zur Offenbarung in Jesus Christus reicht. Die biblischen Schriften sind nun „die maßgeblichen Zeugnisse der Offenbarung Gottes"[12]; mit und in ihnen setzt das Faktum des Christusgeschehens seine Bedeutung aus sich selbst heraus, indem es in der apostolischen Verkündigung in vielfacher Weise Gestalt gewinnt. Der Scheidepunkt ist dabei die Auferweckung Jesu Christi von den Toten; auf dieses Geschehen läuft die Geschichte Gottes mit Israel zu und von diesem Ereignis her bekommt die Geschichte insgesamt ein Ziel. Dabei versteht Pannenberg die Ostererscheinungen als objektiven Ausdruck der Bekundungen des Auferstandenen. Er wendet sich gegen das reduktionistische Weltbild der Neuzeit, das dogmatisch Gott aus der Wirklichkeit ausschließt. „‚Historizität' muß nicht bedeuten, daß das als historisch tatsächlich Behauptete analog oder gleichartig mit sonst bekanntem Geschehen sei. ... Die Frage seiner Gleichartigkeit mit anderem Geschehen mag für das kritische Urteil über das Recht solcher Behauptungen eine Rolle spielen, ist aber nicht Bedingung des mit der Behauptung verbundenen Wahrheitsanspruchs selber."[13] Pannenberg wendet sich damit sowohl gegen die weltanschaulichen Reduktionen Bultmanns als auch gegen die

---

[8] *Rudolf Bultmann*, Theologie des Neuen Testaments, Tübingen ⁴1961, 47.
[9] *Rudolf Bultmann*, Neues Testament und Mythologie, BEvTh 96, München 1985 (= 1941), 58.
[10] *Rudolf Bultmann*, Das Verhältnis der urchristlichen Christusbotschaft zum historischen Jesus, in: ders. Exegetica, Tübingen 1967, 469.
[11] *Wolfhart Pannenberg* et al., Offenbarung als Geschichte, Göttingen ⁵1982 (= 1961).
[12] *Wolfhart Pannenberg*, Systematische Theologie I, Göttingen 1988, 213.
[13] *Wolfhart Pannenberg*, Systematische Theologie II, Göttingen 1991, 403.

transhistorische Offenbarungstheologie Karl Barths und sieht die Geschichte als den natürlichen Handlungsraum Gottes an.[14]

Alle Interpretations-Modelle zeigen: Entscheidend ist die jeweilige zeit- und kontextbedingte Vorstellung von Wirklichkeit, die ein Interpret/eine Interpretin hat und in die das singuläre Geschehen Auferstehung eingeordnet werden muss. Wie aber entsteht Wirklichkeit und was konstituiert sie? Vor allem: Wie entsteht Geschichte als vergangene und zugleich gegenwärtige Wirklichkeit und wie bekommen wir einen Zugang zu vergangenem Geschehen? Damit haben wir bereits das Feld der Hermeneutik betreten: die Offenlegung und Klärung des eigenen hermeneutischen Standpunktes ist der erste notwendige Schritt, um das Thema Auferstehung sachgemäß zu behandeln.

2. Der hermeneutische Ansatz: Deutung, Geschichte und Wirklichkeit

Der Mensch ist ein deutendes Wesen.[15] Er fragt nach sich selbst, seitdem es ihn (im modernen Sinn) gibt, denn das Bild des Menschen von sich selbst war und ist bis heute Grundlage seines Selbstverständnisses. Die Frage des Menschen nach sich selbst ist die Quelle der Kultur, aller Religion und jeder Philosophie; der Ursprung des Denkens und der Ausgangspunkt allen Deutens. Der Mensch ist auf Selbst- und Weltdeutung angewiesen, um sein Erleben, seine Erfahrungen, sich selbst und die anderen verstehen zu können und so Selbst- und Weltgewissheit zu erlangen. Jeder Wirklichkeitszugang des Menschen hat somit prinzipiell deutenden Charakter; er ist nicht einfach Wirklichkeitsabbildung, sondern Interpretationsleistung des erkennenden Subjekts, das seine eigene Lebensgeschichte stets mit- und einbringt.[16] Hinzu kommt die immer stärker werdende mediale Vermittlung und Formung von Wirklichkeit. Jeder Mensch nimmt die Welt in äußeren

---

[14] Vgl. dazu auch *Malte Dominik Krüger*, Der Gott vom Holz her? Auferstehung bei Eberhard Jüngel und Wolfhart Pannenberg, in: *Gunther Wenz* (Hg.), Die Christologie Wolfhart Pannenbergs, Göttingen 2021, 237–259.

[15] Vgl. *Arnold Gehlen*, Der Mensch. Seine Natur und seine Stellung in der Welt, Frankfurt [8]1966, 1: „Das von nachdenkenden Menschen empfundene Bedürfnis nach einer Deutung des eigenen menschlichen Daseins ist kein bloß theoretisches Bedürfnis. Je nach den Entscheidungen, die eine solche Deutung enthält, werden Aufgaben sichtbar oder verdeckt. Ob sich der Mensch als Geschöpf Gottes versteht oder als arrivierten Affen, wird einen deutlichen Unterschied in seinem Verhalten zu wirklichen Tatsachen ausmachen; man wird in beiden Fällen auch in sich sehr verschiedene Befehle hören."

[16] Zum Deutungsbegriff vgl. *Jörg Lauster*, Religion als Lebensdeutung. Theologische Hermeneutik heute, Darmstadt 2005, 9–30.

und inneren Bildern wahr, die sein Verstehen und seinen Standort bestimmen.[17] Bilder sind das Tor zur Wahrnehmung und bilden ihre eigene Wirklichkeit, nämlich die des Sehenden und damit zugleich Deutenden, der auch gleichzeitig durch all diese Prozesse gedeutet wird. Deuten ist unausweichlich ein subjektiver, aber nicht subjektivistischer, willkürlicher Vorgang, sondern durchgängig an allgemeine Realitätsvorgaben, an Kommunizierbarkeit (Logik, Sprache, Kritik) und die kulturellen Standards einer Gesellschaft gebunden.

Diese Zuschreibungsprozesse sind stets auch Sinnbildungen, weil sie als Vergewisserung, Erweiterung oder Neuaufbruch auf gültige Orientierung zielen. Mit dem Deutungsbegriff ist der Sinnbegriff aufs engste verbunden, denn Sinn ist Deutungskraft zur Orientierung innerhalb der Lebenszusammenhänge.[18] Menschliches Sein und Handeln zeichnet sich durch Sinn aus.[19] Sinn ist dem menschlichen Sein eingeprägt und erwächst aus Ereignissen, Erfahrungen, Einsichten, Denkprozessen und Deutungsleistungen und verdichtet sich zu Konzeptionen, die inhaltlich eine zeitübergreifende Perspektive für zentrale Lebensfragen bieten, narrativ präsentiert werden können und in der Lage sind, normative Aussagen zu formulieren und kulturelle Prägungen zu entwickeln. Zudem wird der Mensch immer schon in Sinnwelten hineingeboren.[20] Weil sie über das unmittelbare Jetzt hinausgreifen, sind Sinnbildungen durch Transzendierungen, d. h. durch Überschreitungen (transcendere) der normalen Erfahrung gekennzeichnet.[21] Jeder

---

[17] Vgl. *Malte Dominik Krüger*, Ist der Protestantismus eine denkende Religion?, in: *Klaus Fitschen* u.a. (Hg.), Kulturelle Wirkungen der Reformation I, Leipzig 2018, 213–221, 215: „Der Mensch als Sprachwesen ist auf ein grundlegendes Bildverstehen angewiesen, das äußere Bilder, Symbole und Zeichen einschließt und eine innere Einbildungskraft erfordert. Freilich darf letztere nicht gegen die Fähigkeit, mit äußeren Bildern umzugehen, ausgespielt werden, sondern ist vielmehr darin verankert."

[18] Zum geschichtstheoretischen Sinnbegriff vgl. *Jörn Rüsen* (Hg.), Geschichtsbewußtsein, Köln/Weimar 2001; *ders.*, Zerbrechende Zeit. Über den Sinn der Geschichte, Köln/Weimar 2001.

[19] Vgl. dazu grundlegend *Alfred Schütz*, Der sinnhafte Aufbau der sozialen Welt, Tübingen 1974.

[20] Vgl. *Thomas Luckmann*, Religion – Gesellschaft – Transzendenz, in: *Hans-Joachim Höhn* (Hg.), Krise der Immanenz, Frankfurt 1996, 112–127, 114: „Sinntraditionen transzendieren die Nur-Natürlichkeit des Neugeborenen." Dieser Vorgang kann auch im grundsätzlich anthropologischen Sinn mit dem Begriff der ‚Religion' bezeichnet werden, der allerdings von den konkreten historischen Ausprägungen von Religionen als Konfessionen zu unterscheiden ist; vgl. *ders.*, a.a.O., 113: „Ich gehe davon aus, daß das menschliche Leben im Unterschied zu den Lebensformen anderer Gattungen durch eine grundlegende Religiosität gekennzeichnet ist, nämlich durch Einbindung der Individuen in sinnhafte geschichtliche Welten."

[21] Deshalb gehört der Begriff der ‚Transzendenz' auch in die Erkenntnistheorie: „‚Transzendenz' ist keine Region im Jenseits aller Regionen; der Begriff zeigt vielmehr nur die Bemühung an, eine Vorstellung von dem Ganzen zu gewinnen, zu dem man selbst gehört und

Mensch versucht eine Vorstellung vom Ganzen zu erlangen, um so im Vertrauen zur Welt und zu sich selbst zu bleiben. Eine sinnhafte Erfahrung der Welt ist die Voraussetzung für gelingendes Leben. Dabei überschreitet der Mensch notwendigerweise die Grenzen der Alltagserfahrung und allgemein anerkannten Rationalität; er nimmt Zuschreibungen vor und vergewissert sich so des Grundes seiner Existenz und seiner Welt.[22] Diese Zuschreibungen können unterschiedlich ausfallen und verschiedene Begriffe umfassen: das Ganze, erste Ursache, das Schicksal, der Zufall, das Leben, das Göttliche, die Wirklichkeit oder Gott. Diese Form einer horizontalen Transzendenz ist jedem Menschen eigen; sie erwächst aus dem, was über den Menschen hinausweist und was er benötigt, um leben zu können. Nicht nur jedes einzelne menschliche Leben hat einen Sinnüberschuss, der über das Faktische hinausgeht, sondern auch alle Kollektivphänomene leben von externen Sinnzuschreibungen. Jede Religion, jede Philosophie,[23] aber auch jede naturwissenschaftliche Theorie, jede politische Idee und somit auch alle Formen von Wissenschaft sind ein Deutungs- und Erschließungsvorgang, der das Leben erklären und sinnvoll gestalten soll. Dieser konstruktive Zug des Erkennens trifft auch für die Naturwissenschaften zu. Ihre großen Narrative sind ebenfalls von Konstruktivität und Kontextualität bestimmt und ihre Fabrikation von Erkenntnis ist alles andere als voraussetzungslos. Wissenschaft ist immer partikular und perspektivisch; sie ist begrenzt[24] und erkennt nur die Gegenstände, auf die sich ihr Blick richtet.[25] Ihre Ergebnisse hängen von den gestellten Fragen und angewandten Methoden ab. Die Naturwissenschaften sind immer eine nach bestimmten Regeln in-

---

mit dem man, weil man als Person selbst ein nicht gänzlich fassbares – und dennoch selbstbewusst zum Ausdruck gebrachtes – Ganzes ist, auf einem ursprünglich vertrauten Fuße steht" (*Volker Gerhardt*, Der Sinn des Sinnes, München 2014, 48).

[22] Vgl. a.a.O., 160: „Alles Wissen beruht auf Voraussetzungen, die selbst nicht durch Wissen abgesichert sind ... Wer etwas weiß und darauf baut, setzt auf ein Fragment, das ihm als Ersatz für das Ganze dient."

[23] Vgl. *Jean Grondin*, Die Philosophie der Religion, Tübingen 2012, der betont, dass jede philosophische Suche nach Sinn, Weisheit und Vernunft Vorleistungen der Religion voraussetzt.

[24] Vgl. *Heino Falcke*, Licht im Dunkeln. Schwarze Löcher, das Universum und wir (mit Jörg Römer), Stuttgart 2020, 302: „Gerade die neue Physik basiert ja auf Grenzen der Erkenntnis, die fundamentaler Teil der Physik selbst geworden sind. Die Endlichkeit der Lichtgeschwindigkeit in der Relativitätstheorie bedeutet, dass wir nicht alles wissen, nicht jeden Stern im Universum zählen, nicht alles genau vermessen und nichts perfekt vorhersagen können. Die Quantentheorie führt durch die Heisenbergsche Unschärfebeziehung zur Feststellung, dass nichts, was existiert, exakt existiert. Thermodynamik und Chaostheorie führen zur Einsicht, dass die Zukunft letztlich und eigentlich unvorhersehbar ist." Vgl. dazu auch den Beitrag von *Paul-Gerhard Reinhard* in diesem Band.

[25] Vgl. a.a.O., 320: „Naturgesetze sind abstrakte Beschreibungen der Wirklichkeit in der Sprache der Mathematik. Aber Naturgesetze beschreiben nicht umfassend die ganze Wirklichkeit."

terpretierte Rationalität, die inzwischen umfassend in den Sog externer politischer und ökonomischer Interessen geraten ist.[26] Weder die Welt noch das Universum kann von jemandem wirklich gedacht werden.[27] Deshalb kann Wirklichkeit auch nicht ohne eine innerweltliches Verstehen übersteigende Organisation verstanden werden. Sie würde in unzählige empirische Daten zerfallen, von denen unmöglich zu sagen wäre, wie sie zu verknüpfen sind und welchen Sinn sie ergeben. Erst eine auf etwas Übergreifendes bezogene Vorstellung/Erzählung macht verständlich, was als bloßes Faktum Ratlosigkeit auslösen würde. Deshalb muss das Denken ständig transzendieren und ist auf Voraussetzungen angewiesen, die es selbst nicht gewähren kann; es erachtet etwas als notwendig, was ihm letztlich entzogen ist und was es auch nicht nachweisen kann.

Auch die Konstruktion von Geschichte vollzieht sich stets als ein sinnstiftender Vorgang, der sowohl dem Vergangenen als auch dem Gegenwärtigen Sinn verleihen soll. Dabei müssen historische Nachrichten in der Gegenwart erschlossen und zur Sprache gebracht werden, so dass sich in der Darstellung/Erzählung von Geschichte notwendigerweise und unausweichlich ‚Fakten' und ‚Fiktion', Vorgegebenes und schriftstellerisch-fiktive Arbeit miteinander verbinden.[28] Ferner ist von der Vergangenheit nur das relevant, was nicht mehr Vergangenheit ist, sondern in die gegenwärtige Weltgestaltung und Weltdeutung einfließt.[29] Die Gegenwart wiederum ist unentrinnbar verwoben mit den Interpretierenden: Die Sozialisation des Historikers/Exegeten, seine Traditionen, sein geographischer Lebensort, seine politischen und religiösen Werteinstellungen prägen notwendig das, was er in der Gegenwart über die Vergangenheit sagt. In jedes Bild der Welt, das ich mir mache, ist ein Bild meiner selbst eingezeichnet! Jede Deutung, jede Interpretation ist bereits ein Ideogramm, das formenden, selektiven und wertenden Charakter hat, denn eine andere Handschrift wird sichtbar. Zudem sind auch die Verstehensbedingungen selbst, speziell die Vernunft und der jeweilige Kontext, einem Wandlungsprozess unterworfen, insofern die jeweilige geistesge-

---

[26] Vgl. dazu *Karin Knorr-Cetina*, Die Fabrikation von Erkenntnis. Zur Anthropologie der Naturwissenschaft, Frankfurt 1991.
[27] Eine klassische Antwort auf die Frage nach Wirklichkeit gab *Ludwig Wittgenstein*, Tractatus logico-philosophicus, Frankfurt ¹¹1976, 11: „Die Welt ist alles, was der Fall ist." Wer aber kann sagen, ‚was der Fall ist'? Antwort: Niemand! Zur aktuellen Diskussion vgl. *Markus Gabriel/Malte Dominik Krüger*, Was ist Wirklichkeit?, Tübingen 2015.
[28] ‚Fiktion' bezeichnet nicht einfach im umgangssprachlichen Sinn die Negation der Wirklichkeit, sondern ist in einem funktional-kommunikativen Sinn gemeint und kommt damit der ursprünglichen Bedeutung von ‚fictio' nahe: Bildung, Gestaltung (vgl. *Wolfgang Iser*, Der Akt des Lesens. Theorie ästhetischer Wirkung, München ³1990).
[29] Vgl. *Johann Gustav Droysen*, Historik, hg. v. P. Leyh, Stuttgart/Bad Cannstatt 1977 (=1857/1882), 422: „Das Gegebene für die historische Forschung sind nicht die Vergangenheiten, denn diese sind vergangen, sondern das von ihnen in dem Jetzt und Hier noch Unvergangene, mögen es Erinnerungen von dem, was war und geschah, oder Überreste des Gewesenen und Geschehenen sein."

schichtliche Epoche und die sich notwendigerweise ständig wandelnden erkenntnisleitenden Absichten das historische Erkennen bestimmen. Geschichtsschreibung ist deshalb nie ein pures Abbild des Gewesenen, sondern hat selbst eine Geschichte, nämlich die Geschichte des Schreibenden.

Daraus ergibt sich als hermeneutischer Grundansatz: Sowohl die Theologie als auch alle anderen Disziplinen einschließlich der Naturwissenschaften nehmen umfassende Sinnbildungen vor, die sich dann als Sinnstiftungen, d. h. die Wirklichkeitsauffassung bestimmende Modelle in der Geschichte etablieren. Dabei hat jede Form von Wirklichkeit deutenden Charakter und ist untrennbar verbunden mit der Geschichte der Deutenden. Erfahrungen werden interpretiert und als Weltsicht in das Leben integriert, wobei immer schon ein Vertrauen in die Sinnhaftigkeit dieses Geschehens die Grundlage bildet.

3. Der exegetische Befund in der frühen Überlieferung

Deutungen von Erfahrungen – nichts anderes geschah bei den ersten Auferstehungszeugen, denn die Erscheinungen des Auferstandenen waren als zentraler Teil des Ostergeschehens offenbar die Initialzündung für die grundlegende Erkenntnis der frühen Christen: Der schmachvoll am Kreuz gestorbene Jesus von Nazareth ist kein Verbrecher, sondern er ist auferweckt worden von den Toten und gehört bleibend auf die Seite Gottes. Dies formuliert bereits die vorpaulinische Tradition 1Kor 15,3b-5: „dass Christus gestorben ist für unsere Sünden nach den Schriften und dass er begraben wurde und er ist auferweckt worden am dritten Tag und er ist Kephas erschienen, dann den Zwölfen."[30] Exemplarisch zeigt sich hier das für jede Form der Geschichtsschreibung charakteristische Ineinander von Ereignis und Deutung. Die Reihung ‚gestorben – begraben' und ‚auferweckt – erschienen' benennt die Geschehnisse in ihrer zeitlichen und sachlichen Abfolge. Die Tempora der Verben haben Signalcharakter, denn die Aoristformen von ‚sterben' (ἀποθνῄσκειν) und ‚begraben' θάπτω bezeichnen ein abgeschlossenes und vergangenes Geschehen, während das Perf. Pass. ἐγήγερται die fortdauernde Wirkung des Geschehens betont.[31] Christus ist von den Toten auferstanden, und

---

[30] Zur Interpretation dieses Textes vgl. *Hans Conzelmann*, Zur Analyse der Bekenntnisformel 1Kor 15,3-5, in: *ders.*, Theologie als Schriftauslegung, BEvTh 65, München 1974; 131-141; *Christian Wolff*, Der erste Brief des Paulus an die Korinther, ThHK 7, Leipzig ³2011, 354-370; *Wolfgang Schrage*, Der erste Brief an die Korinther, EKK VII/4, Neukirchen 2001, 31-53; *Helmut Merklein*, Der erste Brief an die Korinther (mit Marlis Gielen), ÖTK 7/3, Gütersloh 2005, 247-283.

[31] Vgl. *Friedrich Blass* et al., Grammatik des neutestamentlichen Griechisch, Göttingen ¹⁴1975, § 342: „Trotz ἀνάστασις heißt ‚er ist auferstanden' nie ἀνέστηκεν, weil ἕστηκα zu sehr Präsens

die Auferstehung hat für den Gekreuzigten eine bleibende Wirkung. Das Passivum ὤφθη in V. 5 betont im Anschluss an atl. Theophanien, dass die Erscheinungen des Auferstandenen dem Willen Gottes entsprechen. Sprachliches Subjekt ist ‚Christus' (Χριστός); es geht um das Schicksal der entscheidenden Gestalt der Menschheit, die Individual- und Universalgeschichte in sich vereinigt. Dies ist möglich, weil Gott als das durchgängige sachliche Subjekt des Geschehens zu denken ist, sprachlich angezeigt durch die passiven Verbformen ‚begraben werden', ‚auferweckt werden' und ‚erschienen' sowie das zweifache Interpretament ‚gemäß den Schriften' (κατὰ τὰς γραφάς).[32]

Der Realitätsgehalt der Erscheinungen kann aufgrund der spärlichen Überlieferungssituation nicht psychologisch erfasst werden, und auch eine Interpretation der Erscheinungen als rein subjektive Glaubenserfahrungen ist nicht hinreichend,[33] denn so wird der besondere Status der Erscheinungen als Glaubensgrundlage minimiert. „Andererseits müssen die Visionen von solcher Art gewesen sein, dass sie es ermöglichten bzw. sogar dazu nötigten, sie im Sinne der Auferweckungsaussage zu deuten."[34] Offenbar wurden die Auferstehung selbst und auch die Erscheinungen als ein von Gott kommendes Transzendenzgeschehen begriffen, das bei den Jüngern und Jüngerinnen Transzendenzerfahrungen auslöste und als Transzendenzgeschehen gedeutet wurde.

Schon 1Kor 15,3b–5 lässt deutlich die beiden entscheidenden Aspekte des neutestamentlichen Auferstehungsverständnisses erkennen: 1) Die Auferstehung Jesu Christi von den Toten wird ausschließlich und exklusiv als Gottestat bestimmt und 2) inhaltlich als Schöpfungsgeschehen verstanden, denn das passive „er ist erschienen" verweist auf das Handeln des einen Schöpfers an seinem Sohn. Dass Gott exklusiv als Subjekt des Auferstehungsgeschehens zu verstehen ist,[35] zeigt neben zahlreichen Texten (vgl. 1Thess 1,10; 4,14; 1Kor 6,14a; 15,4.15; 2Kor 1,9; 4,14; Gal 1,1; Röm 4,17.24f.; 6,4.9; 8,11; 10,9) die wiederum alte Tradition

---

geworden war." Ich gebrauche ‚Auferstehung/Auferweckung' bzw. ‚auferstanden/auferweckt' synonym, weil eine stringente und stets anzuwendende Unterscheidung nicht gelingen will. Entscheidend ist, dass durchgängig Gott als Subjekt des Geschehens zu denken ist.

[32] Vergleichbare Anschauungen finden sich in Lk 24,34, wo die passiven Verbformen Gott wiederum als alleiniges Subjekt des Geschehens erscheinen lassen: „Der Herr ist auferweckt worden und dem Simon erschienen" (ἠγέρθη ὁ κύριος καὶ ὤφθη Σίμωνι).

[33] Vgl. in diesem Sinn *Ingo Broer*, „Der Herr ist wahrhaft auferstanden" (Lk 24,34). Auferstehung Jesu und historisch-kritische Methode. Erwägungen zur Entstehung des Osterglaubens, in: Auferstehung Jesu – Auferstehung der Christen, hg. v. L. Oberlinner, QD 105, Freiburg 1986, 39–62.

[34] *Merklein*, Der erste Brief an die Korinther, 282.

[35] Treffend *Dirk Evers*, Das Kreuz Jesu Christi als Wende, in: *Jens Herzer/Anne Käfer/Jörg Frey* (Hg.), Die Rede von Jesus Christus als Glaubensaussage, Tübingen 2018, 211–235, 230: „Dass im Leben, Leiden und Sterben Jesu Gott selbst gehandelt hat, gegenwärtig war und sich mitteilt, kann als der Grundimpuls des christlichen Glaubens verstanden werden."

Röm 1,3b-4a: „Dieser ist nach dem Fleisch aus dem Samen Davids hervorgegangen, als Sohn Gottes eingesetzt in Macht nach dem Geist der Heiligkeit aus der Auferstehung von den Toten." Christus wird hier in seiner sarkischen Existenz als Davidssohn, in seiner pneumatischen Existenz aber als Gottessohn gesehen.[36] Gottessohn ist er kraft seiner Auferstehung, die nach Röm 1,4a das πνεῦμα ἁγιωσύνης („Geist der Heiligkeit"), also der schöpferische Geist Gottes bewirkt. Bereits die früheste Christologie deutete die Auferstehung Jesu Christi von den Toten als ein Schöpfungsgeschehen, als einen Schöpfungsakt Gottes. Damit setzte sie sowohl gegenüber dem jüdischen[37] als auch gegenüber dem griechisch-römischen Denken eigene Akzente, denn die Gottessohnschaft eines auferstandenen Gekreuzigten blieb in beiden Bereichen ein fremdartiger und anstößiger Gedanke (vgl. 1Kor 1,23: „Wir aber verkündigen Christus, den Gekreuzigten, den Juden ein Ärgernis und den Völkern eine Torheit").

Paulus als unmittelbarer Auferstehungszeuge (vgl. 1Kor 15,8–10) weitet diese Vorstellung zu einem stimmigen theologischen Gesamtprogramm aus. Die Auferweckung Jesu Christi von den Toten durch Gott wird in 1Kor 15,22.45 („Es wurde der erste Mensch Adam zu einer lebendigen Seele; der letzte Adam zu einem lebendig machenden Geist") und Röm 4,17; 8,11 ausdrücklich als Schöpfungsgeschehen verstanden. Mit und seit der Auferstehung gehört Jesus Christus der Geist-Sphäre an; auch er wirkt durch den Geist (2Kor 3,17: „Der Herr aber ist der Geist. Wo aber der Geist des Herrn ist, da ist Freiheit"). Jesus Christus ist Schöpfungsmittler (1Kor 8,6b), steht am Anfang der Schöpfung und ist als Auferstandener Prototyp der Neuschöpfung (1Kor 15,20: „Erstling unter den Entschlafenen"). Als ‚Bild Gottes' (2Kor 4,4: εἰκὼν τοῦ θεοῦ) hat er teil am Wesen Gottes, im Sohn wird das wahre Wesen des Vaters offenbar. Entscheidend ist nun, dass Gottes schöpferisches Handeln am Sohn durch den Geist auf die Glaubenden ausgeweitet wird. Gott schenkte den Glaubenden und Getauften seinen Geist, der bereits Jesus von den Toten auferweckte und nun auch die sterblichen Leiber derjenigen auferwecken wird, die mit ihm durch Jesus Christus verbunden sind (Röm 8,11 „Wenn der Geist dessen, der Jesus von den Toten auferweckt hat, in euch wohnt, so wird der, der Christus von den Toten auferweckt hat, auch eure sterblichen Leiber lebendig machen durch seinen in euch wohnenden Geist"). Gott knüpft in seinem Geisthandeln gewissermaßen an sich selbst an, wenn er in der Taufe (vgl. 1Kor 6,11; 10,4; 12,13; 2Kor 1,21f.; Gal 4,6; Röm 6,1–11; 8,14) die neue Existenz begründet und nach dem Tod wiederum erneuert.

---

[36] Zur Analyse vgl. *Eduard Schweizer*, Röm 1,3f. und der Gegensatz von Fleisch und Geist bei Paulus, in: *ders.*, Neotestamentica, Zürich 1963, 180–189.

[37] Die Auferstehungs-Vorstellung formte sich im Rahmen der jüdischen Apokalyptik im 3./2.Jh. v. Chr.; vgl. Dan 12,2f.; Jes 26,19; zur umfassenden Textanalyse vgl. *Otto Schwankl*, Die Sadduzäerfrage (Mk 12,18–27par), BBB 66, Bonn 1987, 173–274.

Die Christen haben einen Geist empfangen, dessen Ursprung bei Gott (vgl. 1Kor 2,12; 6,19) und Christus liegt (Röm 8,9), so dass der Geist als Subjekt höherer Ordnung nun die bestimmende Kraft christlicher Existenz ist. Das neue universale Wirken des Geistes ist für Paulus Grundlage seiner gesamten Theologie, denn das Handeln des Geistes Gottes an Jesus Christus und den Glaubenden ist das Kennzeichen der gegenwärtigen Heilszeit (2Kor 6,2: „Jetzt ist der Tag des Heils"). Der Geist Gottes ist das dynamische Medium der neuen Gottesbeziehung; eine göttliche Substanz, die eine Kommunikation zwischen Gott und Mensch ermöglicht.[38] Es handelt sich dabei keineswegs nur um eine Vorstellung oder Idee, sondern der Geist besitzt Materialität und Körperlichkeit; er ist eine supranaturale Macht und Kraft. Als Verkörperung der Auferstehungskräfte (vgl. 1Kor 15,44b–46) eignet ihm ein substanzhafter, stofflicher Aspekt, denn er ‚wohnt' in den Glaubenden (Röm 8,9.11). Der Geist macht den Leib der Glaubenden zu einem ‚Tempel' (1Kor 3,16; 6,19); er vereinigt die Glaubenden zu ‚einem Leib' (1Kor 12,13), wird in die Herzen ‚ausgegossen' (Röm 5,5)[39] und trennt von der Sünde (Röm 8,2). Der Geist ist etwas Unzerstörbares, denn er überdauert sogar als neues Selbst der Glaubenden das läuternde Gerichtsfeuer (vgl. 1Kor 3,12–17; 5,5). Der Körper kann zerstört werden, der Geist bleibt! Der Geist ist göttliche Energie; er ‚wirkt' (1Kor 12,11: ἐνεργεῖν) sichtbar in den Charismen, die sich vor allem in körperlichen Phänomenen wie Heilungen, Wundern, prophetischer Rede und Zungenrede zeigen (vgl. 1Kor 12,9–11). Der Geist vollzieht die Heiligung (vgl. 1Kor 6,11; Röm 15,16) und bezeugt den neuen Status der Sohnschaft (vgl. Gal 4,4–7). Der glaubensbegabte Mensch und das Pneuma durchdringen einander. Der Geist wirkt als ‚Angeld, Unterpfand' (ἀρραβών in 2Kor 1,22; 5,5) bzw. ‚Erstlingsgabe' (ἀπαρχή Röm 8,23) in den einzelnen Christen, zugleich und gerade dadurch haben die Glaubenden Teil an einem universalen, den gesamten Kosmos betreffenden effektiven Transformationsprozess, der mit der Auferstehung Jesu Christi von den Toten einsetzte, sich im gegenwärtigen macht- und heilvollen Wirken des Geistes fortsetzt und in der Verwandlung der gesamten Schöpfung in die Herrlichkeit Gottes hinein enden wird. Es findet andauernd eine reale spirituelle Aufladung und Transformation statt.[40]

Diese Grundvorstellung variiert Paulus in vielfacher Weise. Er betont, dass der Statuswechsel des Gottessohnes vom Tod zum Leben auf die Teilhabe der

---

[38] Treffend bereits *Paul Wernle*, Die Anfänge unserer Religion, Tübingen ²1904, 185: „Die Kraft der Erlösung ist der Geist."

[39] Vgl. *Samuel Vollenweider*, Der Geist Gottes als Selbst der Glaubenden, in: ders., Horizonte neutestamentlicher Christologie, WUNT 144, Tübingen 2002, 163–192, 186: „Wie immer der Geist in das Geschaffene eingeht und sich hier gleichsam auskristallisiert, so geschieht es doch in einem fortgesetzten Strom neuen Schaffens, in einer creatio nova continua, worin seine Kristallisationen fort und fort wieder verflüssigt werden."

[40] Vgl. hier *Udo Schnelle*, Transformation und Partizipation als Grundgedanken paulinischer Theologie, NTS 47 (2001), 58–75.

Glaubenden an diesem grundlegenden Geschehen zielt[41] (2Kor 8,9: „Ihr kennt das Gnadenwerk unseres Herrn Jesus Christus, dass er um euretwillen arm wurde, obwohl er reich war, damit ihr durch seine Armut reich würdet"). Der Sohn Gottes stirbt für Gottlose (Röm 5,6) und in diesem Geschehen stiftet Gott Versöhnung mit der Welt (Röm 5,10). Die Auferstehung Jesu Christi von den Toten ist somit ein einmaliger Akt, dessen Wirkungen jedoch anhalten und die Welt grundlegend verändern. Der Gott der Auferstehung ist der, „der die Toten lebendig macht und das Nicht-Seiende ins Sein holt" (Röm 4,17b). Gott ist natürlich auch bei Paulus zuallererst der eine Schöpfer, der eigentlich aus seiner Schöpfung heraus zu erkennen ist (Röm 1,19f.); aber die Macht der Sünde verhindert dies (Röm 3,9). Deshalb hat Gott den, „der keine Sünde kannte, für uns zur Sünde gemacht, damit wir zur Gerechtigkeit Gottes würden in ihm" (2 Kor 5,21). Die Auferstehung ist nach Paulus nicht nur ein Sieg über den Tod, sondern auch über die Sünde. Stellvertretung/Opfer heißt: Jesus erbringt für uns etwas, was wir nicht erbringen können.

Gott identifiziert sich so sehr mit dem gekreuzigten Jesus von Nazareth, dass seine in der Auferstehung sich offenbarende Lebensmacht weiterhin wirkt: „Denn dazu ist Christus gestorben und wieder zum Leben gekommen, damit er Herr werde über die Toten wie über die Lebenden" (Röm 14,9). Die Kräfte der Auferstehung Jesu Christi wirken in der Gegenwart und rufen ihre eigene Gewissheit hervor: „Wir glauben aber, dass wir, wenn wir mit Christus gestorben sind, auch mit ihm leben werden" (Röm 6,8; vgl. 2Kor 1,9; 5,15). Der Glaube als ‚Erkenntnis/Erleuchtung' wird in 2Kor 4,6 mit Bezug auf Gen 1,3-5 unmittelbar mit Gottes anfänglichem Schöpferhandeln verbunden. Der dem Tode nahe Paulus hofft, an den Kräften der Auferstehung Jesu teilzuhaben, um selbst zu der Auferstehung aus den Toten zu gelangen (Phil 3,10f.). Mit der Auferstehung Jesu Christi von den Toten hat eine universale Schöpfungsdynamik eingesetzt, die sowohl das individuelle Schicksal der Glaubenden als auch das Geschick des gesamten Kosmos betrifft (vgl. Phil 3,21: „der den Leib unserer Niedrigkeit verwandeln wird, gleichgestaltet dem Leib seiner Herrlichkeit, entsprechend der Kraft, dass er sich auch das All unterwerfen kann").

Besonders deutlich werden diese Zusammenhänge in Röm 5-8.[42] Die Befreiung von der Macht des Todes (Röm 5), der Sünde (Röm 6) und des Gesetzes (Röm 7) begründet die Stellung der Glaubenden als Miterben im ansetzenden universalen Endgeschehen (Röm 8). Die gesamte Schöpfung wird in die mit dem Kommen

---

[41] Vgl. *Albert Schweitzer*, Die Mystik des Apostels Paulus, Tübingen 1930, 116: „Der ursprüngliche und zentrale Gedanke der Mystik Pauli ist also der, daß die Erwählten miteinander und mit Jesu Christo an einer Leiblichkeit teilhaben, die in besonderer Weise der Wirkung von Sterbens- und Auferstehungskräften ausgesetzt ist und damit der Erlangung der Seinsweise der Auferstehung fähig wird, bevor noch die allgemeine Totenauferstehung statt hat."

[42] Zur Auslegung vgl. Udo *Schnelle*, Die Gegenwart des Heils im Lichte seiner Zukunft: Röm 5,1-11 als Grundsatz- und Transferpassage, in: *Cilliers Breytenbach* (Hg.), God's Power for Salvation: Romans 1,1-5,11, Leuven 2017, 183-205.

Christi einsetzende Offenbarung der Herrlichkeit Gottes mit hineingenommen und darf teilhaben an der geistgewirkten Befreiung der ‚Kinder Gottes' (Röm 8,21). Der dabei vorherrschende Teilhabe-Gedanke zeigt sich in Röm 6 und 8 semantisch in der ungewöhnlichen Häufung von Komposita mit σύν = ‚mit' (Röm 6,4.5.6.8; 8,17.22.28.29). Es findet eine grundlegende Transformation statt, die sich in der Partizipation an den Heilsmächten der Auferstehung realisiert. Der Wandel zu einem neuen Leben in der Kraft des Geistes hat bereits begonnen, nicht nur als veränderte Weltwahrnehmung, sondern im realen Sinn. In der Taufe werden die Glaubenden in das somatische Geschick Jesu Christi miteinbezogen; sie haben gleichermaßen Anteil an Jesu Tod und den Kräften seiner Auferstehung. Die Realität dieses Geschehens verbirgt der Geist Gottes, der jetzt sicht- und hörbar den Glaubenden beisteht und für sie eintritt,[43] denn die Gemeinschaft mit dem erhöhten Herrn ist eine Gemeinschaft im Geist (1 Kor 6,17: „Wer aber dem Herrn anhängt, ist ein Geist mit ihm"). In der Teilhabe am Christusgeschehen vollzieht sich die Erneuerung der Gottesebenbildlichkeit des Menschen, denn die Glaubenden sind dazu auserwählt, dem Bild des Sohnes gleich zu werden (Röm 8,29).

Bei Paulus dominiert somit eine dreifache Auferstehungs- und Schöpfungsperspektive: 1) Die Auferstehung als Schöpferhandeln Gottes wird als Sieg über den adamitischen Tod gesehen (1Kor 15,45; Röm 5,12–21), der sich in der Gnadengabe des ‚ewigen Lebens' realisiert (Röm 6,22f.). 2) Die Teilhabe an den Kräften des Auferstehungsgeschehens gewährt der Geist Gottes bzw. Christi, der das Leben der Christen insgesamt als ‚neue Schöpfung' (2Kor 5,17; Gal 6,15) und ‚Neuheit des Lebens' (Röm 6,4) qualifiziert. 3) Dem Geist- und Lebensbegriff kommt in der kosmologischen Gesamt- und Endperspektive eine entscheidende Bedeutung zu, denn am Ende „werden sie alle in Christus lebendig gemacht werden" (1Kor 15,22) und der Tod als letzter Feind wird endgültig vernichtet (1Kor 15,26). Die gesamte Schöpfung geht wie die erwählten Kinder Gottes dem Offenbarwerden des Sohnes hoffnungsvoll entgegen. Schöpfung und Menschheit haben nicht nur denselben Ursprung, sondern ihr Geschick wird auch in Zukunft miteinander verschränkt sein (Röm 8,18–39).[44]

Es ist deutlich: Paulus versteht die Auferstehung Jesu Christi von den Toten mit den ältesten Traditionen als ein Schöpfungshandeln Gottes, das eine universale Wende einleitet und durch den Geist gegenwärtig und zukünftig wirkt. Dabei lässt der Apostel an der Bedeutung der Auferstehung als Fundament des Glaubens keinen Zweifel: „Wenn aber Christus nicht auferstanden ist, dann ist auch unsere Verkündigung leer, und auch euer Glaube ist leer" (1Kor 15,14), und: „Ist aber Christus nicht auferstanden, so ist euer Glaube nichtig, so seid ihr noch in euren Sünden ... so sind wir die elendsten unter allen Menschen" (1Kor 15,17.19b). Jesus

---

[43] Vgl. zu den gottesdienstlichen und endzeitlichen Funktionen des Geistes *Friedrich W. Horn*, Das Angeld des Geistes, FRLANT 154, Göttingen 1992, 404–428.

[44] Vgl. hierzu *Udo Schnelle*, Ethik und Kosmologie bei Paulus, in: Biblical Ethics and Application, hg. v. *Ruben Zimmermann/Stephan Joubert*, WUNT 384, Tübingen 2017, 207–229.

Christus starb für unsere Sünden nach dem Willen Gottes, die Aussage von Begrabensein bestätigt die Wirklichkeit seines Todes. Auch Paulus setzt das leere Grab voraus.[45] Er erwähnt es nicht ausdrücklich, aber die Logik des Begrabenseins und der Auferstehung Jesu in 1Kor 15,4 (und auch des Mitbegrabenwerdens in Röm 6,4) verweist auf das leere Grab, denn die jüdische Anthropologie geht von einer leiblichen Auferstehung aus.[46] Hinzu kommt ein grundsätzliches Argument: Die Auferstehungsbotschaft hätte in Jerusalem nicht so erfolgreich verkündigt werden können, wenn der Leichnam Jesu in einem Massengrab oder einem ungeöffneten Privatgrab verblieben wäre.[47] Es dürfte weder den Gegnern noch der Anhängerschaft entgangen sein, wo Jesus beigesetzt wurde.[48] Der Erfolg der Osterbotschaft in Jerusalem ist gerade historisch ohne ein leeres Grab nicht denkbar. Der Fund eines Gekreuzigten im Nordosten des heutigen Jerusalem aus der Zeit Jesu zeigt,[49] dass die Leiche eines Hingerichteten an seine Angehörigen oder andere Nahestehende ausgeliefert und von ihnen bestattet werden konnte. Das leere Grab allein bleibt allerdings zweideutig, seine Bedeutung erschließt sich erst von den Erscheinungen des Auferstandenen her. Sowohl die Vorstellung des Begrabenseins als auch die sichtbaren Erscheinungen des Auferstandenen deuten darauf hin, dass Paulus und die Tradition Tod und Auferweckung Jesu als ein leibliches Geschehen in Raum und Zeit verstehen. Vor allem die Ausweitung der Zeugenliste (1Kor 15,6–9) durch Paulus dient dem Nachweis der leiblichen und damit nachprüfbaren Auferstehung Jesu Christi von den Toten,[50] denn viele von den 500 Brüdern leben noch und können befragt werden.[51]

---

[45] Anders *Rudolf Bultmann*, Theologie, 48: „Legende sind die Geschichten vom leeren Grab, von denen Paulus noch nichts weiß."

[46] Vgl. die Argumentation bei *Martin Hengel*, Das Begräbnis Jesu bei Paulus und die leibliche Auferstehung aus dem Grabe, in: *Friedrich Avemarie/Hermann Lichtenberger* (Hg.), Auferstehung, WUNT 135, Tübingen 2001, 119–183, 139–141.

[47] Vgl. *Paul Althaus*, Die Wahrheit des christlichen Osterglaubens, Gütersloh 1940, 25: „In Jerusalem, am Orte der Hinrichtung und des Grabes Jesu, wird nicht lange nach seinem Tode verkündigt, er sei auferweckt. Dieser Tatbestand fordert, daß man im Kreise der ersten Gemeinde ein zuverlässiges Zeugnis dafür hatte, daß das Grab leer gefunden ist."

[48] Anders *Gerd Lüdemann*, Die Auferstehung Jesu, Göttingen 1994, 66, der ohne Begründung behauptet: „Da sich weder die Jünger noch die nächsten Familienangehörigen um Jesu Leichnam gekümmert haben, ist kaum denkbar, daß sie über den Verbleib des Leichnams informiert sein konnten, um später wenigstens seine Knochen zu bestatten."

[49] Vgl. *Heinz-Wolfgang Kuhn*, Der Gekreuzigte von Givcat hat-Mivtar. Bilanz einer Entdeckung, in: *Carl Andresen/Günter Klein* (Hg.), Theologia Crucis – Signum Crucis (FS Erich Dinkler), Tübingen 1979, 303–334.

[50] Vgl. *Christian Wolff*, Der erste Brief des Paulus an die Korinther, 369.

[51] *Rudolf Bultmann* erfasst diese Textintention zutreffend, wenn er betont: „Ich kann den Text nur verstehen als den Versuch, die Auferstehung Christi als ein objektives historisches Faktum glaubhaft zu machen" (*Rudolf Bultmann*, Karl *Barth*, „Die Auferstehung der Toten", in: *ders.*, Glauben und Verstehen I, Tübingen ⁸1980, 54). Bultmann fährt dann aber fort: „Und ich sehe nur, daß Paulus durch seine Apologetik in Widerspruch mit sich selbst

4. Theologische Folgerungen

Wie lässt sich dieses exegetische Ergebnis im Kontext der Forschungsgeschichte und des skizzierten hermeneutischen Ansatzes bewerten? Drei Aspekte sind zu betonen:

1) Die Rede von der Auferstehung Jesu Christi ist streng theologisch zu verstehen; sie ist zuallererst eine Aussage über Gott selbst und damit qua definitionem geläufiger empirischer Verifikation entzogen! Als schöpferisches Handeln Gottes an dem gekreuzigten und gestorbenen Jesus von Nazareth muss die Wirklichkeit der Auferstehung deshalb unterschieden werden von menschlichen Erfahrungen und Verarbeitungen dieser Wirklichkeit. Zugleich hat aber gerade der Schöpfergott die Möglichkeit, in der Geschichte seiner Schöpfung in einer Art und Weise zu handeln, die von Menschen erfahren und bezeugt, aber nicht verifiziert oder demonstriert werden kann. Auferstehung geschieht weder am Menschen noch an der Geschichte vorbei, geht aber in beiden auch nicht auf, weil sie Gotteshandeln ist. Die Wirklichkeit der Auferstehung gibt es für die Menschen nicht jenseits ihrer sprachlichen Deuteleistungen, die aber als Ausdruck gottgewirkter Einsicht verstanden werden. Weil Gottes Möglichkeiten größer sind als unsere allgemeinen Erfahrungen, müssen die geschichtstheoretischen Kategorien der Analogie und Korrelation für sein Handeln als inadäquat gelten! Würde Gott nur das können, was auch wir vermögen bzw. für möglich halten, dann wäre er nicht Gott, sondern in der Tat Produkt des Menschen. Der Vorwurf des Betruges oder der Projektion kann gegenüber den ersten Erscheinungszeugen natürlich erhoben werden, er negiert aber von vornherein die Möglichkeit des schöpferischen geschichtlichen Wirkens Gottes und hat seinen Grund allein im Wollen des interpretierenden neuzeitlichen Subjekts. Setzt der Mensch die Möglichkeiten Gottes mit seinen eigenen gleich, redet er nicht mehr von Gott, sondern von sich selbst! Negiert der Mensch die Existenz Gottes, dann ist die Auferstehung für ihn ein Nicht-Ereignis, das der Erwähnung nicht wert ist. Lässt man hingegen Gott wirklich Gott sein, dann muss man ihm auch zugestehen, Dinge tun zu können, die menschliches Begreifen bei weitem übersteigen. Ist Gott der Schöpfer des Lebens und der Welt, Herr über Leben und Tod, so vermag er auch einen Gekreuzigten von den Toten aufzuerwecken! Auferstehung muss somit als ein Ereignis sui generis verstanden werden, das sich allein aus Gott heraus erklärt, sich in der Geschichte ereignete, eine neue Sprache und eigene Gewissheit hervorrief und sich

---

gerät; denn mit einem objektiven historischen Faktum kann allerdings das nicht ausgesagt werden, was Paulus V. 20–22 von Tod und Auferstehung Jesu sagt" (a.a.O., 54f.). Was von Paulus als geschichtliches Ereignis begriffen wurde, will Bultmann in den Bereich des Mythologischen schieben, um so die Glaubwürdigkeit des Evangeliums in der Moderne zu wahren. Damit verwechselt er seine eigene Meinung mit der des Paulus! Der einzige Auferstehungszeuge, von dem wir schriftliche Nachrichten besitzen, verstand die Auferstehung Jesu Christi von den Toten jedoch offenkundig als ein Ereignis innerhalb der Geschichte, weil es auch sein eigenes Leben völlig veränderte.

säkularen Übersetzungen oder Relativierungen entzieht. Die entscheidende Erfahrung und Einsicht der glaubenden Menschen lautet: In der Auferstehung Jesu Christi von den Toten machte Gott den Tod zum Ort seiner Liebe zu den Menschen. Dies erfahren Christen immer wieder: Ihr Gott ist der Gott der Lebendigen (vgl. Lk 20,38).

2) Damit stellt sich die Frage nach dem Realitätsstatus religiöser Erfahrungen. Religiöse Erfahrungen sind, wie andere Wirklichkeitsdeutungen auch, zunächst Reaktionen auf Erfahrungen, auf ein Erleben; sie haben aber einen besonderen Deute-Charakter. Sie unterscheiden sich von anderen Wirklichkeitsdeutungen, weil sie sich nicht auf ein unmittelbares Objekt beziehen, sondern über sich selbst hinausweisen, sich auf etwas Vorgegebenes, auf eine göttliche Dimension berufen. Weil Menschen diese Erfahrungen machen, sind sie immer auch eine Art von Selbsterfahrung, gehen aber darin nicht auf.[52] Zum Wesen von religiösen Transzendenzerfahrungen gehört es, dass sie sich einstellen und den Menschen ergreifen. Der Deutungs- und Konstruktionscharakter dieses Vorganges lässt sich dennoch nicht leugnen und muss auch nicht getilgt werden, denn wir sind und bleiben es, die deuten, religiöse Sinnwelten erstellen und Transzendenzerfahrungen haben. Das heißt aber keineswegs, dass der glaubende Mensch das alleinige Subjekt ist, denn diese Sinnwelten sind als Antwort und Reaktion auf eine ganz bestimmte Art und Weise der Welterfahrung zu deuten, nämlich der Erfahrungen des Göttlichen/Heiligen. Das Reden von Gott ist natürlich immer zugleich ein Reden von mir, aber das Dabeisein heißt nicht, das alleinige Subjekt zu sein! Der Glaube ist als Christusteilhabe ein auf den Menschen zukommendes Geschehen, das ihn zugleich mitgehen lässt.[53] Das Erleben einer transzendenten Wirklichkeit, das Bezogensein auf eine andere Dimension sind nicht Erfahrungen zweiter Klasse, sondern sie haben die Gewissheit allen personalen Geschehens: Sie basieren auf Vertrauen, das nicht in der Rolle eines Beobachters, sondern nur als beteiligte Person erfahren werden kann. Der Glaube ist eine Gewissheitserfahrung, ein starkes Grundvertrauen, das Gott als seinen Urheber weiß, jeder Reflexion vorausgeht und zugleich aber das Denken, Fühlen und Handeln bestimmt und inhaltlich prägt. So kann der Glaube als eine Neuausrichtung, Neuqualifikation des Ich durch Gott verstanden werden.

Warum aber nehmen Menschen religiöse Deutungen vor? Offenbar, weil sie solche Deutungen für hilfreich und plausibel halten.[54] Bei Milliarden von Menschen ist der Glaube (wie die Liebe oder die Hoffnung) eine psychische Realität,

---

[52] Vgl. *Lauster*, Religion als Lebensdeutung, 25f.
[53] Treffend *Jörg Dierken*, Einleitung, in: *ders.*, Ganzheit und Kontrafaktizität. Religion in der Sphäre des Sozialen, Tübingen 2014, 1–19, 17: „Der Glaube, besser in der Verlaufsform: das Glauben, ist unerzwingbar und geht mit einer eigenen Überzeugung einher."
[54] Vgl. *Jörn Rüsen*, Die roten Fäden im Gewebe der Geschichte – Historischer Sinn zwischen Immanenz und Transzendenz, in: *Martin Klüners/Jörn Rüsen*, Religion und Sinn, Göttingen

die zum Verstehen und zur Bewältigung von Lebenssituationen und zum Lebenssinn beiträgt; die als einleuchtend, hilfreich und gut empfunden wird. Im Zentrum des christlichen Glaubens steht eine überaus plausible und attraktive Grundeinsicht: Mein Leben und alles, was damit verbunden ist, darf ich als Geschenk Gottes verstehen und annehmen. Das ist die geheime Formel für gelingendes positives Leben: Die Dinge, die einem widerfahren, als Gabe Gottes hinnehmen; den Geschenkcharakter des Lebens anerkennen. Alles, was unser Leben bestimmt und wirklich lebenswert macht, hat Geschenkcharakter: die Liebe, die Dankbarkeit, die Hoffnung, die Zuversicht, die Freundschaft und der Glaube. Wir können sie nicht herstellen, es gibt keine ‚Beweise', sondern sie ereignen sich, werden uns geschenkt. Deshalb ist der christliche Glaube nicht nur Lebensdeutung und bewusste Lebensführung, sondern auch Lebenskunst, positives Lebenswissen und darin höchst vernünftig. Er betont die göttliche und menschliche Liebe als grundlegende Lebenskräfte und aktiviert die positiven Lebenskräfte: das Vertrauen auf Gott und in das Leben, die Dankbarkeit, die Kraft der Vergebung, die Achtung der Mitgeschöpfe und der Schöpfung, die Nächstenliebe und den inneren Frieden als Voraussetzung äußeren Friedens.

3) Wie ordnen sich religiöse Erfahrungen in eine Wirklichkeit ein, deren Realitätsstatus wesentlich von den Naturwissenschaften bestimmt wird. Bis in die frühe Neuzeit hinein lieferte die christliche Theologie das bestimmende Wirklichkeitsmodell und wurde dann von den Naturwissenschaften abgelöst. Diese Konfliktgeschichte[55] bestimmte im 19. Jh. bis in die Mitte des 20. Jh. zahlreiche Interpretationen des Auferstehungsgeschehens, die versuchten, unter dem Eindruck der ‚Objektivität' der Naturwissenschaften nicht angreifbare individuelle Verstehensräume, vor allem im Bereich der Anthropologie zu finden. Spätestens seit Anfang der 70er Jahre des 20. Jh. wird aber immer deutlicher, dass keine Disziplin

---

2020, 65–122, 75, der zu den Gefährdungen und der Verletzlichkeit des Menschseins feststellt: „Religion ist ein Sinnkonzept, das diese Eigenschaften des Menschen nicht einfach als anthropologische fundamentale Tatsachen hinnimmt, sondern sie als Problemlage des Menschen ansieht und Lösungen entwickelt und lebenspraktisch realisiert."

[55] Vgl. *Falcke*, Licht im Dunkeln, 317f.: „Der Prozess, dass sich Wissenschaften immer mehr verselbstständigten, führte in der Moderne dazu, religiöse, philosophische und theologische Fragen ganz aus den Naturwissenschaften auszuschließen. Dies war Teil eines Emanzipationsprozesses der Wissenschaft vom Diktat der Kirchen und Philosophen. Das heißt aber nicht, dass man diese Frage grundsätzlich ausklammern sollte. Die Selbstbeschränkung auf nichtreligiöse Fragen ist Methode der Naturwissenschaft und keine allgemeine Antwort. Insofern lässt sich auch nicht aus der Wissenschaft ableiten, es gebe keinen Gott – nur weil man die Gottesfrage in der Physik nicht zulässt. Atheismus ist eine legitime Überzeugung, wissenschaftlich begründen lässt sie sich nicht. Gott mithilfe der Wissenschaft zu widerlegen, scheint mir genauso unsinnig wie der Versuch, Gott mithilfe der Wissenschaften zu beweisen."

für sich den Anspruch erheben kann, die vielfältige ganze Wirklichkeit allein erklären und die Probleme der Welt allein lösen zu können.[56] Vielmehr ergänzen sich die verschiedenen Zugänge zur Wirklichkeit und sind darin verbunden, an der Erklärung und vor allem der Erhaltung der einen unteilbaren Welt zu arbeiten. Gott wirkt in einer Art und Weise, die im Kausalzusammenhang der Naturgesetze nicht beschreibbar ist, was aber seine Existenz nicht widerlegt. Es gilt erkenntnistheoretisch die grundlegende Einsicht von Immanuel Kant:

> „Der da Sagt, daß ein Gott sey, sagt mehr, als er weiß, und der das Gegentheil sagt, imgleichen. Niemand weiß, daß einer sey, sondern wir glauben es."[57]

Die Naturwissenschaften erfassen nicht die Wirklichkeit, sondern nur den partiellen Teil, nach dem sie fragen. Sie sind ein bestimmter und zugleich sehr begrenzter Wirklichkeitszugang, bei dem im Wesentlichen die Setzungen, Fragen und Methoden die Antworten bestimmen und die Geltung von der selbst aufgestellten Axiomatik abhängt.[58] Zudem existieren Vernunftleistungen nie für sich, sondern sind stets eingebunden in massive politische, ökonomische, wissenschaftliche und militärische Zwecke, die sie instrumentalisieren und im Endresultat als unvernünftig erscheinen lassen können. Mathematik oder Physik geben keine Antwort darauf, worin der Sinn des Lebens liegt, wie ein Mensch sich verhalten soll oder wie es möglich ist, Erfahrungen positiv zu verarbeiten und ein glückliches Leben zu führen. Die nach wie vor bei vielen Menschen vorherrschende Meinung, nur die Naturwissenschaften seien in der Lage, uns das richtige Weltbild zu geben, beruht auf einer Verkennung des Wesens und der Reichweite der Naturwissenschaften.[59] Die Welten der Religion, der Kunst, der Musik oder der Dichtung verfolgen schlicht andere Interessen als die Naturwissenschaften, ohne Konkurrenten zu sein. Sie öffnen andere kognitive und emotionale Bereiche der Wirklichkeit, die für unser Leben mindestens so wichtig sind wie dingliche Gegenstände.

---

[56] Alle gegenwärtigen Krisenphänomene des 21. Jh. sind im Prinzip seit 1972 einer breiten Öffentlichkeit bekannt, als der Club of Rome seine Analysen zu den ‚*Grenzen des Wachstums*' vorlegte.
[57] *Immanuel Kant*, Reflexionen zur Metaphysik, in: *ders.*, Gesammelte Schriften AA XVIII, Berlin 1928, 36.
[58] So nachdrücklich *Kurt Hübner*, Die Wahrheit des Mythos, München 1985.
[59] Vgl. *Falcke*, Licht im Dunkeln, 320: „Naturgesetze sind abstrakte Beschreibungen der Wirklichkeit in der Sprache der Mathematik. Aber Naturgesetze beschreiben nicht umfassend die ganze Wirklichkeit."

5. Fazit

Die zentrale theologische Erschließungskategorie des Auferstehungsgeschehens in all seinen Dimensionen ist das anhaltende Schöpferhandeln Gottes: an Jesus Christus, an den Glaubenden und dem gesamten Kosmos. Die Auferstehung Jesu Christi von den Toten ist alleinige und exklusive Gottestat, die aber anhaltende Wirkungen hat, denn die Glaubenden und Getauften werden durch den Geist in Gottes Liebe für die Welt und für die Menschen miteinbezogen und haben teil an seinem lebenspendenden Wirken. Die Glaubwürdigkeit dieses Geschehens für die Menschen hängt primär davon ab, ob die Existenz Gottes bejaht oder verneint wird, welche Erfahrungen Menschen mit dem gegenwärtigen Wirken Gottes in ihrem Leben machen und wie sich das auf ihr Weltbild auswirkt. Diese Erfahrungen können sich zum Glauben verdichten, der Menschen einen positiven Deutungsrahmen ihrer eigenen Existenz und der Welt gibt. Als Zuversicht und Vertrauen erweist sich der Glaube zugleich als göttliche Gabe und positive Lebenskraft; er ist gleichermaßen eine neue Lebensausrichtung und Lebenshaltung. Der Mensch gelangt von einem selbstzentrierten zu einem gottzentrierten Leben; der Glaube lokalisiert den Menschen in seiner Beziehung zu Gott neu und realisiert sich in der Liebe zum Nächsten. Den Glauben verstehen können letztlich nur die Glaubenden selbst, denn es ist – wie z. B. bei der Liebe, der Hoffnung, der Freundschaft und allen großen existentiellen Bestimmungen auch – ein entscheidender Unterschied, ob man ein Phänomen nur von außen kennt/betrachtet oder aber diesen Weg selbst beschreitet.

Hans Kessler

Auferstehung?
Was die biblische Hoffnung für die Toten zu denken gibt

Der Tod bildet für unser Erkennen eine unübersteigbare Grenze. Wir wissen nicht, was „nach" dem Tod kommt. Wir haben keine Informationen darüber (auch die Bibel ist keine Informationsquelle für ein „Jenseits"). Wir haben Hoffnungen, Hoffnungsentwürfe.

Bei allen solchen Hoffnungsentwürfen haben wir die gleiche erkenntnistheoretische Ausgangslage: Sie sind wissenschaftstheoretisch gesehen Hypothesen, existenziell gesehen gewagte Glaubenshoffnung. Man kann ihre Voraussetzungen und Grundlagen prüfen, man kann ihre mehr oder weniger guten Begründungen, ihre innere Stimmigkeit oder Nicht-Widersprüchlichkeit und ihre Vereinbarkeit mit unserem Erfahrungswissen prüfen, in diesem Sinne nach ihrer Vernunftgemäßheit fragen (*und* danach, was sie für das Leben und das Sterben bedeuten). Schon das NT fordert auf zur Verantwortung unserer Hoffnung vor jedem, der danach fragt: „Seid stets bereit zur Verantwortung vor jedem, der von euch Rechenschaft fordert über die Hoffnung, die in euch ist; aber antwortet bescheiden und ehrerbietig" (1 Petr 3,15).

Können wir die biblische Auferstehungshoffnung vor der Vernunft verantworten und für sie gute Gründe angeben?

Ich versuche eine Annäherung in fünf Teilen:[1]

1. Worauf gründet die biblische Hoffnung für die Toten? Oder: Die theologische Grundvoraussetzung
2. Eine anthropologische Bedingung: Identität von postmortaler mit prämortaler Person. Wie ist sie möglich?
3. Was geben die biblischen Texte zu bedenken?
4. Wie kann Auferstehung der Toten plausibel verstanden werden?
5. Was könnte ewiges Leben, Gericht und Versöhnung bedeuten?

---

[1] Genaueres für alles Folgende, vgl. Hans *Kessler*, Was kommt nach dem Tod? Nahtoderfahrungen, Seele, Wiedergeburt, Auferstehung und ewiges Leben, Kevelaer 2014 (³2016). Außerdem *ders.*, Personale Identität und leibliche Auferstehung. Systematisch-theologische Überlegungen, in: Handbuch für Analytische Theologie, hrsg. von Thomas *Schärtl* u.a., Münster 2017, 641–666.

1. Die fundamentale theologische Voraussetzung

1.1 Eine absolut transzendente Wirklichkeit

Der biblische Hoffnungsentwurf macht eine fundamentale Voraussetzung: Er setzt Gott voraus. Diese Voraussetzung ist alles andere als selbstverständlich und bedarf der Begründung.[2] Dies zumal angesichts der heute vorherrschenden naturalistischen Weltsicht.

a) G.W.F. Hegel bringt das Problem einmal so auf den Punkt: „Der Tod ... ist das Furchtbarste, und das Tote festzuhalten, das, was die größte Kraft erfordert".[3]

Diese Kraft haben wir Menschen nicht. Und die Natur hat sie auch nicht. In der Natur gibt es nur das „Stirb und Werde" (Goethe), das Stirb des einen Individuums und das Werde eines anderen. Dass ein und dasselbe Individuum nach dem Tod wieder da ist, das schafft „die Natur" nicht. Wenn die Natur, wenn das All alles ist, dann gibt es für das Individuum kein Leben nach dem Tod; dann hätten harte (weltanschauliche) Naturalisten einfach recht. Ein Leben der individuellen Person nach dem Tod kann es nur geben, wenn die Natur, wenn das All nicht alles ist. Genauer: wenn eine Instanz, eine Wirklichkeit besteht, die mehr vermag, als in der Natur und im All „drin" ist (an Möglichkeiten).

Spricht etwas dafür, dass der Tod nicht das Ende der Person ist? Es spricht einiges dafür. Ich nenne nur drei Phänomene, die, denkt man sie auf die Bedingungen ihrer Möglichkeit hin durch, bis an den Punkt führen, wo Hoffnung über den Tod hinaus – gewiss *nicht bewiesen* ist, *aber* – sich *denkerisch* als *zutiefst berechtigt* erweist und alle Unvernünftigkeit verliert:[4]

> (1) Wir sind endlich, wir wissen es, und wir können über unser Ende *hinausfragen*. Wir wissen: Unser Leichnam wird verwesen und in andere organische Prozesse übergehen. Das Materielle an uns verschwindet also nicht einfach, löst sich nicht in nichts auf. Aber – und das gibt zu denken – da war doch noch etwas gewesen: eine Person mit Sehnsucht, Liebe, Verantwortung, vielleicht auch Gemeinheit und vielem mehr. Mit welchem Recht, so fragte Karl Rahner[5], behauptet man eigentlich, dies alles sei einfach ins reine Nichts abgewandert, verdampft? Beim Körper ist das, was war, nicht einfach verdampft, – aber das, was da noch war, die Person, soll es einfach schlechthin nicht mehr geben? Warum eigentlich soll es ‚aus sein'? Weil wir hier davon nichts

---

[2] Ausführliche Begründung bei *Hans Kessler*, Im Streit um die Wirklichkeit. Mit Naturwissenschaft begründeter Atheismus und die Frage nach Gott, in: Christian *Tapp* und Christof *Breitsameter* (Hg.), Theologie und Naturwissenschaften, Berlin-Boston 2014, 255–293; kurz auch Hans *Kessler*, Gott – warum er uns nicht loslässt, Kevelaer 2016.

[3] G.F.W. *Hegel*, Phänomenologie des Geistes (1807), Hamburg ⁶1952, Vorrede, 29.

[4] Zum Folgenden vgl. Kessler, Was kommt (2014), 19–30.

[5] Karl *Rahner*, Ostererfahrung, in: *Schriften zur Theologie* Bd. 7, Einsiedeln 1966, 157–165, 157f.

mehr merken? Ein schwaches Argument! Eigentlich folgt daraus nur: für uns, die Hinterbliebenen, ist der Tote nicht mehr da. Muss er für uns, in unseren Dimensionen, da sein, um überhaupt zu sein?

(2) Wenn der Tod das Ende der Person ist, wofür leben wir dann: Nur für die Plackerei und das bisschen Spaß und Unterhaltung, für den kleinen Sinn und Unsinn des Alltags, und um dann einzugehen in die große Matrix Natur? Oder nur um per Fortpflanzung der Spezies Mensch das Weiterleben zu ermöglichen? „Das Leben geht weiter", aber ohne letzten Sinn? Mit Goethes Mephisto: „Was soll uns denn das ew´ge Schaffen! Geschaffenes zu nichts hinwegzuraffen!" (Der Verweis auf Nachwirkungen befriedigt nicht: Wie viele Menschen nehmen z.B. wichtige Erkenntnisse und Erfahrungen mit ins Grab, und es wirkt nichts nach!) Wenn der Tod für die Person das absolut Letzte wäre, dann wäre am Ende alles vergeblich, das Leben wäre letzten Endes eitel und sinnlos, absurd.

Aber wir *fragen* ja *nach Sinn*, und genau dies *muss erklärt werden*. Wenn der Tod das Letzte wäre, dann könnte man überhaupt nicht erklären, warum wir nach Sinn fragen, warum wir eine unstillbare Sehnsucht nach Gerechtigkeit und Sinn haben. Warum sind wir denn so gebaut (warum hat die Evolution ein so komplexes Gehirn hervorgebracht), dass wir nach Sinn fragen und uns mit sinnlosem Unfug nicht zufrieden geben. Gäbe es kein Wasser, dann wären in der Evolution nie auf Wasser angewiesene Wesen entstanden. Gäbe es definitiv keinen letzten Sinn, wieso sollten dann Wesen mit Durst nach einem solchen Sinn entstanden sein? Die Frage bleibt, ohne dass damit ein solcher Sinn bewiesen wäre.

(3) Manche sagen, man könne auch ohne Gott ein lebenswertes, sinnvolles Leben führen. Gewiss, manche Privilegierte und vom Glück Begünstigte mögen das annehmen, sie mögen mit sich und ihrem Leben zufrieden sein. Aber dass das Leben auch Sinn haben könnte, wenn *kein* Gott ist, diese Behauptung wird *radikal widerlegt* durch folgenden harten Sachverhalt: Viel zu viele müssen sterben nach einem kurzen, leidvollen Kampf, ohne jemals gelebt zu haben. Wenn ihr Leben mit dem Tod unwiderruflich endet, dann bliebe ihr Sinnverlangen unerfüllt, und zwar definitiv. Wenn der Atheismus Recht hätte, dann wäre das Leben ein Lotteriespiel, bei dem es einige Gewinner und eine Unzahl an Verlierern gäbe – und zwar ohne jede Spur von Gerechtigkeit.

Aber genau damit kann unsere Menschlichkeit, kann unsere menschliche Vernunft *sich nicht abfinden*, ohne sich selbst zu verraten. Denn wenn man die Verlierer, die unschuldig Gemordeten, die verhungerten Kinder, die Verstorbenen, denen man vieles verdankt oder schuldet, wenn man sie und all die Opfer unseres Treibens einfach aus seinem Gedächtnis tilgt, um sein bisschen Glück nicht zu trüben, dann kann man nicht wirklich human sein. Wenn man aber seine eigene Ohnmacht und Schuld zugibt und sich weigert, die Opfer zu vergessen, wenn man die Forderung nach Gerechtigkeit und Sinn für sie aufrechterhält, dann muss man streng genommen *entweder* in Verzweiflung oder zumindest in Resignation und untröstliche Trauer verfallen, *oder* aber es stellt sich unabweisbar die Frage nach einer rettenden Wirklichkeit, die Frage nach Gott.[6]

Wenn der Atheismus Recht hätte, dann könnte man nicht erklären, warum der Mensch das *unbefriedigte*, unersättliche Wesen ist, warum er über alles – auch über Natur, Welt, Tod – hinausfragt (warum er dies zumindest kann), warum der endliche Mensch eine unendliche Sehnsucht nach Gerechtigkeit und Sinn hat. Wenn *kein* Gott wäre, dann hätte ‚die Natur' in den Menschen ein (völlig unsinniges) Verlangen erweckt, das nichts und niemand einlösen kann.[7] *Wenn* aber jene Instanz existiert, die wir „Gott" nennen, dann ist die *Hoffnung berechtigt*, dass das Leben mit dem Tod nicht endet, dass vielmehr ein *irdisch unerfülltes* Leben ein gewaltiges, *noch uneingelöstes* Versprechen ist, das nach Einlösung schreit und sie auch finden kann, und dass ein für andere offenes, erfülltes irdisches Leben eine Etappe auf dem Weg zu einer unvergänglichen Vollendung darstellt.

b) Ludwig Wittgenstein hat notiert: „An einen Gott glauben heißt sehen, dass es mit den Tatsachen der Welt noch nicht abgetan ist. An einen Gott glauben heißt sehen, dass die Welt einen Sinn hat."[8]

Die Wissenschaften können einen Sinn der Welt nicht finden. Sie beschäftigen sich mit den Tatsachen der Welt und erklären sie durch Ursache-Wirkungs-Zusammenhänge. Der Astrophysiker Harald Lesch bemerkt: „Die Physik ist nur zuständig für die Innenarchitektur des Kosmos. Wir leben von Ursache-Wirkungs-Zusammenhängen, das ist unser Ding. Wenn Kosmologen von Gott faseln, ist das eine Grenzüberschreitung. In physikalischen Gleichungen kommt Gott nicht vor, aber das schließt nicht aus, dass Gott existiert."[9]

Die Physik und die anderen Wissenschaften befassen sich mit der Innenarchitektur der Welt (und des Alls), sie fragen nach Ursache-Wirkungs-Zusammenhängen auf der empirischen Ebene, und sie *setzen* dabei immer schon Welt oder etwas Weltartiges *voraus* (z.B. etwas, das im Urknall explodieren konnte, oder ein

---

[6] Jürgen Habermas, der sich als „religiös unmusikalisch" und „nicht gläubig" bezeichnet: „Die verlorene Hoffnung auf Resurrektion hinterlässt eine spürbare Leere." Angesichts der „Irreversibilität vergangenen Leidens" und des „nicht wiedergutmachbaren Unrechts" erfahre man schmerzlich die „eigene Ohnmacht", doch diese „dementiert nicht das Verlangen, am Unabänderlichen doch noch etwas zu ändern" (Glauben und Wissen, Frankfurt a.M. 2001, 24f.).

[7] Dagegen ist das Theodizee-Problem kein echter Einwand: Gewiss, wer glaubt, dass Gott nicht existiert, der ist das Theodizee-Problem los. Doch das Problem des Leids ist er keineswegs los, und das Problem der Ungerechtigkeit in der Welt auch nicht: Nichts und niemand wird den Ermordeten in Auschwitz und den zu Tode Gequälten in aller Welt jemals eine Gutmachung verschaffen. Wer nicht an Gott glaubt, muss mit einem Riesenverdrängungsapparat leben. Also ein Patt! Und Zweifel auf beiden Seiten. – Mehr dazu Hans *Kessler*, Im Streit um die Wirklichkeit (2014), 287–293, oder ders., Gott und das Leid seiner Schöpfung. Nachdenkliches zur Theodizeefrage, Würzburg 2000.

[8] Ludwig *Wittgenstein*, Schriften Bd. 1, Frankfurt a.M. 1960, 166f.

[9] So Harald *Lesch* in BR2-Radio, Ostern 1.4.2007.

Quantenfeld, in dem sich Fluktuationen abspielten, usw.). Doch auf die Frage, *warum überhaupt* weltartige Realität existiert, kann empirische Wissenschaft niemals Antwort geben.

Wir Menschen aber können staunen über die Existenz der Welt. Wir können – mit Leibniz, Schelling, Heidegger, Wittgenstein – fragen: Warum ist überhaupt etwas und nicht vielmehr nichts? Wir können allem, auch dem Ganzen, dem wir zugehören, fragend gegenübertreten, können nach dessen Grund fragen.

Wer nach Gott fragt, fragt nach dem Ur-Grund, warum überhaupt etwas existiert. Wer nach Gott fragt, fragt – recht verstanden – *nicht* wie die Physik *zurück* nach einer ersten Ursache auf der empirischen Ebene, er fragt *nicht* nach dem ersten Glied einer Kette von Ursachen, sondern er fragt nach dem *Grund* der *ganzen* Kette, also nach dem, was die Kette als ganze begründet und trägt – und zwar in jedem ihrer Zustände (ob vor oder nach dem Urknall).[10] Wer nach Gott fragt, fragt nach dem alles tragenden Ur-Grund, also nach einer fundierenden, allem Welthaften gegenüber absolut transzendenten Dimension und Wirklichkeit.[11]

Nochmals Wittgenstein: „An einen Gott glauben heißt sehen, dass es mit den Tatsachen der Welt noch nicht abgetan ist."

Anders gesagt: An Gott glauben heißt mit einer anderen Dimension rechnen, mit einer (allen physikalischen Dimensionen gegenüber) *transzendenten* Dimension. An Gott glauben heißt *sehen*, dass all das Gewordene und wieder Vergängliche ein *Un*gewordenes und *Un*vergängliches voraussetzt (was auch der Buddha annahm, obgleich er es nicht Gott nannte), ein Absolutes, einen un-bedingten, alles begründenden und tragenden *Ur*-Grund, aus dem alles jederzeit existiert und der auch das letzte Ziel aller Dinge sein kann.

Reflektiert und recht verstanden will das viel missbrauchte Wort „Gott" genau auf dieses Unbegreifliche am Grund unseres Lebens und am Grund aller Welten verweisen: auf diese *alles transzendental begründende* und ihm seine *eschatologische* (endgültige) *Bestimmung gebende* Wirklichkeit.

---

[10] Das haben viele nicht verstanden. Stephen *Hawking* z.B. fragte: Wenn das Universum in sich geschlossen ist, ohne Anfang und Rand, „wo wäre da noch Raum für einen Schöpfer?" (Eine kurze Geschichte der Zeit, Reinbek 1988, 179). Als ob ein Schöpfer-Gott – wie ein menschlicher Schöpfer und empirischer Gegenstand – auf der empirischen Ebene der Welt einen ausgesparten Raum bräuchte, gleichsam als erstes Glied der Kette, wo er doch ganz anders zu verstehen ist, nämlich als transzendentaler Grund der ganzen Kette. Und wenn Richard *Dawkins* (Der Gotteswahn, Berlin 2007, 222) meint, die Annahme eines göttlichen Gestalters werfe „sofort die weitere Frage auf, wer den Gestalter gestaltet hat", dann denkt er auf der Ebene einer endlichen Ursachenkette, aber am Schöpfer-Gott als Urgrund der ganzen Kette zielt er schon im Ansatz vorbei.

[11] Warum sich die Frage nach einem göttlichen Urgrund nicht erübrigt, auch nicht durch die Behauptung, das Universum habe keinen Grund, es sei einfach da: vgl. *Hans Kessler*, Evolution und Schöpfung in neuer Sicht (2009), 81–115.

Unsere Sprache ist inadäquat: Wenn sie vom Wort „Gott" einen Plural „Götter" bilden kann, konterkariert sie sofort alles, was mit dem *Singular* Gott gemeint ist: eine *Singularität*, ohnegleichen, restlos verschieden von allem sonst.

c) Dann aber gilt: Diese Wirklichkeit Gott ist „*größer als gedacht werden kann*" (Anselm von Canterbury[12]). Wir können Gott nicht begreifen oder gedanklich fassen, sondern nur *auf ihn zu* denken.[13]

Streng genommen, erklärte Thomas von Aquin, können wir nicht sagen, *was* Gott ist, sondern können nur sagen, was er *nicht* ist[14], nämlich *nicht* so wie alles Empirische, *nicht* endlich, *nicht* begrenzt. Damit ist freilich schon einiges gesagt. Denn „*nicht* begrenzt", das bedeutet doch auch:

(1) Was mit „Gott" gemeint ist, muss alle Welt übersteigen (*transzendieren*), derart, dass alles schon immer *in ihm* vorkommt, in ihm von ihm begründet („von allen Seiten umgibst du mich", sagt Ps 139; „in ihm leben wir, bewegen wir uns und sind wir", sagt Apg 17,28, wir und alles Kosmische). Es gibt kein Außerhalb Gottes, alles (auch wer sich ihm verschließt) kommt schon immer in der unendlich aufgespannten Weite Gottes vor.

(2) „Gott" kann *nicht* einfach *etwas „jenseits'* der Welt sein (von ihr getrennt und durch sie begrenzt), er muss vielmehr – eben als von allem Welthaften (nicht gegenständlich, sondern) *transzendental* unterschieden – zugleich in allem *zuinnerst anwesend (immanent)* sein als das, was allem „Sein, Kraft und Eigenaktivität verleiht", wie Thomas von Aquin sagte[15] („in allem ist dein unvergänglicher Atem-Geist", sagt die Bibel Weish 12,1 u.a.; auch andere Religionen verwenden Metaphern wie Atem/atman, Lebenskraft/shakti usw.). Gott: *nicht* jenseitig, sondern „mitten im Leben – jenseitig" (Dietrich Bonhoeffer), an allem unmittelbar dran, allem innerlicher als dieses sich selbst (Augustinus). Transzendenz *um* uns, Transzendenz *in* uns.

(3) Und wenn man wirklich ernstnehmen will, dass „Gott" der *nicht* begrenzte Urgrund aller Welt, also auch der Urgrund von uns personalen Wesen ist, dann kann man sicher *nicht* sagen, er sei eine Person, so wie *wir* gegen andere abgegrenzte Personen sind, aber dann muss er die *Qualität* des Personalen[16] in sich haben, und zwar

---

[12] Anselm *von Canterbury*, Proslogion 15. – Augustinus hatte in seinem Sermo 52 gesagt: „Si comprehendis, non est deus... Wenn du begreifst, dann ist es nicht Gott; wenn du begreifen konntest, so hast du etwas anderes für Gott gehalten, dich durch dein Denken täuschen lassen."

[13] Jeder Begriff, jedes Wort und jedes Bild bleibt unangemessen: Sie werden alle zur symbolischen Repräsentation, zum Zeichen, das auf die gemeinte ganz andere Dimension und Wirklichkeit hindeutet (sie aber nicht deskribiert und definiert); sie *werden zur verweisenden Geste, die ins Unnennbare hinüberzeigt*, zur „Meta-pher" (griech.), die uns „hinüberträgt". Aber die Bilder sind nicht beliebig: es gibt Bilder, die uns über uns hinaus aufschließen können für den für alle offenen Grenzenlosen, und solche, die ihn verendlichen zu einem begrenzten Ausgrenzer, zu einem Götzen.

[14] So Thomas *von Aquin*, De potentia Dei 7,5 ad 14; In trin 2,1 ad 6.

[15] Thomas *von Aquin*, STh I 8,3.

[16] Also Intelligenz, Selbstbewusstsein, Wille, Beziehungsfähigkeit.

in eminenter Weise (sonst könnte er nicht Urgrund von personalen Wesen sein), er kann also *nicht weniger als personal* sein, *nicht unter-personal*, eher über-personal, *sur*personel (Teilhard de Chardin), *Meta*-Person (Paul Tillich): ein unfassliches „Ich-bin-da" (wie bei Mose am brennenden Dornbusch Ex 3,14), ein „Ich-bin-da", das Adressat unseres Klagens oder Dankens sein kann – und möglicherweise Grund einer kühnen Hoffnung für alle.

Kleiner von Gott zu denken hieße, nicht *auf Gott zu* zu denken.

1.2 Wie sind inhaltliche Aussagen über Gott möglich?

Mit den bisherigen formalen Bestimmungen ist freilich noch nichts darüber gesagt, wie der alles transzendierende, allem immanente und nicht unterpersonale Urgrund *inhaltlich* zu verstehen ist. In den Religionen bleibt das Göttliche ja oft ganz doppelgesichtig: gütig *und* böse, gnädig *und* grausam strafend. Die Menschen fühlen sich in ihm nicht nur geborgen, sondern ihm auch schrecklich ausgeliefert und von ihm bedroht, sie haben Angst vor ihm und vor dem, was nach dem Tod kommen könnte. Seit Jahrtausenden ist das Göttliche den Menschen nicht geheuer, sie versuchen sich vor ihm zu schützen, durch fragwürdige Opferrituale und religiöse Leistungen.

Ist es möglich, aus dieser Zweideutigkeit herauszukommen? Wie kann es zu einer Negation nicht nur der Begrenztheit, sondern auch des Bösartigen kommen, so dass man sagen kann, Gott sei der „Anti-Böse" (Edward Schillebeeckx)? Wie kann man *inhaltlich bestimmte* Aussagen wagen wie im 1. Johannesbrief: „Gott ist Licht, und Finsternis ist *nicht* in ihm" (1 Joh 1,5), „Gott ist Agápe/Liebe" (1 Joh 4,8.16), und Hass ist *nicht* in ihm; oder mit Jesus gesprochen: „keiner ist *eindeutig* gut außer Gott allein" (Mk 10,18; vgl. Mt 20,14f; Lk 15; Mt 7,9–11: Menschen sind auch „böse"[17])?

Aus der Welt freilich lässt sich ein *eindeutig* guter Gott (ein „Deus caritas est") nicht ableiten, die ist zu zwiegesichtig. Wer deshalb von der Welt ausgehend in einem Rückschlussverfahren nach einem letzten oder ersten Urgrund von allem fragt, wird nur auf die Tiefe der Welt selber stoßen, auf ihr Korrelat und Spiegelreflex, so doppelgesichtig wie die Welt selber, die zweideutige „Schwebe" zwischen Gutem und Bösem.[18] Ein solcher Gott hätte nichts anderes zu bieten als die

---

[17] Immerhin: Setzen nicht zumindest *die* Menschen, die uneigennützig für andere eintreten, auch wenn sie selbst dabei schweren Schaden nehmen, unbemerkt darauf, dass nicht ein kalter, sondern ein *guter* Urgrund ist und dass *das Gute* das Ziel des Ganzen ist?

[18] Vgl. Wilhelm *Weischedel*, Der Gott der Philosophen, 2 Bde, Darmstadt 1971/1972. – Ein ernsthaftes Problem bleibt: Wenn Gott der einzige Urgrund der Wirklichkeit ist, dann müsste in Gott zwar nicht das Böse als Realität angenommen werden, aber doch so etwas wie der *Grund der Möglichkeit* des Übels, des Leids und eben auch *des Bösen*, der Grund der Möglichkeit für Anders-sein-können, für mögliche Selbständigkeit und damit auch für

Welt, kein anderes Wort, keine Erlösung, keine Auferstehung, keine Verheißung über die Welt hinaus.

Aber dieser Grenzbegriff am Ende philosophischer Denkwege wäre ja auch nur der „Gott *am Ende*" (im doppelten Sinn), wie der Philosoph Schelling (1775–1854) in seinem Spätwerk selbstkritisch bemerkt und dann hinzugefügt hat: „Im reinen Denken ist Gott nur Ende, nur Resultat; aber Gott, was man wirklich Gott nennt, ist nur der, welcher *Urheber* sein, der etwas *anfangen* kann"[19]. Der wirkliche Gott ist ganz anders als ein nur erdachter Gott (sagte Meister Eckhart). Es wird also eine innere Kehre nötig.

Wir müssten daher *einerseits* annehmen, dass der nicht unterpersonale, eminent freie Gott „Urheber sein", „etwas anfangen kann", dass sein göttliches „Es werde" (Gen 1) von Anfang an *Freigabe* in Eigendynamik und Eigengesetzlichkeit bedeutet[20], dass er die von ihm freigelassenen (und sich einpendelnden) Gesetze der Schöpfung und die Freiheit der Menschen auch voll respektiert, also nicht willkürlich in sie interveniert[21], dass er also insofern ohnmächtig ist in der Welt und Wirkmöglichkeiten (Macht) in der Welt nur gewinnt, wo die naturalen und historischen Prozesse für sein heilsames Wirken offen sind und besonders wo Menschen ihn (mit seiner heilsamen Güte) in ihr Leben und damit in ihre Welt einlassen.[22]

---

eventuelle Verselbständigung *gegen* andere. Dazu Hans *Kessler*, Gott und das Leid seiner Schöpfung (2000), 71f.

[19] F.W.J. *Schelling*, Philosophie der Offenbarung, Bd. 1, Darmstadt 1974, 172.

[20] Gen 1 ist kein Bericht, sondern ein Hymnus, ein Lied mit 7 Strophen. – Der bedeutende Gregor *von Nyssa* in Kappadokien (335–394) sagt in seiner Auslegung von Gen 1: „Der Möglichkeit nach war alles in dem enthalten, was Gott zuerst an der Schöpfung tat, indem er gleichsam eine gewisse Keimkraft (dýnamis tis spermatiké) zur Entstehung des Alls grundlegte; der Wirklichkeit nach war das Einzelne noch nicht da", es hat sich erst nach und nach entfaltet (Hexaemeron: PG 44, 77D). Bemerkenswert! 1500 Jahre später hat Charles *Darwin* sein Werk „On the Origin of Species" (1859) mit einem ähnlichen Satz beschlossen: „Es ist wahrlich eine großartige Ansicht, dass der Schöpfer den Keim allen Lebens, das uns umgibt, nur wenigen oder nur einer einzigen Form eingehaucht hat und dass ... aus einem so einfachen Anfang sich eine endlose Reihe der schönsten und wunderbarsten Formen entwickelt hat und noch immer entwickelt" (zit. nach Charles *Darwin*, Die Entstehung der Arten, Hamburg 2008, 583). Genaueres bei Hans *Kessler*, Evolution (2009), 35ff und 59–74.

[21] „*Wunder*" würden dann *innerhalb* der naturgesetzlichen (energetischen, psychischen, interpersonalen usw.), uns bisher vielleicht noch unbekannten, Möglichkeiten geschehen. Es gibt Menschen mit ungewöhnlichen Begabungen zu heilen, charismatische Heiler. Jesus von Nazareth zumal: die Evangelien nennen seine Heilungen „Krafttaten" (dynámeis; so Mk, Mt, Lk) und „Zeichen" (semeía; so das JohEv).

[22] Bezüglich der Immanenz Gottes in der Welt können Rabbinen unterscheiden: Gott wohnt in allem, aber *eigentlich* wohnt er dort, wo man ihn *einlässt*. Und christliche Tradition kann drei *Stufen der Gegenwart und des Wirkens Gottes* in der Welt unterscheiden: (1) In *allen*

Andererseits könnten wir nicht mehr ausschließen, dass dieser (nicht unterpersonale) Urgrund sich von sich selbst her meldet in der von ihm begründeten Welt. Damit wäre die *Möglichkeit* von Offenbarung aufgewiesen. Dass dieses äußerste Denkmögliche (Offenbarung Gottes) *Faktum* geworden ist, davon spricht insbesondere die Bibel: Gott suche die Beziehung zu den Menschen und habe sich offenbart – in für ihn (für seine Stimme im Innern) offenen Menschen, zumal in der erstaunlichen *Lerngeschichte* des kleinen Volkes Israel *mit Gott*. In vielen Texten des AT wird die allen geltende Güte geradezu zum Inbegriff Gottes (z.B. Hos 11,8f; Ps 145,9; 36,6; 86,15; prägnant *Sir 18,13*: „Das Erbarmen des Menschen gilt nur seinem Nächsten, das Erbarmen Gottes gilt allen Menschen."). Die *Spitzenerfahrungen* des Judentums (z.T. auch anderer Religionen, z.B. in der Bhagavadgita 18,64) führen also über den zweideutigen, zugleich gütigen *und* bösen, Gott hinaus.

Ganz eindeutig wird es bei dem Galiläer Jesus von Nazareth: Er erfährt Gott und bringt ihn nahe als reine Barmherzigkeit ohne Grenzen, als *eindeutige* Güte, die *für alle* entschieden ist, die alle sucht, auch den Verlorensten, und keinen fallen lässt (Lk 15; vgl. 2 Tim 2,4, u.a.). Der Atheist Ernst Bloch konnte in seinem Werk „Das Prinzip Hoffnung" von Jesus zusammenfassend sagen: „Hier wirkte ein Mensch als schlechthin gut, das kam noch nicht vor."[23] Ein erstaunlicher Satz für einen Atheisten, auch wenn er nicht weiterfragte, wie ein Mensch denn überhaupt „schlechthin gut" sein kann, was doch „noch nicht vorkam".

Was in der Geschichte Jesu (in Wirken, Tod und neu erfahrener Präsenz Jesu) offenbar und erahnt wurde, das kann das Neue Testament zusammenfassen in Sätzen wie: „Erschienen ist die Güte und Menschenfreundlichkeit Gottes" (Tit 3,4), oder: „Gott ist Agape-Liebe" (1 Joh 4,8.16; 2 Kor 13,11). *Agápe* ist jene – von anderen Formen der Liebe (Eros, Philía, Storgé, Sexus) zu unterscheidende – Form von Liebe, die sich (frei und selbstlos) jedem bejahend zuwendet rein um seinetwillen, auch wenn sie nichts von ihm hat, ja auch wenn sie dafür eigene Verwundung in Kauf nehmen muss.

Allein solch vollkommene Liebe kann nach christlicher Sicht mit dem Wesen Gottes gleich-gesetzt werden. Und allein von einer (alles transzendental begründenden) Wirklichkeit, die solch vollkommene Liebe ist, lässt sich das sonst (für

---

Wesen wirkt Gott als der, der ihnen Sein, Kraft und Eigenaktivität verleiht, die er voll respektiert; und auch wenn sie damit Grausiges anstellen, revoziert er nicht die Seinsverleihung, sondern *er*trägt die Geschöpfe, hält sie leidend aus (Luther unterschied dieses opus alienum dei vom opus proprium dei). (2) *Soweit* Menschen Gott in ihr Leben *einlassen*, kann Gott noch anders in der Welt vorkommen, kann mit seinem heilsamen Wirken (Güte, Erbarmen, Gerechtigkeit) zum Zug kommen. (3) In *einem* Geschöpf, dem *Galiläer Jesus*, der ganz aus Gottes Gegenwart lebte und vorbehaltlos liebte, konnte Gott sich mit seinem wahren Wesen gegenwärtig machen, sprechen und wirken: als die unbedingt für alle entschiedene Liebe, die an ihm offenbar wird. Ausführlicher dazu *Kessler*, Evolution (2009), 129–143.

[23] Ernst *Bloch*, Das Prinzip Hoffnung, Frankfurt a.M. 1959, 1487.

Natur und Menschen) nicht Mögliche *erwarten*, das christlicher Glaube mit dem Gedanken der Auferstehung und Vollendung verbindet.

Christliche Hoffnung versucht also die in der Geschichte Jesu erfahrene Selbstoffenbarung Gottes als unbedingt allen geltende Güte *beim Wort zu nehmen und – über den Tod hinaus – zu Ende zu denken*.

2. Anthropologische Bedingung: Identität von postmortaler mit prämortaler Person

Wenn die im Glauben an Gott gründende Hoffnung für die Toten auch prinzipiell *einlösbar* sein soll, dann muss *zweitens* eine *anthropo-logische* Bedingung erfüllt sein: dann muss der auferweckte Mensch *derselbe* sein wie der, der gelebt hat und gestorben ist (keine Dublette). Dann muss also die *Identität* der auferweckten Person mit der Person, die gelebt hat und gestorben ist, *gewährleistet* sein. Wie kann das möglich sein?

Was kann hier Identität besagen? Ich lasse die diversen Identitätsbegriffe[24] beiseite und unterscheide nur *numerische* Identität und *qualitative* Identität (ein Ding und seine Kopie können in ihren Eigenschaften *qualitativ* identisch sein, sind aber trotzdem *numerisch* voneinander zu unterscheiden, sind nicht dasselbe). Außerdem werde ich später noch hinzufügen: *gesuchte eigentliche* und *wahre eschatologische* Identität; denn der Mensch ist nicht fertig, ist zeitlebens auf der Suche nach seinem wahren Selbst, kann mehr oder weniger er selbst sein.

2.1 Was macht die numerische Identität einer menschlichen Person aus?

Nicht äußere Merkmale (wie Aussehen, gesunder Körper, soziale Stellung), die können sich ändern und die Person bleibt dennoch dieselbe. Die numerische Identität einer Person wird auch nicht bestimmt durch die Kontinuität ihrer hirnbasierten Erinnerungen, die bei Gedächtnisschwund abbrechen können.[25]

---

[24] Vgl. dazu etwa Vincent *Descombes*, Die Rätsel der Identität, Berlin 2013.
[25] Der Biologe Michael *Nahm*, Wenn die Dunkelheit ein Ende findet. Terminale Geistesklarheit und andere Phänomene in Todesnähe (Crotona 2012), 47, berichtet u.a. von einer Frau im Altersheim, „die unter *Alzheimer*-Erkrankung litt. In den letzten beiden Lebensjahren habe sie auf ihre Umgebung ... nicht mehr reagieren können, sondern nur noch an die Decke gestarrt. Schließlich erlitt sie einen Herzinfarkt, war klinisch tot und wurde ... wiederbelebt. Nach ihrer Reanimation war sie für mehrere Stunden geistig völlig klar. ... Sie bedankte sich nun bei ihren Kindern, dass diese sie regelmäßig besucht hätten, obwohl sie sich nie hätte dafür dankbar zeigen können. Sie freute sich darüber, Medizinern und Pflegepersonal Dankesworte sagen zu können, und zeigte durch alle ihre Äußerungen, dass sie in den letzten beiden Jahren eigentlich alles in ihrer Umgebung ‚mitbekommen' hatte. Auch

Was eine menschliche Person – durch alle Veränderungen hindurch – zu *dieser bestimmten* Person macht, ist vielmehr dies, dass sie über eine bewusste *ihr eigene Erste-Person-Perspektive* verfügt (eine bewusste Ich-Perspektive). Sie hat nicht nur psychische Zustände (wie Denken, Fühlen, Wünschen, Lieben, Hassen), sondern kann sich selbst als deren Subjekt wissen; sie *weiß*, dass sie weiß, denkt, fühlt usw., sie kann „ich" sagen, hat Ichbewusstsein, Selbstbewusstsein.[26]

Aber Person umfasst *mehr als ihr Selbstbewusstsein*. Denn sie besitzt einen materiell-biologischen Körper, den sie bewegen kann, durch den sie Welt ‚er-fahren' kann, willentlich ‚handeln' kann und über den sie von andern, „von außen", identifiziert werden kann.

Dennoch: Menschliche Personen sind *mehr als ihr materieller Körper*. Dieser unterliegt im Laufe meines Lebens mehrmals einem Austausch seiner materiellen Bestandteile mit der Umgebung (alle 7 Jahre fast vollständig), doch ich überstehe diesen Wandel der materiellen Bestandteile meines Körpers *ohne Unterbrechung meiner Ich-Perspektive* und meines Mich-Empfindens, also ohne die Kontinuität meines Selbst und meine personale Identität zu verlieren.

Die *Erste-Person-Perspektive gehört unvertretbar mir allein* und sonst niemandem; andere Personen können sich lediglich aufgrund eigener analoger Erfahrung in begrenzter Weise in meine Ich-Perspektive und mein Selbstgefühl hineinzuversetzen versuchen. Und *Hirnforscher* können zwar bei Versuchspersonen neuronale Aktivitäten im Gehirn beobachten, aber Korrelationen zu inneren Erlebnissen (Empfindungen, Wahrnehmungen, Denkvorgängen) dieser Personen können sie nur herstellen, wenn diese Personen selber ihnen von diesen ihren inneren Erlebnissen erzählen.

Menschliche Personen oder Bewusstseinssubjekte sind also in unserer materiellen Welt in einem materiellen Körper realisiert. Frage: Ist es denkbar, dass eine Person aufhören könnte, einen materiellen Körper zu haben, ohne dass sie aufhört, als identische Person zu existieren (mit der ihr eigenen Ich-Perspektive, Selbstbewusstheit, Wille, Weltbezug)?

Das wird besonders nahegelegt durch ein heute verstärkt untersuchtes Phänomen.

---

ihr Gefühlsleben war in dieser Zeit völlig intakt gewesen. In der folgenden Nacht beendete ein zweiter Infarkt ihr Erdenleben endgültig."

[26] *Einwand:* Das setzt erst mit circa 15 Monaten ein, und setzt bei Demenz aus. *Dagegen:* Auch *Babies* besitzen eine rudimentäre Erste-Person-Perspektive (sie empfinden, haben Wünsche, ahmen nach), die sich – anders als bei Schimpansen – zu einer soliden Erste-Person-Perspektive entwickeln kann, indem sie sprechen lernen, „ich" sagen lernen usw. Und auch an *Demenz* erkrankte Menschen haben immer noch eine Erste-Person-Perspektive (können sich als ein „Ich" begreifen und, auch wenn sie auf ihre Umgebung nicht mehr reagieren, nehmen sie viel mehr von ihr wahr, als diese gemeinhin annimmt; dafür gibt es deutliche Anzeichen (vgl. z.B. vorige Anm.).

2.2 Außer-Körper-Erfahrungen (abgekürzt AKE): Sind sie Indiz für ein vom Körper ablösbares Person-Sein?

a) Eine *Vorbemerkung* zu dem vielseitigen Phänomen der sogenannten Nahtoderfahrungen (abgekürzt NTE), besser Extremerfahrungen in Todesnähe (die es auch außerhalb von Todesnähe geben kann[27]). Ich gehe nicht ein auf die große Bandbreite solcher Erfahrungen (unbeschreibliches Friedens- und Glücksgefühl, Außer-Körper-Erlebnis, dicht gedrängte Lebensrückschau, Tunnel- und Lichterfahrung, Begegnung mit Verstorbenen, usw.). Berichte darüber gibt es seit Jahrtausenden, heute mehren sich solche Berichte aufgrund der zunehmenden medizinischen Fähigkeit zur Wiederbelebung Bewusstloser. Nach seriösen Schätzungen machen etwa 4% der Menschen – quer durch alle Kulturen, Altersstufen und Weltanschauungen (auch Atheisten) – solche Extrem-Erfahrungen.

Für sie gibt es sehr fragwürdige, extrem gegensätzliche Deutungen: auf der einen Seite esoterische Deutungen („Blick nach drüben", „Beweis" fürs Jenseits), auf der andern Seite materialistische Deutungen (nur Fehlfunktionen des sterbenden Gehirns), die beide an der Sache vorbeigehen.[28]

Heute gibt es *vielerlei* Bücher mit Berichten aus der *Retrospektive* (wo Betroffene *Jahre später* über ihre NTE sprechen, so dass die Behauptungen nicht überprüft werden können und man falsche Erinnerung, fantasievolles Erzählen usw. nicht ausschließen kann).

Wissenschaftlich von Interesse sind deshalb nur *prospektive Studien*, bei denen Patienten mit Herzstillstand unter genau kontrollierten Bedingungen wiederbelebt und dann nach einem vorgegebenen Protokoll über außergewöhnliche Erlebnisse während der Komaphase befragt wurden. Die Daten *vor, während und nach* der Reanimation werden exakt erfasst, so können die Behauptungen überprüft werden.

Es gibt mehrere solche prospektive Studien (2 englische, 1 amerikanische, 1 japanische); die wichtigste aber stammt von dem niederländischen Kardiologen Pim van Lommel, eine *Langzeit*studie, die er (nachdem er selbst NTE lange Zeit für Humbug gehalten hatte) seit 1988 zusammen mit Kollegen auf den kardiologischen Intensivstationen von 10 niederländischen Kliniken durchgeführt hat.[29]

---

[27] Beispiele dafür etwa bei Günter *Ewald*, Auf den Spuren der Nahtoderfahrungen (³2012), 36–38. – Auch *Paulus* hatte wohl eine Außer-Körper-Erfahrung: in 2 Kor 12,2–4 deutet er an, dass er „vor 14 Jahren" „entrückt wurde und unaussprechliche Worte hörte", „ob im Leibe, ob außer dem Leibe, weiß ich nicht, Gott weiß es".

[28] Zum Folgenden ausführlicher Pim *van Lommel*, Endloses Bewusstsein. Neue medizinische Fakten zur Nahtoderfahrung, Düsseldorf 2009 (niederländisches Original 2007), sowie *Kessler*, Was kommt (2014), 45–65.

[29] Pim *van Lommel* hatte 1969 als junger Arzt einen bewusstlosen Mann reanimiert, der hernach von merkwürdigen Erlebnissen erzählte (den Begriff NTE gab es damals noch nicht). Weil van Lommel gelernt hatte, dass es völlig unmöglich ist, Bewusstsein zu erfahren, wenn das Herz nicht mehr schlägt, beschäftigte er sich nicht weiter damit, bis er 17

Ihre Ergebnisse wurden 2001 in der angesehenen medizinischen Fachzeitschrift *The Lancet* publiziert. Das war eine Ungeheuerlichkeit. Denn:

All diese prospektiven Studien zeigen, dass viele Patienten genau während der Zeit, wo sie klinisch tot und *bewusstlos* waren, ein außerordentlich *klares Bewusstsein* und Wahrnehmen hatten. Wie so etwas möglich ist, blieb unklar. Wie andere, so folgerte auch van Lommel, die bisher allgemein anerkannte, aber *nie* bewiesene These, dass *das Bewusstsein* im *Gehirn* lokalisiert sei und *allein* Produkt des Gehirns sei, müsse zur Diskussion gestellt werden. Eine Provokation für jedes materialistische Menschenbild. Erwartungsgemäß gab es heftige Reaktionen.

Denn natürlich versuchen Naturwissenschaftler NTE naturwissenschaftlich zu erklären, das ist ihr Recht und ihre Pflicht.[30] Doch all diese medizinisch-biologischen Erklärungen stoßen an Grenzen. NTE können dadurch nicht erklärt werden. Das zeigen gründliche neuere Untersuchungen.[31]

Ich möchte die Phänomene ebenso ernst nehmen wie den Blickwinkel der Wissenschaft. Die Frage, die mich hier leitet, lautet: Gibt es bei Erfahrungen in Todesnähe *objektiv nachprüfbare* Sachverhalte, die dafür sprechen, dass wir mit

---

Jahre später (1986) das Buch des amerikanischen Psychiaters George *Ritchie*, Rückkehr von morgen (1978; [38]2008) las, über dessen Erlebnisse während eines 9-minütigen Atem- und Herzstillstandes. Nun kam van Lommel nicht mehr los von der Frage, wie das möglich sein soll, bewusste Erlebnisse bei Bewusst*losigkeit* und *klare* Erinnerung daran. So begann er zwei Jahre später (1988) zusammen mit Kollegen auf den kardiologischen Intensivstationen von 10 niederländischen Kliniken mit einer prospektiven Langzeitstudie. – Nebenbei: George Ritchie hatte über seine Erlebnisse während des Atem- und Herzstillstands auch in Vorlesungen vor Medizinstudenten gesprochen. Einer seiner Hörer, *Raymond Moody*, beschäftigte sich dann eingehend mit derartigen Erlebnissen und publizierte 1975 den Bestseller „Life after Life" (dt. 1977: Leben nach dem Tod. Die Erforschung einer ungeklärten Erfahrung). Moody prägte auch den Begriff „Near-Death-Experience".

[30] Sie versuchen z.B., NTE durch Sauerstoffmangel zu erklären, oder durch eine Restfunktion des Gehirns, oder das Gehirn stoße in Stress-Situationen Substanzen wie Endorphine aus, die Schmerzen stillen und Glücksgefühle verursachen. Aber, um nur eins anzudeuten, Endorphine lösen gerade *keine* NTE aus, denn die Wirkung von Endorphinen dauert länger an und lässt nur langsam nach, wogegen die NTE abrupt endet und der Schmerz mit der Reanimation sofort zurückkehrt. Usw. Usw. – Ferner können durch elektromagnetische Reizung des Gehirns oder durch Halluzinogene wie LSD gewisse Erlebnisse erzeugt und erklärt werden, die eine entfernte Ähnlichkeit mit vereinzelten *Bruch*stücken von NTE haben, aber NTE können dadurch nicht erklärt werden. Und man kann im Experiment künstlich erzeugen, dass Versuchspersonen sich selbst scheinbar von außen sehen (autoskopisches Sehen, Spiegelbildhalluzination); aber das ist etwas deutlich anderes, denn dabei ist die *körperliche Sehfunktion* der Versuchspersonen völlig *intakt und aktiv*, während sie bei NTE gerade ausgefallen ist, weil die Augen der Betroffenen verdeckt oder sie gar von Geburt an blind sind.

[31] Mehr dazu (auch Lit.) bei *Kessler*, Was kommt (2014), 53–65, und *Kuhn*, Out-of-body (2012), passim.

einem vom Gehirn ablösbaren und unabhängigen Wahrnehmungssystem oder Bewusstsein rechnen müssen? Mit einem vom Gehirn ablösbaren Person-Sein? Gibt es so etwas wie eine unsterbliche Seele?

b) Wir können hier offen lassen, wie weit naturwissenschaftliche (neurobiologische, pharmakologische, psychologische) Erklärungsversuche im Einzelnen tragen. Ich lasse deshalb vieles beiseite, wo man Zweifel haben kann, und richte den Blick nur auf *einen einzigen Sachverhalt*, der empirisch-*wissenschaftlich* exakt überprüfbar ist und zugleich die *Wissenschaft* vor Rätsel stellt:

Manche von Außer-Körper-Erfahrungen Betroffene kehren nach ihrer Reanimation aus der Komaphase zurück und wissen Dinge, die nachweisbar zutreffen, die sie aber eigentlich gar nicht wissen können.

Sie berichten nicht nur, wie sie plötzlich ihren materiellen Körper verließen und diesen von oben auf dem OP-Tisch liegen sahen, sondern auch, dass sie *klar sahen und hörten*, was Ärzte und Helfer taten und sagten (und dies, obwohl ihre Augen abgedeckt waren, in ihren Ohren klickende Apparate steckten, oder sie gar *von Geburt an blind oder taub* waren). Die Patienten konnten *im Detail wiedergeben*, was Ärzte und Schwestern getan und geredet hatten (bis hin zu spaßigen Nebenbemerkungen), sie konnten ihnen vorher unbekannte Geräte, Räume, Personen genau beschreiben; die Details wurden nachgeprüft und erwiesen sich als korrekt.

Nur zwei Beispiele von vielen:[32]

Ein Pfleger berichtet: „Während der Nachtschicht liefert der Rettungswagen einen 44 Jahre alten, bereits bläulich-violett verfärbten, komatösen Mann auf der kardiologischen Station ein. ... Als ich die Beatmung übernehme und den Patienten intubieren will, fällt mir auf, dass er noch ein künstliches Gebiss trägt. Vor der Intubation entferne ich den oberen Teil der Prothese und lege sie auf den Instrumentenwagen. ... Eine Woche später, bei der Medikamentenausgabe, begegne ich dem Patienten wieder. Als er mich sieht, sagt er: ‚Oh dieser Pfleger weiß, wo *mein Gebiss* liegt.‘ Ich bin ganz überrascht, doch er erklärt mir: ‚Ja, Sie waren doch dabei, als ich ins Krankenhaus kam, und haben mir das Gebiss aus dem Mund genommen und es auf einen Wagen gelegt, auf dem alle möglichen Flaschen standen. Er hatte so eine ausziehbare Schublade, und in die haben Sie meine Zähne gelegt'. ... Weitere Nachfragen ergaben, dass er damals selbst sehen konnte, wie er auf dem Bett lag, und dass er von oben auf die Pflegekräfte und Ärzte herabsah, die ihn mit aller Kraft zu reanimieren versuchten. Er konnte auch den kleinen Raum, in dem er wiederbelebt wurde, und das Aussehen der Anwesenden korrekt und genau beschreiben" – ohne das alles wiedergesehen zu haben.

Ein zweites Beispiel: Die *von Geburt an blinde* 22-jährige Vicky, die nie auch nur das Geringste visuell gesehen hatte. Nach einem schweren Autounfall „sah" sie blitzartig *von oben* das beschädigte Auto (und konnte es hernach beschreiben), sie „sah" im Krankenhaus neben Personen auf einer Krankenbahre auch einen

---

[32] Diese und weitere Beispiele ebd.; außerdem *van Lommel*, Endloses Bewusstsein, 46–54; *Ewald*, Auf den Spuren der Nahtoderfahrungen, Kevelaer ³2012, 18–20.

Körper liegen und erst, als sie ihren besonders geformten Ehering erkannte, begriff sie, dass es ihr eigener Körper war, den sie nur vom Tastgefühl her kannte. Und als sie sich „durch die Decke" bewegte, „sah" sie von oben auch noch das Krankenhausdach und den Park mit seinen Bäumen. Mit ihrer Reanimation, mit dem Ende ihrer NTE, war ihre Fähigkeit zu „sehen" wieder weg.

Die Beobachtungen der von Geburt an blinden Vicky können unmöglich das Produkt sinnlich-körperlicher Wahrnehmung sein; und sie können auch nicht ihrer Fantasie entspringen, denn ihre Beschreibungen ließen sich exakt nachprüfen.

Der entscheidende Punkt: Die Betroffenen wissen Dinge, die in der empirischen Welt nachweisbar zutreffen, die sie aber nicht durch sinnlich-körperliche Wahrnehmung wissen können. *Dies* ist *empirisch nachweisbar.* (Hingegen ist *nicht* empirisch nachweisbar, was sie *sonst noch* erlebt haben wollen, in einer transzendenten Dimension; und wenn sie *davon* sprechen sollen, kommen sie in Sprachnot.)

Es handelt sich um exakt überprüfbare, bis ins Detail verifizierbare Wahrnehmungen von außersubjektiver Realität, die sie nicht mit ihren physischen Sinnen wahrgenommen haben können. Halluzinationen (Trugbilder oder Fehlinterpretationen der Wirklichkeit) scheiden aus, weil das, was wahrgenommen wurde, sich nachprüfbar tatsächlich in der äußeren Realität ereignet hat.

Durch diesen Sachverhalt wird die verbreitete Ansicht in Frage gestellt, dass Wahrnehmung, Bewusstsein, Ich-Perspektive unlöslich an den funktionierenden Körper und sein Gehirn gebunden seien – und wenn dieses erlösche, erlösche auch die Person.

Es spricht einiges dafür, dass es ein außersinnliches Wahrnehmungssystem oder Bewusstsein gibt, das *ablösbar* ist vom *hirn*basierten Bewusstsein und vom funktionierenden Körper mit seinen Sinnen, ein bewusstes Person-Sein, das *unabhängig* vom hirnbasierten Bewusstsein existieren kann. Wir haben begründeten Anlass, mit einem Bewusstseinssubjekt (Personkern, „Seele") zu rechnen, welches auch dann existieren kann, wenn das hirnbasierte Bewusstsein und die körperlichen Sinne ausfallen.

Der Mathematiker Günter Ewald, der nach Erfahrungen eines ihm nahestehenden Menschen sich intensiv mit NTE befasst hat, zieht die (entfernte) Analogie der quantenphysikalischen *Verschränkung* heran und schlägt folgende Annahme vor: Bei einer NTE komme es zu kurzfristiger Ablösung der Seele vom physischen Körper und Gehirn, ohne dass die Verschränkung der Seele mit diesem aufgelöst wäre (sonst hätten die Betroffenen nach ihrer Reanimation nicht von ihren Erlebnissen erzählen können); im Tod käme es dann zu endgültiger Ablösung und damit zum Wegfall der Verschränkung.[33]

Es wird also ein vom materiellen Körper und Gehirn unabhängiger Wesenskern („Seele") der Person *denkbar*, der die *Identität* der Person in solchen Extremerfahrungen gewährleistet und – wer weiß? – vielleicht auch über den Tod hinaus.

---

[33] Günter *Ewald*, Auf den Spuren der Nahtoderfahrungen, 141f.

Denn genau dieser Identitätsträger (Personkern, Seele – oder wie immer man das nennen will) müsste ja über den Tod hinaus erhalten bleiben (und *in eine andere, transzendente, göttliche Dimension* eingehen oder aufgenommen werden), wenn es ein postmortales Leben *der* individuellen Person geben soll, die einmal gelebt hat.

Zu denken gibt noch etwas: Etwa die Hälfte der Betroffenen berichtet, dass sie während ihrer AKE sich selbst *in einem andersartigen, schwerelosen Körper* empfanden. Wieder zwei Beispiele für viele.

Ein Berufsoffizier, studierter Bauingenieur, sehr trocken und nüchtern, der mit 43 Jahren bei einem Eingriff am Herzen zweimal einen Herzstillstand hatte, berichtet, dass er seinen Körper „wie einen lästigen Mantel abgelegt" hat, „dabei war ich aber nicht körperlos, sondern" hatte einen „anderen, leichteren, ‚geistigen' Körper", ohne die „Schwere des irdischen Körpers".[34] Es handelt sich um *Alois Serwaty*, der – zusammen mit dem Mathematiker Günter Ewald – das „Netzwerk Nahtoderfahrung e.V." begründet hat.

Oder *Sabine Mehne* sagt von ihrer NTE: „Ich steige aus, aus dieser kranken Hülle, ich lege sie ab, wie eine Jacke, die ich nicht mehr brauche. ... Hinauskatapultiert *in eine andere Dimension*. Eigentlich ist es eine Kraft, die mich anzieht, die mich holt, die mir hilft. ... Erstaunt bin ich, dass ich mich in einem Zwischenkörper fühle, in einem so watteähnlichen hellen, fließenden Körper."[35]

Der Kardiologe Pim van Lommel fasst eine Vielzahl von Berichten so zusammen:

> „Man empfindet den neuen, schwerelosen Körper als einen spirituellen bzw. *immateriellen* Körper, der ohne Widerstand durch feste Strukturen wie Mauern oder Türen hindurchgehen kann. Es besteht *keine* Möglichkeit, mit den Anwesenden zu kommunizieren oder sie zu berühren, und obwohl man selbst alles sieht und hört, wird man zum eigenen Erstaunen von niemandem bemerkt. ... Man erlebt in diesem Moment, dass man nur an jemanden *denken* muss, um sofort bei ihm zu sein."[36]

Was könnten die Betroffenen mit dem andersartigen, schwerelosen, immateriellen Körper *meinen?* Meinen sie damit, dass sie sich *nicht* als *in sich eingeschlossene, beziehungslose Monaden* erfuhren (nicht als nackte anima separata [abgetrennte Seele]), sondern dass sie ohne Mühe zu Menschen *in der materiellen Welt* sich hinbegeben konnten und diese samt ihrer Umwelt mit ungewohnter Klarheit rezeptiv wahrnehmen konnten (allerdings ohne von *ihnen* wahrgenommen zu werden, ohne sie berühren, mit ihnen kommunizieren oder in Weltzusammen-

---

[34] Dieses und weitere Beispiele bei *Kessler*, Was kommt, 56–58, sowie bei *van Lommel*, Endloses Bewusstsein, 39f., 47, 263, 329.

[35] Sabine *Mehne*, Licht ohne Schatten. Leben mit einer Nahtoderfahrung. Mit einem Nachwort von Pim van Lommel, Ostfildern 2013, 72.

[36] *van Lommel*, Endloses Bewusstsein, 47.

hänge aktiv eingreifen zu können), und dass sie darüber hinaus auch noch *in einer anderen Dimension* Verstorbenen begegnen konnten, von ihnen wiedererkannt werden, mit ihnen (durch Gedankenkraft) kommunizieren konnten?

2.3 Zur Problematik der Begriffe „Körper", „Seele" und „Leib"

Es ist denkbar, dass eine Person aufhören könnte, einen materiell-biologischen Körper zu haben, ohne dass sie aufhört, als Person zu existieren. Wie kann das verstanden werden? Die Begriffe Seele und Körper bzw. Leib sind ja *mehrdeutig* und von *begrenzter Leistungskraft*. Was sie im Auferstehungskontext besagen können, hängt davon ab, wie sie *inhaltlich bestimmt* werden, welche Phänomene oder Merkmale sie abdecken sollen.

Die *Bibel* denkt mit den Begriffen Leib und Seele nicht zwei Teile des Menschen, sondern jeweils *die eine unverwechselbare Person*, aber unter verschiedenen Hinsichten: Im Begriff *Seele* (hebr. néfesch: Kehle, Seele; ntl. psyché: Lebensodem, belebtes Wesen, Seele) denkt sie die Person unter dem Aspekt, dass die Person *ein von Gott her lebendiges einmaliges Individuum* ist. Im Begriff *Leib* (basár, gufá, ntl. sóma) denkt sie die Person unter dem Aspekt, dass die endliche Person *konstitutiv mit anderen und der ganzen Schöpfung verbunden und auf sie bezogen* ist. In der Bibel können daher beide Begriffe, Leib wie Seele, an die Stelle des Personalpronomens „ich" treten.

Der auf Platon sich berufende Substanzen-Dualismus unterscheidet eine weltlose immaterielle Seele und den materiellen Körper, und er identifiziert die Person exklusiv mit der körper- und weltlosen Seele, die unsterblich sei. Für Aristoteles hingegen ist die Seele – als das immaterielle Lebensprinzip und Garant der Identität eines körperlich verfassten Individuums durch seine zeitlichen Wandlungen hindurch – vom Körper, den sie formt, nicht abtrennbar, sondern erlischt mit diesem.

Demgegenüber können christliche Denker (wie Thomas von Aquin, Karl Rahner, William Hasker u.a.) annehmen, dass die immaterielle Seele als individuelles Lebensprinzip, obgleich sie ineins mit einem materiell-biologischen Körper auftritt, nicht mit diesem zugrunde geht, sondern auch unabhängig von diesem bestehen kann[37], und zwar ohne ihre Individualität (die für Aristoteles am Körper

---

[37] William *Hasker*, The Emergent Self (Ithaca 1999), und *ders.*, Emergenter Dualismus und Auferstehung (2010), bes. 179–184, argumentiert dafür, dass Geist (oder Seele, individuelle Person) aus von ihm ontologisch verschiedenen materiellen Vorgegebenheiten (Körper, hinreichend komplexes Gehirn) emergiere, sie aber überleben und von ihnen unabhängig werden kann. Dies sei ohne Widerspruch zu heutiger Naturwissenschaft denkbar, wenn man Analogien aus uns physikalisch zugänglichen Bereichen beachtet, auf die Hasker mit Roger Penrose hinweist (hinreichend intensives Magnetfeld sowie schwarzes Loch, die sich selbst erhalten ohne weitere Unterstützung durch die sie generierenden Körper). Genaueres bei *Kessler*, Was kommt, 81–83 und 204–206

hing) zu verlieren, also ohne in eine allgemeine Weltseele aufzugehen, und ohne zur fensterlosen, beziehungslosen Monade zu werden, d.h. ohne völlig unverkörpert, oder besser: leiblos, zu existieren.[38] (In diese Richtung wiesen auch obige Reflexionen über Out-of-Body-Erfahrungen.)

Die deutsche Sprache kann zwischen Körper und Leib unterscheiden. Und die *Phänomenologie* unterscheidet reflektiert zwischen beidem:[39] Während mit dem Begriff „Körper" materielle Gegenstände von einem objektiven, naturwissenschaftlich beschreibbaren Zugang aus bezeichnet werden, soll mit dem Begriff „Leib" das subjektive und intersubjektive Erfahren eingefangen werden.

Der eigene Leib ist das, worin und als was sich das Selbst (Ich, Subjekt) unmittelbar von innen her empfindet und spürt. Aus dem unmittelbar empfundenen eigenen „Leib" entsteht erst mit der Ausbildung des intentionalen Bewusstseins (des Wahrnehmens *von* etwas) die Vorstellung eines objektiven „Körpers", auf den man z.B. auch kritisch gucken kann, von dem man sich also auch distanzieren kann. Ich habe einen Körper, aber ich bin Leib. (Und ich bin Seele.[40])

Und *der Leib des Andern*? In der ursprünglichen interpersonalen Lebenseinstellung taxieren wir nicht den „Körper" des Andern (stellen ihn auf die Waage, messen sein Körpergewicht oder seine Körpergröße), sondern wir erfahren den „Leib" des Andern. Und der *ist voller Bedeutung:* Ausdrucksgestalt der Person und ihres unverwechselbaren Wesens (soz. die Aura, die von ihr ausgeht), Einfallstor und Empfänger für andere, Medium der Beziehung und des Wiedererkennens. Erst wenn wir von dieser *bedeutungsvollen Ganzheit* Leib „abstrahieren", erhalten wir den bloß materiellen Körper.

Körper und Leib sind also *nicht dasselbe.* Gewiss kennt unsere Alltagserfahrung nur einen *Leib,* der zugleich auch organisch-körperlich verfasst ist, also mit einem *materiellen Körper verklammert* ist. Doch *Außer-Körper-*Erfahrungen deuten auf einen vom materiellen Körper (mit seinen Bedürfnissen, Begrenzungen usw.) ablösbaren *Identitätsträger* hin, auf einen wahrnehmenden *Personkern (Selbst, Geist-Seele[41]),* der nicht isoliert-bezugslos ist, vielmehr sich empfinden kann, andere und ihre Umwelt wahrnehmen und sich mühelos ‚geistig' zu ihnen hinbewegen kann, außerdem in einer andern Dimension Verstorbenen begegnen

---

[38] Mit Aristoteles und Thomas *von Aquin* kann man einen *gestuften Seelenbegriff* entwerfen: anima vegetativa würde dann das benennen, was etwas Materiell-Körperliches zu einem *Lebewesen* macht; anima sensitiva das, was ein Lebewesen *empfindungsfähig* macht; und anima intellectiva (verständige oder *Geist-Seele*) das, was ein empfindungsfähiges Lebewesen zu einem *verständigen, selbstreflexiven* Lebewesen macht. (Mit Karl *Rahner* kann man auch von *gestuften Formen von Bei-sich-Sein und Über-sich-hinaus-Sein* sprechen.)

[39] Zum folgenden *Kessler,* Sucht den Lebenden (³1995), 325–327; 483–486 (dort Belege bei Husserl u.a.); ders., Was kommt (2014), 202–216; Thomas *Schärtl,* Was heißt (2010), 59–80.

[40] Bei der Führung durch einen Ashram von Hindu-Nonnen in Bangalore fragte mich die führende Nonne: „Who are you?" Noch ehe ich Verdutzter antworten konnte, sagte sie: „A soul".

[41] Zu anima intellectiva s.o. Anm. 38.

und von ihnen *wiedererkannt* werden kann – Erfahrungen, die viele Betroffenen mit der Vorstellung eines andersartigen, schwerelosen, immateriellen Körpers (oder ‚Leibes') verbinden.

Oben (in 2.2) sagten wir: Denkbar wird ein vom materiellen Körper und Gehirn unabhängiger Wesenskern (Geist-Seele) der Person, der die Identität der Person in solchen Extremerfahrungen gewährleistet und – wer weiß? – vielleicht auch über den Tod hinaus. Jetzt müssen wir *ergänzen*: Denkbar wird ein vom materiellen Körper und Gehirn ablösbarer Wesenskern (Geist-Seele) der Person *mit* unverwechselbarer innerer *Gestalt oder „Leibhaftigkeit"* (d.h. subjektivem und sozialem Erfahren), der die Identität der Person in solchen Extremerfahrungen gewährleistet und – wer weiß – auch über den Tod hinaus.

Wenn man also nun – bei der Bestimmung von menschlicher Person – einerseits den Ausdruck (‚Geist'-) „Seele" verwenden will als Kürzel für die je einmalige Realität und Einheit von bewusster Ich-Perspektive, geistigen Fähigkeiten sowie Geöffnet-Sein fürs Ganze und seinen göttlichen Grund, und *andererseits* den Ausdruck *„Leib"* verwenden will als Kürzel für die unverwechselbare Bezugsgestalt oder innere Gestalthaftigkeit mit Sich-Spüren und Bezogen-Sein auf andere und Welt, dann könnte man – sofern man sich dieser Terminologie für einen schwierigen Sachverhalt bedienen will – folgendes sagen:

„Seele" (Personkern, Ich) gibt es *nie ohne Gestalt*haftigkeit mit Sich-Spüren und Bezug zu anderen, oder in anderer Terminologie: nie ohne eine Art von „Leibhaftigkeit". „Seele" existiert nie abstrakt (als gestalt- und fensterlose Monade), sie existiert konkret immer nur sozusagen *„verleiblicht"*[42] *oder „leibhaftig"*, will sagen: *gestalthaft mit konkretem Bezug zu* anderen, mit einer konkreten Geschichte, die sie nicht abschütteln kann, mit konkreten Erinnerungen und Dispositionen; ihr ist die ganze Geschichte eines erlittenen und gestalteten Lebens (mit all seinen gelungenen und zerbrochenen Beziehungen und seinen unerfüllten Sehnsüchten) eingeprägt.[43]

Aber: Das alles kann man *auch ohne* die Begriffe Leib und Seele sagen.

Im *jetzigen* Leben in dieser *materiellen* Welt realisiert sich die Person mit ihren Beziehungen in einem funktionierenden Körper und Gehirn, also in einer materiell-biologischen Struktur, die im Tod zusammenbricht und dann zerfällt, von der die Person sich aber schon *vor* dem Tod in Extremerfahrungen wie NTE bzw. AKE vorübergehend, wenngleich noch verschränkt, ablösen kann (und sich

---

[42] So mit Thomas *Schärtl*, Auferstehung des Leibes, 41.
[43] Wenn man mit Ulrich *Lüke*, Auferstehung (2004), 244–248, die Unterscheidung von Körper und Leib ablehnt, die hier mit „Leib(haftigkeit)" gemeinten Dimensionen schon im Begriff „Seele" enthalten sieht, dann muss man zusehen, wie man einerseits der neutestamentlichen Rede vom „pneumatischen Leib" (1 Kor 15,42–44) sowie vom (sakramentalen und ekklesialen) „Leib Christi" und andererseits den Erlebnissen von andersartiger, immaterieller Leiblichkeit bei Außer-Körper-Erfahrungen gerecht wird.

dabei eben in ihrer anderen, schwerelosen, immateriellen Bezugsgestalt oder Leibhaftigkeit erfahren kann).

Im Tod geschähe dann der *Übergang* der Person mit ihren Beziehungen *von* der erden-schweren, materiell-körperlichen, *vergänglichen* Realisierungsform *in* die transzendente Dimension Gottes und damit in eine andere, dieser Dimension entsprechende *im*materiell-*un*vergängliche Realisierungsform, die uns noch entzogen ist.

Und NTE bzw. AKE könnten ein Vorschein davon sein, eine Vorahnung, ein Fingerzeig, ein Gleichnis. (Möglicherweise haben sie die Annahme einer vom Körper ablösbaren Seele ursprünglich *mit* veranlasst.)

Wenn es gute Gründe gibt für die beiden (in 1. und 2.) erörterten Grundannahmen, also erstens für die Annahme einer unsere physikalische Welt übersteigenden Dimension und Wirklichkeit, ohne die es kein neues Leben der verstorbenen Individuen geben kann, zweitens für die Annahme eines vom physischen Körper *ablösbaren Person-Seins*, welches die numerische Identität von prämortaler und postmortaler Person wahrt, dann ist zwar *keineswegs bewiesen*, aber durchaus *denkbar und prinzipiell möglich*, dass es ein neues Leben der Person nach ihrem physischen Tod geben kann.

3. Was geben die biblischen Texte zu bedenken?

3.1 Durchbruch zur Hoffnung für die Toten

Alt-Israel interessierte sich für das kostbare Leben in der von Gott geschenkten Schöpfung, *nicht für die Toten*. Sie kümmern dahin im Totenreich (der Scheol), getrennt von allem, auch getrennt von Gott (Ps 88,6; 115,17; Jes 38,18). Fast 1000 Jahre lang hat sich Israel eine Hoffnung für die Toten versagt (erstaunlich angesichts der Anstrengungen seiner Umwelt, zumal Ägyptens, das physische Leben ins Jenseits zu verlängern). Altisrael verhielt sich diesbezüglich völlig abstinent. Hier, auf diese Erde galt es vor und mit Gott zu leben und seine heilsamen Lebensweisungen zu realisieren. Durch das Fehlen jeder Jenseitshoffnung war Altisrael in eine unerhörte religiöse Unausweichlichkeit gestellt. Nicht wegen eines Ausgleichs nach dem Tod hatte es an Jahwe-Gott festzuhalten, sondern um Jahwes selbst willen: „Du wirst JHWH, deinen Gott, liebhaben aus ganzem Herzen" (Dtn 6,4–9), nicht weil er dir etwas bringt, sondern um seiner selbst willen, auch dann, wenn er dich nicht vor Leid, Katastrophen und Exil bewahrt.

Als dieses Israel dann *spät* (im 2. Jahrhundert v. Chr.) teilweise doch zu einer Hoffnung für die Toten durchstieß, geschah es nicht als Projektion menschlicher Wunschträume über die Todesgrenze hinaus, sondern aus dem Jahwe-Glauben selbst heraus, als dessen innere Konsequenz und Explikation. Jahwe-Gott, das ist der, dem nichts eine Grenze setzen kann, auch nicht der Tod.

"Wirst du an den Toten Wunder tun? fragt Psalm 88,11f noch tastend. Und Psalm 139,8 meint schon: „Von allen Seiten umgibst du mich, ...stiege ich gen Himmel, so bist du da; bettete ich mich bei den Toten (in der Unterwelt), siehe, so bist du auch da."

Die biblische Hoffnung für die Toten *gründet* im Glauben an den göttlichen Ur-Grund, an seine *Gegenwart*, seine Lebendigkeit, Beziehungsmacht, Gerechtigkeit und Treue.

Auch Jesus versteht ein Leben der Toten ganz von der Lebendigkeit und Beziehungsmacht Gottes her. Im Streitgespräch mit den *alt*-gläubigen Sadduzäern, die ein Leben der Toten ablehnten, weil in ihrer Schrift, dem Pentateuch, davon noch keine Rede war und für sie Gott ein Gott *nur* der Lebenden sein konnte, nimmt er eine ihrer Textgrundlagen (Ex 3,6: „Ich bin der Gott Abrahams, Isaaks und Jakobs") und entwindet ihnen diesen Text in einer verblüffenden Exegese: Wenn Gott „nicht ein Gott von Toten, sondern von Lebenden" ist, aber zugleich der „Gott Abrahams, Isaaks und Jakob" ist, die doch verstorben sind, dann können diese nicht tot, sondern nur von Gott her lebendig sein (Mk 12,27). M.a.W.: Wenn Gott der schlechthin Lebendige ist, dann können die Geschöpfe, zu denen er ein Verhältnis eingeht, nicht vergangen, sondern nur zu ewiger Gegenwart bei Gott aufgehoben sein.

Gott „vergisst" seine Geschöpfe nicht (so Jes 49,14–16; Ps 27,10), auch nicht den toten Sperling, obwohl der so wenig wert scheint, dass man auf dem Markt für zwei Groschen fünf Sperlinge kaufen kann (so Jesus nach Lk 12,6).

3.2 Unterschiedliche Vorstellungen in der Bibel[44]

Im Frühjudentum (und dann im Christentum) hat man sich das, was nach dem Tode kommt, unterschiedlich vorgestellt. Doch zentral war dabei immer das *Ringen um Gerechtigkeit* und um die Gottesfrage: Lässt Gott seine „Gerechten" im Tod im Stich? Werden die Übeltäter über ihre Opfer triumphieren?

a) Weisheitstradition: Entrückung der Gerechten im Tod zu Gott

Weisheitliche Beter stoßen zu der Gewissheit durch: Gott lässt seine Gerechten im Tod nicht im Stich, er wird sie *„entrücken", „erhöhen", „aufnehmen"*, die Verstorbenen sind „in Gottes Hand" geborgen: Ps 49,16; 73,23–28; 22,28–30; 63,4.9; vgl. Ijob 19,25–27; später Weish 3,1; 5,15). Nach diesem Konzept vergeht der Körper im Grab, aber für die Person (bzw. für die mit ihr identische Toten-Seele) gibt es zwei Möglichkeiten: tote Sünder bleiben in der Scheol (in der Erdentiefe und Gottferne), die Gerechten werden entrückt in den Himmel Gottes.

---

[44] Zum Folgenden Jürgen *Becker*, Die Auferstehung Jesu nach dem NT, Tübingen 2007, 182–208; ähnlich auch schon Hans *Kessler*, Sucht den Lebenden nicht bei den Toten. Die Auferstehung Jesu Christi in biblischer, fundamentaltheologischer und systematischer Sicht. Erw. Neuausgabe, Würzburg [4]1995, 41–78. 446f. 486–492, sowie dann *ders.*, Was kommt nach dem Tod? (2014), 138–151.

b) Apokalyptik: Auferstehung der Toten am baldigen Weltende auf eine erneuerte Erde

Als der Seleukidenkönig Antiochus IV. Epiphanes (175–163 v.Chr.) alles Jüdische unter Todesstrafe verbot, gingen die einen in den Widerstand (Makkabäer), die andern hofften auf ein Ende dieser bösen Weltzeit und auf eine neue Weltzeit, die apokalyptische Visionäre schon bei Gott bereitstehen sahen und in die hinein das Gottesvolk gerettet werde (Daniel). Zuvor aber müssten alle vor Gottes Gericht erscheinen, und dazu müssen die schon Toten *auferstehen*. Nur die Gerechten gehen in die neue (diesseitig gedachte) Schöpfung ein, den Gottlosen bleibt nur die Schmach der Gottferne. Hier also begegnen erstmals die (synonymen) Metaphern „aufstehen", „aufgeweckt-werden", „neu lebendig werden" (Jes 26,14.19; Dan 12,1–3; ferner viele außerbiblische Texte). Wie schon Verweste aufstehen sollen, wird nicht gefragt. An eine Öffnung der Gräber ist nicht gedacht.[45] Das ist anders in wenigen späteren Texten: Sie gehen aus von der Totenfeldvision Ezechiel 37, die um 550 v.Chr. bildhaft von der nationalen Wieder-Auferstehung des Volkes aus dem Exil gesprochen hatte (Totengebeine bekommen wieder Fleisch und erheben sich). In diese Totenfeldvision lesen sie dann, 400 Jahre später, nach Entstehung der individuellen Auferstehungshoffnung, eine individuelle Auferstehung hinein, so dass aus den anschaulichen Bildern massiv-realistische Vorstellungen von Wiederbelebung der Gebeine und Öffnung der Gräber werden (4Q 385; 4 Makk 18,17; Mt 27,52; Joh 5,28f; Lk 24,38–43; 1 Klem 50,4). Eine volkstümliche Variante der apokalyptischen Auferstehungsvorstellung.

c) Nicht-apokalyptisch: Auferstehung im Tod in den Himmel Gottes

Das von den Apokalyptikern angesagte Weltende ist ausgeblieben. Und so wird die Metapher Auferstehung alsbald auch *nicht-apokalyptisch* gebraucht, ohne Endzeit-fixierung. So zuerst in der Erzählung von den 7 makkabäischen Brüdern, die wegen ihrer Tora-Treue hingerichtet werden: für die Übeltäter gibt es keine Auferstehung, doch den wegen ihrer Tora-Treue getöteten Märtyrern schenkt Gott *sofort in ihrem Tod Auferstehung in den Himmel hinein, mit einem (aus nichts) neu geschaffenen Leib* (2 Makk 7,28; u.a.).

Was also weisheitliche Psalmen als Entrückung im Tod zu Gott (in den Himmel) artikulierten, das kann jetzt auch mit der Vokabel Auferstehung ausgesagt werden. Also noch eine *weitere Variante von Auferstehungsvorstellung*.

d) Hellenistisches Judentum: von Gott bewirkte Unsterblichkeit der Seele

Schließlich denken griechisch verfasste und *stärker hellenistisch* geprägte jüdische Schriften wie die Weisheit Salomos (3,1–4; 4,7), Philo von Alexandrien oder Flavius Josephus (De Bello Judaico 3,372; 3,375) an eine von Gott bewirkte Unsterblichkeit der *Seele*, wobei aber die Seele *mit dem Person-Sein identisch* gedacht wird.

e) Die Laienbewegung der *Pharisäer* hat dann – gegen die *alt*-gläubigen Sadduzäer, die ein neues Leben der Toten ablehnten – die Hoffnung für die Toten im

---

[45] Dazu die sorgfältigen Analysen von Jürgen *Becker*, ebd. 192–201.

täglichen Gebet verankert und sie so dem Volk tief eingeprägt: Im täglichen Achtzehn-Gebet 2 wird Gott gepriesen als der, der „die Toten erweckt" bzw. „die Sterbenden lebendig macht"; ähnlich im Morgengebet oder der Friedhofsbenediktion.

f) Bei *Jesus* von Nazareth fehlt diese Hoffnung nicht, aber sie rutscht an den Rand. Denn ihm geht es mit seiner Reich-Gottes-Botschaft und -Praxis *primär* um etwas anderes, nämlich um das Herr-Werden der Güte Gottes schon *hier und jetzt*.

Aber auch Jesus teilt die Hoffnung für die Toten. Er kann von ihr in verschiedenen Bildern sprechen: Eingehen ins Reich Gottes, Eingehen ins Leben (Lk 11,31f.par u.a.), universales Festmahl, in das die Sünder und die Heiden-Völker einbezogen werden (Mt 8,11par u.a.), oder auch im Bild vom Auferstehen der Toten in eine engelartige Seinsweise im Himmel (Mk 12,24fpar), und – beim letzten Mahl – vom neuen Mahl im Reiche Gottes (Mk 14,25).

3.3 Zu den Osteraussagen des NT[46]

Jesus starb am Kreuz, am Freitag 14. Nisan wohl des Jahres 30. Er musste sterben, weil er die Zuwendung und Vergebung Gottes für alle, die sich ihr öffnen, verkündete, *ohne* vorherige Sühne im Tempel. Das war denen, die vom Tempelbetrieb lebten, vor allem der Clique um den Hohenpriester Kajaphas, unerträglich, deshalb betrieben sie seine Hinrichtung durch die Römer. Dies war kaum der „Wille" Gottes, wohl aber, dass Jesus Gottes vorbedingungslose Vergebung verkündete und lebte, bis zum Äußersten. Nach Ostern haben frühe Christen in dem unfasslichen Tod Jesu einen Sinn gesucht, in mehreren tastenden Verstehensversuchen, unter anderem von Jes 53 her (so 1 Kor 15,3: er ist „gestorben für unsere Sünden nach der Schrift").[47]

Am Karfreitag sind die Jünger untergetaucht oder in ihre Heimat Galiläa geflohen. Kurze Zeit später aber sind sie wieder im für sie gefährlichen Jerusalem, verkünden „Gott hat Jesus auferweckt", gründen die Urgemeinde, bekennen Jesus als Messias usw. Was die Verkündigung der Auferweckung Jesu betrifft, muss man, um nicht auf falsche Fährten zu geraten, *zwei Textsorten unterscheiden*: kurze alte Oster*bekenntnisse* und spätere Oster*erzählungen*.

Das älteste Zeugnis von Ostern ist das kurze Bekenntnis: „Gott hat Jesus von den Toten erweckt" (auch als Relativsatz „Gott, der Jesus erweckt hat" und „Jesus, den Gott erweckt hat" bzw. „Jesus ist auferweckt"). Es stammt aus der frühesten

---

[46] Das würde einen eigenen Beitrag erfordern, kann hier als nur angedeutet werden. Für Genaueres vgl. v.a. Paul *Hoffmann*, Auferstehung (NT), in: Theologische Realenzyklopädie, Bd. IV (Berlin 1979), 478–509; ferner *Kessler*, Sucht den Lebenden (⁴1995), 108–236 und 479–504, sowie kurz *ders.*, Was kommt (2014), 155–180.

[47] Für Genaueres vgl. *Kessler*, Christologie (1992, ⁶2015), 279–283. 297–300, sowie *ders.*, Den verborgenen Gott suchen (2006, ²2009), Kapitel 8 und 9.

Jerusalemer Urgemeinde (um 30 n.Chr.) und durchzieht als geprägte *Bekenntnisformel* alle Schichten des NT; man könnte eine ganze Seite allein mit Stellenangaben füllen.[48]

Diese *ein*gliedrige Aussage wurde schon früh zu kleinen *mehr*gliedrigen Glaubensbekenntnissen erweitert. Paulus zitiert in 1 Kor 15,3–5 ein solches, das er, wie er sagt, als Tradition „empfangen" hat (wohl zwischen 32 und 35 aus der frühen Urgemeinde). Darin heißt es: Christus „ist auferweckt am dritten Tag nach der Schrift und erschien dem Kephas, dann den Zwölfen".[49] (Paulus fügt dann in V. 6–7 an: „Hernach erschien er mehr als 500 auf einmal" [der versammelten Urgemeinde?], „hernach dem Jakobus[50], dann den Aposteln allen"; zuletzt nennt er sein eigenes Erlebnis.) Mit „er erschien dem Kephas usw." wird auf die Oster*erfahrung* der Jünger hingewiesen, die ihren Glauben an die Auferweckung Jesu *ausgelöst* hat.[51]

---

[48] Mit diesem Bekenntnis zur „Auferweckung" Jesu ist von Anfang an die Vorstellung seiner „Erhöhung" in die Dimension Gottes (Himmel) verbunden; denn aus der Urgemeinde stammt der aramäische Gebetsruf „maránatha = unser Herr komm" (vgl. 1 Kor 16,22; Did 10,6; Offb 22,20), womit sie voraussetzt, dass er diese Bitte hören kann, also der erhöhte Herr ist (vgl. auch 1 Thess 1,10 u.a.).

[49] Er „ist auferweckt" steht in der *Zeitform* duratives Perfekt, d.h.: das dauert an, er ist und bleibt der Auferweckte. Er „erschien" hingegen steht in der besonderen griechischen Zeitform Aorist, d.h.: das ist damals passiert und ist abgeschlossen, das waren sozusagen die Durchbruchs-Erfahrungen des Anfangs. – Der *„dritte Tag"* ist seit Hos 6,2 im AT und Judentum symbolischer Ausdruck für das rettende Eingreifen Gottes in total aussichtsloser Lage: vgl. dazu u.a. die römische Diss. von Karl *Lehmann*, Auferweckt am dritten Tag nach der Schrift, Freiburg 1968.

[50] Der *Herrenbruder Jakobus* war nach dem Tod des Vaters und nach dem Fortgang Jesu als der dann älteste Sohn Marias Oberhaupt der Familie. Diese hatte die Verbindung zu Jesus gekappt und lehnte ihn ab (vgl. Mk 3,21.31–35; 6,2f.). Darum ist auch vom Familienclan niemand in Jerusalem bei Jesu Kreuzigung und Grablegung zugegen (Joh 19,25–27 ist symbolisch gemeint und historisch nicht verwertbar). Doch die Familie hat dann früh den Anschluss an die Urgemeinde gefunden (Apg 1,14; vgl. 1 Kor 9,5), Jakobus nimmt in ihr schnell eine besondere Stellung ein (Gal 1,19; 2,9; Apg 15,13–15), wird später ihr Leiter (Apg 12,17), stirbt 62 n.Chr. den Märtyrertod (Josephus, Ant 20,197–203). Die *Ostererfahrung des Jakobus* ereignete sich wohl in Nazareth; sie *muss so stark gewesen sein, dass* er und die Familie ihre Einstellung zu Jesus revidierten, nach Jerusalem zogen und eine unsichere Existenzweise auf sich nahmen. Vgl. Jürgen *Becker*, Auferstehung, 258f.

[51] Die Aufgabe, von dieser unanschaulichen Ostererfahrung zu sprechen, brachte die Urzeugen in *Sprachnot* und ließ sie auf Offenbarungssprache des AT zurückgreifen, auf die geprägte Theophanieformel „Gott *erschien dem* Abraham" und anderen (Gen 12,7; 17,1 u.ö.; Ex 3,2 u.ö.), die eine *innere, aber den ganzen Menschen erfassende Erfahrung* bezeichnet (Philo von Alexandrien legt [um 20/30 nC.] Gen 12,7 so aus: das nichtkörperliche Auge der Seele nahm wahr). Dieses „er erschien dem" greift die Urgemeinde auf, um die unfassliche Ostererfahrung zu buchstabieren. Paulus übernimmt es, kann aber seine Erfahrung vor Damaskus auch so umschreiben: „Gott hat *in mir* seinen Sohn offenbart" (Gal 1,16), „Christus hat mich ergriffen" (Phil 3,8–11), oder „ich habe den Herrn gesehen" (1 Kor 9,1;

Das ursprüngliche Oster-Bekenntnis bekennt das Unanschauliche ohne alle anschaulichen Details. Es wird dann 40–70 Jahre später anschaulich *inszeniert* in vielfältigen *Ostererzählungen* der Evangelien, welche die Vorstellungen in den Köpfen bis heute prägen, als wären sie buchstäblich historische Berichte von dem, was um 30 exakt abgelaufen ist. Doch die Evangelisten wollen damit nicht Antwort geben auf historische Fragen, was damals um 30 passiert ist, sondern Antwort geben auf existentielle *Anschlussfragen* der gläubigen Gemeinden ihrer späteren Zeit zwischen 70 und 100, Antwort auf Fragen wie diese: Wie können wir Späteren dem auferstandenen Herrn begegnen? Darum geht es in den Erscheinungserzählungen von den Emmausjüngern, von Maria Magdalena oder vom ungläubigen Thomas (die jeweils symbolisch-typischen Charakter haben).

Während das urgemeindliche „er erschien" nur vom Dass, nicht vom Wie spricht, geben die späteren Erzählungen einem Bedürfnis nach und malen das Unanschauliche anschaulich aus. Immerhin arbeiten sie mit besonderen Stilmitteln, mit spannungsvollen, ja gegensätzlichen Aussagen, die sie in eine Schwebe bringen: geheimnisvolles Kommen *und* Verschwinden (Joh 20,19; Lk 24,36.51), Erscheinen des Auferstandenen *und* trotzdem Zweifel einiger (Mt 28,17; Lk 24,37f), „leg deine Hand in meine Seite" (was Thomas nicht tut, Joh 20,27) *und* „rühr mich nicht an" (Joh 20,17). So kann Jesus in dem Augenblick, wo die Emmausjünger ihn erkennen, aus dem Erzählgang „verschwinden", und dieses Verschwinden löst überhaupt kein Bedauern bei den Jüngern aus: es ist das Verschwinden in die Dimension Gottes hinein, aus der er verborgen gegenwärtig ist und bleibt (Lk 24,29; vgl. Mt 28,20).

Man muss also unterscheiden zwischen dem ursprünglichen *Bekenntnis* und dessen späterer *Inszenierung*, zwischen der urgemeindlichen *Botschaft* („Gott hat Jesus auferweckt, erhöht, lebendig gemacht", ganz knapp, ohne alle Anschaulichkeit) und den späteren erzählerisch-symbolischen *Inszenierungen* dieser Botschaft in den ganz unterschiedlichen Ostererzählungen der Evangelisten („Predigtgeschichten', mit unvereinbaren Szenarien, Orten, Personen), die leider immer wieder als Erlebnis-*Berichte* über historische Vorgänge zu Ostern *miss*verstanden werden.

Gemeinsam ist allen Ostertexten des NT die *Überzeugung*, dass der am Kreuz gestorbene Jesus höchstpersönlich in einer *radikal neuen* Weise (in und aus Gott) *lebendig* und *gegenwärtig* ist. Und diese Überzeugung gründet in einer außerordentlich starken, unerwarteten Erfahrung (angedeutet in „er erschien" usw.), wel-

---

Zitat aus Jes 6,1–8!). Die Stichworte „erscheinen" und „sehen" kehren dann in den späteren Erscheinungserzählungen wieder. – Exegeten sprechen oft von „Visionen" der Jünger, besser wäre von „Selbstbekundungen" Jesu zu sprechen. Vgl. *Kessler*, Sucht den Lebenden (³1995), 219–236 sowie 463–504.

che die Wende im Verhalten der Jünger und den geradezu explosionsartigen Neubeginn auslöste.[52] Sie hatten nicht hin und her überlegt, im AT nachgelesen und sich schließlich geeinigt auf so etwas wie: Er ist vermutlich auferstanden. Im Gegenteil, es war ihnen *unmittelbar evident: Er ist lebendig da* (aber eben nicht handgreiflich, deswegen konnte man auch „zweifeln"). Und das bedeutete: Er ist erhöht zu Gott, ist in Gottes Dimension, also ist er gerettet (‚auferweckt') und also ist er von Gott bestätigt. D.h.: in *seinem* Leben, Sterben und neuen Leben spricht und wirkt Gott, seine Botschaft und Praxis ist in Kraft und Geltung gesetzt. Deshalb konnte man auch kurz und formelhaft sagen: Er ist der Messias (Christus), Gottes Wort und Sohn, Gottes entscheidender Bote, der Heilbringer von Gott her.

Die Ostererzählungen beschreiben also nicht, was am Ostertag im Jahre 30 abgelaufen ist. Sie sprechen von dem *Christus praesens*, von dem hier und jetzt (aus der unsagbar nahen Dimension Gottes heraus) verborgen gegenwärtigen Jesus Christus, der mit uns geht (vgl. Lk 24,13–16; Mt 18,20) und in den Geringsten dieser Erde auf uns wartet (vgl. Mt 25,31–45; Mk 9,37) – und von dem ein *Beziehungs- und Wirk-Feld* ausgeht, das man in Worten wie „Pneuma/Atem/Geist Christi", „Leib Christi", „in-Christus-sein" anvisieren konnte.

3.4 Exkurs zur Frage des leeren Grabes[53]:

Viele Getaufte glauben nicht an die Auferstehung Jesu, weil Auferstehung besage, dass das Grab Jesu physisch leer gewesen sei, und sie genau das nicht glauben. In der Tat wird in religiöser Literatur[54] immer wieder behauptet (ein Autor schreibt es vom andern ab), die Verkündigung der Auferstehung Jesu sei in Jerusalem nicht möglich gewesen, ohne sofort die Frage nach dem Verbleib des Leichnams Jesu zu provozieren, und sie hätte sich dort auch nicht halten können, wenn die Urgemeinde nicht auf das leere Grab Jesu hätte hinweisen können. Wolfhart Pannenberg hat dazu die berechtigte Forderung aufgestellt: „Wer das Faktum des leeren Grabes bestreiten will, muss den Nachweis führen, dass es unter den zeitgenössischen jüdischen Zeugnissen für den Auferstehungsglauben Auffassungen

---

[52] *Schon rein historisch gesehen* muss das mit den Erscheinungen gemeinte Geschehen zumindest ein so starker, evidenter Neuanstoß gewesen sein, dass er die überraschende Einmütigkeit und Dynamik des österlichen Neuanfangs erklären kann. – Flavius Josephus, der jüdische Historiker des 1. Jahrhunderts, berichtet von mehreren damaligen Anführern, die messianische Ansprüche erhoben und ihre Anhänger nach Jerusalem zu führen versuchten; die Römer machten kurzen Prozess mit ihnen, und damit war alles vorbei. *Bei Jesus war es mit seinem Tod gerade nicht vorbei, es ging danach erst richtig los.* Und das obwohl er am Kreuz wie ein Verbrecher, ja wie ein vermeintlich von Gott „Verfluchter" (Dtn 21,23; vgl. 1 Kor 12,3; Gal 3,13), gestorben war und seine Jünger zunächst geflohen waren.
[53] In der Grabhöhle gab es meist mehrere Ablagen, Nischen oder Bänke.
[54] Bis hin zu Joseph *Ratzinger* (Benedikt XVI.), Jesus von Nazareth, Zweiter Teil: Vom Einzug in Jerusalem bis zur Auferstehung, Freiburg 2011, 280–282.

gegeben hat, wonach die Auferstehung der Toten mit dem im Grab liegenden Leichnam nichts zu tun zu haben braucht" und dass solche Auffassungen „in Palästina hinreichend populär waren".[55]

Genau dieser Nachweis wurde erbracht.[56] Ich zitiere nur die umfassende Untersuchung des Neutestamentlers Jürgen Becker: „Das ständig ungeprüft wiederholte Argument, Christen konnten in Jerusalem Jesu Auferstehung nicht verkündigt haben, ohne Jesu leeres Grab vorzuzeigen, besitzt am frühjüdischen Textbefund keinen Rückhalt." „Nur in der schmalen Rezeptionsgeschichte von Ez 37" ist „an die Öffnung der Gräber gedacht" (s.o. 3.2b). „Die weitaus größere Mehrheit der Texte vertrat die Ansicht, Gott der Schöpfer werde der Totenseele einen neuen Leib geben, um die Person am Endheil auf der Erde teilnehmen zu lassen, oder sie ohne Rückgriff auf Reste des irdischen Leibes in einen engelgleichen Zustand versetzen, bzw. nur der Seele Vollendung gewähren. Einige Zeugnisse zeigten auch an solchen Konkretionen kein Interesse. In jedem Fall spielen die Gräber dabei keine Rolle, weil die Auffassung herrscht, dass der irdische Leib endgültig vergeht und Gott an seiner Stelle Neues schafft."[57]

Dass dieses Neue *total anders* als die biologisch verfasste Leibhaftigkeit verstanden werden müsste, deutet sich da und dort an (vgl. Tobit 12,19; äth.Henoch 15,7; 51,4; 104,4; syr.Baruch 51,9f; Talmud.bBer 17a; Mk 12,25: sie essen, trinken, heiraten nicht mehr).

Wenn man also von Auferstehungs*leib* sprechen will, so beinhaltet dieser *immer* die Identität der Person samt ihren Bezügen zu Gemeinschaft, Erde, Welt, *nicht* jedoch eine *materielle* Identität mit dem begrabenen und verwesten Körper. Also Kontinuität und Diskontinuität zugleich. Jesus (Mk 12,24f) und Paulus (1 Kor 15,35–44) denken an ein personal identisches, gemeinschafts- und weltbezogenes Leben der auferweckten Toten, das mit der begrabenen Leiche nichts zu tun hat. Das verwesliche „Fleisch und Blut kann die Unverweslichkeit nicht erben" (1 Kor 15,50).

Die Behauptung, jüdische und urchristliche Auffassung von Leiblichkeit würde zwangsläufig ein leeres Grab erfordern, trifft daher nicht zu. Nach frühjüdischem und urchristlichem Verständnis *musste das Grab Jesu nicht leer sein*. Und nach einer heutigen theologischen Beurteilung?

Unsere Gräber, auch die der Heiligen, werden nicht leer. Warum sollte Gott bei Jesus, wenn er wirklich Mensch ist (vgl. z.B. Hebr 2,17f; 4,15), die Naturgesetze außer Kraft setzen, die er doch selbst hat entstehen lassen? Da Gott seine Schöpfung allen Ernstes in ihre Eigendynamik hinein freigegeben hat, respektiert er diese, bis zuletzt. So werden die physikalisch-biologischen Gesetze, die für

---

[55] Wolfhart *Pannenberg*, Systematische Theologie Bd. 2, Göttingen 1991, 401.
[56] Ausführlich Jürgen *Becker*, Die Auferstehung Jesu Christi nach dem NT (2007), 182–208. Ähnlich schon *Kessler*, Sucht den Lebenden (erw. Neuausgabe ⁴1995), 486–492, auch 54–78 und 446f.
[57] *Becker*, Auferstehung, 207f.

Menschen gelten, auch im Tod Jesu nicht außer Kraft gesetzt; die materielle „Gestalt" der Welt und damit auch des Daseins Jesu „vergeht" (vgl. 1 Kor 7,31c). Etwas anderes anzunehmen, liefe auf eine Leugnung des wahren Menschseins Jesu, auf Doketismus, hinaus.[58]

Im NT ist nirgendwo von einem leeren Grab die Rede, außer in den Evangelien, die mit der Grablegung schließen und dann (in *erzählerischer Logik* konsequent) die ihren Gemeinden längst bekannte Osterbotschaft eben *am Grab narrativ inszenieren.*

Die älteste Graberzählung Mk 16,1–8 (um 70 n.Chr.), auf der alle späteren fußen, ist kein Bericht, sie will nicht Wiedergabe einer historischen Begebenheit sein.[59] Vielmehr ist, wie Exegeten beider Konfessionen herausarbeiten, die ganze Erzählung um die Osterbotschaft im Mund des Deute-Engels[60] „herum-komponiert" und um dieser ihr vorgegebenen Botschaft willen formuliert, also eine „konstruierte Erzählung, eine Legende"[61]. Sie arbeitet mit drei traditionellen Gestaltungsvorgaben: mit den Mitteln von hellenistischen Entrückungserzählungen (ihren typischen Elementen „suchen" und „nicht finden" von entrückten Personen), von in sie eingebauter Angelophanie (Engelerscheinung mit Epiphanie-

---

[58] So auch Ingolf U. *Dalferth*, Volles Grab, leerer Glaube? (1998), 396f.: am leeren Grab aus theologischen Gründen festzuhalten in dem Sinn, das der Leichnam Jesu nicht verwest sein dürfe, sei Doketismus (d.h. dann sei Jesus nicht wirklich, sondern nur zum Schein Mensch geworden). Vgl. zum Sachverhalt auch Hans *Kessler*: Rezension zu H.-J.Eckstein/M.Welker (2002), in: ThRev 2004, bes. 392f.

[59] Der Dogmatiker und heutige Kurienkardinal Walter *Kasper* (dessen erster Assistent an der Universität Münster ich war) schreibt in seinem Buch „Jesus der Christus", Freiburg 1974, 149f, dass hier „kein historischer Bericht vorliegt". Der Wunsch, einen beigesetzten Toten nach Tagen noch zu salben, „ist durch keine geläufige Sitte gedeckt und bei den klimatischen Verhältnissen Palästinas in sich widersinnig. Dass die Frauen erst unterwegs auf den Gedanken kommen, sie hätten eigentlich Hilfe nötig, um den Stein wegzuwälzen ..., verrät ein mehr als erträgliches Maß an Gedankenlosigkeit. Wir müssen also annehmen, dass es sich hier nicht um historische Züge, sondern um Stilmittel handelt, die Aufmerksamkeit wecken und Spannung erzeugen sollen. Alles ist offensichtlich in recht geschickter Weise auf das lösende Wort des Engels hinkonstruiert". – Das leere Grab ist dann für Kasper „nur ein Zeichen und eine Nebenbestimmung", aber „eine sachlich unentbehrliche", und „wer sie streichen will, sehe zu, wie er dem Doketismus entrinne" (a.a.O. 155). Doch das Gegenteil gilt: Wer auf dem leeren Grab aus sachlich-theologischen Gründen besteht, gerät in Doketismus (Jesus wäre dann nicht wirklich Mensch wie wir). Außerdem sind Kasper (wie vielen anderen) die oben aufgeführten Einsichten in den frühjüdischen Textbefund noch nicht zugänglich.

[60] Der Deute-Engel (angelus interpres) ist schon in manchen Texten des AT eine literarische Stilfigur, auf welche die biblischen Schreiber gerne zurückgreifen, wenn sie die offenbarende göttliche Nähe symbolisieren wollen (so auch in den Kindheits- und Ostererzählungen des NT). Der Deute-Engel ist Symbol der offenbarenden Gegenwart Gottes, will die Bedeutung des Erzählten aussagen, aber nicht als reale Figur verstanden werden.

[61] So der katholische Exeget Rudolf *Pesch*, Das Markusevangelium Bd. 2, Freiburg 1977 ([2]1980), 521f.

„Schrecken") und fundamental mit der aus der Urgemeinde stammenden alten Bekenntnisformel „Gott hat Jesus erweckt" bzw. „Jesus ist auferweckt".[62] Auferweckung ist als *Entrückung zu Gott* verstanden. Das leere Grab kommt als *symbolisches Motiv* im Mund des Engels vor, es *löst keinen Glauben aus:* die Frauen fliehen erschreckt von der Grabhöhle und sagen niemand etwas.[63]

In der Folgezeit aber verändert sich die Sicht in fragwürdiger Weise: das leere Grab bekommt selbständige Bedeutung, auf der Linie von Ez 37 (s.o. 4b) muss das Grab nun leer sein. So bildet das MtEv 27,62–66 (um 85 n. Chr.) zur Abwehr eines Gerüchts, die Jünger hätten den Leichnam Jesu gestohlen, die nachträgliche apologetische Legende von der Bewachung des leeren Grabes und lässt Verstorbene aus ihren Gräbern hervorkommen und vielen erscheinen. Das noch spätere JohEv 20,1–18 (um 100 n.Chr.) lässt Petrus (im JohEv Symbol der Großkirche) und den Lieblingsjünger (Symbol der johanneischen Gemeinde) sogar das leere Grab inspizieren und dadurch zum Glauben kommen, *gegen* Mk 16,1–8. Den Gipfel dieser fragwürdigen Apologetik bildet das apokryphe PetrEv 35–44 (um 180 n.Chr.): es lässt vor den Augen der bewachenden Soldaten zwei lichtvolle Männer vom Himmel herabsteigen, ins Grab hineingehen und dann zusammen mit einem dritten (mit Kreuz), den sie stützen, aus dem Grab herauskommen. Musterbeispiel einer falschen Apologetik, die den unanschaulichen Auferstehungsglauben durch massiv-anschauliche „historische" Beweise sichern will.[64]

Ob Jesu Grab leer war, wissen wir nicht.[65] Doch die Überzeugung, dass Jesus auferweckt bzw. in die Dimension Gottes erhöht ist, gründet nicht auf einem leer gefundenen Grab, sondern auf dem, was die frühe Aussage „er erschien" (1 Kor 15,3–5.7f) und die späteren Erscheinungserzählungen zum Ausdruck bringen wollen.

Manche Christen halten das leere Grab für wichtig; das sei ihnen unbenommen. Aber der urchristliche Glaube an Jesu Auferstehung erfordert nicht, dass das Grab leer war. Das leere Grab ist kein notwendiger Bestandteil des christlichen Auferstehungsglaubens. Es gehört auf die Ebene der Erzähllogik (s.o.) und auf die Ebene der Symbolik: es ist ein nachträgliches *starkes Bild-Zeichen*, dass gerade dort, wo nach menschlichem Ermessen alles zu Ende und durch den Grabstein besiegelt ist, von Gott her etwas ganz Neues geschieht.

---

[62] So der evangelische Exeget Jürgen *Becker*, Auferstehung, 20–27 und 239–250.
[63] Dieser abrupte echte Mk-Schluss (16,8) verweist die Leser zurück in die (im ganzen Mk-Evangelium entfaltete) *Botschaft und Praxis des vorösterlichen Jesus*. Im 2. Jh. hat man das nicht mehr verstanden, deshalb einen zweiten sekundären Mk-Schluss (16,9–16) gebildet mit Bruchstücken aus Mt 28, Lk 24 und Joh 20f.
[64] Ausführliche Analysen bei Jürgen *Becker*, ebd. 7–93; außerdem *Kessler*, Was kommt, 161–167.
[65] Im gesamten Urchristentum gibt es keinerlei Anzeichen für eine Beachtung oder Pflege eines Grabes Jesu; dessen angebliche Entdeckung ist Sache einer späteren Zeit (Konstantins Mutter Helena).

3.5 Was meint „Pneumatischer Leib"?

Paulus bekam aus der Gemeinde von Korinth die Frage gestellt: „Wie werden die Toten auferweckt? Mit was für einem sóma (Körper/Leib) kommen sie?" (1 Kor 15,35). „Unverständiger", antwortet Paulus. Und dann tastet er sich mit hinkenden Vergleichen (z.B. vom Weizenkorn, das sterben muss) ins Unbekannte vor, bis er schließlich zu dem entscheidenden Punkt kommt:

> „Gesät wird in Verweslichkeit, auferweckt in Unverweslichkeit, gesät wird in Armseligkeit, auferweckt in Herrlichkeit, gesät wird ein psychisches sóma (= ein sinnenhafter Körper-Leib), auferweckt ein pneumatisches sóma (= ein vom Pneuma geprägter Leib)" (1 Kor 15,42–44).

Es besteht also ein radikaler Unterschied zwischen irdischem „verweslichem, armseligem, psychischem" (= sinnenhaftem) soma und völlig andersartigem postmortalem „unverweslichem, herrlichem, pneumatischem (= vom Pneuma geprägten) soma". Mit großer Bestimmtheit fügt Paulus hinzu: „Fleisch und Blut kann das Reich Gottes nicht erben, das Verwesliche erbt nicht die Unverweslichkeit", sondern „wir werden verwandelt werden" (1 Kor 15,50.52).

Was meint Paulus mit dem pneumatischen soma? Esoteriker sagen: ein feinstofflicher oder ätherischer Leib. Manche Christen sagen: ein nach dem Tod ‚verklärter' materieller Körper. Andere sagen: ein neuer geistiger oder geistlicher ‚Leib', in dem die Auferweckung erfolgt. Doch was meint Paulus?

Mit soma pneumatikón meint er *die in all ihren Beziehungen vom Pneuma* Gottes und Christi *geprägte* (und dann im Tod in unverwesliche Herrlichkeit aufgenommene) *Person*, und diese Prägung vom Pneuma kann und soll *schon vor dem Tod* beginnen, schon da kann der Mensch *anfanghaft* soma pneumatikón werden. Dass Paulus dies meint, dafür sprechen folgende Beobachtungen.

Für Paulus ist wichtig, dass Gott uns jetzt schon die „Anzahlung des Pneuma" gegeben hat (2 Kor 5,5); damit ist der *Verwandlungsprozess schon eingeleitet*. Jetzt schon soll in den Glaubenden „Christus Gestalt gewinnen" (Gal 4,19), indem sie „sich leiten lassen vom Pneuma" Gottes und Christi (Röm 8,14), so dass „Christus in ihnen lebt" (Gal 2,20, Röm 8,9f). Das Pneuma sei ihnen ins Herz gegeben wie ein „Vorschuss" (2 Kor 1,22; 5,5), wie ein Keim oder eine Vorstufe für das unvergleichlich Herrliche (1 Kor 2,9; Röm 8,18), das als Vollendung erhofft wird. Gott, der Jesus vom Tod erweckt hat, werde auch die Glaubenden in ihrem Tod „lebendig machen – durch sein Pneuma, das *schon in ihnen wohnt*" (Röm 8,11). Durch genau diesen Geist der Liebe, der in uns ist und uns leiten soll, werden wir jetzt schon, sagt Paulus, fortschreitend „von Herrlichkeit zu Herrlichkeit", in das Bild Christi umgestaltet (2 Kor 3,18). Und: „Auch wenn unser *äußerer* Mensch zerstört wird" (durch Vorboten des Todes und schließlich durch diesen selbst), „unser *innerer* Mensch wird Tag um Tag erneuert" (2 Kor 4,16–18); „wer in Christus ist, der ist eine neue Schöpfung; das Alte ist vergangen, Neues ist geworden" (2 Kor 5,17).

Paulus denkt also an einen im jetzigen Leben beginnenden *Prozess der Wandlung des Ich hin zu seinem eigentlichen, wahren Selbst, das ganz vom Christusgeist geprägt ist und deshalb grenzenlos liebesfähig ist.*

Insoweit könnte schon die in ihren Beziehungen vom Christuspneuma geprägte Person als „soma pneumatikón" (geistig-geistlicher Leib) bezeichnet werden, wogegen „ein psychischer Mensch (= ein Sinnen-Mensch) sich nicht auf das einlässt, was vom Pneuma Gottes kommt" (1 Kor 2,14), weswegen er soma psychikón (sinnen-verhafteter Leib) ist, d.h. ein in seinen Beziehungen von seinen Sinnen und seiner Sinnlichkeit geprägtes Ich (wofür Paulus auch sarkischer=fleischlicher Mensch sagen kann). Daher die Mahnung des Paulus: Gebt dem Pneuma Raum, „wandelt im Pneuma" (Gal 5,16.25).

Es geht um einen Prozess der Transformation (der Wandlung und Reifung) der Person mit all ihren Beziehungen und Sehnsüchten hin zu ihrer „eigentlichen" Identität, zu ihrer von Gott gemeinten und von ihr selbst zutiefst gesuchten Identität. Es ist ein Prozess, der das ganze Leben durchzieht und der in der Auferstehung, d.h. in der nicht mehr verstellten Begegnung mit Gott, zur Erfüllung kommt, zur Erfüllung ihres bislang noch unerfüllten Wesens in der Gemeinschaft mit Christus und mit allen.[66]

Wenn aber in der Auferstehung und Vollendung die zutiefst gesuchte wahre, volle Identität einer Person erlangt wird, dann könnte es sein, dass die Person von anderen wiedererkannt wird (an ihrer unverwechselbaren inneren Gestalthaftigkeit), und dass diese anderen doch zugleich staunen („was, das bist du?"), weil diese Person so unfasslich verwandelt begegnet, so anders geworden, als sie ihnen im irdischen Leben erschienen war.

4. Wie kann Auferstehung der Toten plausibel verstanden werden?

Im Folgenden nehme ich die begrenzte Metapher „Auferstehung" — mit dem Credo („ich glaube an die Auferstehung der Toten und das ewige Leben") — als Kürzel für die gemeinte Sache und frage:

---

[66] Auch für die johanneischen Schriften kann und soll das „ewige Leben" schon jetzt vor dem Tod beginnen: wer den andern liebt und das Gerechte tut (1 Joh 3,14; 2,29) bzw. die Einladung Jesu zum Lieben hört und ihr folgt (Joh 5,24; 8,51), „der *hat* ewiges Leben, der ist aus dem Tod ins Leben hinübergegangen (Joh 5,24; 1 Joh 3,14; dort wird hinzugefügt: „wer nicht liebt, bleibt im Tod"). Und entsprechend sagt im Gleichnis vom verlorenen Sohn der Vater: „Dieser mein Sohn war tot und ist wieder lebendig geworden" (Lk 15,24.32). Augustinus, Thomas von Aquin, Luther konnten daher *duae resurrctiones* unterscheiden: die *tägliche* Auferstehung aus dem Tod des Egoismus (des Verkrümmt-seins in sich und Abgeschnitten-seins von Gott, den andern und sich selbst) und die *zukünftige* perfekte Auferstehung aus dem physischen Tod (das definitive Hinüber- und Heimgehen in das ewige Leben Gottes).

Welches Verständnis von Auferstehung ergibt sich, wenn man die unterschiedlichen biblischen Texte und Bilder auf ihren angezielten Gehalt hin bedenkt? Und wie kann Auferstehung konsistent verstanden werden, d.h. ohne in sich logisch widersprüchlich zu sein und ohne anerkannten Ergebnissen der Wissenschaften zu widersprechen?

4.1 Übergang in die radikal andere, transzendente Dimension Gottes

a) Vorbemerkung zur *Sprache*
Die deutschen Wörter „Auf*er*stehung" und „Auf*er*weckung" sind Übersetzung von biblischen Wörtern, die „aufstehen" und „aufgeweckt-werden" bedeuten (die im Deutschen eingefügte Silbe „er" signalisiert religiösen Sprachgebrauch). Seit ihrem ersten biblischen Auftauchen in Jes 26,19 sind beide Wörter synonym: die Toten stehen auf, weil Gott sie aufweckt.

Nun sind die beiden Verben „aufstehen" und „aufgeweckt-werden" aber *mehrdeutig*. Zunächst bezeichnen sie im alltäglichen Sprachgebrauch das *buchstäbliche* Aufstehen (bzw. Aufgeweckt-werden) aus Schlaf oder Darniederliegen. Dann aber können sie auch *übertragen* (als Metapher ersten Grades) die wundersame Wiederbelebung, das Wieder-Aufstehen vom Tod zurück ins erneut sterbliche Erdenleben bezeichnen; so in Erzählungen vom erweckenden Wirken des Elija oder Jesu[67]. Und schließlich können sie (als Metapher zweiten Grades) für die endgültige Auferstehung der Toten verwendet werden.

Wegen dieser Mehrdeutigkeit ist die Gefahr groß, dass Auferstehung Jesu und der Toten als Wiederbelebung der Leiche und Rückkehr auf die Erde *missverstanden* wird. So z.B. von den Populärphilosophen, mit denen Paulus nach Apg 17,18.32 auf dem Athener Areopag redet; oder heute in Zeitungsartikeln, die zu Ostern von der *Wieder*auferstehung Jesu reden. Um solches Falschverstehen abzuwenden, hat das Neue Testament *Präzisierungen durch flankierende Bilder* (wie Erhöhung, Entrückung, Aufnahme in den Himmel, also in die Dimension Gottes) vorgenommen.

(Statt von „Auferstehung" kann man auch von geschenkter, dialogischer *„Unsterblichkeit"* sprechen: der Mensch ist deswegen unsterblich, weil Gott ihn nicht

---

[67] Die drei Erzählungen Mk 5,22f.35–43parr (die Tochter des Jairus schläft); Lk 7,11–17 (der Jüngling von Naim wird schon zu Grabe getragen); Joh 10,41–11,47 (Lazarus ist schon vier Tage tot und am Verwesen) machen Gottes Wirken durch Jesus von Jahrzehnt zu Jahrzehnt immer größer. Sie sollten *nicht historisierend* gelesen werden. Joh 10,41 und 11,47 spricht von einem *„Zeichen"*, das etwas aufblitzen lässt von der Lebensmacht Gottes in Jesus Christus, dem der Evangelist zuvor schon eines der Ich-bin-Worte in den Mund legt: „Ich bin die Auferstehung und das Leben, wer an mich glaubt, wird leben, auch wenn er stirbt" (Joh 11,25); die symbolische Erzählung will diese Aussage illustrieren.

ins Nichts fallen lässt, sondern mit ihm einen Dialog begonnen hat, den er seinerseits nicht mehr abbrechen wird.[68])

b) Bei der Auferstehung Jesu und der Toten geht es daher *nicht* um physische Wiederbelebung des Leichnams, auch nicht um einen Ortswechsel in eine ‚jenseitige' Welt ‚hinter' unserer Welt oder in ein Paralleluniversum (mit anderen Naturkonstanten), sondern um *Aufgenommen-Werden der Person in die radikal andere, transzendente, himmlische oder Ewigkeits-Dimension Gottes* (vgl. Röm 6,9f: „Christus, von den Toten auferstanden, stirbt nicht mehr, was er lebt, lebt er für Gott" und in Gott; Apg 13,34; Offb 1,18).

Wörter wie „Himmel" (heaven[69], nicht sky) oder „Ewigkeit" verweisen auf diese absolut andere Dimension, welche Raum und Zeit übersteigt, aber nicht von ihnen getrennt, sondern *überall verborgen gegenwärtig* ist. Das All ist nicht alles, da ist noch Wer, *mitten in allem*, dieses „Ich-bin-da".

Die Rede von Auferstehung Jesu und der Toten verlangt somit ein *erweitertes Verständnis der Wirklichkeit*. Sie bezeichnet ein ganz *reales Geschehen*, das sich aber – von seiner Seins-weise her – unserer sinnlichen Erfahrung und empirischen Feststellbarkeit entzieht.

Weil Auferstehung als Übergang in die transzendente Dimension Gottes *Ausstieg aus* unserer Raum-Zeit und Eingehen in ein nicht mehr physikalisch-biologisch zu fassendes ewig-endgültiges Leben bedeutet, deswegen ist Auferstehung *nicht* wieder ein *Vorkommnis in unserer Raum-Zeit*. Sie transzendiert die Naturzusammenhänge derart, dass sie diese *nicht außer Kraft* setzt oder in ihnen eine Lücke, ein leer gewordenes Grab, hinterlässt. (Eine im Grab Jesu aufgestellte Video-Kamera hätte nichts aufgenommen, es gibt keine Augenzeugen der Auferstehung.)

Die Auferstehung Jesu ist uns also *sinnlich entzogen – und doch wirklich*. Sie ist kein für uns sichtbares und historisch prüfbares Ereignis, in diesem Sinne kein „historisches" Ereignis. Prüfbar und Gegenstand von *historischer Untersuchung* kann nicht die Auferstehung Jesu selbst sein, sondern nur ihre Auswirkungen, vor allem die – von den Jüngern bezeugte – Manifestation in ihre Erfahrung hinein, also die von den Jüngern *bezeugten* Ostererfahrungen (die sog. Erscheinungen). Aus historisch-kritischer Distanz formuliert: Diese *Behauptungen* von Ostererfahrungen sind *historisch feststellbar*. Und *damals* zumindest konnte man die Jünger nach ihren Erfahrungen befragen, ein Paulus konnte sie befragen – und heute können *wir* Paulus aufgrund seines Selbstzeugnisses begrenzt nach seiner

---

[68] Siehe oben III.2d und unten V.2, sowie Martin *Luther*: „Mit wem Gott ein Gespräch angefangen hat, es sei in Zorn oder in Gnade, derselbe ist gewisslich unsterblich. ... Wir sind solche Kreaturen, mit denen Gott bis in Ewigkeit und unsterblicherweise reden wollte." (Weimarer Ausgabe Bd. 43, 481)
[69] Das englische „Our father *in heaven*" kann vom kosmischen sky-Himmel den religiösen heaven-Himmel unterscheiden: Der *heaven* ist *überall* gegenwärtig, nicht nur im *sky*, da zwar auch, vor allem aber hier und jetzt.

eigenen Erfahrung befragen. Es waren die grundlegenden Durchbruchserfahrungen des Anfangs.

Doch nach christlicher Überzeugung kann sich Gott – und der aus Gott lebendige Jesus – auch *heute* kundtun aus seiner all-gegenwärtigen Dimension heraus: kann uns Zeichen und Winke geben, uns anrufen, uns ergreifen, und kann, wo zwei oder drei in seinem Namen beisammen sind, mitten unter ihnen sein (Mt 18,20; Lk 24,29–32).

Der auferweckt-erhöhte Jesus ist *derselbe* wie der gekreuzigte Jesus (Symbol dafür: er trägt die Wundmale), aber er ist nun *anders* und ist *anders da* als der irdische Jesus: man kann ihn nicht handgreiflich berühren[70], ihn nicht fotografieren usw. Die Emmauserzählung gibt zu verstehen: Er geht schon längst *verborgen* mit uns, auch wenn wir´s nicht merken, doch in der Herrenmahlfeier, beim Hören der Schrift und beim Brechen des Brotes, kann es uns aufgehen, können wir von *ihm* so erfasst werden, dass einem „das Herz brennt" und man einstimmen kann in das urgemeindliche Bekenntnis: „Der Herr ist wirklich auferweckt" (Lk 24,34).[71]

4.2 Verwandelt-Werden in eine neue, unvergängliche Seinsweise

Die Sadduzäer verstanden Auferstehung der Toten so, als sollten frühere Verhältnisse vor dem Tod wiederhergestellt werden. Und eine so verstandene Auferstehung haben sie *mit Recht als undenkbar abgelehnt*. (Und wer heute eine solche Auferstehung nicht glauben kann, der hat einfach Recht.) Eine solche Auferstehung machten sie Jesus gegenüber lächerlich mit der Frage, wem denn dann eine Frau gehören solle, die nach dem Tod ihres Mannes der Reihe nach dessen sieben Brüder heiratete, die nacheinander auch alle starben. Doch Jesus korrigiert sie, denn er versteht Auferstehung *anders*[72]: „Wenn sie aus Toten aufstehen, heiraten sie nicht mehr, sondern sind *wie Engel in den Himmeln*" (Mk 12,24f). Die Metapher „wie Engel in den Himmeln" will sagen: in einer *ganz anderen Seinsweise in*

---

[70] Dagegen steht auch nicht die Erzählung Lk 24,36–41: die Jünger meinten, sie hätten es mit einem Geist/Gespenst zu tun; da nach griechischem Volksglauben Geister nicht essen konnten, bildet Lk eine Geschichte, wo er Jesus vor den Augen der Jünger ein Stück gebratenen Fisch essen lässt (d.h.: er ist es wirklich, kein Gespenst!), und korrigiert diesen derben Materialismus zugleich durch die vorige Emmauserzählung (er ist verborgen da, nicht handgreiflich!). Und in Joh 20,24–29 legt der ungläubige Thomas seine Hand nicht wirklich in die Wunde Jesu, es bleibt beim besprochenen Zeichen (erhellend Glenn W. *Most*, Der Finger in der Wunde. Die Geschichte des ungläubigen Thomas, München 2007, u.a. zu Caravaggios Gemälde: ein fleischiger Jesus mit Seitenwunde, Thomas schiebt seinen Finger hinein und guckt, ob´s geht, und die andern dahinter gucken auch, ob´s geht – künstlerisch großartig, theologisch verheerend). Genaueres bei *Kessler*, Was kommt, 167–172.
[71] Dazu die Analysen von Joachim *Wanke*, Die Emmauserzählung, Leipzig 1973.
[72] Ähnlich wie Pharisäer, die sagen konnten: die Auferstandenen „essen und trinken nicht mehr" (es gibt keine körperlichen Bedürfnisse mehr).

der Dimension Gottes; also transformiert, verwandelt. Explizit spricht dann Paulus davon, dass wir im Tod „*verwandelt werden*" (1 Kor 15,51f; Phil 3,21; 2 Kor 3,18).

Der Ausdruck „*Verwandlung*" bedarf der Erläuterung. Bisweilen wird nämlich zum Vergleich die Metamorphose der Raupe zum schönen Schmetterling herangezogen oder auch der Schock der Geburt aus dem Mutterleib. Doch diese Vergleiche können höchstens als über sich hinausweisende Gleichnisse dienen. Denn das Verwandelt-*Werden* in der Auferstehung meint etwas anderes als eine biologisch-genetisch angelegte, naturwüchsige Verwandlung; es ist erstens nicht in der menschlichen Natur angelegt, kommt daher nicht von selbst (ist ein Verwandelt-*Werden*), und es führt zweitens in eine völlig andere, transzendente Dimension und unvergängliche Seinsweise. Die Vorstellung vom Verwandelt-werden will die „in der Diskontinuität (Nichtidentität) gewahrte Kontinuität (Identität)" zum Ausdruck bringen.[73]

Gegen naive Vorstellungen, die den durch die Grenze des Todes gesetzten Bruch und die dadurch notwendige kategoriale Unterscheidung zwischen jetzigem prämortalen und erhofftem postmortalem Leben nicht zureichend realisieren, gilt es also zu bedenken: „Leibhaftige" Auferstehung kann vernünftigerweise nicht Restitution irgendeines früheren Zustands meinen, auch nicht Wiederaufbau des früheren Körpers durch absurdes Zusammen-holen seiner verstreuten Materie-Bestandteile (im Mittelalter öfters diskutiert am Kannibalenproblem), aber auch nicht einfach Verbesserung und Steigerung des jetzigen irdischen Lebens, also nicht dessen Top-Ausführung (wie in vielen Paradiesvorstellungen).

Vielmehr besagt Auferstehung etwas radikal Neues: den Ausstieg der Person „leibhaftig" (d.h. sie mit ihrer Geschichte und ihren Beziehungen) aus einer vergänglichen materiell-biologischen Lebensform (in der materiellen Welt) und ihr Eingehen in ein radikal andersartiges, unzerstörbares, unvergängliches Leben (in der transzendenten Dimension Gottes), in „ewiges" Leben (dazu unten 5.).

Und dabei, so gibt biblischer Glaube zu hoffen, werden nicht einfach die früheren Beziehungen der Person festgeschrieben (so dass die gescheiterten, zerstörten, verweigerten Beziehungen der Person bleiben, wie sie sind, und ihre un-eingeholten Möglichkeiten auch un-eingeholt bleiben). Es wird nicht das Frühere wiederhergestellt und festgeschrieben, vielmehr wird alles verwandelt: heil-gemacht, geläutert, zurecht-gebracht, „ge-richtet", erlöst, einer erfüllenden Vollendung zugeführt. Die Person wird ihrer zutiefst ersehnten, eigentlichen und wahren Identität zugeführt, ihrem wahren Selbst. Die Person mit ihrem konkreten Bezug zu sich und zu andern, mit ihrer konkreten Gestalt und Geschichte und allem, was sie unverwechselbar ausmacht, wird im Tod verwandelt, indem sie in die neue, unvergängliche Seinsweise der Dimension Gottes eingeht.[74]

---

[73] *Kessler*, Sucht den Lebenden, 332f.

[74] *Jesus Christus*, der in seinem irdischen Dasein und Sterben für alle offen war, aber diese Offenheit aufgrund seiner körperlichen Begrenztheit nicht allen Armen, Kranken, Sündern

5. Auferstehung erst „am Jüngsten Tag" oder bereits „im Tod"?

5.1 Zwei unterschiedliche Vorstellungsmodelle

(1) Die eine Vorstellung (Auferstehung am Jüngsten Tag) ist durch das apokalyptische Weltbild bedingt, wo man die *kollektive* Auferstehung der Toten für das nahe Weltende erwartet.

Paulus lebt in akuter Naherwartung des Endes. Daher kann er diese apokalyptische Vorstellung verwenden, muss sie nur (aufgrund der Ostererfahrung) zweifach modifizieren: Auferstehung (nicht auf eine neue Erde, sondern) in den Himmel Gottes hinein und Auferstehung Jesu als singulärer Auftakt der – nun zeitlich etwas gestreckten – kollektiven Totenauferstehung am Weltende.[75]

Gravierende Probleme treten erst auf, wenn man am apokalyptischen Schema (Auferstehung *am Weltende*) festhält und dieses Ende ausbleibt. Was dann? Ein Zwischen- und Warte-zustand für die einzelnen schon vorher Verstorbenen? Genau das wurde seit dem 2. Jahrhundert immer wieder angenommen (siehe b).

(2) Nun gibt es aber im Neuen Testament – auch bei Paulus – *neben* der apokalyptischen noch eine zweite Vorstellungsreihe, nach der die *einzelne* verstorbene Person *schon unmittelbar mit* dem Tod in das ewige Leben Gottes eingeht, ohne einen Zwischenzustand: „*Heute noch* wirst du *mit mir* im Paradiese sein", sagt der Gekreuzigte zum reumütigen Schächer (Lk 23,43; vgl. auch Lk 16,22). Oder Paulus, die drohende Hinrichtung vor Augen, hat Lust zu sterben und *ganz*, nicht „nackt", bei Christus zu sein (sagt er Phil 1,22–24 bzw. 2 Kor 5,1–8). Oder für das Johannesevangelium geschah die Erhöhung (Auferweckung) Jesu bereits am Kreuz[76], und wer Jesus nachfolgt, wird mit seinem Tod bei Christus sein im Leben Gottes (Joh 11,25; 12,23–26.32–33). Auf dieser Linie konnte die kirchliche Tradition zumindest für Märtyrer und andere privilegierte Personen (Patriarchen,

---

gegenüber konkret realisieren konnte, ist in seiner „*leibhaftigen*" *Auferstehung*, seinem neuen Leben in und aus Gott, auch faktisch entschränkt und grenzenlos allen zugewandt: gleichsam die ausgestreckte Hand Gottes (oder das Wort Gottes). Wer sie ergreift, wird Glied am „*Leib Christi*"(1 Kor 12,12–14; Röm 12,4–6). So können Christen vom ekklesialen Leib Christi und vom sakramentalen Leib Christi (also seiner personalen Gegenwart und im Zeichen sinnlich spürbaren Selbstgabe an die zum Herrenmahl Versammelten) sprechen.

[75] Jesus ist der „Erstling" oder „Erstgeborene von den Toten" (1Kor 15,20–23; Röm 8,29; Kol 1,18) – diese Redeweise funktioniert im apokalyptischen Weltbild. Man darf nichts Falsches aus ihr ableiten, als ob es vor der Auferstehung Jesu keine Auferstehung von Toten gegeben hätte! Vgl. dazu oben III.2.

[76] nicht erst zwei/drei Tage später (obwohl das Johannesevangelium mit seinen verschiedenen Schichten auch diese Redeweise aufnehmen kann). Vgl. auch Lk 23,43: „*heute noch* wirst du *mit mir* (!) im Paradies sein".

Apostel, Maria, den reumütigen Schächer) eine volle Auferstehung bereits mit ihrem Tod annehmen.

Wir haben also zwei Aussagereihen, die beide von derselben Sache (Erlangung des vollen ewigen Lebens der Person bei Gott) reden, aber mit unterschiedlicher Vorstellungswelt.

5.1.1 Zwischenzustand: die missglückte Synthese beider Vorstellungsmodelle

Sobald man diese beiden Vorstellungsmodelle als *Deskriptionen* des Jenseits verstand, gerieten sie in Widerspruch zueinander und riefen nach Ausgleich. Eine Lösung schien jene Anthropologie anzubieten, die den Menschen in *zwei Substanzen* aufteilte: Der Tod wird nun vorgestellt als Trennung des Körpers, der zerfällt, und der unsterblichen Seele, die vor Gott gelangt, aber leiblos-nackt bleibt und in einem Zwischenzustand warten muss bis zum Jüngsten Tag, wo sie dann – nach der Auferweckung nur der „Körper" – wieder mit ihrem materiellen Körper vereinigt wird.

Solche Ideen tauchen seit etwa 100 n.Chr. auf (in jüdischen Apokalypsen wie Liber Antiquitatum Biblicarum und 4. Esrabuch[77], um 95 im christlichen Klemensbrief 50,3 und dann seit 150 bei Justin, Irenäus, Tertullian und vielen Späteren). Sie werden über die Konfessionsgrenzen hinweg zum Standardmodell und finden sich auch noch im sog. Katechismus der Katholischen Kirche von 1993 (Nr. 997)[78].

Was war geschehen? Aufschlussreich ist die Formulierung Tertullians, Platoniker und Gnostiker würden nur „eine halbe Auferstehung, nämlich die der Seele allein" anerkennen, „zur Vollständigkeit der Auferstehung" fehle ihnen die andere „Hälfte", die „resurrectio carnis"[79]. Diese meinte man nun ergänzen zu müssen. Also ein geteilter Vorgang mit zwei Hälften, die man zeitlich aneinanderreihte: das zu-Gott-Gelangen allein der unsterblichen Seele im Tod und – nach einem Wartezustand der Seele – die „Hinzufügung des Fleisches" (Irenäus)[80] am Jüngsten Tag.[81]

---

[77] Belegtexte zum Folgenden bei Hans *Kessler*, Die Auferstehung Jesu Christi und unsere Auferstehung, in: Josef *Pfammatter* und Eduard *Christen* (Hg.), Hoffnung über den Tod hinaus, Zürich 1990, 65–94, hier 78f. sowie 82–86.

[78] Dieser ist ein Werk des Ratzinger-Schülers Christoph von Schönborn, von Kardinal Ratzinger in Kraft gesetzt, aber weltweit von katholischen Theologen massiv öffentlich kritisiert, z.B. auch von dem Ratzinger-Schüler Hans-Jürgen *Verweyen* (Der Weltkatechismus, 1994).

[79] *Tertullian*, De resurrectione 2; 25; 34.

[80] *Irenäus*, Adv. haer. V 6,1; ähnlich *Justin*, Apol. I 18, und andere.

[81] Dabei verkannte man die biblische Rede vom „*Fleisch*": „alles Fleisch" (hebr. qol basár) bedeutet: alle endlichen, sterblichen Geschöpfe; „das Wort ist Fleisch geworden" bedeutet: es ist ein endlicher, sterblicher Mensch geworden. Deswegen ist der Ausdruck „Auferstehung des Fleisches" im ökumenischen Credo mit Recht durch „Auferstehung der Toten" ersetzt worden.

Im Mittelalter dachte man den hinzuzufügenden anderen „Teil" bisweilen massiv-physizistisch als materielle Identität von Erdenleib und Auferstehungsleib: „Auferstehung desselben Fleisches, das ich jetzt trage" (so ein Brief Papst Leos IX von 1053; DH[82] 684) – nicht gerade hoffnungsvoll z.B. für behindert Geborene.

Andererseits lehrte 1336 Papst Benedikt XII. in seiner Konstitution Benedictus Deus (DH 1000), dass die bis zum Jüngsten Tag leiblos-nackte anima separata schon „wahrhaft glückselig" sein und „das ewige Leben haben" könne. Schleierhaft, was dann die spätere Hinzufügung des auferweckten Körpers noch substantiell Neues bringen soll. Sie ist überflüssig geworden.

Diese Konzeption eines Zwischenzustands der leiblosen Seele ist ein missglücktes Vorstellungsmodell, sagte Karl Rahner.[83] Es stößt auf gedankliche Schwierigkeiten, die in der klassischen Theologie nie ganz unterdrückt werden konnten. Ich erwähne nur zwei.

Zum einen das Problem einer „anima separata", die es nach Thomas von Aquin eigentlich gar nicht geben kann: Sie wäre „contra naturam animae"[84]; Person-Sein, Mensch-Sein, Ich-Bewusstsein mit Beziehungen kämen einer nackten Seele nicht zu („anima separata non est persona"[85], „anima non est ego"[86]); „wenn daher die Seele im anderen Leben das Heil erlangte, wäre dennoch nicht ich oder ein Mensch im Heil"[87] (so Thomas von Aquin).

Zum andern das Problem einer „Zeit" „nach" dem Tod: Ist der Tod für den Gestorbenen nicht Ausstieg aus der uns geläufigen, in ein Nacheinander der Momente zerfallenden Zeit und Eintreten in die transzendente Ewigkeitsdimension Gottes? Ein Nacheinander und Warten auf noch Ausstehendes gibt es gewiss für uns, die wir noch im Zeitfluss sind, also in unserer Hinterbliebenenperspektive. Aber darf man ein Nacheinander und Warten auf noch Ausstehendes auch ins ‚Jenseits' der Todesgrenze projizieren und in Gottes Ewigkeit eintragen?[88]

---

[82] DH = *Denzinger*, H./ *Hünermann*, P. (Hrsg.): Kompendium der Glaubensbekenntnisse und kirchlichen Lehrentscheidungen. Freiburg/ Basel/ Rom/ Wien 37. Auflage 1991.

[83] Karl *Rahner*, Über den „Zwischenzustand" (1975), 455.458.

[84] Thomas *von Aquin*, ScG IV,79.

[85] Ders., De pot. 9,2 ad 14; vgl. STh I 29, 1 ad 5; 75,4 ad 2.

[86] Ders., Ep. I ad Cor. 15,2, n.924.

[87] Ebd.

[88] Das tut allerdings eine naive Vorstellung, welche Gott und die Verstorbenen auf einer höheren Ebene parallel zu unserer Zeitebene (ebenfalls in einem Nacheinander und Warten-müssen) mitlaufen lässt. Hilfreicher wäre eine andere *Bildvorstellung: Ein Halbkreis über einem Mittelpunkt*. Auf dem Halbkreis (mit Anfang, Höhepunkt und Ende) lägen all die zahllosen Zeitpunkte der Welt-, Menschheits-, Lebensgeschichte, sie befänden sich alle in einer Äquidistanz zum Mittelpunkt, der nun die Ewigkeit symbolisiert. Vgl. dazu Ulrich *Lüke*, Auferstehung, 242f. Natürlich ist auch dies ein Bild-Vergleich, der hinkt: Gottes Ewigkeit darf ja nicht als Punkt gedacht werden, als Stillstand und Starre, sondern meint Lebensfülle. Siehe unten V.

5.1.2 Ganztod und Neuerschaffung am Weltende: eine fragwürdige Theorie

Seit Beginn des 20. Jahrhunderts nehmen manche protestantischen Theologen, die das dualistische Vorstellungsmodell (der leiblos bis zum Weltende wartenden Seele) mit Recht als unbiblisch ablehnen, stattdessen einen Ganztod an: Im Tod sterbe der *ganze* Mensch mit Leib und Seele, und nach mehr oder weniger langer Zwischenzeit werde am Ende der Zeiten der ganze Mensch von Gott aus nichts neu geschaffen.[89]

Doch wäre dieser von Gott nochmals neu geschaffene Mensch überhaupt noch *derselbe* Mensch, der gestorben ist, oder nicht vielmehr nur eine ihm qualitativ *gleiche Kopie*, ein Doppelgänger? Die *qualitativ*-identische Rekonstruktion hätte (selbst wenn sie alle Eigenschaften der gestorbenen Person besäße) eine andere Ich-Perspektive, sie wäre ein *numerisch anderes* Bewusstseinssubjekt mit anderen Beziehungen.

Die Ganztodtheorie geht von einer heute allzu selbstverständlichen Voraussetzung aus: „Wenn der Mensch keine von seinem Körper abtrennbare Seele besitzt, dann wird man davon ausgehen müssen, dass er beim Tod ganz und gar zugrunde geht."[90] Für die Annahme einer Seelensubstanz gebe es „keine empirische Rechtfertigung"[91]. Doch diese Voraussetzung ist zu bestreiten. Denn genau für ein vom Körper/Gehirn ablösbares Wahrnehmungssystem (einen immateriellen Personkern oder eine Seele) sprechen *empirisch überprüfbare* Momente bei Außer-Körper-Erfahrungen (das wurde oben 2.2 dargelegt).[92]

Eine Version der Ganztodtheorie vermeidet die Annahme einer Neuschaffung aus nichts und sieht die den Tod übergreifende personale Identität des Menschen sichergestellt durch die überdauernde „göttliche Erinnerung", in welcher der gestorbene Mensch „weiterlebt". „Das Gedächtnis Gottes ... stellt sicher, dass am Jüngsten Tag die *Toten* auferweckt und nicht stattdessen neue Personen geschaffen werden."[93]

Damit freilich ergeben sich neue Probleme: Was soll das für ein Gedächtnis Gottes sein, in dem die *Toten* „weiterleben" und doch bis zum Jüngsten Tag *warten* müssen, also nicht sofort das Auferstehungsleben „leben"? Wenn der Mensch „beim Tod ganz und gar zugrunde geht", was soll dann Weiterleben in der „göttlichen Erinnerung" heißen? Ist in der Bibel das Gedenken Gottes nicht – anders als unser geschöpfliches Gedenken – ein ganz und gar *kreatives*, nicht bloß ein die Zeiten überbrückendes? Und wird hier nicht erneut Zeit und Materialität, ein Nacheinander und Warten auf zeitdiesseitig noch Ausstehendes (nämlich auf den

---

[89] So etwa Eberhard *Jüngel*, Tod, Stuttgart 1971, oder Friedrich *Hermanni*, Metaphysik. Versuche über letzte Fragen, Tübingen 2012, 176–179. 184–190.
[90] So *Hermanni*, Metaphysik 178.
[91] Ebd. 177.
[92] Ausführlich dazu *Kessler*, Was kommt, 44–87; *Ewald*, Auf den Spuren der Nahtoderfahrungen (³2012); *Kuhn*, Out-of-body (2012).
[93] *Hermanni*, ebd. 189.

Jüngsten Tag) ins Jenseits der Todesgrenze projiziert und in Gottes Ewigkeit eingetragen? Die oben (in 4b) erwähnten Widersprüche kehren zurück.

5.2 Auferstehung im Tod: ein widerspruchsfreies Denkmodell

Die erwähnten Widersprüche entfallen, wenn man – mit Karl Rahner und vielen anderen – auf die zweite neutestamentliche Aussagenreihe zurückgreift („*heute noch* wirst du mit *mir* im Paradiese sein") und ein anderes *Denkmodell* wählt: Auferstehung *im* Tod.[94]

Die kirchliche Tradition hatte ja daran festgehalten, dass für bestimmte Menschen (den Schächer, Maria, die Märtyrer usw.) die volle Auferstehung und ewige Seligkeit bereits mit ihrem Tod eingetreten sei. Wenn aber, so hat Rahner gefragt, *prinzipiell* eine (aus der zeitlichen Hinterbliebenen-Sicht) sofortige Auferstehung im Tod möglich ist, warum soll dies dann nur für ein paar Ausnahme- und Sonderfälle gelten? Warum sollen alle übrigen Verstorbenen in einem Zwischenzustand, der voller Denkwidersprüche ist,[95] bis zum Weltende *warten* müssen? Das sei kaum zu begründen. Von den biblischen Grundlagen her wie aus systematischen Gründen leuchte viel eher ein, dass die Auferstehung für *jeden* Menschen *in seinem persönlichen Tod* sich ereigne.[96]

„Du kannst nicht tiefer fallen als nur in Gottes Hand"[97], können Glaubende sagen. Wir sterben in Gott hinein, und auferstehen in ihm. Gott, der Christus von den Toten erweckt hat, wird auch euch[98] im Tod lebendig machen „durch seinen *Geist*, der *schon in euch wohnt*", schreibt Paulus (in Röm 8,11). Gottes Geist, d.h. Gott in uns (als Angebot, auf das wir uns einlassen dürfen), Gott ist gegenwärtig, auch in unserm Sterben und Tod: Er ist es, der die Person *in ihrem Tod* nicht ins Nichts fallen lässt, sondern sie auffängt, „festhält" und „aufnimmt" in seine Dimension (wie Ps 63,9 sagt).

So gesehen werden die Verstorbenen unmittelbar mit dem Tod in die Ewigkeits-Dimension Gottes aufgenommen und damit in eine dieser entsprechende *im*materielle, *un*vergängliche Seinsweise verwandelt. Und dies gerade nicht als gestaltlos-nackte Seele, sondern gleichsam *„leibhaftig"*, d.h. sie höchst-persönlich *mit ihrer ureigenen Gestalt und Geschichte, mit ihren (heilungsbedürftigen) Beziehungen* zu sich selbst, zu andern, zur Welt, zu Gott. Dies kann die Rede von Leib und Leiblichkeit im Auferstehungskontext besagen.

---

[94] Vgl. z.B. Gisbert *Greshake*, Auferstehung im Tod. Ein „parteiischer" Rückblick auf eine theologische Diskussion, in: ThPh 73 (1998), 538–557.
[95] Ich füge hinzu: „oder im Gedächtnis Gottes" *warten* müssen.
[96] Vgl. hierzu von Kar*l Rahner* vor allem: Über den „Zwischenzustand" (1975), 456.462.
[97] So beginnt Arno *Pötzsch* 1941 ein Lied, zu finden im Evangelischen Gesangbuch Nr. 533.
[98] Wörtlich „eure sterblichen Leiber (sómata)": sóma bedeutet bei Paulus die *Person mit ihren Beziehungen*! Und sóma pneumatikón (1 Kor 15,44) meint die in all ihren Beziehungen vom Pneuma Gottes und Christi geprägte (und dann im Tod in unverwesliche Herrlichkeit aufgenommene) Person. S.o.III.4 .

Das Denkmodell „Auferstehung im Tod" macht eine Synthese möglich:
Wenn der Tod Ausstieg aus der uns geläufigen Raum-Zeit und Eingehen in die allgegenwärtige Ewigkeit Gottes bedeutet, dann wäre die *Alternative* „entweder Auferstehung im Tod oder Auferstehung am Jüngsten Tag" *hinfällig*. Denn was man herkömmlicherweise zeitseitig „Jüngsten Tag" nennt (Wiederkunft Christi, Gericht, Vollendung), das würde für jeden Menschen *in* seinem Tod unmittelbare Realität (in meinem Tod erlebe ich den wiederkommenden Christus, das Gericht, die Verwandlung).

Was hier zu denken wäre, lässt sich freilich *nur in Paradoxen* andeuten: Einerseits wären unsere Raum-Zeit-Kategorien (mit Auseinanderfall von Hier und Dort, Früher und Später) zu übersteigen, andererseits wäre aber auch nicht Zusammenfall in einem Punkt zu denken (das wäre ja wieder raum-zeitlich), also gerade nicht differenzlose All-Einheit, spannungsloser Stillstand und Starre (das Ende aller Möglichkeiten), sondern *Lebendigkeit* Gottes und ewiges Leben, ein (irgendwie prozessuales) Beziehungsgeschehen voll unbeschreiblicher Überraschungen und Möglichkeiten. Sobald man freilich von diesem Unbeschreiblichen sprechen will, gerät man unwillkürlich wieder in raum-zeit-verhaftete Bilder und Gleichnisse, in „Meta-phern", die uns „hinüber-tragen" sollen in das Unsagbare.[99]

6. Was könnte ewiges Leben, Gericht und Versöhnung bedeuten?

6.1 Zu den Begriffen Ewigkeit und ewiges Leben

Der philosophische und religiöse Begriff von *Ewigkeit* ist kein Zeitbegriff (nicht quantitativ endlose Dauer), sondern ein Qualitätsbegriff. Der antike Philosoph Boethius (480–524), Berater am Hof des Ostgotenkönigs Theoderich in Ravenna und dann aufgrund falscher Beschuldigungen (Hochverrat, Verbindung mit Ostrom) in Ungnade gefallen, schrieb kurz vor seiner Hinrichtung 524 im Kerker: „Ewigkeit ist der völlige und zugleich vollkommene Besitz unbegrenzbaren Lebens, wie aus dem Vergleich mit dem Zeitlichen noch klarer erhellt."[100]

Boethius unterschied nämlich zwischen aeternum und perpetuum: *perpetuum* ist die unechte oder schlechte Ewigkeit, die endlose Dauer mit ständigem Werden und Vergehen; solch unechte, schlechte Ewigkeit, sagt er, mag vielleicht dem zeitlich anfanglosen und endlosen Kosmos zukommen. Aber *aeternum*, der „völlige und zugleich vollkommene Besitz unbegrenzbaren Lebens": solch echte Ewigkeit kommt allein Gott (dem Ewigen) zu.

---

[99] Dazu *Kessler*, Was kommt, 198–202 sowie 229–237 und 246–260.
[100] *Boethius*, De consolatione philosophiae (Vom Trost der Philosophie) V,6: aeternitas igitur est interminabilis vitae tota simul et perfecta possessio, quod ex collatione temporalium clarius liquet.

Das Neue Testament hatte gesagt: Einzig „ihm allein" (1 Tim 6,16) kommt „Unvergänglichkeit", „Unverweslichkeit", „unsterbliche Lebendigkeit" zu (1 Kor 15,42–54; Röm 1,23; 1 Tim 1,17).

Ewiges Leben könnte folglich nur darin bestehen, dass wir endlichen, vergänglichen Geschöpfe an Gottes unvergänglicher Lebendigkeit Anteil bekommen.[101] Geschenkte, relative, „mitgeteilte Ewigkeit, die in der Teilnahme an der wesentlichen Ewigkeit Gottes besteht"[102]. Ewiges Leben wäre dann nicht endlose Monotonie, sondern „Leben in Fülle" (Joh 10,10), voll ungeahnter Möglichkeiten und freudiger Überraschungen, in einer all-umfassenden familia dei. Glückseligkeit (beatitudo), sagte die christliche Tradition. Augustinus konnte formulieren: „Wir werden uns erfreuen an Gott und aneinander in Gott". [103]

6.2 Zu den Fragen nach einem Gericht und einer Versöhnung

Was aber, *wenn ein Mensch nicht will,* wenn er sich den andern und Gott bis zuletzt verweigert? Dann hätte Gott, der nach dem NT das Verlorene sucht (Lk 15) und „will, dass alle gerettet werden" (1 Tim 2,4), *einen* Menschen definitiv verloren, und das wäre für ihn wie eine Niederlage und ein bleibender Schmerz. Es wäre ‚die Hölle' für Gott – *und* für die familia dei.

Gibt es eine ewige Verweigerung? Und eine ewige Verdammnis? Wer an Jesus und seinem Evangelium von Gott festhält, kann nur *hoffen* (nicht wissen!), dass es Gott gelingt, am Ende doch noch jeden zu gewinnen und zu verwandeln. Dass also – bildlich gesprochen – die Hölle leer bleibt und dennoch *Gerechtigkeit* im Gericht hergestellt wird.

Oder sollen wir nicht zur Rechenschaft gezogen werden? Und sollen die Schurken sich einfach aus der Weltgeschichte ins Nichts wegstehlen dürfen? Die humane Vernunft *fordert*[104] und der jüdische wie der christliche Glaube *hofft*, dass es – um der Opfer von Lüge, Unrecht, Gewalt willen – ein *Gericht* und Gerechtigkeit gibt. Aber muss das wirklich Rache, Vergeltung, Verdammnis bedeuten? Oder müsste man nicht etwas anderes annehmen, wenn Gott, wie Jesus ihn bezeugt[105], der Richter wäre? Müsste dann *sein* Richten nicht ein *Richtig-machen* bedeuten? Ein *Auf*-Richten und ein *Zurecht*-Richten:

---

[101] Das Problem bleibt, dass wir das nicht denken und davon nicht sprechen können, ohne sofort wieder in zeitliche Vorstellungen zu geraten.
[102] So Jürgen *Moltmann*, Der Weg Jesu Christi, München 1989, 354.
[103] *Augustinus*, De civitate Dei XIX 13,17: frui deo et invicem in deo.
[104] Für den Berliner Philosophen Holm *Tetens* (jahrzehntelang Atheist) ist einer der stärksten Gründe für den Gottesgedanken die Hoffnung auf Erlösung und auf Gerechtigkeit für die Opfer der Weltgeschichte: Holm *Tetens*, Gott denken. Ein Versuch über rationale Theologie (2015).
[105] Oder wie ihn auch Hosea 11,8f; Jes 53 bezeugen und Gipfelerfahrungen mancher Religionen ahnen.

Gott *richtet* die Erniedrigten *auf*, gibt ihnen ihr Recht und ihre Würde zurück, heilt ihre Wunden (das wäre befreiend für sie), *und* Gott nagelt die Übeltäter nicht auf ihre unverzeihliche Schuld fest, sondern *richtet* sie *zurecht* (das kann nur ein einschneidender Wandlungsprozess für sie sein, geht es doch um Herauslösung aus der Verkrümmung in sich selbst und der Verachtung anderer).

Also *keine Verharmlosung* der großen Menschheitsverbrechen, keine großzügige Vergebung *ohne* Umkehr der Täter. Nur dann, wenn die Täter *anders* geworden sind, wenn sie sich ihrer Schuld stellen, deren Folgen für die Opfer selbst schmerzlich fühlen und voll tiefer Scham und Reue, von innen heraus nach Vergebung schreiend, sich ihren Opfern zukehren, nur dann kann es für ihre Opfer überhaupt möglich werden, ihnen die Hand der Aussöhnung zu reichen. (Und über die Opfer hinweg, ohne *ihre* Bereitschaft zur Versöhnung, kann letztlich auch Gott sich nicht mit den Tätern versöhnen, da hat Dostojewskijs Iwan Karamasow völlig Recht.) Nur wenn im Täter wirklich eine Wandlung passiert ist, er selbst nicht noch immer ‚der alte' ist, sondern sich zutiefst verändert hat, nur dann kann es Versöhnung geben.

Dürfen wir das überhaupt zu hoffen wagen: die Rettung und Versöhnung *aller*? Andererseits: Mit *weniger* kann die Hoffnung auf den Gott Jesu sich nicht zufriedengeben! Wie aber soll das möglich werden? Hierzu ein gewagter Denkversuch (der nicht ohne zeitliche Vorstellungen auskommt):

Wenn im Sterben und Tod Gott uns nicht mehr verstellt durch schiefe Bilder und schlechte Vorbilder, sondern *so* begegnet, wie er (nach dem Zeugnis Jesu) wirklich ist: pure Güte, Barmherzigkeit, Liebe – ohne finsteres Hintergesicht; wenn wir Gott *so* erfahren, wird es uns allen (auch dem schlimmsten Verbrecher) dann nicht wie Schuppen von den Augen fallen? Merke ich dann im Licht dieser Güte urplötzlich, was an mir dieser Güte nicht entspricht, aber auch, was ihr entsprochen hat? So dass ich mich ehrlich mit der Wahrheit meines Lebens konfrontiere (mit meinen Abgründen und dem Negativen genauso wie mit dem Guten, das von mir ausging, vielleicht ohne dass ich es wusste)? Dann könnte ich mich nur in das Erbarmen Gottes (und der Anderen) hineinfallen lassen.

Und zugleich könnte sich eine neue, endgültige Chance auftun. Denn in der endgültigen Begegnung mit Gott heißt es womöglich nicht: Du hast Zeit genug gehabt, jetzt ist es zu spät. Bei uns Menschen gibt es ein Zu-Spät. Aber bei Gott? Selbst im Ende könnte sich noch eine radikale Wandlung ereignen. Allerdings würde das dann nicht bloß so nebenbei passieren, sozusagen mit einer leichten Flanke (*keine „billige Gnade"*, die uns nachgeworfen wird), sondern es wäre wohl ein äußerst schmerzhafter, vielleicht fürchterlicher Prozess (wie eine Strafe und Befreiung zugleich?), wenn der verstockte Mensch endlich die Güte Gottes an sich *heran*lassen und d.h. sich von vielem trennen soll, was in seinem Leben mit ihm zusammengewachsen und fast gar zu seiner zweiten Natur geworden ist.

Im jetzigen Leben geht es ja um allmähliche Reifung weg von unserer Egozentrik hin zu einer Güte, die sich für andere öffnet. Und was wir diesbezüglich hier und jetzt versäumen, werden wir möglicherweise später nachzuholen haben

118 Hans Kessler

– im Prozess der Begegnung mit Gott, umfangen, berührt, (aus unseren Verhärtungen) ‚aufgetaut' von seinem Wohlwollen, das uns erreicht und verwandelt. Wir müssten uns nur annehmen *lassen* und die Tür von innen öffnen (nicht zuhalten). Ist ein solches letztes Ge-wandelt-werden im Tode denkbar, ohne im jetzigen Leben vor dem Tod als gefährlicher Freibrief für kaltlächelnden Egoismus missbraucht zu werden?

Ich fragte: Was ist, wenn ein Mensch *nicht will*, wenn er der Güte Gottes, die alle erreichen möchte, sich bis in sein Sterben hinein verweigert? Dazu eine gewagte Hoffnung, wieder in Form einer *Frage*: Wenn wir im Tod dieser Güte begegnen, wie sie ist, lautere Liebe – ob sich ihr dann überhaupt noch ein Mensch verweigern *will*, oder ob er nicht, entwaffnet von der unverstellten puren Liebe, sagt: ich *kann* gar nicht anders als tief beschämt umkehren und zurücklieben, aber ich *will* auch gar nicht mehr anders? Ich – von Gottes Liebe zu meiner wahren Freiheit befreit – ich *will* gar nicht mehr anders.

Eine offene Frage. Kein Wissen. Eine gewagte Hoffnung (extrapoliert aus der Gottesbotschaft Jesu). Nicht ohne Zweifel.

7. Schluss

„Seid nicht so sicher!"[106] „Vielleicht ist alles anders"[107]. Aber vielleicht ist ja doch jener „Ich-bin-da", der hoffen macht, also: „Vielleicht ist irgendwo Tag"[108].

Ich danke Klaus Böhmer für die Einladung zu diesem Projekt, das ihm so sehr am Herzen lag, Ulrich Lüke für die Vermittlung, Bernold Fiedler für die sorgfältige Lektüre meines Beitrags und seine hilfreichen Randnotizen. Nach Fertigstellung des vorliegenden Beitrags habe ich zum Thema noch folgendes Buch publiziert: Auferstehung? Der Weg Jesu, das Kreuz und der Osterglaube, Matthias Grünewald-Verlag Ostfildern 2021, 7. Auflage 2022.

---

[106] So empfiehlt Marie-Luise *Kaschnitz*, Seid nicht so sicher! Geschichten, Gedichte, Gedanken, Gütersloh 1979.
[107] So mein Philosophielehrer an der Tübinger katholisch-theologischen Fakultät: Joseph *Möller*, Vielleicht ist alles anders. Gedanken eines gläubigen Skeptikers, Mainz 1962.
[108] Fridolin *Stier*, Vielleicht ist irgendwo Tag. Aufzeichnungen und Erfahrungen eines großen Denkers, Freiburg 1982. Mit dem inspirierenden Alttestamentler Fridolin Stier (1902–1981) hat unsere Studentengruppe abends in seiner Wohnung die Elija-Geschichten gelesen und 1961 eine denkwürdige Israel-Reise unternommen.

Michael Welker

Auferstehung, geistiger und geistlicher Leib

Für den gesunden Menschenverstand, aber auch für wissenschaftliches Denken ist kaum ein Inhalt des christlichen Glaubens so schwer zugänglich wie gerade die Auferstehung. Sprechen die biblischen Auferstehungsgeschichten von mehr als von Visionen und Wunschvorstellungen der Jünger Jesu? Ist die Rede von der Auferstehung Jesu und die Rede von einer allgemeinen Auferstehung der Toten nicht Ausdruck reiner Illusion?[1]

1. Die Subtilität der biblischen Auferstehungszeugnisse

Wenn wir uns der Wirklichkeit der Auferstehung exegetisch, historisch und systematisch annähern wollen, dann müssen wir zunächst die biblischen Zeugnisse von der Auferstehung Jesu genau lesen. Wir müssen einen Stolperstein für den Glauben an die Auferstehung aus dem Wege räumen, nämlich die Gleichsetzung von Auferstehung und physischer Wiederbelebung. An dieser Gleichsetzung von Auferstehung und physischer Wiederbelebung hält der religiöse Fundamentalismus fest, weil er gerade so das wunderbare Eingreifen Gottes in unsere Welt erfassen will. Die Menschen haben Jesus getötet – Gott aber erweckt ihn wieder zum physischen Leben. Ein „guter Christ" muss dies glauben. Genau an dieser Vorstellung nimmt aber ein realistisches und aufgeklärtes Denken mit Recht schwersten Anstoß: Der Glaube an die Auferstehung hat ein gestörtes Verhältnis zu Wirklichkeit und Wahrheit. Tote Menschen werden nicht wieder physisch lebendig.

Doch die biblischen Zeugnisse sind viel subtiler und eröffnen eine viel tiefere Hoffnung, als es eine auf bloße physische Wiederbelebung ausgerichtete Hoffnung wäre.[2] Sie sprechen einerseits vom leeren Grab, das aber für sich genommen noch

---

[1] Rüdiger Bittner, Andreas Kemmerling und Ulrike Welker danke ich für sehr fruchtbare kritische Auseinandersetzungen mit zwei Vorformen dieses Beitrags.
[2] In diesem Absatz nehme ich Gedanken auf aus: *Michael Welker*, Was geht vor beim Abendmahl?, Gütersloh, 52014, 19ff; *ders.*, Gottes Offenbarung. Christologie, Neukirchen-Vluyn: Neukirchener Verlag, 32016, 99ff.

keinen Glauben an die Auferstehung auslöst. Denn möglicherweise ist die Leiche gestohlen worden (Mt 28,11–15; Joh 20,2). Auch Engelerscheinungen reichen offensichtlich nicht aus, „Schrecken und Entsetzen" unter Jesu Anhängern zu überwinden (Mk 16) oder den Verdacht der Apostel auszuräumen, alles sei nur ein „Geschwätz der Frauen" (Lk 24,11). Das leere Grab für sich gibt noch keine Botschaft von der Auferstehung. Es sagt aber immerhin: Der vorösterliche Jesus ist nicht mehr hier, er ist, auf welche Weise auch immer, empirisch entzogen.

Klar gegen eine physische Wiederbelebung sprechen die dramatischen Lichterscheinungen, verbunden mit einer Audition, in denen sich der Auferstandene dem Paulus offenbart, was vorübergehend zu dessen Erblindung führt (Apostelgeschichte 9; 22; 26). Allein Lukas (24, 39–43) bietet einige Zeilen, die für eine physische Wiederbelebung des vorösterlichen Jesus sprechen könnten, obwohl der Auferstandene nach Lukas kurz danach in den Himmel entrückt wird. In der fraglichen Stelle sagt der Auferstandene: „Kein Geist hat Fleisch und Knochen, wie ihr es bei mir seht!", und er isst vor ihren Augen ein Stück gebratenen Fisch. Wer diese Stelle isoliert, steckt in der Wiederbelebungsfalle. Doch an keiner Stelle der Bibel sagt ein Zeuge oder eine Zeugin der Auferstehung: „Wie gut, dass du wieder da bist, Jesus! Es tut mir leid, dass ich dich nicht gleich erkannt habe." An keiner Stelle lebt der Auferstandene wieder so mit den Jüngern oder anderen Mitmenschen zusammen wie der vorösterliche Jesus. Die Zeugen reagieren vielmehr auf eine Gottesoffenbarung, auf eine Theophanie. Sie fallen zu Boden (Mt 28, 9 und 17), vollziehen die Proskynese. Der „ungläubige Thomas" sagt: „Mein Herr und mein Gott!" (Joh 20,28) Zugleich betonen die biblischen Zeugnisse wiederholt: „Einige aber zweifelten" (z.B. Mt 28,17).

Die Auferstehungszeugnisse der Bibel stellen uns also, von den wenigen Zeilen bei Lukas abgesehen, in eine komplizierte Spannungslage hinein: Der nachösterliche Jesus begegnet in einer Weise, die in Details mit einer physischen Wiederbelebung verwechselt werden kann. Sie machen damit deutlich: Das Leben des Auferstandenen steht in *Kontinuität* mit seinem vorösterlichen Leben, auch wenn es von neuer Gestalt und neuer Qualität ist. Indem sie immer wieder betonen: Der Auferstandene wird von seinen Zeuginnen und Zeugen *nicht* gleich erkannt, er tritt zu ihnen durch verschlossene Türen, er verschwindet vor ihren Augen wie eine bloße Erscheinung, unterstreichen sie aber auch die *Diskontinuität* zu seinem vorösterlichen Leben.

Besonders eindrücklich wird diese Spannung von Sinnfälligkeit und Erscheinung in der bekannten Emmaus-Geschichte (Lk 24, 13–35) hervorgehoben, die sich im Lukasevangelium (vor der aus dem Rahmen fallenden Fischverspeisung) findet. Die Jünger erkennen auf ihrem Weg nach Emmaus den Auferstandenen, der mit ihnen geht, *nicht*. Als er bei Tisch den Lobpreis spricht und das Brot bricht, „werden ihre Augen geöffnet". Doch schon im nächsten Vers heißt es: „Und er verschwand vor ihren Augen." Statt sich nun über eine gespenstische Erscheinung zu beklagen, erinnern sich die Jünger an ein Ereignis, das ihnen aber noch nicht zur Offenbarung der Auferstehung geworden war: „Brannte nicht das Herz in uns, als er unterwegs mit uns redete und uns den Sinn der Schrift erschloss?!" Und dann verkünden sie die Auferstehung.

Brotbrechen — Friedensgruß — Erschließen der Schrift, aber auch Taufbefehl und missionarische Sendung — in einer Reihe von Ereignissen, die von der frühen Christenheit an bis in unsere Tage hinein zentral sind für das Leben des christlichen Glaubens und die Gestaltung gottesdienstlicher Vollzüge, vergegenwärtigt sich der auferstandene Christus, zieht Menschen in sein Leben hinein und gewinnt Anteil an ihrem Leben. Paulus spricht davon, dass die Auferstehung in einem geistigen und geistlichen Leib (*soma pneumatikon*, 1Kor 15,44) erfolgt — sowohl für Jesus von Nazareth als auch für die erlöste Menschheit. Können wir uns die Wirklichkeit des geistigen und geistlichen Leibes erfahrungsbezogen erschließen?

2. Multimodale Sinnlichkeit als rudimentäre Form des Geistes

Wenn wir die Tiefen und die Fülle des menschlichen Geistes erforschen wollen, dürfen wir nicht mit unserem versprachlichten oder doch versprachlichbaren aktiven Denken mit der begrifflichen Differenziertheit seiner Operationen und Gegenstandsbezüge ansetzen. Wir müssen auch hinter mentalistische und rationalitätsorientierte Ansätze zurückgehen, wie sie in vorzüglicher Weise Aristoteles in seiner großartigen Metaphysik bietet. Der menschliche Geist in Gestalt der menschlichen Vernunft und des menschlichen Denkens wird dort ganz wesentlich und primär als selbstbezügliche und welterschließende Intelligenz verstanden. Der Geist, so heißt es, sei die Kraft, sich gedanklich auf das Denken zu beziehen, indem er sich „auf anderes" (Gegenstände, Umgebungen, Situationen) bezieht. Der menschliche Geist ist die Kraft, jede geistige Höherentwicklung an der Vervollkommnung der Erkenntnis und Selbsterkenntnis, der Verbesserung der eigenen intellektuellen Fähigkeiten und der Erschließung seiner gegenständlichen Umgebungen zu messen. Beide Seiten, Denkentwicklung und Erschließung der gegenständlichen Welt, steigern sich wechselseitig. Die höchste Vervollkommnung dieses Prozesses wird von Aristoteles göttlich genannt bzw. dem höchsten Wesen zugeschrieben.[3]

---

[3] Vgl. *Aristoteles*, Metaphysik XII (Klostermann Texte: Philosophie), hg. *H.-G. Gadamer*, Frankfurt: Klostermann, ⁴1984, bes. 31–35; *Michael Welker*, Gottes Geist. Theologie des Heiligen Geistes, Neukirchen-Vluyn: Neukirchener Verlag, ⁶2015, 262ff.

Doch der menschliche Geist ist wesentlich reicher und komplexer als ein meist bipolar oder triadisch vorgestelltes Denken im Verhältnis von Gegenstandsbezug und Selbstbezug.[4] Dies können wir uns ausgehend von scheinbar einfachsten frühkindlichen deiktischen Operationen verdeutlichen. Mit dem neunten oder zehnten Lebensmonat etwa setzt das Kleinkind deiktische Gesten ein, von denen wir das Pointing, das Zeigen mit ausgestrecktem Arm und Zeigefinger, hervorheben wollen. Was geht hier vor?

Eine konzentrierte Wahrnehmung, eine Auswahl aus der Fülle der optischen Impressionen, ist nur eine der vielen Leistungen, die erbracht und verbunden werden müssen. Zur optischen Selektion und Konzentration tritt eine differenzierte partielle Körperbeherrschung in Gestalt des gehobenen ausgestreckten Armes und der Bewegung der Hand mit dem ausgestreckten Zeigefinger. Eine Wiederholung dieser Aktion ist in der Regel mit körperlicher Bewegung im natürlichen Raum verbunden (das Kind kommt zurückgelaufen oder dreht zumindest Kopf und Körper, um erneut zu zeigen). Die Wiederholung ist wohl auch verbunden mit den gewaltigen imaginativen Leistungen des Antizipierens und der Erinnerung an erfolgreich eingesetzte Gestik. Auch eine präzise Lautgebung, verbunden mit einer akustischen Selbstwahrnehmung, ist erwartbar – noch vor jeder, sei es auch nur rudimentären, sprachlichen Artikulation: „Da!"

Optische, akustische, taktile Operationen müssen abgestimmt werden. Der schon früher entfaltete Geruchssinn – mit dem der gesunde Mensch mehr als 10.000 verschiedene Duftnoten unterscheiden kann – und der Geschmackssinn (z.B. die Unterscheidung beliebter und nicht zusagender Nahrungsmittel, aber auch die Neigung der kleinen Kinder, betastete Gegenstände in den Mund zu stecken) kommen hinzu. Im deiktischen „Da!" tritt die optische, akustische und haptische Wahrnehmung aus dem Geflecht aller anderen Sinneswahrnehmungen, zum Beispiel der gustatorischer und olfaktorischer gleichsam heraus. Was muss alles an multimodaler Vernetzung und Differenzierung im reizüberfluteten Leib vorgehen, ehe die enorme Abstraktionsleistung und psychosomatische Synthese in Gestalt einer vermeintlich „primitiven" deiktischen Operation erbracht werden kann! Schon auf dieser Ebene sollten wir Vorformen geistiger Operationen würdigen: *die multimodale Macht des Geistes zur Organisation der Person.*

Schon im zweiten Jahrzehnt des 20. Jahrhunderts hatte der Mathematiker und Philosoph Alfred North Whitehead eine Theorie der Organisation des Denkens entwickelt, in der er die multisensorische Basis allen Denkens betonte.[5] Jahr-

---

[4] Insofern sollten wir „anders von uns denken" (eine Wendung, die ich Rüdiger Bittner verdanke) als in primär bipolaren oder triadischen Relationen.
[5] „The Organisation of Thought" (1916) in: *Alfred N. Whitehead*, The Organisation of Thought: Educational and Scientific, London: Williams and Norgate, 1917, 105–133 (Amazon Digital Services 2014); siehe auch *ders.*, Modes of Thought, Toronto: Macmillan, 1938;

zehnte bevor die „embodied cognition" (die leiblich verankerte Kognition) zu einem Forschungsfeld und Modethema wurde⁶, soll der sonst sehr zurückhaltend und behutsam auftretende Whitehead bei Vorträgen in Emphase geraten sein, wenn er seinen Zuhörern zu vermitteln suchte: „We think with our bodies! We think with our bodies!"⁷

Die Würdigung der Komplexität der geistigen Vorgänge schon im elementarsten deiktischen Weltkontakt wurde unter den Vertretern der „embodied cognition" wohl partiell überlagert von den Erfolgen der Gehirnforschung und einen Gehirn-Monopolismus. Die szientistische Gleichsetzung von Gehirn und Geist wurde und wird in zunehmendem Maße mit Recht und mit sehr unterschiedlichen Gründen kritisiert, auch von vielen namhaften Vertretern der sog. analytischen Philosophie.⁸

Das Eingebundensein des Gehirns in zahlreiche leibliche, soziale, kulturelle und geschichtliche Prozesse wurde auch von der Gehirnforschung hervorgehoben. Die Tatsache, dass Menschen zwar mit Ausfällen in ihrer sinnlichen Wahrnehmung, nicht aber ohne Gehirnfunktionen leben können, sollte jedoch nicht die komplexen Interdependenzprozesse leiblich-geistiger Entwicklung verkennen lassen, in denen das Gehirn ein erkenntnisgenerierender Interaktionsfaktor unter vielen anderen ist.

Schon von früh an werden in halbwegs geordneten frühkindlichen Umgebungen gustatorische, olfaktorische, akustische, optische und haptische Impressionen aufgenommen, verbunden und sortiert. Sie werden mit Leibempfindungen, Helligkeit und Dunkel, Wärme und Kälte, Stille und Lärm samt allen Zwischentönen, Hunger, Durst, Müdigkeit, Verschmutzungs- und Sauberkeitsempfindungen, Schmerzempfinden und Wohlbefinden in Sättigung, interessierter Aufmerksamkeit, Vertrautheitsempfinden und vielfarbiger Freude korreliert. Die willkommenen und unwillkommenen Reizangebote werden mit multimodaler Sensitivität bearbeitet. Patterns der Vorliebe und Abneigung, der Sorge und Befriedigung, der Furcht und Freude bilden sich aus. Aus diesem Geflecht reaktiver Umgebungsbezüge und Organisation von Gemütsbewegungen erhebt sich dann die Abstraktion einer vermeintlich primitiven ersten deiktischen Basaloperation: „Da!"

New York: The Free Press, 1968, 20–41; *Michael Welker*, Universalität Gottes und Relativität der Welt. Theologische Kosmologie im Dialog mit dem amerikanischen Prozeßdenken nach Whitehead, Neukirchen-Vluyn: Neukirchener Verlag, 2., um ein Sachregister erw. Aufl. 1988, 45–56.

⁶ *Francisco Varela, Evan Thompson* und *Eleanor Rosch*, The Embodied Mind. Cognitive Science and Human Experience, Cambridge: MIT Press, 1991; *Shaun Gallagher*, How the Body Shapes the Mind, New York: Oxford Univ. Press, 2005.

⁷ Der Chicagoer Theologe Bernard Eugene Meland hat wiederholt davon berichtet.

⁸ Zu denken ist hier an Arbeiten von H. Putnam, S. Kripke, J.F. Fodor, F. Dretske, D. Dennett, J.R. Searle, D. Chalmers und A. Kemmerling.

Die hier erforderlichen Fähigkeiten zur Reduktion der Komplexität von sinnlichen Wahrnehmungsfähigkeiten und der Steigerung und Koordination anderer Wahrnehmungs- und Ausdrucksfähigkeiten werden bereits auf elementarsten Ebenen „vortrainiert". Der ganz frühe Aufbau „emotionaler Resonanz" im „Zweikörperkontakt"[9] zeigt eine „Protokommunikation", in der affektive Zuwendung, Intensitätszunahme und Intensitätsabnahme sowie Ablösungsprozesse zu beobachten sind.

Im Zuge der von Michael Tomasello so benannten „9-Monate Revolution"[10] wird die leibinterne Komplexität multimodaler sinnlicher Reaktionen durch eine leibintern und leibextern gesteuerte, wiederum multimodale Kommunikation ergänzt. Das „Da!" des Pointings mit Lautgebung hierarchisiert – abstrahierend – unterschiedliche Primärinteressen: die eigene Gegenstandsentdeckung, die Weckung von Aufmerksamkeit anderer Menschen und von der Forschung so genannte „imperative" Anschlusserwartungen des Kindes (Lob, Belohnung, Übergabe des Gegenstandes an das Kind etc.). Diese Konstellation wird gern als „triadisch" dargestellt (Ego-Alter-Gegenstand), aber damit doch nur oberflächlich erfasst.

Zum multimodalen Geflecht leiblicher Wahrnehmung tritt vielmehr schon auf dieser Ebene der Aufbau einer praktischen und sozialen Umgebungsgestaltung. Nicht nur die eigene Aufmerksamkeit wird gelenkt, Gegenstände und Situationen werden selektiert, präferiert oder ignoriert, auch die Aufmerksamkeit der Mitmenschen wird gelenkt, und die Deixis wird als Aufforderung eingesetzt. „So leitet das Pointing, auf der Basis kooperativer Bereitschaft und sozialer Absichten, Interaktionen mit einem geteilten Aufmerksamkeitsfokus ein."[11] Erst der geteilte Aufmerksamkeitsfokus ermöglicht die Spracherlernung, zunächst die Einprägung von Wörtern, dann von Wortgruppen und sprachlichen Verbindungen, schließlich den Aufbau einer sprachlichen Welt, die sich einerseits an die natürlichen Umgebungen bindet, andererseits aber auch freiere Gestaltungsmöglichkeiten entwickelt, in die u.a. auch musikalische und tänzerisch-rhythmische einbezogen werden können.

---

[9] *Thomas Fuchs*, „The Embodied Development of Language", in: *Gregor Etzelmüller* und *Christian Tewes* (Hg.), Embodiment in Evolution and Culture, Tübingen: Mohr Siebeck, 2016, 108–128, bes. 115ff.

[10] *Fuchs*, ebd. 117f; *Michael Tomasello*, Die kulturelle Entwicklung des menschlichen Denkens. Zur Evolution der Kognition, Frankfurt: Suhrkamp, 2002; *Stefanie Höhl*, „Frühkindliches Lernen in sozialen Interaktionen. Welche Rolle spielt Verkörperung?", in: *G. Etzelmüller, Th. Fuchs, Ch. Tewes* (Hg.), Verkörperung – eine neue interdisziplinäre Anthropologie, Berlin u. Boston: De Gruyter, 2017, 33–55 (zit.: Verkörperung).

[11] *Nicole Weidinger*, Gestik und ihre Funktion im Spracherwerb bei Kindern unter drei Jahren, Wissenschaftliche Texte, München: Deutsches Jugendinstitut, 2011, 9f; *Michael Tomasello*, Origins of Human Communication, Cambridge: MIT Press, 2008.

3. Leiblicher Geist

Diese multimodale Umgebungsbeziehung und die elementare soziale Kommunikation werden durch den Spracherwerb und die sprachliche Verständigung ganz gewaltig verfeinert und erweitert. Auch auf dieser Ebene sind Abstraktionsprozesse von größter Wichtigkeit. Die Komplementierung und schließlich Ersetzung des deiktischen Pointings durch das sprachliche Pointing (Übergang von „Da!" zu „Ball!") verändert die Relevanz der Leibzentrierung. Sie intensiviert die Erschließung des inneren psychischen Leibes und zugleich die Exploration von nicht physisch kopräsenten Umgebungen (zum Beispiel im Ruf nach einem nicht gesehenen, aber gewünschten Ball). Völlig abwegig wäre es, jetzt zu schließen, dass damit ein dem Leib transzendenter „Geist" vorliege. Vielmehr wird der Leib, und zwar der eigene und der der Mitmenschen, in veränderter Weise relevant. Die Wahrnehmung der Umgebung wird nämlich hochgradig potenziert durch eine zunehmend verdichtete und sensibilisierte Perspektivenübernahme aufgrund der der sinnlich und sprachlich vermittelten Kontakte mit anderen Menschen, die dann auch in vielfältige Prozesse pädagogischer und moralischer Kommunikation eingehen.

Auch diese Kommunikation setzt scheinbar ganz schlicht ein: Beifall und Lachen bei bestimmten Aktionen, harte Stimme oder Schweigen bei anderen Handlungen und Unterlassungen. Auf der Ebene der sprachlichen Kommunikation kommen dann Signale wie: „Wenn du dies tust, freut sich deine Mama!" „Wenn du jenes nicht tust, ist der Opa traurig!" Konditioniert wird nun die Selbstverortung in den Netzwerken der Gabe und des Entzugs von Achtung, der Verheißung von Achtung und der Drohung mit ihrem Entzug. Dabei reicht das Spektrum der Achtung von wechselseitiger wertender kurzer, scharfer Beobachtung bis hin zu begeisterter Nachahmung und Bewunderung. Die rudimentäre moralische Kommunikation geht einher mit vielfältigen Bildungsprozessen, gezielten und emergent fließenden. In all dem aber ist die individuelle konkrete leibliche Existenz Bezugspunkt und Bezugsrahmen. Sie wird einerseits gesteuert durch die multimodal vernetzte Sinnlichkeit, andererseits durch die sozial interaktiv und sprachlich vermittelten Kommunikationsprozesse.

Obwohl der Leib von Impressionen, Emotionen, Gedanken und Handlungsimpulsen geradezu überflutet ist und beständig unendlich viele Prozesse multimodaler Abstimmung und Koordination vollziehen muss, kann auf dieser Ebene noch nicht von einem „geistigen Leib" gesprochen werden. Um ihn zu erreichen, müssen wir über den Leib als Sammelbecken und Ordnungsgeber in einer unendlichen Fülle multimodaler sinnlicher Impressionen hinausgelangen. Dies erfordert die Beobachtung und Würdigung gegenläufiger Prozesse der Abstraktion.

Wie der Mathematiker und Philosoph Alfred North Whitehead in dem schwierigen Kapitel „Abstraction" in seinem erfolgreichen Buch „Science and the Modern World"[12] deutlich macht, sollten wir die Abstraktion von der Wirklichkeit und von der Möglichkeit unterscheiden. Jeder natürliche Sachverhalt und jedes natürliche Ereignis, auf die wir uns beziehen, ist eine Abstraktion von deren multimodal wahrgenommener wirklicher natürlicher Umgebung, und zugleich involviert unser Bezug auf die wirkliche natürliche Umgebung zahlreiche Abstraktionen von der Fülle der mit ihr sinnvoll verbindbaren Erinnerungen, Antizipationen, Vorstellungen und Gedanken. Wir können diesen „feineinstellenden" Prozess bzw. diese Prozesse vereinfachend und vereinseitigend auf die oben erwähnte Formel bringen: Das Denken bezieht sich auf sich selbst, indem es sich auf Gegenstände und Umgebungen bezieht, und es bezieht sich auf Gegenstände, indem es sich auf sich selbst als inhaltliches Denken bezieht. Doch das ist eine Vereinfachung, die viele wichtige und interessante Sachverhalte, vor allem emotionale Gewichtungsprozesse, ausblendet.

Mit dieser doppelten Abstraktion bewegen wir uns gleichsam beständig auf die raumzeitliche Wirklichkeit zu – und entfernen uns von ihr. Wir nehmen nur hochgradig Ausgewähltes wahr und thematisieren nur winzigste Bruchstücke der uns umgebenden Welt, aber wir vermeinen damit immer Bezug auf „die Wirklichkeit" zu nehmen. Wir sind uns damit – in der Regel latent – unserer Abstraktion von einer Fülle der Möglichkeiten bewusst, nicht nur der trivialen Möglichkeiten, auch anderes zu thematisieren, sozusagen in unseren natürlichen raumzeitlichen Umgebunden herumzuspringen, sondern auch der Möglichkeiten des Thematisierten und des Thematisierens in anderen Perspektiven und Verbindungen.

Gehen wir nun nicht etwas banal in vergleichgültigender Totalabstraktion mit diesen Abstraktionen um („Ich kann dieses oder jenes sehen und denken und darüber sprechen."), sondern qualitätsorientiert (Welche Verstetigung oder Verbesserung des Wirklichkeitskontakts ist in dieser Situation naheliegend bzw. anzustreben?), dann kommt wieder der multimodal operierende psychosomatische Leib ins Spiel. Wir bringen unsere leibbasierte multimodale Verfassung der Sinnlichkeit und der sozialen Kommunikationsmöglichkeiten zum Tragen, indem wir von „Intensitätszunahme", von einer befriedigenderen, wertvolleren Sicht und Beschäftigung, von fruchtbarer Erschließung und Bearbeitung u.ä. sprechen bzw. solche Qualitäten empfinden.

Wie subjektiv konzentriert oder zerstreut auch immer wir uns jeweils der Wirklichkeit zuwenden, es ist doch jeweils die ganze Person mit unterschiedlichen Abstraktionseinsätzen präsent. Der Fluss dieser Umgebungskontakte bleibt aber nicht folgenlos für unseren psychosomatischen Leib. Auch wenn wir nicht zielgerichtet bestimmte Fertigkeiten trainieren (z.B. als Schachspieler/innen oder Fußballspieler/innen, auf Bildungs- und Berufswegen, in Kommunikationsbeweglichkeit und Einfühlungsvermögen), so wird doch unser psychosomatischer Leib

---

[12] *Alfred N. Whitehead*, Science and the Modern World, New York: Macmillan 1925; Paperback: New York: The Free Press 1997, Chapter X.

ständig geformt oder auch in seiner Entwicklung beeinträchtigt. Das ist nun nicht nur relevant für unsere Gemüts- und Stimmungslagen und für ein riesiges Spektrum von mehr oder weniger ausgeprägten Fähigkeiten und Fertigkeiten des subjektiven Sich-in-der-Welt-Orientierens. Es ist prägend auch für unser psychosomatisches Erscheinungsbild in unseren natürlichen und sozialen Umgebungen.

Nicht nur als physische Leiber, auch als psychosomatische Leiber sind wir unser irdisches Leben lang präsent. Dabei ist nicht nur an emotional intensive Austauschbeziehungen in Familie, Freundeskreis und Beruf zu denken. Und schon gar nicht nur an besonders eindrückliche moralische oder olympische Ausstrahlungskräfte. An dieser Stelle des Nachdenkens kommen der geistige Leib, der geistliche Leib und schließlich auch die Auferstehung in den Blick.

4. Der geistige Leib

Der *psychosomatische Leib* ist nicht nur in eine Vielzahl von Person-zu-Person-Kontakten und zahllose physische und psychische Impulse aus seinen Umgebungen eingebunden. Er steht auch als reale und als imaginierte oder doch imaginierbare Größe inmitten vieler geprägter geistiger Größen, die wir zum Teil nur chiffrierend thematisieren können: Geschichte, Kultur, moralische und rechtliche Ordnungszusammenhänge, Wissensgebiete, Moden ...[13] Der *geistige Leib* wird nun konstituiert als wiederum multimodale Durchdringung und Organisation einer individuellen menschlichen Existenz auch durch diese geistigen Umgebungen. *„Der Geist" ist eine multimodale Macht der Bildung einer komplexen Person bzw. personale Kommunikation ermöglichender sozialer Sphären.* Er ist die Bedingung der Möglichkeit leib-geistiger und geist-leiblicher Existenz.

Das Spektrum der geistgeprägten Person reicht im Bereich der menschlichen Individuen von den erfolgreichsten „Leistungsträgern" dieser Welt an den Orten „guten Lebens" bis hin zu den zahllosen Menschen, die ständig weitgehend hilflos im Leid leben müssen. Der Geist weist also keineswegs automatisch die Kräfte des Wahren, Schönen, Attraktiven, Gerechten, Verlässlichen, Barmherzigen und Liebevollen auf. Auch die von Leid und Not und viel zu frühem Tod Gezeichneten sind Kräften des machtvollen üblen Geistes ausgeliefert bzw. ausgeliefert gewesen.

Dem begegnen einerseits unablässige Anstrengungen in kulturellen, religiösen, wissenschaftlichen, rechtlichen, politischen, zivilgesellschaftlichen, medialen, familialen und anderen Kontexten, geistige Kräfte zur optimalen Ausstrahlung und Wirksamkeit der jeweiligen geistigen Sphären zu kultivieren, aber auch

---

[13] Kompaktere geistige Größen wie Kunstwerke oder die Familie werden, wie angemessen auch immer, demgegenüber gern als Begegnungsphänomene angesehen, weil sie besser individualisiert werden können.

die Geisteskräfte der direkt und indirekt involvierten Menschen für das gemeinsame Gute (the common good) zu gewinnen.

In diesen Austausch- und Prägeprozessen spielt der vorgestellte geistige Leib, d.h. die konkrete Person oder soziale Sphäre, abstrahiert von ihrer physischen Lokalisierung in Raum und Zeit, eine höchst gewichtige Rolle. Sie ist Empfängerin und Trägerin aller relevanten Kommunikations-, Interaktions- und Bildungsprozesse, die sich allgemein und in raumzeitlicher Distanz auf wirkliche menschliche Individuen und soziale Sphären beziehen. Der geistige Leib ist die konkrete individuelle personale oder sozial-mediale Existenz in ihrer Empfangs- und Ausstrahlungsmannigfaltigkeit über die Begrenzungen durch die physische Lokalisierung in Raum und Zeit hinaus.

5. Der geistige und der geistliche Leib

Die religiöse Differenzierung von geistigem Leib und geistlichem Leib bezieht sich auf das Wirken des göttlichen Geistes (der für die Juden in der Thora, für die Christen im Leben und Wirken Jesu Christi und für die Muslime im Koran klare Gestalt gewinnt), der eine wiederum multimodale Orientierungskraft zur Prägung individueller Personen sowie sozialer und kultureller Sphären darstellt. Nach Überzeugung des christlichen Glaubens ist der geistliche Leib nicht eine Frucht individueller oder kollektiver physischer Selbsterhaltung, die notorisch auf Kosten von anderem Leben leben muss und zugleich immer ein „Sein zum Tode"[14] ist.

Der geistliche Leib lebt von der bewussten und unbewussten Begabung durch göttliche Kräfte. Diese Kräfte sind nicht nur im irdischen Lebensverlauf, sondern auch über diesen hinaus wirksam. Sie sind nicht numinos, sondern trotz ihrer immensen Vielfarbigkeit durchaus benennbar. Für die Christenheit werden sie unter Orientierung an Person und Wirken Jesu Christi deutlich. Die Liebe wird unter diesen Kräften besonders hervorgehoben, aber auch die Barmherzigkeit und die Gerechtigkeit, die Suche nach Wahrheit und Weisheit und das Streben nach Freiheit und Frieden. Obwohl häufig mit familialen, moralischen, rechtlich-politischen und Erkenntnis suchenden Lebensverhältnissen assoziiert, sind diese geistigen und geistlichen Kräfte nicht auf bestimmte individuelle und soziale Lebenszusammenhänge in Raum und Zeit begrenzt. Sie prägen, befreien und erheben den geistigen Leib.

Aufgrund der grundlegenden Externität und Vielgestaltigkeit des multimodalen Geistwirkens ist jede Selbstinterpretation des geistlichen Leibes hochgradig illusionsgefährdet. Sie ist auf geistliche (selbst)kritische Bildung und die ständige Bereitschaft zur „Unterscheidung der Geister" angewiesen. Zugleich ruht auf dem geistlichen Leib nicht nur die Hoffnung auf ein bloßes Bleiben und stetiges Fort-

---

[14] *Martin Heidegger*, Sein und Zeit, Tübingen: Max Niemeier Verlag, [19]2006, §§ 46–53.

gesetztwerden des geistigen Lebens, sondern auf Eingang und Teilhabe an qualifizierten Lebensvollzügen, die mit Freiheit, Frieden, Freude und Seligkeit assoziiert sind. Nicht ewige Dauer, schale Unendlichkeit irdischen und auch geistigen Lebens, sondern die Hoffnung auf Teilhabe am ewigen göttlichen Leben ruht auf dem Leben des geistlichen Leibes.

Er steht in Kontinuität und Diskontinuität mit der irdischen materiellen Existenz und dem irdisch-endlichen psychosomatischen Leib, den manche Traditionen „Seele" nennen. Die geschenkte Kontinuität des geistlichen Leibes mit dem geistigen Leib und dem psychosomatischen endlichen und sterblichen Leib inmitten aller Diskontinuität ist dann auch Anhaltspunkt der Auferstehungshoffnung.[15] Schon in diesem Leben geht die endliche und sterbliche Existenz in den von Psyche und Geist erfüllten Leib ein, Paulus verdeutlicht dies mit der Unterscheidung von Fleisch und Leib, sarx und soma. Die biologische „fleischliche" Existenz ist unverzichtbar mit ihrer Selbsterhaltung beschäftigt und muss auf Kosten von anderem Leben leben. Die „leibliche" Existenz hingegen ist einerseits im irdischen Leben an die fleischliche Existenz gebunden, andererseits weist sie in ihren polyphonen Imaginationen, Ausstrahlungskräften und Kommunikationen schon im irdischen Lebensvollzug über die fleischliche Existenz hinaus.[16] Intern und extern wird die Einheit dieser Imaginations-, Kommunikations- und Ausstrahlungskräfte sinnvoll vermeint.[17] Sie wird dem Geist als multimodaler Macht zur Organisation der Person zugeschrieben, bleibt aber irdisch an die sarko-somatische Existenz gebunden. Indem der geistige Leib (auch schon in der irdischen Existenz – mit und ohne bewusste Eigenleistung –) von den göttlichen Kräften erfüllt und getragen ist, die den Kräften und Illusionen der sarkischen Selbsterhaltung segensreich entgegenwirken (Liebe, Gerechtigkeit, Barmherzigkeit, Wahrheitssuche, Streben nach Freiheit und Frieden) erhält er Anteil an einem Leben, das über die irdische Existenz hinausträgt und erhebt. Der geistige Leib wird partiell zum geistlichen Leib, bzw. vom geistlichen Leib geprägt und durchdrungen. Das in ihm verwirklichte ewige Leben ist nicht nur Inhalt gediegener Hoffnung. Es ist auch Grund zur Hoffnung bleibender bzw. erneuerter Verbundenheit (Auferstehung) nicht nur mit dem göttlichen Leben, sondern auch mit den in konkreter Liebe und in anderen Formen der geistig- und geistlich-leiblichen Existenz eng verbundenen Mitmenschen.

---

[15] Vgl. Abschnitt 1.
[16] *Michael Welker*, „Flesh–Body–Heart–Soul–Spirit: Paul's Anthropology as an Interdisciplinary Bridge-Theory", in: *ders.* (Hg.), The Depth of the Human Person: A Multidisciplinary Approach, Grand Rapids: Eerdmans, 2014, 45–57.
[17] Zur hohen Relevanz des säkularen „Glaubens" vgl. *Andreas Kemmerling*, Glauben. Essay über einen Begriff, Frankfurt: Klostermann 2017.

Ulrich Lüke

Auferstehung am Jüngsten Tag als Auferstehung im Tod
Zur Analyse einer falschen Alternative

1. Von kinderschweren Fragen und schillernden Begriffen

An einer kleinen Episode mit einem meiner damals noch sehr kleinen Neffen möchte ich die hier anstehende Frage vorstellen und illustrieren. Bei einem Sonntagsspaziergang führte uns der Weg über den Friedhof zum Grab des erst vor kurzer Zeit verstorbenen Opas. Die Frage des Kleinen, wo der Opa denn jetzt sei, war leichthin mit der Antwort „Im Himmel" beschieden. Dann kamen wir an einem für die Beisetzung am folgenden Tag vorbereiteten, noch offenen Grab vorbei. Auf die Frage, warum da ein so tiefes Loch sei, war die Antwort nicht minder leicht: Da wird ein toter Mensch hineingelegt und dann wird das Loch wieder zugeschüttet. Der Kleine war fassungslos: Ein tiefes Loch, das Tote verschlingt, und dann noch mit Sand wieder aufgefüllt wird. Die schönen Blumen obendrauf waren keineswegs tröstlich. Nach einer Weile, in der man förmlich sah, wie es in ihm arbeitete, meinte er nachdrücklich: „Ich will aber nicht, dass Opa in den Himmel kommt!" Auf meine erstaunte Frage, warum er das denn nicht wolle, kam die bemerkenswerte Antwort: „Da kriegt man Sand in die Augen." Und auch der Sanierungsversuch, der tote Körper merke das nicht mehr und die lebendige Seele sei glücklich bei Gott, überzeugte ihn offenbar nicht. Dass etwas ganz fühllos tot und ganz lebendig fühlend zugleich sein kann, wollte ihm (und uns?) nicht in den Kopf. Und streut die im eschatologischen Kontext üblich gewordene doppelte oder gar dreifache Buchführung für Körper, Leib und Seele nicht auch uns Sand in die Augen? Letztlich steckt dahinter die kinderleichte und kinderschwere Frage, wie jemand ganz, todsicher und abgrundtief be- oder verendet hier und zugleich ganz, himmelhoch und erdenthoben vollendet bei Gott sein könne, die Frage also, ob Auferstehung im Tod oder am Jüngsten Tage geschieht.

Selbst bei Menschen, die der Theologie fernstehen, erhält man auf die Frage, welche Begriffe ihnen zum Thema Tod und Auferstehung einfielen, ein ziemlich vollständiges Sortiment dessen, was Theologen meinten, sagen zu können oder zu sollen. Verlässlich kommen Begriffe wie: Trennung des Leibes von der Seele, Verfall des Leibes, göttliches Gericht, Himmel, Fegfeuer, Hölle zur Sprache. Die Integration dieser Begriffe zu einem System fällt dann schon schwerer und ist selbst da, wo sie einigermaßen gelingt, nicht selten von einem unsicheren bis ungläubigen Lächeln begleitet. In der Tat wäre über die genannten Begriffe hinaus auch noch von der vom Leib getrennten Seele (anima separata), vom Zwischenzustand für die Seele, vom persönlichen Gericht und vom allgemeinen Weltgericht, vom Todestag und vom Jüngsten Tag, vom Ende individueller Zeit und vom Ende aller Zeit und schließlich von der Auferstehung im Tod bzw. der Auferstehung am Jüngsten Tag zu sprechen, was den zu glaubenden Sachverhalt nicht einfacher macht.

Bei näherem Zusehen wird klar: Es gibt hier ein Miteinander, Gegeneinander und Durcheinander von zwei divergierenden Traditionssträngen, die die christliche Theologie entscheidend geprägt haben: Der griechisch-platonischen Vorstellung von Unsterblichkeit der Seele und deren Freiwerden im Tode und der hebräisch-biblischen Vorstellung von Auferstehung des ganzen Menschen am Ende der Zeit. Athen und Jerusalem haben das mitformuliert, was Rom zu glauben vorlegt.

Überdies haben wir es noch mit naturwissenschaftlichen Überlegungen zum Problem der Zeit zu tun, die eine erhebliche auch theologische Relevanz haben. Folgt man den derzeit als zutreffend angesehenen naturwissenschaftlichen Überlegungen, dann ist von einer untrennbaren Verbindung, von einer grundlegenden Interdependenz von Materie, Raum und Zeit auszugehen. Unsere mesokosmische Vorstellung legt uns nahe, die Materie sei, wie ein Glas Eingemachtes auf einer bestimmten Längs- oder Querreihe im Kellerregal, in Raum und Zeit eingeordnet und diese existierten ebenso wie das Kellerregal, auch wenn nichts drinsteht. Demgegenüber werden Raum und Zeit von der heutigen Naturwissenschaft aber als Eigenschaften der Materie angesehen, so dass davon auszugehen ist, dass der Raum wie die Zeit mit der Materie beginnen. Raum und Zeit sind eindeutig nicht die auch ohne Materie denkbaren Behältnisse für materielle Entitäten. Das ist eine keineswegs neue, aber leider oft noch immer nicht bis zur Theologie durchgedrungene Erkenntnis.[1] Weder Raum noch Zeit sind vor der Materie oder ohne Materie denkbar, auch wenn unser mesokosmisches Anschauungsvermögen uns ständig andere Annahmen nahelegt. Jedwede Verzeitlichung und jedwede Verräumlichung etwa des Begriffs Seele bedeutet demnach implizit immer Materialisierung.[2]

> Wie aber kann man, um verantwortlich von Auferstehung zu sprechen, den naturwissenschaftlichen Einsichten und den theologischen Erfordernissen zugleich gerecht

---

[1] Vgl. *Ludwig*, G.: Raum und Zeit als Probleme der Naturwissenschaften, 7–9.46–48 in *Kälin*, J. (Hrsg.): Die Problematik von Raum und Zeit. Freiburg/ München 1964; vgl. auch *Fahr*, H.: Zeit in Natur und Universum, 11 ff. in *Baumgartner*, H. M. (Hrsg.): Zeitbegriffe und Zeiterfahrung. Freiburg/ München 1994.

[2] Vgl. z. B. *Hemminger*, H./ *Hemminger*, W.: Jenseits der Weltbilder. Naturwissenschaft, Evolution, Schöpfung. Stuttgart 1991, 38 f.

werden? Dazu ist es nötig, exemplarisch einige der zentralen theologiegeschichtlich entstandenen Vorstellungsmodelle von Auferstehung kritisch zu sichten.

2. Das Vorstellungsmodell von Auferstehung am Jüngsten Tag

Wenn man diese oben genannten, in den theologischen Denkmodellen immer wieder auftauchenden Begriffe in schon klassisch zu nennender Weise einander zuordnet, ergibt sich das folgende Bild:

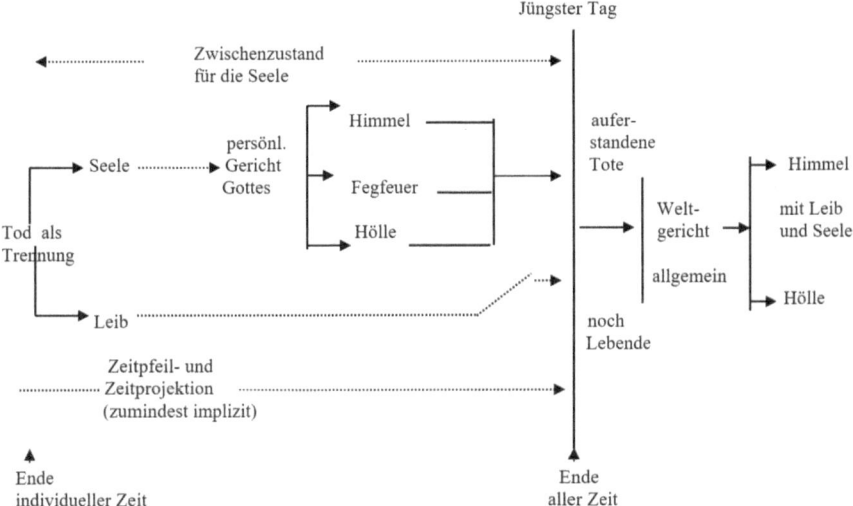

Abb. 1

Nach dem oben bildlich skizzierten Vorstellungsmodell trennen sich im Tod Leib und Seele. Während der verwesende Leib unter den Bedingungen der Zeit einem katabolischen Stoffwechsel unterworfen bleibt, erfolgt das persönliche Gericht Gottes an der vom Leib getrennten Seele. Günstigstenfalls gelangt diese im Himmel zur Anschauung Gottes, ungünstigerenfalls zur Läuterung ins Fegfeuer, schlimmstenfalls in die Gottferne der Hölle. Erst am Jüngsten Tag, dem vom Todestag verschiedenen, letzten Tag, vollzieht sich dann die Auferstehung von den Toten mit Leib und Seele.

Dieses Denkmodell, so schlicht es auch erscheinen mag, findet sich auch in offiziellen kirchlichen Schriften, etwa im Katechismus der Katholischen Kirche, wo es etwa heißt:

„Im Tod, bei der Trennung der Seele vom Leib, fällt der Leib des Menschen der Verwesung anheim, während seine Seele Gott entgegengeht und darauf wartet, dass sie einst mit ihrem verherrlichten Leib wiedervereint wird. In seiner Allmacht wird Gott unserem Leib dann endgültig das unvergängliche Leben geben, indem er ihn kraft der Auferstehung Jesu wieder mit unserer Seele vereint."³ „Bei diesem ‚Aufbrechen' (Phil 1,23), beim Tod, wird die Seele vom Leib getrennt. Sie wird am Tag der Auferstehung der Toten wieder mit ihrem Leib vereint werden."⁴

Damit erhält die Seele, nach ihrer Trennung vom und vor ihrer Wiedervereinigung mit dem zeithaft bleibenden Leib, insofern sie ja auf ihre Refusionierung mit ihm wartet, eine unübersehbare Zeitcharakteristik. Das gilt auch dann, wenn der mit der Seele wiedervereinigte Leib hernach als verklärter Leib zeitlos gedacht werden kann; denn zuvor eben bis zu dieser Wiedervereinigung war er zeithaften Prozessen unterworfen. Diese nicht nur im Katechismus zu findende Ausdrucksweise ist keineswegs der unhintergehbare Restbestand einer sich um Zeitunabhängigkeit bemühenden Sprache.

Der von Herbert Vorgrimler stammende Vorwurf, die Seele werde zwischen Tod und Auferstehung am Jüngsten Tag zu einem „Krüppelwesen"⁵ gemacht, ist auch insofern nicht von der Hand zu weisen, als dies Modell den einen Menschen in zwei Parallelexistenzen zerlegt.

In geradezu klassischer Weise lässt sich eines der Probleme dieses Denkmodells auch in den Überlegungen von Hermann VOLK studieren. Der damalige Münsteraner Dogmatiker und spätere Mainzer Kardinal sah sich in den fünfziger Jahren zur Rettung der theologischen Relevanz der Totenauferstehung am Jüngsten Tag genötigt:

> „Man könnte befürchten, die Auferstehung von den Toten könne eigentlich doch nicht mehr viel bedeuten, weil die Seelen der Gerechten schon vor der Wiederkunft Christi und schon vor der Auferstehung des Fleisches der Anschauung Gottes und damit der ewigen Seligkeit teilhaftig werden. (...) Wiederherstellung der menschlichen Natur ist ein wesentliches Element der Erlösung. Wiederherstellung ist darum auch für die Seligkeit nicht gleichgültig. Auferstehung von den Toten ist auch eine Steigerung der Seligkeit. Das widerspricht nicht der Seligkeit, weil Seligkeit in ihrer abschließenden Form nicht (...) nur in dem Verhältnis zu Gott, nicht nur in der Anschauung Gottes liegt, sondern auch Vollendung der Natur ist."⁶

Es fällt zunächst auf, dass dies Modell mit zwei qualitativ unterschiedlichen Seligkeiten operiert, nämlich einer unvollkommenen vor der gnadenhaften Wiederherstellung der Leib-Seele-Einheit und einer vollkommenen danach. Daraus ergäbe sich ja schließlich eine zunächst rein seelische quasi-leiblose ‚Anschauung Gottes zweiter Klasse' und hernach als Konsequenz der Vollendung der menschlichen Natur die ‚Anschauung Gottes erster Klasse'.

---

³ Katechismus der Katholischen Kirche (= KKK) 1993, Artikel 997, 286.
⁴ KKK 1993, Artikel 1005, 288.
⁵ *Vorgrimler*, H.: Wir werden auferstehen. Freiburg/ Basel/ Wien 1981, 94.
⁶ *Volk*, H.: Das christliche Verständnis des Todes. Münster 1957, 109 f.

Das Dasein der Heiligen und ihrer vollendeten Teilhabe an Gottes Lebensfülle wäre bis zum Jüngsten Tag nachdrücklich als noch immer defiziente Daseinsweise zu deklarieren.

Es fällt ferner auf, dass diese Sichtweise zwangsläufig auch eine 'posthume Chronologie' einführt, also ins Jenseits der Todesgrenze eine Zeit projiziert. Natürlich ist für den wahrnehmungsdiesseitigen Verwesungsprozess der Leiche eine Chronologie angemessen, wie alle Obduktionen und Exhumierungen es ja auch stillschweigend voraussetzen. Eine Chronologie für die wahrnehmungsjenseitige Dimension des Toten hingegen ist nicht nur nicht zwingend, sondern sogar höchst problematisch. Denn damit wird Zeit zumindest unausgesprochen und implizit ins Jenseits und auf eine anima separata projiziert.

Diese Problematik wird nicht nur in manchen kirchenoffiziellen Publikationen, sondern nicht selten auch in der universitären Theologie übersehen. So hat der Paderborner Dogmatiker Dieter HATTRUP versucht, nicht nur die *„Möglichkeit"*, sondern sogar die *„Notwendigkeit"*[7] der Lehre vom Zwischenzustand zwischen persönlichem Tod und allgemeinem Ende der Geschichte neu zu begründen und einsehbar zu machen. Er schreibt dazu:

> „Der Zwischenzustand ist der präzise Ausdruck dieser Differenz des Endlichen und Unendlichen, in die hinein der eine und ganze Mensch gestellt ist. Der Zwischenzustand ist der Interpret des unendlichen für das endliche Leben, der hermeneutische Bote der Ewigkeit in der Zeit."[8]

Damit ist der Zwischenzustand keineswegs präzisiert, sondern allenfalls eine klare Verhältnisbestimmung von Zwischenzustand zu Zeit und Ewigkeit vermieden. Auch bei HATTRUP müssen zweierlei unterschiedlich qualifizierte Seligkeiten angenommen werden, nämlich die minder qualifizierte Seligkeit zwischen Tod und Auferstehung und die vollkommene Seligkeit nach der Auferstehung am Jüngsten Tage. Auch hier findet sich der Kaschierungsversuch mit der Seligkeitszunahme:

> „Die intensive Zunahme der Gottesschau nach der Auferstehung der Toten sieht also die Seligkeit selber wachsen, ohne daß sie vorher unvollständig gewesen sein muß."[9]

Die *„Zunahme der Gottesschau"* erinnert ein wenig zu sehr an das Anpassen einer neuen besseren Brille auf Seiten des Subjekts oder eine Größensteigerung auf Seiten des Objekts der Anschauung. Beides vermag wohl kaum zu überzeugen.

---

[7] *Hattrup*, D.: Eschatologie. Paderborn 1992, 334.
[8] *Hattrup* 1992, 338.
[9] *Hattrup* 1992, 345 f.

Schon in der Kirche der Antike wurde versucht, den Zwischenzustand mit der posthumen Läuterung zu füllen und *„als vermittelndes metaphysisches Glied zwischen dem platonischen Gedanken der Unsterblichkeit der Seele und der Auferstehung"*[10] zu begreifen. Er wurde damit aber nur zu einem für das jeweilige noch dazu als Zeit missverstandene ‚Läuterungsstrafmaß' nicht individuell kompatibel dimensionierbaren ‚Platzhalter'. Und selbst wenn man – eine kuriose Theorie, – die ja definitiv mit längerer Läuterungszeit versehenen früher Verstorbenen mit geringerer Intensität, und die später Verstorbenen mit größerer Intensität läuterte, um durch den Faktor Zeitdauer mal Strafgewicht eine individuelle Gerechtigkeit zu gewährleisten, es wäre theologisch nichts gewonnen. Das Problem ist diese chronologische Parallelführung dessen, was zeitbehaftet ist und bleibt, des Leibes nämlich, und dessen, was mit Zeit, sofern diese wirklich nur als Eigenschaft der Materie existiert, nicht zusammenzudenken ist, der immateriellen Seele nämlich. Der problematischen chronologischen Parallelführung ist in diesem Gedankenmodell nicht zu entkommen, weil sowohl der Tag des Todes, denn da „wird die Seele vom Leib getrennt", als auch der Jüngste Tag, denn der ist der letzte in der Abfolge aller Tage und zumindest von einer Seite chronologisch bestimmt, weil also Todestag und Jüngster Tag die Zeitsignatur tragen."[11]

Zur Vermeidung einer Zeitprojektion auf die anima separata einerseits und zur Überbrückung der den Zwischenzustand generierenden Distanz zwischen Todestag und Jüngstem Tag andererseits wurde als dritte Größe ein ‚nicht mehr so recht Zeitliches und ein noch nicht so recht Ewiges' eingeführt: *„Die im Tod erreichte Ewigkeit ist nicht zu verstehen als das nunc stans Gottes (aeternitas), sondern als endgültig gewordene Geschichte (aevitas)."*[12]

3. Die Ganztod-Hypothese

Paul ALTHAUS hatte bereits vor Jahrzehnten auf die Schwächen dieses eschatologischen Vorstellungsmodells hingewiesen und festgestellt, dass diese aus einer problematischen *„Synthese zwischen der aus dem Judentum kommenden zentralen neutestamentlichen Hoffnung der Auferstehung des ganzen Menschen aus vollem Todeszustande und dem griechischen in das Spätjudentum und das NT z.T. hineinwirkenden Gedanken einer leiblosen Lebendigkeit der Seele nach dem*

---

[10] *Schmöle*, K.: Läuterung nach dem Tode und pneumatische Auferstehung bei Klemens von Alexandrien. Münster 1974, 135.

[11] Vgl. KKK 1993, Artikel 1001, 287.

[12] Vgl. *Ahlbrecht*, A.: Art. ‚Zwischenzustand'. In: Lexikon für Theologie und Kirche (= LThK) Bd. 10, 2. Aufl., 965.

Tode"[13] resultierten. Mit Recht monierte er: *„erst am jüngsten Tage bekommen die Seelen ihren Leib, in der Auferstehung der Toten, und damit wird ihre Seligkeit oder Unseligkeit erst voll. (...) Dabei verliert die Auferstehung ihren Ganzheits-Charakter. Sie gilt nur noch dem Leibe, nicht mehr dem ganzen Menschen. Es wird verkannt, daß wir ein Jenseits des Todes allein durch die Auferweckung haben."*[14]

Was aber bietet er als Alternativvorschlag zur theologischen Bewältigung des Problems an? Wie ist der „Ganzheits-Charakter" der Auferstehung mit Leib und Seele zu wahren, und zugleich das Zwischenzustandsproblem sowie die Etablierung einer anima-separata-Zeit zu vermeiden?

Der Antwortversuch auf diese Fragen, der innerhalb der evangelischen Theologie nahezu einhellig unternommen wurde, bemüht die Ganztod-Hypothese, die Vorstellung von der totalen Vernichtung des Menschen. Der zu Folge geht die Leib-Seele-Einheit Mensch als ganze und total unter; es bleibt also auch keine unsterbliche Seele. Der Gedanke an eine unsterbliche Seele wird als Marginalisierung des Auferstehungsglaubens deklariert und dementsprechend die als Neuschöpfung zu verstehende ausschließliche Auferstehung des Leibes proklamiert.

Eberhard JÜNGEL kombiniert die Ganztod-Hypothese mit dem Gedanken von einer Auferstehung im Tod.[15] Wenn der Leib stirbt, so sieht er keineswegs das gewissermaßen kontinuitäts-wahrende bleibende Element in der unsterblichen Seele des Menschen gegeben.[16] Eine solche Annahme, die er offenbar mit einer gewissermaßen naturwüchsig gegebenen und auch von Gott her nicht mehr zu widerrufenden Unsterblichkeit der Seele verwechselt, dünkt ihn überheblich und anmaßend gegenüber Gott. Aber an dieser Stelle karikiert er gewissermaßen die Vorstellung von der unsterblichen Seele, um sie besser kritisieren zu können. Und im Gegenzug wäre zu fragen, ob er nicht aus Furcht vor einer Hypertrophierung menschlicher Selbstmächtigkeit, ins andere Extrem, nämlich in die totale Negierung menschlicher Selbstmächtigkeit, ja in die restlose Annihilierung verfällt. Mit seiner Position steht er aber nicht allein, sondern schwimmt im Hauptstrom evangelischer Theologie mit:

„Für die evangelische Theologie des 20. Jahrhunderts steht weithin das Bekenntnis zur Auferstehung der Toten ‚in ausschließendem Gegensatze' (...) zur Vorstellung der Unsterblichkeit der Seele. Dem entspricht ein Verständnis des Todes als Tod des ganzen Menschen und nicht als Trennung der Seele vom Leib, so dass die Auferstehung

---

[13] *Althaus*, P.: Art. ‚Auferstehung, VI. Dogmatisch'. In: Religion in Geschichte und Gegenwart (= RGG) Bd. I, 3. Aufl. 1957, Sp. 697.
[14] *Althaus* 1957, Sp. 697.
[15] Die These von der Auferstehung im Tod wird im nächsten Kapitel behandelt.
[16] Vgl. z.B. *Jüngel*, E.: Tod. Gütersloh 1979, 152 f.

als Neuschöpfung und nicht als Verbindung der Seele mit einer neuen Leiblichkeit verstanden werden muß."[17]

Wenn man diese gedankliche Vorstellung akzeptiert, hat man zwar zunächst gewisse Probleme beseitigt oder vielleicht auch nur ausgegrenzt. Das Problem der anima separata, ihres Zwischenzustandes und des Grades ihrer Beseligung stellt sich nicht mehr, denn ein Zwischen mag es zwar nach dem Untergang des zeitlichen und vor dem Aufgang des ewigen Lebens geben, nicht aber für den nach Jüngel angeblich in die „radikale Verhältnislosigkeit"[18] gefallenen Toten. Prima facie ergibt sich also gegenüber dem zuvor besprochenen Modell eine gewisse gedankliche Eleganz, wenn man den Gedanken an die unsterbliche Seele entsorgt.

Eine ganz andere Problematik aber hat man sich gerade damit neu besorgt. Wenn Auferstehung nur als Neuschöpfung gedacht werden kann, dann stellt sich – und zwar unabhängig davon, ob an eine Auferstehung als Neuschöpfung im Tod oder am jüngsten Tag gedacht ist – die zentrale Frage, wie es denn mit der Identität und der Kontinuität des im Tod so ganz und gar annihilierten und in der Auferstehungsneuschöpfung so ganz und gar rekreierten Geschöpfes Mensch bestellt ist?

Der von Ratzinger erhobene Einwand gegen eine Position wie die Jüngels und vieler anderer evangelischer Theologen erscheint durchaus stichhaltig:

„Auferweckung ist dann eine Neuschaffung und der Auferweckte kann der gleiche, aber nicht derselbe sein wie der Gestorbene, der folglich mit dem Tod als dieser Mensch definitiv endet"[19]

Gewiss wird, wenn man wie bei JÜNGEL die Hypothesen vom Ganztod und von der Auferstehung im Tod kombiniert, die Zeitprojektion ins Jenseits unserer Existenz vermieden, aber eben mit den erheblichen intellektuellen Folgekosten, auch auf Identität und Kontinuität der Person verzichten zu müssen.

Dass Gott den Menschen im Tod, durch den Tod hindurch, über den Tod hinaus liebt, ist letzter Grund menschlicher Hoffnung; aber er liebt doch ein Etwas, einen Jemand, auch wenn er ihn selbst erschaffen hat. Die konsequent gedachte Ganztod-Hypothese gibt dieses Etwas, diesen Jemand total auf und bedarf der totalen Neuschöpfung. Und damit gibt sie, – ein hoher Preis ihrer Problembeseitigung, – die Identität und Kontinuität des individuellen Geschöpfes Mensch definitiv auf.

Die unsterbliche Seele, was immer sie für theologische Probleme einträgt, dies eine trägt sie aus: Sie ist zumindest die Chiffre für Kontinuität und Identität des von Gott in einer die Todesgrenzen sprengenden Maßlosigkeit geliebten Menschen.

---

[17] *Schwöbel*, C.: Art. ‚Auferstehung, Dogmatisch'. In RGG Bd. I, 4. Aufl. 1998, Sp. 920.
[18] *Jüngel*, E.: Tod. Göttingen 5. Aufl. 1993, 145.
[19] *Ratzinger*, J.: Kleine katholische Dogmatik. Bd. IX. Regensburg ⁶1990, 217.

Ungeklärt bleibt ferner die Frage nach dem Auferstehungsleib, der ja etwas anderes sein muss, als der irdische Leib. Keiner der beiden „Leiber", weder der prämortale noch der postmortale Leib ist also der Träger von Identität und Kontinuität. So bleibt also wieder der Blick auf die Seele, genauer, wenn denn die lebenszeitliche Seele im Tod ganz und gar untergegangen ist, der Blick auf die zwei Seelen, die prä- und die postmortale Seele. Haben wir hier zwei Original- oder eine Original- und eine ‚Faksimile-Seele' zu gewärtigen respektive zu befürchten?

Und schließlich klammert die Ganztod-Hypothese, in naturwissenschaftlicher Hinsicht die thermodynamische Perspektive aus; denn das, was materieller Leib war, geht ja nicht in eine absolute Beziehungslosigkeit über, sondern wird in die Stoffwechselwege und Körper von anderen lebenden Menschen implementiert und partizipiert an deren Beziehungen.

Und in dogmatischer Hinsicht klammert die Ganztod-Hypothese die Konstitution „Benedictus Deus" von 1336 aus, die von der seligmachenden Schau Gottes zwischen Todestag und jüngstem Tag handelt und zum schon präreformatorischen Dogmenbestand gehört.[20]

Zu sagen, auch wenn der stichwortgebende Gewährsmann Karl Bath ist, „Auferstehung sei geradezu ‚eine Umschreibung des Wortes Gott'"[21] kann nicht zufrieden stellen, weil es nichts als eine reductio in mysterium primum ist und keine theologische Entfaltung, um die es ja angesichts der Auferstehungsbehauptung gerade gehen müsste. Die Frage, ob der Mensch aufersteht, mag abhängen von der Frage, ob da ein Gott ist. Die Klärung der Frage, ob und wie eine Auferstehung zu denken ist, kann aber nicht dadurch umgangen werden, dass auf Gott verwiesen wird, der eben ein Gott des Lebens sei. Dieser Verweis gibt keine Antwort, sondern wirft allenfalls – und das auch nur implizit – die Frage neu auf, ohne sie auch nur irgendwie zu präzisieren.

4. Das Vorstellungsmodell von Auferstehung im Tode

Gisbert GRESHAKE, Gerhard LOHFINK, Karl RAHNER, Herbert VORGRIMLER, Eberhard JÜNGEL und andere, so unterschiedlich sie auch sonst theologisch argumentieren, kommen doch in der Vorstellung von einer Auferstehung im Tode überein. Der Versuch einer natürlich nur angenäherten Skizze dieses Gedankens könnte etwa so aussehen:

---

[20] *Denzinger*, H./ *Hünermann*, P. (Hrsg.): Kompendium der Glaubensbekenntnisse und kirchlichen Lehrentscheidungen. Freiburg/ Basel/ Rom/ Wien 37. Auflage 1991 (= DH) Nr. 1000.
[21] Vgl. RGG 4. Aufl. Bd. I, Sp. 919 oder LThK Bd. I, 3. Aufl. 1993, Sp. 1203.

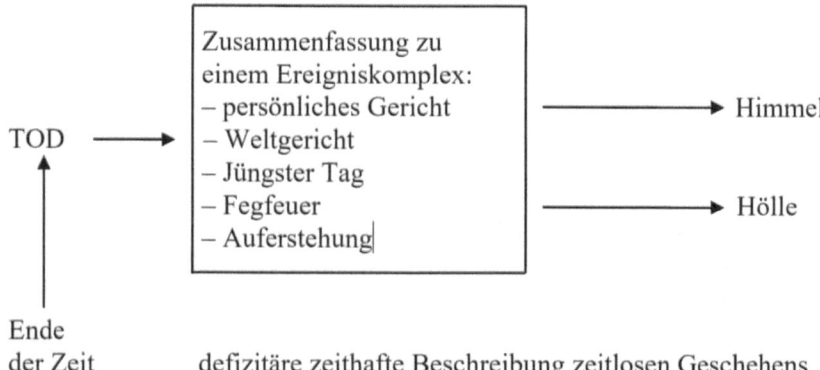

Abb. 2

Bei diesem Konzept werden persönliches Gericht, Weltgericht, Jüngster Tag, Fegfeuer als die heilende Begegnung und die läuternde Konfrontation mit Gott interpretiert[22] und mit der Auferstehung zu einem Ereigniskomplex im Tode zusammengezogen. Die sich im Tod ereignende Begegnung mit Gott ist Gericht, ist Läuterung, ist Transfer in das vollendende und vollendete Leben. Hans Urs von Balthasar interpretiert die eschatologischen Bilder in pointierter Personalisierung auf Gott hin, der „als Gewonnener Himmel, als Verlorener Hölle, als Prüfender Gericht, als Reinigender Fegfeuer" ist.[23]

Auch wenn er dem Gedanken der Auferstehung im Tod nachdrücklich anhängt, glaubt Greshake dennoch einen Zwischenzustand aufrecht erhalten zu sollen:

> „Da aber jeder einzelne Mensch essentiell mit dem Ganzen der Wirklichkeit vernetzt ist und weil Menschsein und erst recht Christsein sich unabdingbar in der Communio mit den anderen vollzieht, muss der eine und ganze Mensch, der im Tod zum Leben erweckt wird, noch auf die Vollendung aller, die erst am Ende der Zeit gegeben sein kann, warten. Beide Konzeptionen, die von der Seligkeit einer leiblosen Seele wie die von der Vollendung des ganzen Menschen im Tod, kennen also ein Noch-nicht dieser Vollendung, ein Warten auf die universale Auferstehung."[24]

Hier wird m.E. dem Gedanken, dass Zeit eine Eigenschaft der Materie ist, nicht hinreichend Rechnung getragen, und damit steckt der Begriff Seele, sobald man ihn ins Wartezimmer der endgültigen Vollendung setzt, in der „Materialisierungsfalle". Darum muss dringend eine Unterscheidung getroffen werden zwischen Zeitdiesseitigkeit und Zeitjenseitigkeit.

---

[22] Vgl. auch *Greshake*, G.: Stärker als der Tod. Mainz ⁴1979, 76f.; 90 ff.
[23] Von *Balthasar*, H. U.: Schriften, Bd. 1, 282.
[24] *Greshake*, G.: Artikel ‚Zwischenzustand' in LThK Bd. X, 3. Aufl. 2001, Sp. 1530.

Die Rede von der Zeitjenseitigkeit soll helfen, das nur zeitdiesseitig gegebene Zerspannt- und Zertrenntsein von Momenten gedanklich zu überwinden. Im klaren Bewusstsein der Problematik dieser Ausdrucksweise aber angesichts der Notwendigkeit, etwas Zeitloses in die zwangsläufig zeithafte und Zeitworte verwendende Sprache zu bringen, soll hier auch der Begriff einer ‚zeitjenseitigen Koinzidenz' als defizitäre Andeutung des Gemeinten eingeführt werden. Selbst der Begriff Koinzidenz, insofern er implizit noch eine Zeitsignatur trägt, ist falsch und, insofern er das totale Zugleich der Zeitjenseitigkeit ausdrückt, vielleicht tautologisch.

Der Begriff einer zeitjenseitigen Koinzidenz soll helfen, die Theologumena persönliches Gericht und Weltgericht als ein einziges Ereignis zu denken. Dahinter steht die Annahme, dass beide Begriffe ausschließlich zeitseitig betrachtet, also in der ‚Hinterbliebenen'-Perspektive äonenweit getrennt erscheinen und sich daher wie zwei distinkte Ereignisse ausnehmen. Jedenfalls käme die problematische Projektion von Zeit ins Jenseits, die chronologische Parallelität von Seele in der Anschauung Gottes und Leib bzw. Leichnam im Verwesungsprozess nicht vor.

Dann aber ist zu klären, wie diese zeitjenseitige Koinzidenz von individuellem Ende und persönlichem Gericht, von kollektiv-menschlichem oder gar kosmischem Ende und Weltgericht angesichts der unüberwindbaren Zeitimprägnierung unseres Denkens vorstellbar ist? Auch hierzu sei eine Skizze vorgelegt, die einem bereits bei THOMAS VON AQUIN angedeuteten Gedanken folgt:[25]

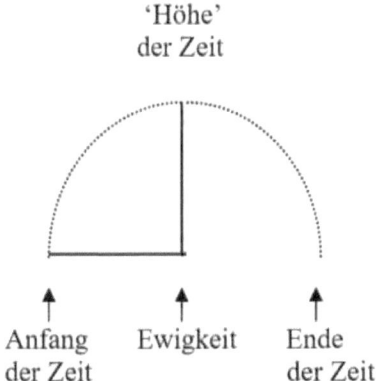

Abb. 3

Die als beliebig zahlreich vorzustellenden Punkte auf der Peripherie des Halbkreises symbolisieren Zeitpunkte der Kosmos-, der Evolutions-, der Kultur- und auch der individuellen menschlichen Lebensgeschichte. So entfernt sie auch untereinander sein mögen, sie befinden sich allesamt in einer Äquidistanz zum Mittelpunkt und der nun figuriert als Ewigkeit. Die Äquidistanz aller Peripheriepunkte

---

[25] Vgl. *Thomas von Aquin*: Summa theologiae I q.57 a.3.

zum Mittelpunkt ist das Symbol dafür, dass alle Zeitpunkte, welche individuell-lebenszeitlichen oder gar kosmischen Zeiträume auf der Zeitperipherie auch zwischen ihnen liegen mögen, der Ewigkeit gleich nahe sind. Noch pointierter formuliert: Alle Zeitpunkte sind ‚gleichzeitig' im Entbundenwerden aus der Zeit hin zur Ewigkeit. Sie verschmelzen zu einem nicht mehr zeithaften Moment, d.h. sie werden oder sie wären gleichzeitig, wenn von Zeit, die ja nicht mehr existiert, noch geredet werden dürfte. LOHFINK formuliert das etwas missverständlich so:

> „Indem ein Mensch stirbt und eben dadurch die Zeit hinter sich läßt, gelangt er an einen ‚Punkt', an dem die gesamte übrige Geschichte ‚gleichzeitig' mit ihm an ihr Ende kommt, mag sie auch ‚inzwischen' in der Dimension irdischer Zeit noch unendlich weite Wegstrecken zurückgelegt haben."[26]

Daraus ist natürlich nicht zu folgern, der Einzelne brächte wegen seiner tiefen lebensgeschichtlichen Verflochtenheit in diese Welt und Geschichte bei seinem Tod die ganze übrige Welt und Geschichte gewissermaßen abschließend mit vor Gott. Damit wäre nämlich in völliger Selbstüberhebung das einzelne menschliche Individuum zum Träger der Einheit der Welt hochstilisiert. Aber damit würde irgendein Individuum horrend über- und die über den Tod des Einzelnen zeitseitig weiterlaufende Geschichte zur leeren Belanglosigkeit abqualifiziert.[27]

Emil BRUNNER hatte diesen Gedanken bereits in den zwanziger Jahren des vorigen Jahrhunderts nahegelegt:

> „Auf Erden gibt es ein Vorher und ein Nachher und einen Zeitabstand, der Jahrhunderte oder gar Jahrtausende umfaßt. Aber 'auf der anderen Seite', in der Welt der Auferstehung, in der Ewigkeit gibt es diese auseinandergezogene Zeit, diese Zeit der Vergänglichkeit nicht. Das Todesdatum ist für jeden ein verschiedenes; denn der Todestag gehört zu dieser Welt. Unser Auferstehungstag ist für alle derselbe und ist doch vom Todestag durch kein Intervall von Jahrhunderten getrennt – denn es gibt diese Zeitintervalle nur hier, nicht aber dort, in der Gegenwart Gottes, wo ‚tausend Jahre sind wie ein Tag'."[28]

Die Annahme einer Auferstehung im Tod vermeidet im Gegensatz zur Ganztod-Hypothese den Kontinuitäts- und Identitätsverlust des Sterbenden, gleichwohl enthält auch sie eine unübersehbare ‚Restproblematik'. Wenn nämlich Auferstehung im Tode geschieht und den ganzen Menschen meint, was ist dann mit dem

---

[26] *Lohfink*, G.: Zur Möglichkeit christlicher Naherwartung. In: *Greshake*, G./*Lohfink*, G.: Naherwartung, Auferstehung, Unsterblichkeit. Freiburg/Basel/Wien 1975, 38–81, hier 72.
[27] Äußerungen von Greshake und Lohfink, die dies nahelegen könnten, kritisiert z.B. *Vorgrimler*, H.: Der Tod im Denken und Leben des Christen. Düsseldorf 1978, 120 ff.
[28] *Brunner*, E.: Das Ewige als Zukunft und Gegenwart. München 1967, 167; zitiert nach *Greshake/Lohfink* 1975, 62.

unübersehbar vorhandenen Leichnam? Anstatt sich mit den einschlägig relevanten naturwissenschaftlich Überlegungen auseinanderzusetzen, bieten einige Autoren, wohl im gedanklichen Gefolge von Hans-Eduard HENGSTENBERG,[29] noch immer und immer wieder den Gedanken der Leib-Körper-Differenzierung an. Dagegen wäre vielleicht nichts zu sagen, wenn es einer terminologischen Präzisierung diente. Leider entsteht immer wieder der Eindruck, dass hier eine terminologische Nebelkerze gezündet wird.

Wenn die menschliche Ganzheit als leib-seelische gedacht wird und als Ganze vollendet werden soll, was ist dann mit der kruden Materialität? Diese wird, so scheint es, stillschweigend aus dem Leib in den Körper verlagert und gedanklich eingeäschert. Dabei soll Glauben gemacht werden, die auf die Vollendung zugehende menschliche Ganzheit sei mit dem materielos gemachten und gedachten Leib und der per se materielos gedachten Seele gerettet, ohne noch den thermodynamisch nötigen materiellen Tribut zollen zu müssen.

Man gewinnt den Eindruck, es solle angesichts unübersehbarer prä- und postmortaler Verfallserscheinungen die Heilsbestimmtheit des ganzen Menschen dadurch gerettet werden, dass man mit drei anstatt mit zwei Begriffen hantiert, nämlich mit Körper, Leib und Seele. Dabei wird die Körperlichkeit als „*physizistisch*" gebrandmarkt,[30] die dann übrig bleibende Leib-Seele-Einheit des Menschen als seine Ganzheit begriffen und Leib durch diese an Ununterscheidbarkeit grenzende Seelennähe derart spiritualisiert, dass seiner Heilsbestimmung sein Materie-Sein jedenfalls kaum noch im Wege steht. Nur der Körper ist es, der da zerfällt und der naturwissenschaftlichen Betrachtung anheimfällt. Nur er verrichtet seine ‚thermodynamische Notdurft', Leib und Seele ‚ziehen sich sauber aus der Affäre'.

Im Begriff Leib soll dann aber doch noch die individuelle Geschichte und der Weltbezug des Verstorbenen hinübergerettet und ergänzend oder korrigierend zu einer bloß griechischen Vorstellung von einer ungeschichtlichen und unsterblichen Seele ins Feld geführt werden. So heißt es bei GRESHAKE:

> „Der Christ hofft, daß im Tod Auferstehung geschieht. Auferstehung nicht in dem Sinn, daß der sichtbare Leib verwandelt wird; er wird ja als toter Leichnam in die Erde gesenkt. Auferstehung des Leibes heißt nicht Auferstehung des Körpers oder des Leichnams, Auferstehung bedeutet vielmehr, daß im Tod der ganze Mensch mit seiner konkreten Welt und Geschichte von Gott neue Zukunft erhält. (...) Was im Tod des einzelnen, der in der Geschichte konkrete Gestalt gefunden hat, in Gott eingeborgen wird, ist ein Weltbezug."[31]

Aber was soll das sein, der ganze Mensch, wenn der Körper nicht dazu gehört? Was soll das sein, der Weltbezug, wenn der menschliche Körper als der elementarste und sinnenfälligste Ausdruck des Weltbezugs, als geradezu ‚inkarnierter

---

[29] Vgl. *Hengstenberg*, H.-E.: Der Leib und die letzten Dinge. Regensburg 1955.
[30] *Greshake*, G.: In: *Greshake/Lohfink* 1975, 116.
[31] *Greshake* 1979, 70 f.

Weltbezug' nicht dazu gehört? Der Körper wird wie der Schwanz der Eidechse abgeworfen und soll, zumeist wird das nicht einmal reflektiert, den thermodynamischen Ansprüchen Genüge tun. Mit dem wertvollen „Rest" der Eidechse, der eigentlich und sozusagen das Ganze ist, sprich mit der Leib-Seele-Einheit Mensch, die man – obgleich körperlos – als Ganzheit deklariert, glaubt man dann den ganzen Menschen der heilsgeschichtlichen Rettung zugeführt zu haben? Es fällt nicht schwer, sich – nach dem Modell der kostengünstig entkommenen Eidechse – vorzustellen, wie der Schwanz, sofern noch vonnöten hernach regeneriert wird.

Die Leib-Dimension einerseits weitestgehend zu entmaterialisieren und körperfrei aller naturwissenschaftlich formulierbaren Zeitfragen zu entheben, und andererseits in dieser Leib-Dimension gleichwohl die Zeit, Geschichte und Welt des Menschen vor Gott versammelt wissen zu wollen, ist eine intellektuell nicht redlich erscheinende doppelte Buchführung. Wenn damit der Körper heilsgeschichtlich gesehen scheinbar ‚rückstandsfrei entsorgt' werden soll, ist in Kenntnis anderer ökologischer Zusammenhänge warnend darauf hin zu weisen, dass alles, und zwar oft als schwer zu bewältigende Altlast, irgendwo wieder auftaucht.

Für diese heilsfähig gemachte Leib-Dimension konstruieren GRESHAKE und LOHFINK schließlich noch unter Reaktivierung des mittelalterlichen Begriffs „aevum" die mit diesem identifizierte *„verklärte Zeit"*[32]. Zeit passt zum Körper, nicht aber zum derart konzipierten und überzeitlich dimensionierten Leib. Diese „verklärte Zeit" wird damit sozusagen auf den zuvor entmaterialisierten ‚Leib geschneidert'. An dieser Stelle kann auf den Begriff „aevum" bzw. „verklärte Zeit" als einer m. E. unnötigerweise eingeführten weiteren „transempirischen Wirklichkeit" nicht eingegangen werden. Vielleicht ist hier wirklich das Ockham'sche Rasiermesser angebracht.

Herbert VORGRIMLER bietet eine andere theologische Variante von Auferstehung im Tod. Er hält fest am Gedanken einer grundsätzlichen Bezogenheit der Seele auf Materie. Da für die Seele posthum aber nicht mehr die raumzeitlich verfasste ‚Materie aus alten Erdentagen' wesentlich sein kann, folgert er: Gott bietet *„in seiner göttlichen Dimension"* der Seele neue Materie aus *„nichtverweslichem Stoff"* an, *„in der sie sich formgebend auswirken kann"*. Zugleich muss er dabei eine *„völlige Andersartigkeit des unverweslichen Leibes gegenüber dem vergänglichen Erdenleib"* postulieren.[33] Diesen Leib glaubt er als Auferstehungsleib ansehen und damit eine auch leibliche Auferstehung im Tode annehmen zu dürfen. Letztlich führt er damit nur einen neuen Begriff von Materialität ein, der stark im Verdacht steht, eine bloße Äquivokation zu sein. Man wird den Verdacht kaum los: Weil Materie zum Ganzen des Menschen hinzugehört, als raum-zeitlich verfasste aber nicht zur Raum und Zeit transzendierenden Vollendung des Menschen passt, wird eine passende Materie hinzuerfunden. Die Frage nach Verbleib und Vollendung der ursprünglichen und verweslichen Materialität fällt dabei wie der

---

[32] *Greshake/Lohfink* 1975, 66 f.
[33] *Vorgrimler* 1981, 95.

abgenagte Vorspeisenknochen unter den Tisch, und spielt beim sich anschließenden Menü des himmlischen Hochzeitsmahls keine Rolle mehr; m. a. W. die Frage nach der Vollendung der ursprünglichen Materialität bleibt auch bei ihm ungeklärt.

5. Zusammenfassende Beurteilung der Modellvorstellungen

Die Theologiegeschichte hat aber immer wieder, manchmal sogar in sehr materialistischer Weise, vom „verklärten Leib" bzw. vom „Auferstehungsleib" gesprochen. Die Frage, in welchem Verhältnis dann der zeitlich-material verfasste Leib oder Körper zu diesem nichtzeitlich-nichtmaterialen „Auferstehungsleib" stehen sollte, blieb allerdings zumeist ohne eine logisch und biologisch beanstandungsfreie oder wenigstens tolerable Antwort. Beispielhaft in diesem defizitären Sinne ist RATZINGERS Äußerung, dass „*Auferstehung an den Reliquien des alten Erdenleibs nicht vorbeigeht, soweit sie noch eindeutig als solche vorhanden sind.*"[34] Die ohne Frage interessante Diskussion des Verhältnisses von irdischem und Auferstehungsleib kann an dieser Stelle allerdings nicht geführt werden.

Die eine theologische Position (RATZINGER, VOLK u. a.) sagt zur Frage nach einer Auferstehung im Tod ein deutliches Nein; denn bei der Annahme einer Auferstehung schon im Tod wäre der erkennbare, materiell über den Todestag verbleibende Leichnam vom Heil ja offenbar ausgeschlossen. Daher fordert sie die Vollendung des ganzen Menschen, d.h. mit gewandelter Materialität, am Jüngsten Tag. Dieses Festhalten an der Vollendung des ganzen, also eben auch materiell verfassten Menschen versucht einen wichtigen Gedanken zu sichern. Bei dieser Position nimmt man zwangsläufig mit in Kauf, implizit Zeit ins Jenseits und auf die anima separata zu projizieren und diese damit – vielleicht in theologischer Ahnungslosigkeit – nolens volens zu ‚materialisieren'.[35] Zugleich bliebe die Seele nach der etwas plakativen Diktion von VORGRIMLER zwischen Sterbetag und Jüngstem Tag eine Art „Krüppelwesen", und es müssten bei einer Vereinigung von Seele und Auferstehungsleib zweierlei Seligkeiten angenommen werden, eine erste vor und eine aufgebesserte nach dem Jüngsten Tag. Trotz aller Vorteile einer solchen Position bleibt festzuhalten: Die gedanklichen ‚Folgekosten' dieser Position erscheinen erheblich zu hoch.

---

[34] *Ratzinger*, J.: Art. ‚Auferstehungsleib'. In: LThK Bd. I, 2. Aufl. 1957, Sp. 1053.
[35] *Ratzinger* tut das, obschon er andernorts behauptet: „*Wo die ‚Gemeinschaft der Heiligen' geglaubt wird, ist die Idee der Anima separata (der ‚losgetrennten Seele', von der die Schultheologie spricht) im letzten überholt.*" Vgl. *Ratzinger*, J.: Einführung in das Christentum. München 1985, 293.

Die andere theologische Position sagt zur Frage nach einer Auferstehung im Tod ein deutliches Ja. Sofern sie den ganzen Menschen nicht ‚materiefrei rein seelisch' denken will, muss sie sich allerdings zur Annahme einer der Seele schon im Tode vermittelten völlig neuen und anders gearteten Materialität durchringen. Die 1950 definierte Lehre von der Leib und Seele betreffenden Aufnahme Mariens in den Himmel[36] kann dabei argumentativ für den Gedanken ins Feld geführt werden, dass ein Mensch, zeitseitig betrachtet, auch vor dem Jüngsten Tag mit Leib und Seele bei Gott vollendet ist. Gewiß braucht diese Position, und das ist ihr Vorteil, nicht irgendeine Form von Zeitlichkeit auf die anima separata und ins Jenseits zu projizieren und spart sich die implizite Degradierung der Seele zum „Krüppelwesen". Aber sie hat auch, und das sind ihre theologischen ‚Folgekosten', keine Verwendungsmöglichkeit für den materiellen Körper, der aus der Hinterbliebenen-Perspektive erkennbar übrigbleibt. Er ist nicht zuletzt auch deshalb theologisch gesehen schwer zu ‚entsorgen', weil die Seele seiner am Jüngsten Tag nicht bedarf, da sie im Tode bereits mit einem ‚besseren' Leib ausgestattet wurde. RAHNER, der diesen neuen Materiebezug der Seele im Tode zu denken versucht, spricht davon, die Seele werde nicht akosmisch, sondern allkosmisch, d.h. sie, die schon immer zum Ganzen der Welt hin offen sei,[37] trete in einen neuen umfassenden Bezug zur Gesamtwelt.

Verkürzt gesagt ist der Befund folgendermaßen: Die einen versuchen die tote Materie des menschlichen Leibes zu einem bestimmten Zeitpunkt in einen verklärten Zustand hinein zu revitalisieren und mit der anima separata zu fusionieren. Und mit der Verzeitlichung materialisieren sie implizit auch die Seele. Die anderen versuchen das endgültige Haus menschlicher Existenz mit Seele und neuer Materialität oder mit Seele und einem irgendwie spiritualisierten Leib zu bauen, der dann den Weltbezug retten soll. Sie behalten aber die Leiche der alten Materialität im Keller. Auf Dauer stinkt das zum Himmel. Überdies wird die Seele implizit zur Geschichtslosigkeit regräzisiert, wenn nur der Leib den Weltbezug garantiert.

6. Versuch einer Problemlösung

Ich möchte angesichts der dargestellten Problematik für eine grundsätzliche Perspektiven-Trennung plädieren: Für die Trennung von einer ‚Hinterbliebenen'-Perspektive, die in einer ihr selbst und ihren Objekten essentiellen Zeitverhaftetheit, um nicht zu sagen Zeit-Haft verbleibt und einer Perspektive, die im Versuch der Negation dieser Zeithaftigkeit eine wenigstens als Hypothese aufscheinende und

---

[36] Vgl. DH 3903.
[37] Vgl. *Rahner*, K., Der Leib in der Heilsordnung. In: Schriften zur Theologie. Bd. 12. Zürich/Einsiedeln/Köln 1975, 426 f.

als Hypothese annehmbare Existenz in Zeitlosigkeit denkt. Die hier nun anzudeutende Position versucht einerseits den Gedanken einer Auferstehung im Tod zu bejahen, um den naturwissenschaftlichen Anregungen gerecht zu werden und eine durch die posthume Zeitprojektion gegebene implizite Rematerialisierung der Seele und die ‚Zweiklassenanschauung' Gottes zu vermeiden. Andererseits versucht sie den Gedanken einer rettenden Vollendung des ganzen Menschen, also auch des Körpers, genauer der Materie, die einmal den Leib oder Körper ausmachte, zu bewahren.

Für diese Auferstehung des konkreten Toten im Tod ist allerdings der in der Hinterbliebenen-Perspektive verbleibende materielle Körper, sein Leichnam also, ohne besondere, über die andere Materialität hinausgehende, Relevanz. Er unterliegt postmortal weiter dem katabolischen Stoffwechsel, dessen Produkte auch in den vitalen anabolisch-katabolischen Stoffwechsel anderer Pflanzen, Tiere und Menschen überführt werden. Dabei wird das *„Memento homo, quia pulvis es et in pulverem reverteris!"* lediglich ernst genommen. Nun hat die abendländisch-christliche Theologie doch ganz überwiegend und einhellig die Leib-Seele-Einheit des Menschen betont und dabei den Begriffsanteil Leib sehr wohl materiell konnotiert.

Wie aber soll man, wenn die Leib-Seele-Einheit christlichem Denken entsprechend so in- und extensiv beteuert, herausgestellt, gepriesen wurde, im gleichen Atemzug annehmen und sagen können, die Seele, die im Tode zu Gott gelangt, sei – griechischem Denken entsprechend – etwas absolut Geschichtsloses oder Ungeschichtliches. Mag der christlicher Theologie verpflichtete Begriff von Seele auch eine griechische Kinderstube gehabt haben, so ist er ihr doch in zwei Jahrtausenden entwachsen und nicht abschließend auf seine Anfänge festzulegen oder mit ihnen wieder zu identifizieren. Die Seele kann aber nun angesichts dieser zeitlebens gegebenen, ja als Einheit aufzufassenden engen Verbundenheit mit dem Leib nicht als ein sich vom gestorbenen Menschen sozusagen geschichtsfrei ablösender Rest aufgefasst werden. Eben dieses regräzisierende Verständnis einer geschichtslosen Seele wäre der eigentliche, christlichem Glauben zuwiderlaufende Dualismus, nicht aber ein Begriff von Seele, in der konkrete Geschichte bewahrt und aufgehoben ist.

Neuere lehramtliche Verlautbarungen der Glaubenskongregation unter Papst Johannes Paul II. bestätigen eher das, was in diesen Überlegungen dem Seele-Begriff an inhaltlicher Füllung und Aussagekraft zugetraut und zugesprochen wird: „Die Kirche behauptet die Fortdauer und das Fortbestehen eines geistigen Elementes nach dem Tod, das mit Bewusstsein und Wille begabt ist, so dass das ‚menschliche Ich' selbst, in der Zwischenzeit jedoch ohne die Ergänzung seines Leibes, fortbesteht. Um dieses Element zu bezeichnen, verwendet die Kirche den Begriff ‚Seele', der durch den Gebrauch in den Heiligen Schriften und in der Überlieferung eingebürgert ist. [...] und sie ist außerdem der Meinung, dass ein sprachliches Ausdrucksmittel zur Aufrechterhaltung des Glaubens der Christen durchaus notwendig ist."[38] (DH 4653) Leider gibt dieser Text keine Auskunft darüber, was durch „die Ergänzung seines Leibes" diesem „geistigen Element" Seele, das das „menschliche Ich" fortbestehen lässt, noch hinzugefügt werden kann. Möglicherweise besteht eine solche Ergänzungsbedürftigkeit gar nicht; denn die je konkrete menschliche Geschichte ist ja wohl mit den Begriffen „Bewustsein und Wille" sowie dem „menschlichen Ich" umfassend repräsentiert. Kurzum: Es bedarf auch bei Annahme gänzlicher Hinfälligkeit der körperlichen Materialität keines ‚körperfrei' konzipierten Leibes, um die Geschichtlichkeit des einen Menschen zu bewahren. Denn wenn die zeitlebens während Leib-Seele-Einheit wirklich und im Letzten ernst gemeint war, dann ist die Seele der todüberdauernde Repräsentant des Menschen einschließlich seiner unverwechselbaren Geschichtlichkeit.

Innerhalb der Theologiegeschichte hatte schon DURANDUS DE S. PORCIANO (1275–1334) die Auffassung vertreten, dass die Identität des Menschen in der Auferstehung mit dem Menschen zu Lebzeiten durch die die Materie formende Seele hinreichend gewährleistet sei. Wenn das richtig ist, müsste das auch für die Wahrung seiner individuellen und konkreten Geschichtlichkeit gelten können. Auch beim frühen RATZINGER findet sich dieser Gedanke, wenn er auch später gegenteilige Positionen verfochten hat.[39] Hier wird also auf die Einführung eines irgendwie spiritualistisch anmutenden Leib-Begriffs als dritter Größe verzichtet und in der gewiß nicht schlechtesten theologischen Tradition dem Begriff der Seele das zugemutet, was der Begriff der Materialität angesichts heutiger Kenntnisse von Stoffwechselprozessen sicher nicht leisten kann, nämlich die Herstellung und Bewahrung einer Kontinuität und Identität zwischen dem zu Lebzeiten in raum-zeitlicher Materialität existierenden oder gar befangenen und dem diese Endlichkeit im Tod überwindenden Menschen. Könnte nicht – modellhaft vorgestellt – was wir Seele nennen, so etwas wie die immaterielle Matrize sein, in die hinein sich, was wir Geschichtlichkeit des Menschen nennen, gewissermaßen wie eine materielle Patrize bleibend einprägt? So bliebe, was in unserer zeitlich-material-leiblich verfaßten unverwechselbaren Geschichte geschah, über allen Zerfall dieser leiblichen Existenzweise hinaus in dem, was wir Seele nennen, aufgehoben, d.h. der Endlichkeit enthoben, über sie hinaufgehoben und in der Unendlichkeit Gottes bewahrt. Die konkrete unverwechselbare Geschichte wäre im Sterben nicht der totalen Belanglosigkeit anheimgegeben, unwiderruflich entwertet und zerstört durch den posthumen Verfall des Leibes. Bei einer solchen ‚Funktionszuschreibung' für die Seele kann dann auch vom Leben über den Tod hinaus die Rede sein, ohne zur doppelten oder gar dreifachen Buchführung von Körper, Leib

---

[38] DH (siehe Anm. 20) Nr. 4653.
[39] *„Tatsächlich wird man (auch abseits dieser Materie-Form-Theorie) sagen dürfen, daß im allgemeinen Strom des Werdens grundsätzlich die Einheit der leibgestaltenden Seele entscheidend ist und hinlänglich auch die Leibeseinheit verbürgt."* Ratzinger 1957, Sp. 1053.

und Seele eine zweifelhafte Zuflucht nehmen zu müssen. Zugleich erfüllte ein solches geschichtsbewahrendes Verständnis von Seele das legitime und wichtige Anliegen bleibenden Weltbezugs.

Es stellt sich nun aber die Frage, was mit der körperlichen Materie, mit dem Leichnam geschieht, wenn eine Auferstehung im Tod angenommen und als Auferstehung des ganzen Menschen interpretiert wird. Wie bereits dargestellt wurde, kann schon zu Lebzeiten von keiner materiellen Identität des menschlichen Leibes die Rede sein, da er, wenn auch je nach chemischer Substanz mit unterschiedlicher Prozessdauer, einem ständigen Stoffwechsel unterliegt. Die menschliche Materialität durchläuft postmortal einen z.B. chemisch beschreibbaren Abbauprozess. Was der Chemiker hier konstatieren kann, ist eine Beschreibung und ein Ergebnis aus der ‚Hinterbliebenen-Perspektive'. Sie beschreibt das, was schon zu Lebzeiten nur zeitweise den menschlichen Leib ausmachte, auch wenn sie sich dessen letztem, aber deswegen keineswegs bleibendem, materiellen Ausdruck, d.h. seinem Leichnam widmet. Auch der nur noch katabolische Stoffwechsel des Leichnams kann schließlich in den anabolisch-katabolischen Stoffwechsel nicht nur eines anderen Lebewesens, sondern auch eines anderen Menschen integriert werden. Der Materialität, derer sich der achtzigjährige Greis sterbend ‚entledigt', kommt keine andere und größere Bedeutung zu, als der Materialität, derer er sich als fünfzigjähriger oder zwanzigjähriger Mann lebend und in diversen Stoffwechselwegen ‚entledigt' hat und die sich im sterbenden Greis nicht mehr findet. Die Vollendung der immer nur zeitweiligen menschlichen Materialität wäre zeitseitig sozusagen erst in dem Punkt anzunehmen, den die Hinterbliebenen-Perspektive als den Jüngsten Tag bezeichnet. Die Vollendung des ganzen Menschen im Tod kann als unabhängig von der zu allen Lebens- und Sterbenszeiten immer nur zeitweiligen menschlichen Materialität angenommen werden.

Aus diesen Überlegungen ergäbe sich damit folgendes: Die Materie insgesamt, auch die, die den menschlichen Körper prä- und postmortal ausgemacht hat und ausmacht, wird am zeitseitig Jüngsten Tag vollendet. Der ganze Mensch, dessen Geschichtsbezug sich eben auch in der Seele manifestiert und der erst in ihr die bleibende zeitübergreifende (individual)geschichtliche Einmaligkeit erhält, wird vollendet an seinem zeitseitigen Todestag. Die nur auf den ersten und zeitseitigen Blick irritierende Diastase zwischen der Vollendung des ganzen Menschen in seinem Tod an seinem Todestag und der Vollendung seiner zuletzt vorliegenden Materialität am Jüngsten Tag ist nur ein Artefakt der zeithaften Hinterbliebenen-Perspektive. Beide, die Vollendung des ganzen Menschen und die Vollendung seiner zeitweiligen und aller, ihm nie leibeigen gewesenen fremden Materialität, koinzidieren, wenn man diesen Begriff in seiner bereits dargelegten Vorläufigkeit noch gebrauchen darf, zeitjenseitig. RAHNER hatte geäußert:

> „Wer die Meinung vertritt, die eine und ganze Vollendung des Menschen nach ‚Leib' und ‚Seele' trete mit dem Tod unmittelbar ein, die ‚Auferstehung des Fleisches' und das ‚allgemeine Gericht' ereigne sich der zeitlichen Geschichte der Welt ‚entlang', und

beides fiele zusammen mit der Summe der partikulären Gerichte der Einzelmenschen, der ist nicht in Gefahr, eine Häresie zu verteidigen."[40]

Bei ihm werden also, zeitseitig betrachtet ist das richtig, Auferstehung und Gericht als diachrone Einzelereignisse und die Einzelgerichte in ihrer (die Diachronie nicht sprengenden?) Summe als allgemeines Gericht angesehen. Aber das ist nur die Hinterbliebenen-Perspektive. Der Versuch einer Überwindung dieser Hinterbliebenen-Perspektive interpretiert die zeitdiesseitige Diachronie nicht einfach nur als eine zeitjenseitige ‚Synchronie', sondern als zeitlose Identität von individuellem und Jüngstem Gericht und als zeitlose Identität von Vollendung durch Auferstehung des ganzen Menschen (an seinem zeitseitigen Todestag) und Vollendung ehemals und übergangsweise ‚leibeigener' und jeglicher Materialität (am zeitseitigen Jüngsten Tag).

Zur Veranschaulichung dieser gedanklichen Konstellation ließe sich vielleicht die nebenstehende Skizze nutzen (Abb. 4). Für die Bereiche außerhalb der durchgezogenen Linie wird das Fehlen jeglicher Zeittextur, für die Bereiche innerhalb aber die Durchgängigkeit einer Zeittextur (gestrichelte Linien) angenommen. Ewigkeit ist in dieser Darstellung nicht der beginnlose Prolog und der endlose Epilog zur Zeit und damit selbst in ihrer Kontinuität unterbrochen. Vielmehr ist alle Zeit unterfangen wie auch beginnend und beendend umfangen von Ewigkeit. Die Auferstehung im Tod ist nicht alternativ zur, sondern identisch mit der Auferstehung des ganzen Menschen am Jüngsten Tage.

---

[40] *Rahner* 1975, 456.

Auferstehung am Jüngsten Tag als Auferstehung im Tod

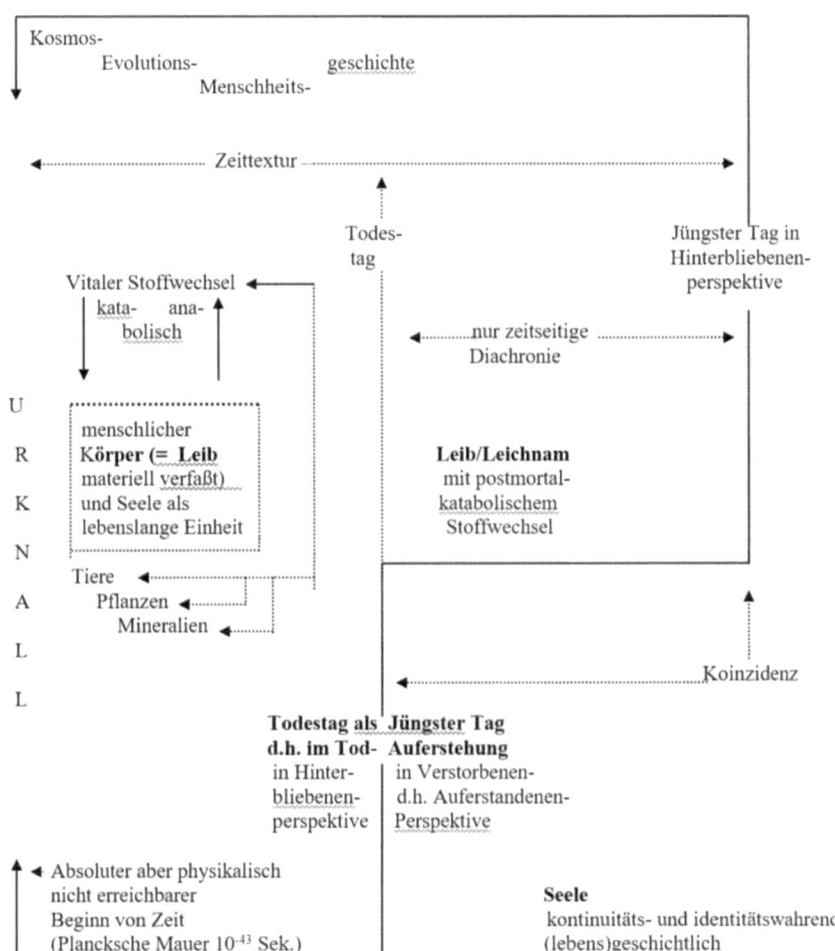

Abb. 4

Jürgen Spieß

Fakt oder Fiktion?
Ein Althistoriker zur Auferstehung

„Das Christentum steht und fällt
mit der Wahrheit einer historischen
Tatsachenbehauptung."
(Robert Spaemann, Philosoph)[1]

Althistoriker und Theologen haben gemeinsam, dass sie sich mit Texten aus dem 1. Jahrhundert nach Christus beschäftigen. Althistoriker befassen sich allerdings nur selten intensiv mit den Texten im Neuen Testament.

Als Doktorand der Alten Geschichte und damals Nichtchrist verblüffte mich die überaus große skeptische Haltung vieler Theologen gegenüber der historischen Zuverlässigkeit der Evangelien und der Apostelgeschichte. Die Göttinger Althistorikerin Helga Botermann formulierte die unterschiedliche Sichtweise von Althistorikern und Theologen – nachdem sie sich intensiv mit dem lukanischen Doppelwerk befasst hatte – pointiert: „Seit Jahren bin ich schockiert über die Art, wie die Neutestamentler mit ihren Quellen umgehen. Sie haben es geschafft, alles so in Frage zu stellen, dass sowohl der historische Jesus wie der historische Paulus kaum noch fassbar sind. Wenn die Althistoriker diese Maßstäbe übernähmen, könnten sie sich gleich verabschieden. Es gäbe nicht mehr viel zu bearbeiten."[2] Auch der Theologe Klaus Berger sieht die unterschiedliche Einschätzung der historischen Zuverlässigkeit durch Theologen und Althistoriker, weist aber darauf hin, dass sich inzwischen auch Theologen von der hyperkritischen Linie entfernen und dem Rat ihrer „weniger frommen Kollegen", den Althistorikern, folgend, den frühchristlichen Quellen über Jesus doch etwas mehr zutrauen.[3]

---

[1] R. Spaemann, Religion und Tatsachenwahrheit, in W. Oelmüller, Wahrheitsansprüche der Religionen heute, Paderborn 1986, 234.

[2] H. Botermann, Der Heidenapostel und sein Historiker. Zur historischen Kritik der Apostelgeschichte, in: Theologische Beiträge 24/2, 1993, 62–84, hier 64. Eine gekürzte Fassung dieses Artikels findet sich in: https://www.iguw.de/textsammlung/2010/der-heidenapostel-und-sein-historiker/ [Zugriff am 18.10.2023].

[3] K. Berger, Jesus, München 2004, 51.

Die Auferstehung von Jesus Christus ist die Grundlage des christlichen Glaubens und der christlichen Hoffnung. Alle Evangelien des Neuen Testaments schließen mit Berichten über diese Auferstehung. In den Reden der Apostelgeschichte wird die Auferstehung als zentrales heilsgeschichtliches Ereignis genannt. Nicht nur in den frühen Briefen (ca. 50 n.Chr.) des Apostels Paulus spielt sie eine zentrale Rolle. Hans-Joachim Eckstein hat alle Belegstellen für die Auferstehung bzw. die Auferweckung von Jesus in der Apostelgeschichte und in den Briefen (nicht nur von Paulus) zusammengestellt.[4]

Jesus von Nazareth lebte nicht irgendwann und irgendwo, sondern zur Zeit des römischen Präfekten Pontius Pilatus. Deshalb heißt es im Glaubensbekenntnis: „... gelitten unter Pontius Pilatus, gekreuzigt, gestorben und begraben, am dritten Tage auferstanden von den Toten." Pontius Pilatus war von 26–36 n.Chr. römischer Präfekt für Judäa. In seine Amtszeit fallen der Tod, das Begräbnis und die Auferweckung von Jesus. Der Tod, das Begräbnis und die Auferweckung von Jesus sind also datierbar und lokalisierbar.

Was können Althistoriker dazu sagen?

1. Wie arbeiten Althistoriker?

Althistoriker rekonstruieren vergangene Ereignisse aufgrund von Quellen und Indizien. Sie arbeiten nicht wie Naturwissenschaftler, die nach Wiederholbarkeit und Prognosefähigkeit suchen, um Gesetzmäßigkeiten zu erkennen und zu nutzen, sondern sie arbeiten wie Juristen. Wie Juristen fragen Althistoriker nach der Zuverlässigkeit der Zeugen und führen Indizienprozesse. Indizien müssen bewertet werden. Historiker (und Juristen) bewerten Indizien manchmal unterschiedlich. Bei Juristen kann es vorkommen, dass ein Berufungsgericht zu einem anderen Urteil kommt als das Gericht in erster Instanz, obwohl es keine neuen Indizien gibt. Aber das zweite Gericht bewertet die vorliegenden Indizien anders. Worin können diese Unterschiede begründet sein? Sie können begründet sein in der Lebens- oder Berufserfahrung. Manchmal spielt aber auch die Weltanschauung eine Rolle. Gerade bei der Auferstehung kann das von Bedeutung sein. Nach dem Neuen Testament lag der Auferstehung von Jesus ein Handeln Gottes in der Geschichte zugrunde. Wer nun als Historiker aus weltanschaulichen Gründen nicht glaubt, dass es einen Gott gibt, kann mit dieser Begründung nichts anfangen. Wer es aber als Historiker für möglich oder sogar für wahrscheinlich hält, dass es einen Gott gibt, bringt eine andere Offenheit gegenüber den Texten mit. Es ist also nicht ungewöhnlich, dass auch Historiker zu bestimmten Sachverhalten voneinander abweichende Meinungen haben.

---

[4] H.-J. Eckstein, Die Wirklichkeit der Auferstehung Jesu, in: H.-J. Eckstein/M. Welker (Hrsg), Die Wirklichkeit der Auferstehung, Neukirchen-Vluyn 2002, 26–30.

In seinem Klassiker „Über die historische Erkenntnis" schreibt der Althistoriker Henri-Irénée Marrou (Sorbonne), dass der Historiker seinen Quellen mit „Sympathie" und „Freundschaft" begegnen soll. Wer den Quellen mit Misstrauen begegnet, ist für die Arbeit eines Historikers nicht geeignet. Der Historiker „ ... darf gegenüber den Zeugen der Vergangenheit nicht jene verdrießliche, kleinliche und mürrische Haltung annehmen wie ein schlechter Polizist, dem jede vorgeladene Person a priori bis zum Beweis des Gegenteils als verdächtig und schuldig gilt; eine solche Überspitzung des kritischen Geistes wäre für den Historiker alles andere als eine Qualität, vielmehr ein grundlegendes Laster, das ihn praktisch unfähig machte, die wirkliche Bedeutung der zu untersuchenden Dokumente, ihre Tragweite und ihren Wert zu erkennen."[5] Eine ‚Hermeneutik des Verdachts' den Quellen gegenüber ist unangemessen. Der Historiker hat kritisch mit seinen Quellen umzugehen, aber: „Die Quelle hat zunächst grundsätzlich Anspruch auf Glaubwürdigkeit. Der Kritiker trägt die Beweislast."[6]

Auch vor Gericht ist es keine unbedeutende Frage, ob der Angeklagte seine Unschuld oder das Gericht die Schuld des Angeklagten beweisen muss. Übertragen auf die Quellen stellt sich dann die Frage: Müssen die Quellen ihre Vertrauenswürdigkeit gegenüber der ihnen entgegen gebrachten Kritik beweisen oder die Kritiker ihre Kritik gegenüber den Quellen?

Schon die Koryphäen unter den Althistorikern Theodor Mommsen und Eduard Meyer haben es nicht für sachgemäß gehalten, dass Lukas als Autor des Evangeliums und der Apostelgeschichte seine Glaubwürdigkeit ständig unter Beweis stellen muss.[7]

2. Welche Quellen gibt es über Jesus und die ersten Christen?

Die für den Historiker wichtigsten Quellen sind im Neuen Testament zusammengefasst: die Evangelien, die Apostelgeschichte und die Briefe. Briefe sind zwar primär keine Texte mit einer historischen Aussageabsicht, können aber wichtiges Material über ihre Zeit enthalten. Aus ihnen geht hervor, mit welchen Fragen sich die Menschen beschäftigt haben und welche Antworten sie gefunden haben.

Es gibt nur wenig Material außerhalb des Neuen Testaments, das für Historiker von Bedeutung ist:

---

[5] H.-I. Marrou, Über die historische Erkenntnis, Freiburg/München 1973, 115f.
[6] H. Botermann, Anm. 2, 66.
[7] Siehe H. Botermann, Das Judenedikt des Kaisers Claudius, Stuttgart 1996, 7. In diesem Buch findet sich eine ausführliche Diskussion über die historische Zuverlässigkeit der Apostelgeschichte: 29–43.

a) in einem Brief des stoischen Philosophen Mara bar Serapion (ca. 73 n.Chr.)
b) in den Jüdischen Altertümern des jüdischen Historikers Flavius Josephus (94 n.Chr.)
c) in einem Brief des römischen Legaten von Bithynien Plinius (der Jüngere) an den Kaiser Trajan (ca. 110 n.Chr.)
d) in den Annalen des römischen Historikers Publius Cornelius Tacitus (ca. 116/117 n.Chr.)[8]

Wenn die Hauptquellen über Jesus die Evangelien im Neuen Testament sind, so muss man sich mit zwei Fragen beschäftigen: Wollen sie als historische Berichte verstanden werden? Falls ja, sind sie historisch als zuverlässig einzuschätzen?

3. Lukas als Historiker

Der Evangelist Lukas äußert sich zu Beginn seines Evangeliums über seine Absichten und Vorgehensweise:

> „Viele haben es schon unternommen, Bericht zu geben von den Ereignissen, die unter uns geschehen sind, was uns die überliefert haben, die es von Anfang an selbst gesehen haben und Diener des Worts gewesen sind. So habe auch ich es für gut gehalten, nachdem ich alles von Anfang an sorgfältig erkundet habe, es für dich, hochgeehrter Theophilus, in guter Ordnung aufzuschreiben, damit du den sicheren Grund der Lehre erfahrest, in der du unterrichtet bist" (Lk 1,1–4).

Diesem Prolog kann man mindestens fünf Punkte entnehmen:
a) Lukas ist nicht der erste, der ein Evangelium schreibt. Es gab bereits schriftliche Vorlagen.
b) Er hat eigene Recherchen durchgeführt.
c) Bei seinem Bericht konnte er auf Augenzeugen zurückgreifen.
d) Er hat sein Evangelium nach bestimmten Kriterien aufgeschrieben (chronologisch und thematisch).

---

[8] Gesammelt, übersetzt und kommentiert bei F.F. Bruce, E. Güting, Außerbiblische Zeugnisse über Jesus und das frühe Christentum einschließlich des apokryphen Judasevangeliums, 5. Aufl., Gießen 2007:
Mara bar Serapion, 22–23;
Josephus, 27–36;
Plinius, 15–20;
Tacitus, 13–15.

e) Er hat es für einen gewissen Theophilus verfasst, der in der christlichen Lehre bereits unterwiesen war und dem Lukas nun die historischen Grundlagen dieser Lehre darstellen wollte.

Nach seinem Selbstverständnis will Lukas als Historiker ernst genommen werden.[9] Das gilt nicht nur für das Evangelium, sondern auch für die Apostelgeschichte. Teilweise hat Lukas Paulus begleitet (Wir-Passagen) und war selber Augenzeuge. 57 n.Chr. hielt er sich zusammen mit Paulus in Jerusalem auf und hat dort sehr wahrscheinlich weitere Augenzeugen getroffen.

Neben dem Credo aus 1. Korinther 15, 3–5a finden wir in der Apostelgeschichte durch die dort publizierten Reden aus den 30er und 40er Jahren die ältesten Quellen für Tod, Begräbnis und Auferstehung von Jesus. Die Rede von Petrus in Jerusalem (Apg 2,14–41) wurde bereits wenige Wochen nach Jesu Tod und Auferstehung gehalten. Reden wurden zwar nicht wörtlich aufgeschrieben, aber inhaltlich sinngemäß wiedergegeben. In dieser Vorgehensweise entsprechen sie der Wiedergabe der Reden in den Werken des Thukydides, die nach seiner eigenen Aussage auch nicht wörtlich, sondern sinngemäß wiedergegeben sind.[10]

Die Zuverlässigkeit von Lukas als Historiker hat vor kurzem der Althistoriker Alexander Weiß (Frankfurt/Main) anhand der Apostelgeschichte untersucht. Nach seiner Meinung unterscheiden sich Althistoriker und Neutestamentler „fast diametral" in der Bewertung der historischen Zuverlässigkeit. Wobei sich nicht nur Althistoriker von Neutestamentlern unterscheiden, sondern auch deutsche Neutestamentler von britischen. Die britischen Neutestamentler haben in der Regel eine altertumswissenschaftliche Ausbildung und schätzen die historische Zuverlässigkeit der Apostelgeschichte als hoch ein.[11] Auch bei der Bewertung der Reden in der Apostelgeschichte unterscheiden sich deutsche von britischen Neutestamentlern.[12]

---

[9] Siehe auch A.D. Baum, Der Lukasprolog zwischen Historiographie und Fachprosa, in: ders., Einleitung in das Neue Testament, Gießen 2017, 288–297 und H. Botermann, Anm. 2, 67–74. Der Oxforder Logiker Michael Dummett hat ausführlich dargelegt, dass man die Berichte über die Auferstehung auch aus sprachlicher Sicht als historische Berichte ansehen muss: M. Dummett, Biblische Exegese und Auferstehung, in: Communio 1984, 271–283.

[10] K. Haacker, Umstrittene Reden. Thukydides als Vorbild des Lukas? In: Theologische Beiträge 49/2, 2018, 102–119.

[11] A. Weiß, Soziale Elite und Christentum, Berlin/Boston 2015, 36–49. Auch die wenigen deutschen Altphilologen, die sich intensiv mit den Geschichtsbüchern des Neuen Testaments beschäftigt haben, bewerten die historische Zuverlässigkeit dieser Texte höher als die meisten Theologen: so Wolfgang Schadewaldt, Die Zuverlässigkeit der synoptischen Tradition, in: Theologische Beiträge 13, 1982, 201–223. Ebenso: https://www.iguw.de/textsammlung/2010/die-zuverlaessigkeit-der-synoptischen-tradition [Zugriff am 18.10. 2023]; neuerdings auch Christoph Wurm, Glaubwürdig: Die Apostelgeschichte – Lukas, der erste christliche Historiker, Holzgerlingen 2020.

[12] K. Haacker, Anm. 10.

Der Althistoriker A.N. Sherwin-White (Oxford) formuliert diese positive Sicht der Apostelgeschichte unmissverständlich: „For Acts the confirmation of historicity is overwhelming. [...] But any attempt to reject its basic historicity even in matters of detail must now appear absurd."[13] Beeindruckend ist nicht nur die geographische Detailkenntnis von Lukas, sondern auch, dass er alle römischen und griechischen Magistratsbeamten, die in der Apostelgeschichte erwähnt werden, mit den richtigen Titeln benennt. Solche detaillierten Angaben gibt es in apokryphen Apostelgeschichten nicht. Man muss wissen, dass es in jeder Stadt andere Titelbezeichnungen gab. Inzwischen konnten alle Amtsbezeichnungen, die bei Lukas vorkommen, durch Inschriften verifiziert werden.[14] Bei Tacitus stimmen z.B. nicht alle Amtsbezeichnungen. So nennt er Pontius Pilatus anachronistisch Prokurator, aber er war Präfekt von Judäa. „ ... und das ist nur eines von vielen Beispielen ungenauer oder nicht exakter Terminologie, die sich aus der antiken Historiographie anführen ließen."[15] Allein das Beispiel der Amtsbezeichnungen zeigt, dass es dem Historiker Lukas auf Genauigkeit ankam.

Darüber hinaus arbeitet Lukas in der Apostelgeschichte „mit relativen chronologischen Angaben, wie Reise- und Verweildauer und jüdischen ‚Festzeiten'. [...] nur wo der Autor den Geschehnissen nahe war oder wo er sonstiges Material aus erster Hand besaß, ist er präzise und rechnet nach Tagen, Wochen und Monaten. D. h. er ist ehrlich und erfindet keine Daten."[16] Adolf von Harnack, einer der führenden liberalen Theologen, schrieb dazu: „Kann man sich einen vertrauenerweckenderen Tatbestand wünschen? ... Die Erkenntnis der Glaubwürdigkeit des Buchs wird also durch eine genaue Untersuchung des chronographischen Verfahrens des Verfassers, wo er redet und wo er schweigt, erhöht."[17]

Diese überprüfbare Zuverlässigkeit des Lukas in der Apostelgeschichte rechtfertigt eine positive Bewertung seiner Zuverlässigkeit auch in der Abfassung seines Evangeliums.

---

[13] A.N. Sherwin-White, Roman Society and Roman Law in the New Testament, Oxford 1963, 189.

[14] Siehe A. Weiß, Anm. 11, 37; ders., Politische Amtsträger und Ämter in der Apostelgeschichte, in: J. Verheyden u.a. (Hrsg.), Epigraphical Evidence Illustrating Paul's Letter to the Colossians, Tübingen 2018, 221–237; A. Gerstacker, Was geschah an Weihnachten? Marburg 2016, 18f.; grundlegend zur historischen Zuverlässigkeit der Apostelgeschichte: C.J. Hemer, The Book of Acts in the setting of Hellenistic history. WUNT 49, Tübingen 1989.

[15] A. Weiß, Anm. 11, 44.

[16] H. Botermann, Anm. 2, 40.

[17] Zitiert nach H. Botermann, Anm. 2, 40

4. Wie groß ist der zeitliche Abstand der Evangelien und der Apostelgeschichte zu den von ihnen überlieferten Ereignissen?

Die Evangelien wurden entweder zwischen den 60er und 90er Jahren oder zwischen den 40er und 60er Jahren in der uns heute vorliegenden Form verfasst. Sie gehen auf Augenzeugenberichte zurück.

Nach der Mehrheitsmeinung der Theologen entstand das Markusevangelium um das Jahr 70, Matthäus und Lukas nach 70 und das Johannesevangelium in den 90er Jahren. Eine Minderheit, darunter auch Historiker, geht von einer letzten Fassung der Evangelien zwischen den 40er und 60er Jahren aus.

Das entscheidende Indiz für die Datierung der Evangelien ist die Zerstörung Jerusalems durch die Römer im Jahre 70 n.Chr. Die Zerstörung der Stadt und des Tempels war ein so einschneidendes Ereignis, dass sich ein Echo darauf in den Evangelien finden müsste, wenn diese nach 70 geschrieben worden wären. Für die meisten Theologen gibt es dieses Echo in den Prophezeiungen Jesu über Jerusalem zum Beispiel bei Lukas 19,43f: „Denn es wird eine Zeit über dich kommen, da werden deine Feinde um dich einen Wall aufwerfen, dich belagern und von allen Seiten bedrängen, und werden dich dem Erdboden gleichmachen samt deinen Kindern in dir und keinen Stein auf dem andern lassen in dir...". Viele unterstellen den Autoren der Evangelien (oder ihren Gewährsleuten), sie hätten dieses Wort nachträglich Jesus in den Mund gelegt und datieren deshalb die Abfassung der Evangelien auf die Zeit nach 70. Dieses Argument hat folgende Voraussetzung: Man hält es nicht für möglich, dass ein Mensch zu seinen Lebzeiten etwas voraussagt, das erst nach seinem Tode eintritt. Ist diese Annahme überzeugend?

Flavius Josephus (unsere wichtigste Quelle)[18] schreibt über die Zerstörung Jerusalems: Die Stadtmauern wurden mechanisch und der Tempel wurde durch Feuer zerstört. Bei sich anschließenden Kämpfen wurden auch noch Teile der Stadt niedergebrannt. Feuer spielte also bei der Zerstörung des Tempels die zentrale Rolle. Feuer wird aber bei den überlieferten Prophezeiungen von Jesus nicht erwähnt. Der Theologe John Robinson und der Althistoriker Alexander Mittelstaedt haben sich ausführlich mit der Zerstörung Jerusalems beschäftigt.[19] Sie sind der Meinung, dass die überlieferten Prophezeiungen von Jesus zu unspezifisch sind, als dass sie als Belege für eine Abfassungszeit der Evangelien nach der Zerstörung Jerusalems herangezogen werden können. Zusätzlich verweist Robinson darauf, dass es sich bei den Worten von Jesus um Zitate aus dem Alten Testament handelt. Obwohl die Zerstörung Jerusalems und des Tempels für das Leben und den Glauben der Juden eine epochale Katastrophe war, findet sich nach Robinson

---

[18] Flavius Josephus, Bellum 6,1,1/1–8,5/408.
[19] J.A.T. Robinson, Wann entstand das Neue Testament? Paderborn, Wuppertal 1986, 23–39; A. Mittelstaedt, Lukas als Historiker. Zur Datierung des lukanischen Doppelwerkes, Tübingen 2006, 84f.

und Mittelstaedt weder im Lukasevangelium, noch in der Apostelgeschichte irgendein Hinweis darauf. Deshalb sind sie davon überzeugt, dass das lukanische Doppelwerk vor dem Jahre 70 abgefasst sein muss.

Hermann Bengtson, einer der bedeutendsten Althistoriker des 20. Jahrhunderts und Verfasser wichtiger Handbücher zur griechischen und römischen Geschichte, geht in seinem Buch „Die Flavier" von der Echtheit dieser Prophezeiungen durch Jesus aus und schreibt: „Übrigens waren auch die Christen über den Untergang Jerusalems mit ihren heiligen Stätten zutiefst bestürzt. Aber Jesus Christus hatte das Ende der Stadt vorausgesagt, ein Grund mehr für seine Anhänger, in ihm den Heiland und den Sohn Gottes zu sehen".[20] Man kann also die Prophezeiung über die Zerstörung Jerusalems als Fälschung ansehen, Worte, die Jesus nachträglich in den Mund gelegt wurden, und sie dann als Datierungsgrundlage benutzen oder man kann sie für echte Jesus-Worte halten, von denen später sogar eine glaubensstärkende Wirkung ausgegangen ist. Es gibt keinen überzeugenden Hinweis dafür, dass die Verfasser der Evangelien ihre Leser vorsätzlich täuschen wollten. Auch hier hat der Kritiker die Beweislast. Für eine Datierung der Abfassung der Evangelien nach 70 ist die Prophezeiung von Jesus als einziges Argument nicht haltbar.

Das gilt gleichermaßen für die Abfassung der Apostelgeschichte. Auch hier kann ein Hinweis auf die Zerstörung Jerusalems und des Tempels nicht nachgewiesen werden. Beim Lesen von Apostelgeschichte 3,1–11 kommt man nicht auf den Gedanken, dass der Tempel zur Zeit der Abfassung der Apostelgeschichte schon zerstört gewesen wäre! Adolf von Harnack ging davon aus, dass die Apostelgeschichte Anfang der 60er Jahre geschrieben sein muss.[21] Leider sind ihm andere liberale Theologen darin nicht gefolgt.

Ob man sich nun der Mehrheitsmeinung (70er bis 90er Jahre) oder der Minderheitsmeinung (40er bis 60er Jahre) anschließt, grundsätzlich ist der zeitliche Abstand der Abfassung der Apostelgeschichte und der Evangelien zu den berichteten Ereignissen historisch gesehen sehr kurz. Das zeigt ein Vergleich mit der Überlieferung über den Kaiser Tiberius, einem Zeitgenossen von Jesus. Die von den Althistorikern als zuverlässig und deshalb sehr positiv eingeschätzten Berichte über ihn stammen erst aus dem 2. bzw. 3. Jahrhundert.[22]

Tacitus beispielsweise hatte zu den von ihm berichteten Ereignissen in der Regel eine viel größere zeitliche Distanz als die Autoren des Neuen Testaments.

---

[20] H. Bengtson, Die Flavier, München 1979, 77.
[21] A. Weiß, Anm. 11, 39.
[22] A. Gerstacker in: S. Lange (Hrsg.), Frag los! Neukirchen-Vluyn, 2021, 108–111.

5. Ablauf der Ereignisse

Jesus von Nazareth wurde sehr wahrscheinlich am 7. April des Jahres 30 n.Chr. „auf Betreiben der jüdischen Oberschicht" (Flavius Josephus) vom römischen Präfekten Pontius Pilatus gekreuzigt.[23] Hinrichtung und Tod werden in den Paulusbriefen, den Evangelien, der Apostelgeschichte, bei Flavius Josephus und bei Tacitus überliefert. Bis in die neueste Zeit wird immer wieder darüber spekuliert, ob Jesus bei seiner Kreuzigung überhaupt gestorben sei.[24] Alle Quellen aus dem ersten Jahrhundert berichten von seinem Tod. Nach Johannes 19, 34 stellten römische Soldaten den Tod von Jesus fest. Es ist von daher unberechtigt, alle vorliegenden Quellen einfach zu ignorieren und sich stattdessen wilde Spekulationen auszudenken.

Nach den Berichten aller Evangelien wurde der Leichnam von Jesus in das nahe gelegene Felsengrab des Josef von Arimathia gebracht. Dieser war ein Mitglied des Synhedriums, hatte aber am Prozess gegen Jesus nicht teilgenommen. Er bat Pilatus um den Leichnam von Jesus, denn nach jüdischem Gesetz sollte kein am Kreuz Getöteter über Nacht am Kreuz bleiben, sondern noch am selben Tag begraben werden (Dtn 21, 22–23). Der Ratsherr Nikodemus half ihm bei der Grablegung (Jo 19, 39–42). Auch bei hingerichteten Personen war es durchaus üblich, dass sie privat und nicht in Massengräbern bestattet wurden. Das hat der Althistoriker Mark D. Smith nachgewiesen.[25]

Wenige Wochen nach der Grablegung hält Petrus eine Rede in Jerusalem über den gekreuzigten Jesus: „Diesen Jesus hat Gott auferweckt; dessen sind wir alle Zeugen" (Apg 2, 32). Was geschah zwischen der Grablegung von Jesus und dieser Rede des Petrus? Nach den Berichten der Evangelien geschah folgendes:

6. Das leere Grab

Der 7. April 30 n.Chr. war der Tag vor einem Sabbat. Nach dem Sabbat am frühen Morgen („als es noch dunkel war") gingen einige Frauen zum Grab, dessen Lage ihnen bekannt war (Mk 15,47). Sie wollten dem Leichnam durch Salbung eine letzte Ehre erweisen. Auf dem Wege zum Grab war ihr wichtigster Gedanke: Wer rollt uns den Stein weg? Nach übereinstimmender Aussage aller Evangelien fanden sie das Grab leer vor. Sie waren überrascht und schockiert, denn damit hatten sie nicht gerechnet. Sie liefen zu den Jüngern, um ihnen ihre schockierende Entdeckung mitzuteilen: „Sie haben ihn weggelegt und wir wissen nicht, wo sie ihn hingelegt haben" (Jo 20, 2). Die Jünger glaubten ihnen zunächst nicht. Petrus und

---

[23] R. Riesner, Messias Jesus, Gießen 2019, 336.
[24] R. Riesner, Kein Tod auf Golgatha? – Zur neuesten Scheintod-Hypothese, in: Theologische Beiträge 50/2, 2019, 112–115.
[25] R. Riesner, Anm. 23, 393.

Johannes liefen zum Grab, um sich selber zu überzeugen. Das Verhalten der Frauen und der Jünger macht deutlich, dass keiner mit der Auferstehung von Jesus gerechnet hatte. Im Gegenteil: Als sie sahen, dass das Grab leer war, waren sie entsetzt.

Zu den Zeugen des leeren Grabes gehören auch die Soldaten, die das Grab bewachen sollten. Der Althistoriker Robert Knapp (Berkeley) hält den Bericht über die Bestechung der Soldaten (Mt 28, 11–15) angesichts des leeren Grabes für historisch zuverlässig.[26]

Das leere Grab ist kein hinreichendes, aber ein notwendiges Indiz für die Auferstehung. Es ist deshalb nicht hinreichend, weil es verschiedene Gründe geben kann, warum ein Grab leer ist – zum Beispiel: Diebstahl oder Verlegung des Leichnams. Schon unmittelbar nach Auffindung des leeren Grabes brachten die Kritiker Leichenraub als Erklärung in Umlauf (Mt 28,13). Diese Erklärung ist ein Hinweis darauf, dass die Jünger die Leiblichkeit der Auferstehung verkündigt haben. Hätten sie nur eine geistige Auferstehung verkündigt, wäre es belanglos gewesen, ob der Leichnam auffindbar war oder nicht. Auffindbar im Grab waren nur noch die Leinentücher, mit denen der Tote umwickelt war. Das Schweißtuch war ordentlich zusammengelegt (Jo 20, 4–7). Hier stellt sich die Frage, ob man einen Toten erst aus den Tüchern wickelt und diese ordentlich zusammenlegt, wenn man ihn danach aus dem Grab rauben will.

Nur wenige Wochen nach der Kreuzigung verkündigte Petrus in Jerusalem, dass der gekreuzigte Jesus durch Gott von den Toten auferweckt worden war. Diese Botschaft hätte sich in Jerusalem nicht einmal Stunden halten können, wenn man den Leichnam hätte vorweisen können. Die Formulierung bei Mt 28,15: „ ... und das behaupten sie bis auf den heutigen Tag" lässt darauf schließen, dass das Grab zur Zeit der Abfassung des Matthäusevangeliums leer war. „Man fand und zeigte aller Wahrscheinlichkeit nach wirklich ein leeres Grab, und wenn wir nicht alles im Sinne der Juden für Schwindel und nachträgliche Mache erklären wollen, so ist es nicht einzusehen, warum dessen Entdeckung nicht so, nicht durch diese Personen und zu dem Zeitpunkt erfolgt sein sollte, wie es uns die älteste Überlieferung an die Hand gibt. Alles andere ist unkontrollierbar. Wer mit einer Umbettung, Verwechslung oder sonstigen Unglücksfällen rechnen möchte, kann seine Phantasie natürlich beliebig spielen lassen – hier ist alles möglich und nichts beweisbar. Aber das hat mit kritischer Forschung dann nichts zu tun", so der Kirchenhistoriker Hans von Campenhausen.[27]

Der durchaus skeptische britische Althistoriker Michael Grant (Edinburgh) schreibt: „Wenn wir ... hier die gleichen Kriterien wie bei anderen antiken histo-

---

[26] R. Knapp, Römer im Schatten der Geschichte, Stuttgart 2012, 243f.
[27] H. v. Campenhausen, Der Ablauf der Osterereignisse und das leere Grab, Heidelberg 1952, 39.

rischen Quellen anwenden, dann müssen wir sagen, es wird deutlich und glaubhaft festgestellt, dass die Gruft verlassen aufgefunden wurde."[28] Und wir sollten bei neutestamentlichen Texten in der Tat die gleichen Kriterien anwenden wie bei allen anderen antiken Texten.

Auch das Credo in 1. Kor 15,3–5a (sehr wahrscheinlich aus den 30er Jahren[29]) setzt das leere Grab voraus: gestorben, begraben, auferweckt, gesehen.[30] Bei den Verben ‚gestorben' und ‚begraben' ist eindeutig der Leib gemeint. Warum sollten sich ‚auferweckt' und ‚gesehen' nur auf den Geist beziehen?

In den Berichten über das leere Grab finden sich Differenzen z.B. über die Anzahl der Frauen, die zum Grab gingen. Übereinstimmend in allen Quellen aber ist, dass es mehrere Frauen waren. Das gilt auch für das Johannesevangelium. Hier ist zwar zunächst nur von Maria Magdalena die Rede, aber als sie den Jüngern vom leeren Grab berichtet, sagt sie: „Wir wissen nicht, wo sie ihn hingelegt haben." Kern der Aussage ist in allen Evangelien: Die ersten Zeugen des leeren Grabes waren Frauen und unter ihnen war auf jeden Fall Maria Magdalena. Die Anzahl der Frauen spielt keine entscheidende Rolle. Manche Kritiker haben solche Differenzen zur Grundlage ihrer Skepsis gegenüber den Berichten vom leeren Grab gemacht. Differenzen sind aber für Historiker (und Juristen) keine Argumente, um einen Bericht in Frage zu stellen. Es kommt vielmehr darauf an zu klären, ob die Differenzen sich im Kern oder im Nebensächlichen des Berichtes befinden. Deshalb ist die Frage wichtig, in welchen Punkten alle Berichte übereinstimmen. In der Kernaussage, dass das Grab leer war, stimmen alle überein.

Insgesamt gibt es Übereinstimmung in folgenden Punkten:
1. Jesus wurde auf Betreiben der jüdischen Oberschicht gekreuzigt.
2. Nachdem er gestorben war, wurde er in das Felsengrab des Josef von Arimathia gelegt.
3. Am dritten Tag nach der Kreuzigung gingen Frauen zum Grab, um seinen Leichnam zu salben.
4. Zu diesen Frauen gehörte Maria Magdalena.
5. Die Frauen fanden das Gab leer vor.
6. Die Frauen erhielten die Botschaft, dass Jesus auferstanden ist.

Würden alle Evangelien in allen Details übereinstimmen, wären die Historiker sehr misstrauisch. Denn differierende Berichte zeigen, dass Unterschiede in den Quellen nicht von einem Redaktor geglättet wurden. Es spricht gerade für die historische Zuverlässigkeit der Substanz der Berichte, dass es Differenzen in Details

---

[28] M. Grant, Jesus, Bergisch Gladbach 1981, 234.
[29] Selbst der Auferstehungskritiker G. Lüdemann, mit dem ich 2009 diskutiert habe, geht von diesem frühen Datum aus: G. Lüdemann, Die Auferstehung Jesu – Historie, Erfahrung, Theologie, Göttingen 1994, 58.
[30] M. Hengel, Das Begräbnis Jesu bei Paulus und die leibliche Auferstehung aus dem Grabe, in: F. Avemarie und H. Lichtenberger (Hrsg.), Auferstehung – Resurrection, WUNT 135, Tübingen 2001, 119–183.

gibt. Dazu der Althistoriker Erich Stier (Münster): „Die Quellen für die Auferstehung Jesu in ihrer relativ großen Widersprüchlichkeit im einzelnen stellen für den Historiker gerade ein Kriterium außerordentlicher Glaubwürdigkeit dar. Denn wäre das die Konstruktion einer Gemeinde oder einer sonstigen Gruppe, dann wäre sie lückenlos geschlossen und einleuchtend. Daher ist jeder Historiker gerade dann besonders skeptisch, wenn ein außergewöhnliches Ereignis nur in völlig widerspruchsfreien Darstellungen berichtet wird."[31]

Ähnlich äußerte sich der Althistoriker Hermann Strasburger (Freiburg) zum Verhältnis von Widersprüchen und Glaubwürdigkeit im Neuen Testament: „Gerade die Fülle von historischer Unstimmigkeit spricht für eine ... zwar wild, aber echt gewachsene, mündliche Kunde, deren ehrliches Grundbestreben in den Anfängen der Traditionsbildung doch sichtlich gewesen war, möglichst genaue Erinnerung an Jesus, seine Lehre und Verkündigung zu bewahren, also wahrhaftiges Zeugnis abzulegen. Und gerade dieser einzigartige, nicht fälschbare Gesamteindruck ist in den kanonischen Evangelien ... unbezweifelbar festgehalten, mögen noch so viele Einzelheiten der Berichte weiterhin, und vielleicht für immer, strittig bleiben."[32]

Das leere Grab ist auch in der Apostelgeschichte zentraler Teil in der Verkündigung von Petrus in Jerusalem (Apg 2, 29 und 31) und Paulus in Antiochien (Apg 13, 35–37). Das Grab Davids wird hier unter Verweis auf Psalm 16, 10 dem Grab Jesu gegenüber gestellt. „David ... hat die Verwesung gesehen. Der aber, den Gott auferweckt hat, der hat die Verwesung nicht gesehen."

In den Evangelien wird das leere Grab am „ersten Tag" der Woche entdeckt. In 1. Kor. 15,4 heißt es: auferweckt am „dritten Tage". Hier ist der dritte Tag chronologisch gemeint und nicht als Erfüllung der Prophezeiung von Hosea 6,2, denn dieser Vers wird im Neuen Testament an keiner Stelle zitiert. Er taucht in diesem Zusammenhang erstmals im 3. Jahrhundert auf.[33] Jesus hatte auf seine Auferstehung am „dritten Tage" mehrfach hingewiesen (Mk 8,31; 9,31; 10,33; Mt 12,40–42; vgl. auch Mt 27,62–66; Jo 2,19–22; Mk 14,58; Mt 26,61).

Im Zusammenhang mit dem leeren Grab ist vielleicht eine Inschrift aus Nazareth zu sehen, die aus der ersten Hälfte des 1. Jahrhunderts stammt. In ihr wird Schändung der Totenruhe und Leichenraub unter Todesstrafe gestellt. Einige Althistoriker haben dieses Edikt mit dem leeren Grab in Verbindung gebracht.[34] Für ein solches Edikt muss es einen konkreten Anlass gegeben haben. Der Vorwurf des Leichenraubs gegenüber den Christen spielte über einen längeren Zeitraum eine große Rolle (Mt 28,15b).

---

[31] E. Stier, in: Deutsches Institut für Bildung und Wissen: Moderne Exegese und historische Wissenschaft, Trier 1972, 152. Zitiert nach H. Staudinger, Die historische Glaubwürdigkeit der Evangelien – 5. völlig neu bearb. Aufl. – Wuppertal 1988, 90.
[32] H. Strasburger, Die Bibel in der Sicht eines Althistorikers, in: ders., Studien zur Alten Geschichte, Hildesheim 1990, 317–339, hier 336f.
[33] Siehe M. Hengel, Anm. 30, 132–134.
[34] E. Stauffer, Jesus, Bern 1957, 111, Anm. 117; F.F. Bruce, Anm. 8, 198.

7. Die Begegnungen mit dem Auferstandenen

Die Entdeckung des leeren Grabes führte weder bei den Frauen noch bei den Jüngern zu der Überzeugung, dass Jesus auferstanden war – es sei denn, dass Johannes (der „andere Jünger"), als er die Leinentücher im Grab sah, bereits an die Auferstehung von Jesus glaubte (Jo 20,3–10). Erst die Begegnungen mit dem Auferstandenen änderten die Situation. Diese Begegnungen ereigneten sich gegenüber unterschiedlichen Personen, zu verschiedenen Zeiten und an unterschiedlichen Orten. Sie fanden einen zeitlichen Abschluss in der Himmelfahrt, denn Jesu irdisches Leben endete nicht mit der Grablegung. Die einzige Begegnung nach der Himmelfahrt, die im Neuen Testament berichtet wird, ist die Berufung des Apostels Paulus (1.Kor 9,1 und 15,8).

Jesus begegnete den Frauen, Petrus, den Aposteln, fünfhundert Brüdern auf einmal, seinem Bruder Jakobus und anderen. Bemerkenswert ist die Notiz von Paulus (1.Kor 15,6) über die fünfhundert Brüder als Augenzeugen, „von denen die meisten jetzt noch leben". Es können also weiterhin Augenzeugen befragt werden (zwischen der Auferstehung und der Abfassung des 1. Korintherbriefes liegen etwa fünfundzwanzig Jahre). Paulus will mit dieser Aussage keinen historischen Beweis liefern, sondern die Korinther nur an etwas erinnern, was sie schon wissen, denn die Auferstehung Jesu war bei ihnen nicht umstritten. Umstritten war nur die Frage der eigenen Auferstehung.

Das manchmal vorgebrachte Argument, den Begegnungen der Jünger mit dem Auferstandenen lägen Halluzinationen zu Grunde, ist irreal, sonst hätten fünfhundert Jünger auf einmal eine Halluzination gleichen Inhalts haben müssen.

Erwähnenswert ist auch, dass Jakobus, ein Bruder von Jesus, als Zeuge des Auferstandenen genannt wird (1.Kor 15,7). Er – wie auch seine Brüder – standen Jesus sehr kritisch gegenüber (Jo 7,5; Mk 3,21). Nach der erwähnten Erscheinung aber wird er eine der tragenden Säulen der entstehenden christlichen Gemeinde in Jerusalem (Gal 2,9).

In den Begegnungen mit dem Auferstandenen ging es vor allem um zwei Punkte:

Die Augenzeugen sollten erkennen, dass der Auferstandene identisch mit dem Gekreuzigten war. Deshalb redete er sie an, zeigte ihnen seine Wunden und brach vor ihren Augen das Brot. Sie erkannten ihn nicht von sich aus, sondern die Initiative ging immer von dem Auferstandenen aus.

Außerdem wollte Jesus sie davon überzeugen, dass er kein Geist ist: „Seht, meine Hände und meine Füße, ich bin's selber. Fasst mich an und seht; denn ein Geist hat nicht Fleisch und Knochen, wie ihr seht, dass ich sie habe" (Lk 24, 39f). Auf dieses Ereignis bezieht sich Petrus in seiner Rede vor dem römischen Hauptmann Kornelius: „ ... die wir mit ihm gegessen und getrunken haben, nachdem er auferstanden war von den Toten" (Apg 10, 41b). Die Leiblichkeit der Auferstehung wird auch bei Matthäus beschrieben: „Und sie traten zu ihm und umfassten seine

Füße ..." (Mt 28,9) und bei Johannes (Jo 21,13; Jo 20,17 und 27). Ebenso weist Mk 16,6f auf die Leiblichkeit hin.

Die leibliche Auferstehung von Jesus ist aber keine Auferstehung in seine frühere physische Existenz wie bei Lazarus, sondern eine Auferstehung in die neue Welt Gottes. Er ist der Erstgeborene der neuen Schöpfung (1. Kor 15,20 und Kol 1,15). Das beinhaltet sowohl Kontinuität (Erkennbarkeit, Körperlichkeit) als auch Diskontinuität zum irdischen Leben von Jesus.

8. Was an den Auferstehungsberichten der Evangelien auffällt

N. T. Wright, Altertumswissenschaftler und einer der bekanntesten Theologen im englischen Sprachraum, weist im Zusammenhang mit den Auferstehungsberichten auf vier Überraschungen hin:[35]

Alle Berichte kommen ohne Zitate oder Bezüge zum Alten Testament aus, die sich vorher zahlreich bis in die Passionsgeschichte hinein finden. Erstaunlich deshalb, weil gerade

> „die Auferstehung Jesu seit den frühesten Tagen der Tradition als etwas angesehen wurde, das eben genau ‚nach der Schrift' geschehen war – wir sahen das in 1. Korinther 15,4 und durchgängig in der nachfolgenden Tradition von Paulus bis Tertullian. ... es war der frühen Kirche äußerst wichtig, dass die Auferstehung auch als eine solche vermittelt wurde, und zwar in der Predigt der Kirche (Apostelgeschichte 2 und 13 sind offensichtliche Beispiele) ... Wie leicht wäre es z. B. gewesen, die Story in der erhöhten und würdigen Sprache der Erfüllung von Prophetie zu erzählen."[36]

Der eigentliche Auferstehungsvorgang wird in keinem Evangelium beschrieben. Es gibt nur Berichte über die Folgen der Auferstehung. Die Autoren beschränken sich auf das, was sie sicher wussten. Jesus erscheint nicht als Lichtgestalt mit leuchtendem Angesicht und weißstrahlenden Kleidern (vgl. Mt 17,2). Im Gegenteil: die ersten Augenzeugen erkennen ihn nicht. Maria Magdalena hält ihn für den Gärtner.

Keiner der Berichte in den Evangelien stellt einen Zusammenhang her zwischen der Auferstehung von Jesus und der allgemeinen christlichen Auferstehungshoffnung wie wir sie in den Briefen finden z.B. 1. Korinther 15 oder Römer 8,11: „Wenn nun der Geist dessen, der Jesus von den Toten auferweckt hat, in euch wohnt, so wird er, der Christus von den Toten auferweckt hat, auch eure sterblichen Leiber lebendig machen durch seinen Geist, der in euch wohnt."

---

[35] N.T. Wright, Die Auferstehung des Sohnes Gottes, Marburg 2014 (London 2003), 728–738.
[36] N.T. Wright, Anm. 35, 728f.

Alle Berichte erwähnen Frauen als erste Zeugen. „Angesichts der sehr frühen Tradition von 1. Korinther 15 (in denen keine Frauen vorkommen, Anm. d.Vf.) muss man fragen: Woher kamen sie?"

Das Zeugnis von Frauen galt damals nicht viel. Der jüdische Historiker Flavius Josephus (38–100 n.Chr.) schrieb: „Das Zeugnis der Frau ist nicht rechtsgültig wegen der Leichtfertigkeit und Dreistigkeit des weiblichen Geschlechts."[37] Aus apologetischen Gründen machte es keinen Sinn, Frauen als erste Zeugen zu erfinden. Dass die Autoren keine Männer als Zeugen erfunden haben, „ ... zeigt uns entweder, dass jeder in der frühen Kirche wusste, dass die Frauen, angeführt von Maria Magdalena, tatsächlich die ersten am Grab waren, oder es sagt uns, dass die frühe Kirche gar nicht so erfinderisch war, wie das sich die Kritiker üblicherweise vorgestellt haben, oder beides."[38] Zu dieser Frage schreibt Michael Grant: „... die christliche Urgemeinde hätte niemals von sich aus eine Geschichte erfunden, in der diese bedeutendste und heiligste Entdeckung von Frauen gemacht wird, dazu noch von einer Frau, der man einen unmoralischen Lebenswandel nachweisen konnte."[39]

9. Veränderungen im Leben der Jünger

Wenn sich Menschen ungewöhnlich verhalten, suchen nicht nur Historiker nach Erklärungen. Mit dem Pfingstereignis trat eine radikale Veränderung der Jünger nach außen in Erscheinung.[40] Über Jerusalem hinaus verkündigten sie die Auferstehung trotz Spott, Verfolgung und Tod. Sie beteten Jesus als Gott an, obwohl sie aus einer exklusiv monotheistischen Gesellschaft kamen. Und sie beteten einen Gekreuzigten als Gott an, obwohl es in Dtn 21,23 heißt: „Verflucht von Gott ist, wer am Kreuze hängt" (vgl. auch Gal. 3,13). Außerdem trafen sie sich zusätzlich zum Sabbat auch am Sonntag, dem „ersten Tag" der Woche, vergleichbar mit unserem Montag, zu gottesdienstlichen Veranstaltungen (Apg 20,7). Sie brachten im Tempel keine Opfer mehr dar. Was ist dafür die beste Erklärung?

Es ist unbestritten, dass der christliche Glaube sich schnell ausbreitete und innerhalb weniger Jahre christliche Gemeinden entstanden sind. Von Anfang an setzten sich die Jünger für die Verbreitung ihrer Botschaft ein. Das ist für Juden ungewöhnlich, denn das Judentum war und ist keine missionierende Religion.

Weil die Jünger von der Wahrheit der Auferstehung überzeugt waren, waren sie auch bereit, dafür in den Tod zu gehen. Es gab und gibt zwar immer wieder

---

[37] Flavius Josephus, Antiquitates 4,8,15.
[38] N.T. Wright, Anm. 35, 737.
[39] M. Grant, Anm. 28, 234.
[40] Siehe dazu auch H. Staudinger, Die Auferstehung Jesu im Lichte kritischer historischer Forschung, in: A. Bommarius (Hrsg.), Fand die Auferstehung wirklich statt? Düsseldorf/Bonn 1995, 55–82.

Menschen, die für etwas, was sie für wahr halten, in den Tod gehen, obwohl es nicht wahr ist. Aber es dürfte kaum vorkommen, dass jemand oder sogar ganze Gruppen in den Tod gehen für etwas, von dem sie wissen, dass es nicht wahr ist. Die Jünger jedoch waren dem Auferstandenen begegnet. Sie waren Zeugen der Ereignisse (Apg 2,32).

10. Auferstehung – ein Mythos?

In der Neuzeit wird die Auferstehung von Jesus oft als ein Mythos oder eine Legende bezeichnet, weil man das Wunder der Auferstehung dem modernen Menschen nicht zumuten will. Wer aus diesem Grund die Auferstehung ablehnt, lehnt sie nicht aus historischen, sondern aus weltanschaulichen Gründen ab. Die Botschaft von der leiblichen Auferstehung war für den „antiken Menschen" vor der Aufklärung genauso eine Zumutung wie für den „modernen Menschen" nach der Aufklärung. Nach seiner Rede in Athen (Apg 17,16–34) trifft Paulus auf drei Gruppen von Hörern: Spötter, Vertager und Glaubende. Auf genau diese drei Gruppen trifft man auch heute, wenn man über Jesus und seine Auferstehung spricht.

Der britische Literaturwissenschaftler C.S. Lewis (Oxford und Cambridge) stellt die Frage, wie viele Mythen diejenigen gelesen haben, die behaupten, es handle sich bei den Evangelien um Mythen. „Ich habe mein Leben lang Gedichte, Epen, Visions-Literatur, Legenden und Mythen gelesen. Ich weiß, wie sie aussehen. Ich weiß, dass keines von ihnen dem (Johannesevangelium) gleicht".[41] Dabei hatte Lewis selbst als junger Dozent die Geschichte von Jesu Tod und Auferstehung für einen Mythos gehalten – vergleichbar mit den Mythen über andere sterbende und auferstehende Götter. Erst durch ein Gespräch mit seinem Freund, dem Oxforder Anglisten J.R.R. Tolkien änderte er seine Meinung. Durch dieses Gespräch war ihm klar geworden, dass Jesus im Gegensatz zu den Göttern der Mythen nicht irgendwann und irgendwo, sondern unter Pontius Pilatus gestorben war. Die Berichte über Jesus waren Berichte über Ereignisse, die in der Geschichte stattgefunden hatten.[42] Diese Erkenntnis hatte zur Folge, dass er Christ wurde.

Über die Zeitspanne, in der Mythen entstehen, schrieb der Althistoriker A.N. Sherwin-White: „Herodotes enables us to test the tempo of myth-making, and the tests suggest that even two generations are too short a span to allow the mythical tendency to prevail over the hard historic core of the oral tradition."[43] Das Credo aus 1. Kor 15, 3–5a stammt spätestens aus den 40er, sehr wahrscheinlich schon aus den 30er Jahren – eine zu kurze Zeitspanne für die Entstehung eines Mythos.

---

[41] C.S. Lewis, Was der Laie blökt, Einsiedeln 1977, 15f.
[42] C.S. Lewis in einem Brief an seinen Freund Arthur Greeves vom 18. Okt. 1931, in: T. Müller (Hrsg.), C.S. Lewis – Ein Leben in Briefen, Asslar 2021, 88–90.
[43] A.N. Sherwin – White, Anm. 13, 190.

11. Sind Wunder wissenschaftstheoretisch tatsächlich unhaltbar?

Oft wird heute die Überzeugung vertreten, dass Wunder aufgrund besserer wissenschaftlicher Einsicht nicht mehr glaubwürdig sind. Dieser Glaube wird dann einfach dem christlichen entgegengesetzt. Ist das berechtigt?

„Wissenschaftstheoretisch spricht ... in Wahrheit weder etwas für noch gegen Wunder, es sei denn, man verweise auf die triviale Tatsache, dass Wunder kein Gegenstand *wissenschaftlicher* Erfahrung sein können (...)" so der bekannte Wissenschaftsphilosoph Kurt Hübner im Zusammenhang mit der leiblichen Auferstehung von Jesus.[44] Wer keine „naturalistische Brille" aufhat, muss Wunder also nicht aus weltanschaulichen Gründen ablehnen. Entscheidender ist – wie auch sonst in der Geschichtswissenschaft – die Zuverlässigkeit der Zeugen. Man könnte auch mit Paulus die Frage stellen: „Warum wird das bei euch für unglaublich gehalten, dass Gott Tote auferweckt?" (Apg. 26,8)

12. Fazit

Als Doktorand der Alten Geschichte hatte es mich verblüfft, von Theologen über neutestamentliche Berichte Vermutungen zu hören, die manchmal ohne jeden Quellenbezug waren. Es wurden Erklärungen angeboten, die die Unzuverlässigkeit der Quellen voraussetzten. Um ein Beispiel zu nennen: Die beiden Kindheitsgeschichten bei Matthäus und Lukas sind sehr unterschiedlich. Dies lässt darauf schließen, dass sie auf unterschiedliche Quellen zurückgehen. Gemeinsam aber überliefern beide, dass Jesus in Bethlehem geboren ist. Viele Theologen gehen von Nazareth als Geburtsort aus. Matthäus und Lukas hätten Bethlehem deshalb als Geburtsort genannt, um einen Zusammenhang mit der messianischen Verheißung aus Micha 5,1 herzustellen. Lukas jedoch erwähnt diesen Zusammenhang nicht. Matthäus dagegen deutet die Geburt in Bethlehem aufgrund der alttestamentlichen Verheißung. Das ist bei ihm keine Seltenheit. Der Bezug auf Micha ist „gedeutete Geschichte". Gedeutet ja, aber auch Geschichte![45]

Wenn man davon überzeugt ist, dass die Berichte von der Geburt in Bethlehem eine Erfindung der Autoren sind, dann ist der Hinweis auf die Micha-Prophezeiung eine mögliche Erklärung für den Bericht bei Matthäus (nicht bei Lukas). Die entscheidende Frage ist aber: Woher weiß man, dass er nicht in Bethlehem geboren ist? Man hält also eine Erklärung (Prophezeiung) für eine Begründung.

Nehmen wir einmal an, Jesus wäre wirklich in Bethlehem geboren, wie hätten es die Autoren der Evangelien denn schreiben sollen – vielleicht so wie Lukas?

---

[44] K. Hübner, Irrwege und Wege der Theologie in die Moderne, Augsburg 2006, 117.
[45] J. Ratzinger, Jesus von Nazareth – Prolog, Freiburg 2012, 29.

Die Verwechslung von einer Erklärung mit einer Begründung scheint mir ein Hauptgrund dafür zu sein, dass historische Darstellungen nicht nur unter Absehung der vorhandenen Quellen, sondern manchmal sogar gegen die Aussagen der Quellen gemacht werden. Außerdem unterstellt diese Vorgehensweise, dass die Autoren des Neuen Testaments historisch falsche Aussagen machen.

Nach Botermann wird man den Autoren nicht gerecht, wenn man ihnen von vornherein mit einem pauschalen Skeptizismus begegnet. Sie schreibt über Lukas: „Lukas wollte einen genauen, auf besten Informationen beruhenden Bericht geben (Luk 1,1–4), aber eine allgemeine Kunde durfte er als Basiswissen voraussetzen. Die christlichen Gemeinden lebten davon, dass sie sich ihrer Geschichte vergewisserten."[46]

Die Auferstehung von Jesus Christus ist aus historischer Sicht durch die Evangelien, die Reden in der Apostelgeschichte und die Briefe überzeugend belegt. Sie geht zurück auf Augenzeugenberichte – wenige Wochen nach seinem Tod und seiner Auferstehung. Näher kann man an ein historisches Ereignis der Antike kaum kommen als durch die Pfingstpredigt des Augenzeugen Petrus an die Auferstehung. Auch das Glaubensbekenntnis (1. Kor 15, 3–5a) – in den 30ern oder 40ern formuliert – kommt den Ereignissen sehr nahe. Wenn man allerdings aus weltanschaulichen Gründen eine leibliche Auferstehung von vornherein ausschließt, braucht man andere Erklärungen für die neutestamentlichen Berichte. Für andere Erklärungen aber reichen bloße Vermutungen oder aus der Luft gegriffene Spekulationen nicht.

Ausgangspunkt sollten – wie auch sonst in der Geschichtsforschung – historische Quellen sein. Stellt man Quellen infrage, hat der Kritiker immer die Beweislast!

---

[46] H. Botermann, Anm. 2, 39.

Barbara Drossel

Auferstehung und die Gesetze der Physik

1. Einleitung

Die Auferstehung Jesu von den Toten ist die Grundlage des christlichen Glaubens. Die Jünger Jesu verbreiteten bald nach seiner Kreuzigung die Botschaft, dass Gott Jesus von den Toten auferweckt hat. Schon die ersten Gläubigen versammelten sich regelmäßig am ersten Tag der Woche, um die Auferstehung Jesu zu feiern. Nach dem Zeugnis der vier Evangelien fand die Auferstehung Jesu so statt, dass sie Auswirkungen in der physikalischen Welt hatte: Der Leichnam war vom Grab verschwunden und der auferstandene Jesus erschien seinen Jüngern in leiblicher Gestalt, brach Brot, aß Fisch und ließ sich anfassen. Doch die leibliche Auferstehung Jesu von den Toten wird heute von vielen Theologen abgelehnt. Ich erlebe immer wieder in den Diskussionen nach meinen Vorträgen über Glauben und Wissenschaft, dass die Frage, ob das Grab leer war, für irrelevant für die eigentliche Botschaft gehalten wird. Dahinter steht meines Erachtens ein falsch verstandener Respekt vor der Naturwissenschaft. Man möchte nichts behaupten, was im Widerspruch zu den Erkenntnissen der Naturwissenschaft zu stehen scheint. Andere Theologen dagegen betonen die Wichtigkeit der leiblichen Auferstehung für das christliche Glaubensbekenntnis und die christliche Zukunftshoffnung. Ein Beispiel ist das folgende Zitat aus dem dreibändigen Werk „Jesus von Nazareth" des vorigen Papstes Benedikt:

> „Natürlich darf man Gott nichts Unsinniges oder Unvernünftiges oder zu seiner Schöpfung Widersprüchliches zuschreiben. Aber hier geht es nicht um Unvernünftiges und Widersprüchliches, sondern gerade um das Positive – um Gottes schöpferische Macht, die das ganze Sein umfängt. Insofern sind diese beiden Punkte – Jungfrauengeburt und wirkliche Auferstehung aus dem Grab – Prüfsteine des Glaubens. Wenn Gott nicht auch Macht über die Materie hat, dann ist er eben nicht Gott. Aber er hat diese Macht,

und er hat mit Empfängnis und Auferstehung Jesu Christi eine neue Schöpfung eröffnet. So ist er als Schöpfer auch unser Erlöser."[1]

Dieses Zitat weist darauf hin, dass wir über das Verhältnis von Naturgesetzen und Gottes schöpferischem Handeln nachdenken müssen. Dies ist nicht nur bei der Auferstehung Jesu wichtig, sondern erst recht bei der allgemeinen „Auferstehung der Toten", von der das apostolische Glaubensbekenntnis am Ende spricht. In verschiedenen biblischen Texten ist die allgemeine Auferstehung der Toten verbunden mit dem „ewigen Leben", also einem „neuen Himmel und einer neuen Erde". Dies hat kosmische Dimensionen und betrifft daher die Zukunft des gesamten Universums. Wenn wir nur auf die Physik schauen, sieht die Zukunft des Universums anders aus: Nach dem Wissensstand der Kosmologie wird auch das Universum sterben, wenn in vielen Milliarden Jahren alle Sterne verloschen sind. Wegen dieses Kontrasts zu den Prognosen der Naturwissenschaft wird die Auferstehung der Toten am Ende der Zeiten und Gottes neue Schöpfung in eine andere, womöglich rein geistige, Welt verlagert, ohne Auswirkungen auf unser Universum.

Doch es ist hier ähnlich wie bei der Auferstehung Jesu: Wer Gott nicht zutraut, dass er diese unsere Welt verwandeln kann, leugnet Gott als Schöpfer dieser Welt. Er stellt die Naturgesetze, die nach christlichem Verständnis von Gott geschaffen sind, über Gott und betrachtet sie als die letzte Realität, die unser Universum regiert. Im folgenden Beitrag möchte ich das Wesen der physikalischen Gesetze betrachten und ihr Verhältnis zu Gottes besonderem Handeln in der Auferstehung. Wir werden hierbei vier verschiedene Aspekte des Themas beleuchten. Zunächst werde ich aufzeigen, dass das, was die Physik über die Geschichte des Universums erzählt, sehr unvollständig ist. Dies liegt insbesondere daran, dass sie das Bewusstsein und die mentale Welt, die ein wichtiger Aspekt des menschlichen Lebens sind, nicht erfasst. Dies wird uns dann zu allgemeineren Überlegungen darüber bringen, dass die Physik nicht kausal geschlossen ist. Die durch die Physik beschriebenen Abläufe sind abhängig von Rand- und Anfangsbedingungen, von strukturellen Gegebenheiten und größeren Zusammenhängen, die nicht durch das betrachtete physikalische Gesetz erfasst sind. Als drittes werden wir allgemeiner über das Wesen der Naturgesetze reflektieren. Hierbei müssen wir das Vorurteil ausräumen, dass die Naturgesetze eine exakte und vollständige Beschreibung der Abläufe in der Natur bieten. Und schließlich werden wir den Blick auf den größeren Kontext richten, in dessen Rahmen die physikalisch beschriebenen Abläufe der Welt stattfinden. Es geht um die Fragen nach der letzten Realität und nach Sinn und Ziel des Kosmos, wenn wir über die Möglichkeit der Auferstehung und des ewigen Lebens nachdenken.

---

[1] *Joseph Ratzinger*, Jesus von Nazareth Bd. III. Prolog – Die Kindheitsgeschichten, Herder 2012.

2. Die Geschichte, die die Physik erzählt, ist unvollständig

Es ist wirklich beeindruckend, was wir alles herausfinden konnten über die Geschichte des Universums und der Erde. Das Universum begann ganz klein und heiß und dehnt sich seitdem aus. Erst entstanden Elementarteilchen. Als das Universum bald 400000 Jahre alt war, bildeten sich Atome: Elektronen verbanden sich mit Protonen und bildeten Wasserstoff. Die damals freigesetzte elektromagnetische Strahlung hat sich seitdem stark abgekühlt, und wir kennen sie heute als kosmische Hintergrundstrahlung. Neben Wasserstoff entstand auch zu ca. 25 Prozent Helium. Sowohl die Hintergrundstrahlung als auch das Mengenverhältnis von Wasserstoff zu Helium waren aufgrund von physikalischen Berechnungen der Prozesse in dem sich ausdehnenden frühen Universum vorhergesagt worden. Diese Entdeckungen überzeugten fast alle Astrophysiker und Kosmologen von der Urknalltheorie. Zusammen mit der Beobachtung der Rotverschiebung, also dass sich andere Galaxien von uns entfernen und Universum sich tatsächlich ausdehnt, gibt es also drei unabhängige Arten von Belegen für die Urknalltheorie.

Auch vom weiteren Fortgang der Ereignisse haben wir recht genaue Vorstellungen auf Basis von Berechnungen und von Beobachtungen weit entfernter Objekte im Weltraum, die uns gleichzeitig einen Blick in die Vergangenheit geben. Als das Universum genügend groß und kalt geworden war, konnte die Gravitationskraft Materie zusammenziehen, und so entstanden nach ca. einer halben Milliarde Jahren die ersten Sterne. Durch Kernfusion in den Sternen und durch Supernovaexplosionen werden die meisten chemischen Elemente hergestellt. Nachdem ein paar Sternengenerationen vergangen waren, gab es genug dieser Elemente, dass unsere Erde entstehen konnte und auf ihr das Leben.

Astrophysiker und Kosmologinnen extrapolieren auch, wie es weitergehen wird: in einer Milliarde Jahren wird die Sonne so heiß, dass die Ozeane auf der Erde beginnen zu verdampfen. In fünf Milliarden Jahren bläht die Sonne sich auf zu einem roten Riesen. Dann wird die Erdoberfläche schmelzen, und irgendwann wird die Sonne sich wahrscheinlich soweit ausdehnen, dass sie die Erde verschlingt. Und wenn die Kernfusion in der Sonne in ca. 8 Milliarden Jahren aufhört, wird sie zu einem weißen Zwerg kollabieren, der ungefähr die Ausdehnung der Erde hat. Eine Supernovaexplosion wird nicht geschehen, da die Sonne hierfür nicht genügend Masse hat.

Nicht nur die Erde und die Sonne werden ihr Ende finden, sondern das Werden und Vergehen von Galaxien, Sternen und Planeten im Universum wird selbst irgendwann zum Erliegen kommen. Nach allem, was wir wissen, wird sich das Universum immer weiter ausdehnen. Irgendwann sind alle Sterne ausgebrannt und können sich keine neuen mehr bilden, und dann wird das Universum ein kalter, dunkler, toter Ort sein, der hauptsächlich schwarze Löcher, Neutronensterne und weiße Zwerge enthält, und viele Physiker glauben, dass auch diese

Objekte sich langsam in Strahlung verwandeln, so dass irgendwann nur noch Strahlung im Universum enthalten sein wird.

Wenn dies alles wäre, was es über das Universum zu sagen gibt, wäre dies eine ziemlich sinnlose Geschichte. Eine Zeitlang gibt es Leben und Bewusstsein, und dann ist alles wieder spurlos verschwunden. Dies passt nicht zu der Beobachtung, dass das Universum genau so beschaffen ist, wie es nötig ist, damit es Sterne, Planeten und Leben gibt. Die Balance zwischen Gravitation, starken und schwachen Kernkräften und elektromagnetischen Kräften muss extrem fein abgestimmt sein, damit das Universum nicht so schnell auseinanderfliegt, dass gar keine Galaxien und Sterne entstehen können. Diese Abstimmung ist auch nötig dafür, dass sich in den Sternen durch Kernfusion die chemischen Elemente in ausreichender Menge bilden. Insbesondere für das Entstehen von Kohlenstoff ist eine sogenannte 'Resonanz' nötig, damit die Reaktion, die den Kohlenstoff bildet, genügend häufig passiert. Als der (atheistische) Astrophysiker Fred Hoyle dies entdeckte, war er sehr überrascht und meinte, dies sei ein 'abgekartertes Spiel'. Für viele gläubige Wissenschaftler ist das kosmische 'Fine Tuning' ein Hinweis darauf, dass das Universum mit Absicht so geschaffen wurde, dass das Leben in ihm entstehen kann. Wenn aber eine Absicht hinter dem Universum steht, ist zu erwarten, dass es auch einen Plan und ein Ziel gibt. Dies betont insbesondere der Physiker und Theologe John Polkinghorne in seinem Buch „The God of Hope and the End of the World".[2]

Daher müssen wir darüber nachdenken, ob die Geschichte, die die Physik hier erzählt, vollständig ist. Ich werde im Folgenden argumentieren, dass sie in mehrerlei Hinsicht unvollständig ist und ihre Zukunft daher durchaus Überraschungen für uns bereithalten kann. Sogar aus Sicht der Physik ist sie unvollständig: Wir verstehen nicht, wo ein Großteil der Gravitation im Universum herkommt. Die gewöhnliche Materie, die wir kennen, reicht bei weitem dafür nicht aus. Wir Physiker nennen diese unbekannte Quelle von Gravitation „Dunkle Materie", und niemand weiß, was das ist. Ähnlich ist es mit der dunklen Energie: das Universum dehnt sich immer schneller aus. Man würde aber erwarten, dass durch die Gravitation diese Ausdehnung verlangsamt wird. Also muss es etwas geben, was das Universum auseinandertreibt. Auch hier weiß niemand, was dahintersteckt. Wir nennen es „dunkle Energie". Dazu kommen noch mehr Rätsel: die Physik versteht das Wesen der Zeit noch nicht. Die vermeintlich 'fundamentalen' Theorien der Physik sind in gewissem Sinne zeitlos, und die Physiker streiten darüber, ob und wie sie mit der im Entropiesatz verankerten Zeitrichtung und den zufälligen 'Ereignissen' bei quantenmechanischen Messungen zu harmonisieren sind. Sie versteht auch nicht, wie die Quantenphysik, die die mikroskopische Welt beschreibt, und Einsteins allgemeine Relativitätstheorie, die auf kosmischen Distanzen verwendet wird, zusammenpassen. Angesichts all dieser offenen Fragen dürfen wir

---

[2] *John Polkinghorne*, The God of Hope and the End of the World, Yale University Press 2002.

gespannt erwarten, dass das Weltbild, das die Physik uns nahelegt, sich noch deutlich ändern wird.

Neben diesen physikalischen offenen Fragen gibt es aber auch grundlegendere Rätsel, die die Physik grundsätzlich nicht klären kann. Da ist zunächst das Rätsel des Bewusstseins. Wir Menschen haben Bewusstsein, und wir können davon ausgehen, dass auch viele Tiere Bewusstsein haben. Die Physik kann prinzipiell nichts über das Bewusstsein sagen. Denn sie befasst sich mit dem empirisch Überprüfbaren, mit dem, was jeder Beobachter objektiv nachvollziehen kann. Doch Bewusstsein ist das Gegenteil davon: Es ist subjektiv. Es ist die Innenperspektive, aus der wir das Leben erfahren und aus der wir Schmerz und Freude und Farbeindrücke und vieles mehr empfinden. Diese Innenperspektive können wir niemand anders vermitteln. Niemand kann wissen, wie es sich für mich anfühlt, Ich zu sein. Ein anderer kann nur wissen, wie er sich fühlen würde, wenn er etwas Ähnliches wie ich erleben würde. Aber das ist was anderes. Der Philosoph Thomas Nagel hat das in seinem berühmten Artikel „What is it like to be a bat"[3] auf den Punkt gebracht. Keiner von uns kann wissen, wie es sich anfühlt, eine Fledermaus zu sein und per Ultraschallortung zu fliegen, und mit naturwissenschaftlichen Methoden können wir das grundsätzlich nicht herausfinden.

In seinem Buch „Mind and Cosmos"[4] argumentiert Nagel weiterhin, dass auch die menschliche Rationalität grundsätzlich nicht durch die Naturwissenschaft erklärt werden kann. Denn wenn wir rational denken und Schlussfolgerungen ziehen, wird unsere Einsicht im Idealfall ausschließlich von dem Gegenstand bestimmt, über den wir nachdenken, und nicht von den physikalischen Abläufen in unserem Gehirn. Wenn wir z.B. erkennen, dass es keine größte Primzahl gibt, halten wir diese Erkenntnis für objektiv richtig – unabhängig davon, wie unser Gehirn gebaut ist. Die physikalischen Abläufe in der Welt – hier in unserem Gehirn – legen also nicht alles fest, was geschieht. Der Kosmologe George Ellis[5] formuliert es so: Die Physik ermöglicht alles, was geschieht, aber sie bestimmt es nicht in allen Details, ähnlich wie die Hardware eines Computers alle denkbaren Rechnungen ermöglicht, sie aber nicht bestimmt. John Polkinghorne spricht von der „Kausalen Offenheit" der physikalischen Welt. Die Gesetze der Physik sind nicht so engmaschig, wie manchmal behauptet wird. Sie lassen Raum dafür, dass auch nichtphysikalische Dinge auf die physikalische Welt einwirken. Aber wenn es so ist, dass die Physik allein nicht die Abläufe in der Welt vollständig beschreiben kann, dann sind aus der Physik abgeleitete Schlussfolgerungen darüber, was möglich ist oder was in Zukunft passieren wird, womöglich unzuverlässig, da sie potenzielle Einflussfaktoren ignorieren.

---

[3] *Thomas Nagel*, What is it like to be a bat? In: *Philosophical Review* 83 (1974), 435–50.
[4] *Thomas Nagel*, Mind and Cosmos: Why the Materialist Neo-Darwinian Conception of Nature Is Almost Certainly False, Oxford University Press USA 2012.
[5] *George Ellis*, How can Physics Underlie the Mind? Top-Down Causation in the Human Context, Springer 2016.

3. Die kausale Offenheit der physikalischen Welt

Das Thema ‚kausale Offenheit' verdient eine ausführlichere Besprechung, da dies bis heute noch nicht in das Bewusstsein vieler Wissenschaftler oder Laien eingedrungen ist. Oft herrscht noch die Auffassung, dass die Gesetze der Physik im Prinzip alles festlegen, was passiert. Diese Gesetze beschreiben sowohl deterministische Prozesse als auch zufällige Prozesse. Bei deterministischen Prozessen ist durch den Anfangszustand, verbunden mit dem Naturgesetz, festgelegt, was in Zukunft passiert. Bei zufälligen Prozessen bestimmt das Gesetz, was die möglichen Ereignisse und ihre Wahrscheinlichkeiten sind. Eine solche Interpretation der Abläufe in der Natur ist eine reduktionistische Sicht, die bei näherer Betrachtung nicht Bestand hat. In meinem Physikstudium wählte ich die Elementarteilchenphysik als Wahlpflichtfach, weil ich glaubte, dass sie die „fundamentale" Physik ist. Sie befasst sich mit den kleinsten Bausteinen der Natur und mit den Wechselwirkungen zwischen diesen Teilchen. Nach unserem heutigen Wissensstand, dem „Standardmodell der Teilchenphysik" sind die fundamentalen Materiebausteine Quarks, aus denen z.B. die Bausteine der Atomkerne, die Protonen und Neutronen, bestehen, und Leptonen, wie z.B. das Elektron. Zwischen den Teilchen gibt es drei Arten von Wechselwirkungen, deren Felder ebenfalls durch „Teilchen" beschrieben werden. Das Teilchen, das die elektromagnetische Wechselwirkung vermittelt, ist das Photon, also das Lichtteilchen. Daneben gibt es noch die starke und schwache Wechselwirkung, die für die Kernkräfte und Kernzerfälle verantwortlich sind. Bisher hat man es nicht geschafft, die vierte Kraft, die Gravitation in die Elementarteilchenphysik so einzubauen, dass man die dann resultierende Theorie experimentell überprüfen kann. Dennoch glauben viele Physiker, dass man eine solche Theorie, die dann alle Teilchen und alle Kräfte zwischen ihnen beschreibt, eines Tages finden wird. Eine solche Theorie würde beschreiben, wie sich alle Teilchen (genauer gesagt, ihre Wellenfunktionen) unter dem Einfluss aller vier fundamentalen Kräfte mit der Zeit bewegen. Man meint, dass damit dann alles beschrieben wäre, was in der Welt passiert. Nach dieser Auffassung muss man größere Objekte nur deshalb mit vermeintlich weniger fundamentalen Theorien beschreiben, da es in der Praxis unmöglich ist, die Bewegung aller Elementarteilchen zu berechnen. Doch wenn man die physikalischen Theorien für die Beschreibung größerer Objekte, wie z.B. Magnete oder elektrische Leiter genauer untersucht, stellt man fest, dass es sich nicht nur um ein pragmatisches Problem handelt, sondern um ein prinzipielles: Die Annahmen und Modelle, die man zur Beschreibung von Festkörpern macht, stehen in einem Widerspruch zu der 'fundamentalen' quantenmechanischen Beschreibung aller Atomkerne und

Elektronen, aus denen diese Festkörper bestehen. Ich habe dies in einigen meiner Publikationen ausführlich diskutiert und erläutert.[6]

Der Grund dafür, dass sich die Vorgänge in der Natur nicht vollständig durch die fundamentalen Theorien beschreiben lassen, ist die Kontextabhängigkeit. Vorgänge in einem System werden nicht nur durch seine Bestandteile bestimmt, sondern auch durch die Umgebung, in der es sich befindet. Es gibt also nicht nur eine 'aufwärtsgerichtete Kausalität' von den Teilen auf das Ganze, sondern auch eine 'abwärtsgerichtete Kausalität' vom größeren Kontext auf das betrachtete System. Der Kosmologe George Ellis betont dies in vielen seiner Publikationen, insbesondere in dem schon zitierten Buch „How can physics underlie the mind". Der Kontext bestimmt sogar in vielen Fällen die Natur und Eigenschaften von Quantenteilchen: ein Neutron ist stabil, wenn es sich in einem stabilen Atom befindet, aber instabil, wenn es frei ist. Quantenteilchen wie Phononen, Löcher, Exzitonen usw. existieren nur in ihrem jeweiligen Festkörper-Medium, und ihre Eigenschaften sind durch die des Festkörpers bestimmt. Auch der quantenmechanische Messprozess, der das Paradebeispiel für das Interpretationsproblem der Quantenmechanik ist, ist eigentlich eine Einwirkung eines größeren Kontexts (eines makroskopischen, klassischen Versuchsaufbaus) auf ein Quantenteilchen. Der Zufall, der sich im Messprozess zeigt, ist daher ebenfalls das Ergebnis von abwärtsgerichteter Kausalität und keineswegs ein rein mikroskopisches Phänomen, wie oft behauptet wird.

Lebewesen sind in sehr starkem Maß von ihrer Umgebung abhängig. Ohne Atemluft und Nahrung können sie nicht existieren, und die Interaktion mit der Umwelt bestimmt sowohl die Evolution des Lebens als auch alle Aktivitäten eines Lebewesens. Die Aktivitäten eines Lebewesens wiederum beeinflussen physikalische Abläufe in seinem Körper, wie z.B. die elektrischen Signale, die durch die Nerven laufen oder die Kontraktion von Muskeln. Hier sehen wir einen abwärtsgerichteten Einfluss von der biologischen Welt auf die physikalische Welt. Wir sehen hier auch, dass die physikalische Welt offen ist für diesen Einfluss. Der Kontext bestimmt ja die Strukturen, in denen die Atome angeordnet sind, und die Rahmen- und Anfangsbedingungen für die physikalischen Prozesse, die in diesen Strukturen ablaufen.

Ähnlich ist es mit dem Einfluss der mentalen Welt auf die materielle Welt. Unser Gehirn ist so gebaut, dass es logische Schlussfolgerungen ziehen kann, Ideen und Visionen aushecken kann, über Sinn und Ziel des Lebens nachdenken kann, und vieles mehr. Wenn wir denken oder Ideen entwickeln, laufen in unserem Gehirn physikalische und chemische Prozesse ab. Diese Prozesse geschehen im Einklang mit den Gesetzen der Physik und der Chemie. Sie sind gleichzeitig kausal offen für Einflüsse, die nicht materieller Natur sind. Dass wir in dieser Welt

---

[6] *Barbara Drossel*, Strong emergence in condensed matter physics, in: arXiv preprint server https://arxiv.org/abs/1908.10145 (2019); What condensed matter physics and statistical physics teach us about the limits of unitary time evolution, in: Quantum Studies: Mathematics and Foundations 7 (2020) 217–231.

zielgerichtet handeln können, ist also nicht im Widerspruch damit, dass die Abläufe der Natur gewissen Gesetzen unterliegen. Ebenso lassen die Naturgesetze auch Raum dafür, dass Gott in dieser Welt handeln kann, ohne dass dabei gegen ein Naturgesetz verstoßen wird. Gottes Führung im Alltag, sein Hören auf unsere Gebete und auch sein Handeln in der Geschichte sind mit den gesetzmäßigen Abläufen in der Natur kompatibel, da diese gar nicht so engmaschig sind, dass sie alles Geschehen vollständig bestimmen. Im Gegenteil, die Abläufe in dieser Welt sind immer abhängig von dem weiteren Kontext, in dem sie sich befinden. Leider gibt es einige Autoren, die von einem veralteten Physikverständnis geprägt sind und es daher nicht für möglich halten, dass Gott in dieser Welt wirkt und die Abläufe in der Welt beeinflusst. Aber die Auferstehung Jesu oder die Auferstehung aller Menschen am Ende der Zeiten sind von anderer Qualität. Sie werden durch diese Art von „kausaler Offenheit" noch nicht plausibel. Sie scheinen sehr wohl gegen die anerkannten Naturgesetze zu verstoßen. Sie lassen sich nicht in die uns bekannten und erklärbaren Abläufe einordnen. Dies bringt uns zur Frage nach dem Wesen der Naturgesetze, die wir im nächsten Punkt betrachten.

4. Was steckt hinter den Naturgesetzen?

Diese Frage wird in der Wissenschaftsphilosophie kontrovers diskutiert. Sie ist eng verwandt mit dem sogenannten „Problem der Induktion": Wenn seit Menschengedenken jeden Morgen die Sonne aufgegangen ist, können wir dann sicher sein, dass sie morgen auch aufgehen wird? Eine solche Schlussfolgerung nennen wir „induktiv": wir leiten aus vielen Einzelbeobachtungen ein allgemeines Prinzip ab. Dies ist keine streng logische Ableitung – das wäre Deduktion – sondern geht über das hinaus, was uns die Beobachtung sagt. Die Physik geht immer induktiv vor, wenn sie aus empirischen Beobachtungen Gesetze ableitet. Sie kann sie nicht beweisen, diese Gesetze haben sich aber sehr gut bewährt. Jeder von uns verlässt sich auf die Gesetze der Physik, wenn er im Aufzug einen Knopf betätigt oder in ein Flugzeug steigt.

Die Wissenschaftsphilosophen sind sich nicht einig darüber, was hinter diesen Gesetzen steckt. Die einen sagen, die Naturgesetze sind nichts weiter als unsere Bezeichnung, für die in der Natur beobachteten Regelmäßigkeiten. Andere sagen, es stecke mehr dahinter, denn die Gesetze fassen nicht nur Beobachtungen zusammen, sondern sie erklären auch: Die Newtonschen Gesetze konnten z.B. eine Vielfalt von bis dahin unabhängigen Phänomenen und Einzelgesetzen erklären: die drei Keplerschen Gesetze über die Planetenbahnen und die Gesetze, nach denen Steine fallen und Wurfgeschosse fliegen. Es scheint also ein tieferes Prinzip am Werk zu sein. Das Erkennen von Naturgesetzen ermöglicht es uns sogar, Vorhersagen über neuartige Phänomene zu machen. Das Top-Quark und das Higgs-Teilchen wurden vorhergesagt, weil man glaubte erkannt zu haben, nach welchen Prinzipien die Elementarteilchen geordnet sind. Doch was steckt hinter diesen

Prinzipien? Das ist für die Wissenschaftsphilosophen ein Rätsel. Der Züricher Philosoph Michael Hampe schreibt in seinen Beiträgen über die Naturgesetze, dass viele früheren Wissenschaftler der Auffassung waren, Gott hätte der Natur diese Gesetze gegeben. Doch diese Denkoption bestünde heute nicht mehr[7]. – Wieso eigentlich nicht? Dies ist meines Erachtens ein dem naturalistischen Zeitgeist geschuldetes Vorurteil. Eine Reihe von Naturwissenschaftler-Theologen wie der schon erwähnte John Polkinghorne meinen, dass Gott auch heute noch eine sehr plausible Erklärung dafür ist, dass es Naturgesetze gibt. Wenn Gott eine Welt schaffen möchte, in der es Menschen gibt, die verantwortlich handeln, dann muss diese Welt verlässliche Regelmäßigkeiten aufweisen. Nur dann können wir Menschen wissen, was die Folgen unseres Handelns sind, und nur dann können wir sinnvoll planen und handeln. Gleichzeitig dürfen diese Gesetze nicht kausal geschlossen sein und alles Geschehen im Detail festlegen, denn dann gäbe es keine Handlungsfreiheit. Wir sehen also, dass die Vorstellung, dass Gott die Naturgesetze geschaffen hat, sehr gut mit dem zusammenpasst, was wir bisher über die Naturgesetze erkannt haben.

Die Vorstellung, dass Gott die Naturgesetze geschaffen hat, wird oft verbunden mit der Idee, dass diese Gesetze exakt gelten und alle Naturabläufe umfassen. Doch dem ist nicht so. Jedes Gesetz ist eine Idealisierung, ein Modell der Natur, das nur näherungsweise gültig ist. Nehmen wir die Gesetze der klassischen Mechanik, die Newtonschen Gesetze. Lange Zeit dachte man, dass sie exakt gültig seinen, und man baute darauf ein mechanistisches Weltbild auf. Doch inzwischen wissen wir, dass sie nur bei Geschwindigkeiten gelten, die viel kleiner als die Lichtgeschwindigkeit sind, und auf Entfernungen, die viel größer sind als Atome, aber viel kleiner als kosmische Entfernungen. Für viele physikalische Prozesse, wie z.B. elektromagnetische Phänomene oder Kernreaktionen, sind sie überhaupt nicht zuständig. Die Newtonschen Gesetze beschreiben Abläufe umso genauer, je besser man das betrachtete System vom Rest der Welt isoliert und die in der mathematischen Beschreibung nicht berücksichtigten Einflüsse ausschaltet. Die Planetenbewegung um die Sonne kann man nur dann genau berechnen, wenn der Einfluss der anderen Planeten vernachlässigbar ist, ebenso wie Energieverlust durch Gezeitenkräfte und Abstrahlung von Gravitationswellen. Und natürlich müssen wir für die Berechnung der Planetenbahnen auch ausschließen, dass Störfaktoren von außen auftauchen, wie z.B. der nahe Vorbeiflug oder gar Aufprall eines Kometen. Einen Teil dieser Einflüsse kann man zwar in den Berechnungen berücksichtigen, z.B. in Computersimulationen, doch bleibt es immer dabei, dass die Beschreibung unvollständig und nur näherungsweise oder bedingt gültig ist. Ähnliches kann man über jede andere physikalische Theorie sagen, auch über die Quantentheorie.

---

[7] *Michael Hampe*, Gesetz, Natur, Geltung – Historische Anmerkungen, in: Peter Mittelstaedt/Gerhard Vollmer (Hg.), Was sind und warum gelten Naturgesetze?, Philosophia Naturalis XXXVII (2000) 243–244.

Daraus folgt, dass die Naturgesetze uns nie eine letzte Sicherheit darüber geben können, wie die zukünftigen Abläufe in der Natur sein werden. Wir kennen niemals vollständig alle vorliegenden Umstände und Rahmenbedingungen. Auf Basis von unvollständiger Information sind unsere Prognosen aber nicht völlig zuverlässig.

Doch auch hier gibt es Abstufungen. Es gibt Ereignisse, die im Rahmen der uns bekannten physikalischen Gegebenheiten zumindest denkbar oder gar grundsätzlich erwartbar sind, auch wenn eine konkrete Berechnung sie aufgrund vernachlässigter Umstände nicht vorhergesagt hat. Bei der Frage nach der Auferstehung allerdings geht es außergewöhnliche, einmalige Ereignisse aus, die den Rahmen des Üblichen, aufgrund der Naturgesetze erwartbaren, total sprengen. Um solche Ereignisse einzuordnen, müssen wir mehr über den größeren Kontext nachdenken, in dem sie stattfinden.

Hierzu zitiere ich gerne den bekannten Literaturwissenschaftler, Schriftsteller und christlichen Apologeten C.S. Lewis. In seinem Buch „Miracles" (Wunder)[8] vergleicht er Gott mit einem Dichter: Ein Dichter gibt sich auch für sein Werk Gesetze vor, nämlich das Reimschema und das Versmaß. Es kann passieren, dass er an einer Stelle von diesen selbstgewählten Gesetzen abweicht. Dann ist er entweder ein schlechter Dichter, der den Reim nicht richtig hinbekommt, oder ein genialer Dichter, der genau mit dieser Abweichung einem tieferen Gesetz folgt. Dies führt uns schließlich zum vierten und letzten Punkt:

5. Auf den größeren Kontext kommt es an

In Zusammenhang mit dem Problem der Induktion erzählte der Philosoph Bertrand Russell einmal folgende Geschichte[9]: Ein Hahn wächst auf einem Bauernhof auf. Dabei beobachtet er das folgende Gesetz: Jeden Morgen und jeden Abend kommt der Bauer und bringt ihm Futter. Der Hahn erwartet, dass das immer so weitergehen wird. Doch eines Tages kommt der Bauer – nicht um ihm Futter zu bringen, sondern um ihn zu schlachten. Von diesem größeren Kontext, in den sein „Gesetz" eingebettet ist, hatte er keine Ahnung.

Ob wir die leibliche Auferstehung Jesu oder seine Wiederkunft und die neue Welt für möglich oder plausibel halten, hängt sehr davon ab, was für uns der größere Kontext ist, der hinter und über den Abläufen der Natur steht. Wenn wir die Naturgesetze, das Universum und die Materie für die letzte Realität halten, hinter der es nichts weitergibt, dann scheint die Vorstellung, dass es Gott gibt, dass er in der Welt handelt und dass er Jesus von den Toten auferweckt hat, unsinnig. In einem naturalistischen oder gar reduktionistischen Weltbild ist kein Platz für den christlichen Glauben. In diesem Weltbild ist die Zukunft jedes einzelnen, aber

---

[8] *Clive S. Lewis*, Miracles, Harper Collins 2009.
[9] In Kapitel IV in: *David Hume*, The Problems of Philosophy, Dover 1999.

auch der gesamten Menschheit und des Universums, düster. Nicht nur jeder einzelne Mensch muss sterben, sondern das ganze Leben auf der Erde wird vergehen, und schließlich die Erde selbst. Irgendwann wird das Universum auch nirgends anders mehr lebensfreundlich sein. Alles was war, ist dann spurlos vergangen. In dieser Vorstellung ist alles eigentlich sinnlos und hoffnungslos.

Wenn aber Gott die letzte Realität ist, wenn er diese Welt geschaffen und gewollt hat, wenn er uns Menschen gewollt hat und wenn er unser Heil will – dann ordnen wir die Naturgesetze ganz anders ein. Dann sind sie die Regelmäßigkeiten, mit denen er die Welt trägt und erhält, aber sie sind nicht die letzte Realität. Sie sind Teil eines größeren Ganzen, das womöglich eine ganz andere Zukunft hat, als allein aufgrund der Naturgesetze absehbar ist. John Polkinghorne formuliert die Frage, um die es hier geht, in seinem schon erwähnten Buch „The God of Hope and the End of the World" sehr treffend: „Ultimately the issue is whether this world makes sense not just now but totally and forever". Dieses Buch und das Buch des Physikers und Theologen David Wilkinson, „Christian Eschatology and the Physical Universe"[10] bringen eine Fülle von Argumenten und Gedanken für die Sichtweise, dass Gott aus dieser Welt eine neue Schöpfung hervorgehen lassen wird. Der Ausgangspunkt für beide Autoren ist die leibliche Auferstehung Jesu von den Toten, die ihrer Ansicht nach historisch sehr gut belegt ist. Gleichzeitig ist sie theologisch von zentraler Bedeutung, da sie die Grundlage für die christliche Hoffnung ist, dass Gott seine Schöpfung nicht verwirft und dem Verfall preisgibt, sondern dass er das Heil jedes Menschen und des ganzen Kosmos will. Die Auferstehung Jesu ist der Beginn der neuen Schöpfung, die eines Tages das ganze Universum umfassen wird. Daher betrachten beide Autoren die Auferstehung Jesu als das Modell, anhand dessen wir etwas über die allgemeine Auferstehung und die zukünftige Welt lernen können. Dass der neue Leib Jesu aus dem alten hervorging, weist ihrer Meinung nach darauf hin, dass Gott die neue Schöpfung aus der alten hervorgehen lässt. Sie führen hierfür die Texte des Apostels Paulus in 1. Kor. 15 und Röm. 8 an. Insbesondere das Bild von den 'Geburtswehen', in denen die Natur liegt, ist hier sehr aufschlussreich. Auch wenn eine gewisse Kontinuität zwischen der alten und neuen Schöpfung besteht, ist Diskontinuität ebenso wichtig: Jesu Auferstehungsleib hatte Fähigkeiten, die ein menschlicher Leib nicht hat. Insbesondere war er nicht mehr von Raum und Zeit so eingeschränkt wie irdische Materie. Ebenso hat die neue Schöpfung neue Eigenschaften: Sie ist unverweslich, frei von Leid und Tod. Da es sich bei der Entstehung der neuen Schöpfung um einen Schöpfungsakt Gottes handelt, ist er aus den uns jetzt bekannten Naturgesetzen nicht vorhersagbar. Aber er folgt tieferen Prinzipien, die den weiteren Kontext bilden, in dessen Rahmen unsere jetzige Welt mit ihren Gesetzen steht.

Mein eigener Standpunkt ist dem dieser beiden Autoren sehr nahe. Die leibliche Auferstehung Jesu aus dem Grab ist für mich von zentraler Bedeutung, wenn es für das Universum eine bleibende Zukunft geben soll. Ob diese Auferstehung

---

[10] *David Wilkinson*, Christian Eschatology and the Physical Universe, T&T Clark International 2010.

passiert ist, ist für mich keine naturwissenschaftliche Frage, sondern eine Frage der Glaubwürdigkeit der Überlieferung. Für ihre Glaubwürdigkeit haben eine Reihe von Apologeten viele gute Argumente geliefert, die allerdings in diesem Artikel keinen Platz haben. Auch die Hoffnung auf die Auferstehung der Toten und das ewige Leben ist seit je her ein wichtiger Bestandteil des christlichen Glaubens. Der Apostel Paulus schreibt in 1. Kor. 15, dass ohne diese Hoffnung der Glaube vergeblich ist. Mein Glaube und mein Leben werden durch diese Hoffnung getragen. Wie ich in diesem Artikel ausgeführt habe, geben die Erkenntnisse der Physik keinen Anlass, diese Hoffnung aufzugeben. Im Gegenteil, die düstere kosmologische Zukunftsprognose macht die Frage, ob es einen tieferen Sinn und eine Hoffnung gibt, besonders brennend. Daher schließe ich mit einem Zitat aus dem genannten Buch von David Wilkinson: „The very futility expressed by the scientific predictions of the end of the Universe may itself be a pointer to new creation, part of the groaning and eager expectation of this creation."[10]

Bernold Fiedler

Wunder – Widersprüche – Wirklichkeiten

Wunder erscheinen als Aufhebung der Wirklichkeit, als Widerspruch, oder einfach als Täuschung. Enttäuschung folgt, wenn das erflehte Wunder ausbleibt. Dem aufgeklärten Menschen hat der Wunderglaube als rückständig zu erscheinen, als Palliativ der Dummen. Naturwissenschaft hat so zu tun als wäre kein wirkender Gott. Wissenschaft, so hören wir, gründet auf Fakten, auf Beobachtung, auf Maß und Zahl, und sonst nichts. Mathematik ordnet das in widerspruchsfrei konsistente Naturgesetze. Wir betrachten Beispiele aus Mathematik, Astronomie und Biologie. Zur Faktizität von Erweckung und Auferstehung hat Naturwissenschaft, die auf Wiederholbarkeit und Gesetzlichkeit gründet, nichts zu sagen. Gott kommt da gar nicht vor. Wissenschaftlich scheinbar gestärkt fragen wir allerdings, woher „die Natur" denn ihre Gesetzlichkeit nimmt. Angebliche Wissenschaftlichkeit mag die Frage dogmatisch-herablassend ausgrenzen: wir fragen trotzdem. Unsere Antwort erkennt das eigentliche Wunder, als Faktum, in der tatsächlichen Gesetzlichkeit der sogenannten „Natur" selbst: im auffällig widerspruchsfreien „Logos". Erst zum Schluss merken wir, dass unsere Antwort ganz alt ist.

1. Wunder und Naturwissenschaft

Das Wunder, „des Glaubens liebstes Kind,"[1] ist die rühmliche Ausnahme, nicht die Regel rauer Wirklichkeit. Durch besonderen göttlichen Willensakt, oder das Eingreifen sonst einer unsichtbaren, unbegreiflichen Macht, widerspricht das Wunder Naturgesetzen, hebt sie auf oder läuft ihnen völlig zuwider. Siehe z.B. Buch III.101 der Summa[2] des Thomas von Aquin.

---

[1] J. W. von Goethe, *Faust. Eine Tragödie*, Tübingen: Cotta, 1808.
[2] Thomas von Aquin, *Summa contra Gentiles*, 1259–1265.

Wunderzeichen der Geburt sollen die Majestät und Göttlichkeit der antiken römischen Kaiser belegen.[3] So will es die literarische Form der Caesarenleben – und die politische Absicht schreit zum Himmel.[4] Zum Wunder taugt auch die Scharlatanerie evangelikaler Heilungs-Shows nichts, die zur Profitmaximierung telegen vermarktet werden. Zahlreiche bezeugte Wundererzählungen aus vielen Religionen und Kulturkreisen beteuern andererseits das tatsächlich Außerordentliche, kaum je Dagewesene von Visionen und Erscheinungen, vom Weinwunder bis zur Auferstehung. Konkrete Anstöße reichen von Fatima bis Lourdes[5], berichten von getreu der Ikonographie tatsächlich oder angeblich Stigmatisierten wie Franz von Assisi (1181–1226), Resl von Konnersreuth (1898–1962), Padre Pio (1887–1968), von Wunderheilungen und vielem anderen. Für viel feinere Unterscheidungen zum Wunderbegriff, den Überlieferungen und ihren berufenen Interpreten siehe die theologischen Beiträge in diesem Band.

Aber was soll das so wünschbare und ersehnte göttliche Wunder überhaupt? Soll es Akteure und Begnadete so recht herausheben und auszeichnen, mit Glanz und Gloria, durch Gott und vor aller Augen? Soll es göttliche Allmacht erweisen? Soll es gelegentliche Webfehler einer als potentiell vollkommen offenbarten Schöpfung korrigieren? Wo bliebe da die Vollkommenheit? Verhöhnt die exklusive Rarität des Wunders nicht erst recht die ohnmächtige Hoffnung der allseits leidenden Kreatur?[6] Die beste aller (möglichen) Welten sollte doch des Wunders wahrlich nicht bedürfen, religions-immanent gesprochen.

Viel feiner argumentiert Ruben Zimmermann. Er warnt zunächst mit Schleiermacher vor der vorschnellen „Wut des Verstehens", um dann zu konstatieren: „Wunder(erzählungen) formulieren Einspruch gegen den als alternativlos propagierten Dogmatismus des empirischen Realismus".

Der aufgeklärte Skeptiker hält sowieso nichts von deutenden Schwebezuständen am Rande der Faktizität. Er wendet sich schaudernd ab: „Ich kann einen Gott nicht glauben, der seinem eigenen Gesetz im Wunder widerspricht." Der Theologe Hans Kessler argumentiert jedoch ganz ähnlich:

> Da Gott seine Schöpfung allen Ernstes in ihre Eigendynamik hinein freigegeben hat, respektiert er diese, bis zuletzt. So werden die physikalisch-biologischen Gesetze, die für Menschen gelten, auch im Tod Jesu nicht außer Kraft gesetzt; ... .[7]

---

[3] G. Suetonius Tranquillus, *De vita Caesarum*, ca. 120 AD.
[4] Dagegen verkündet Lukas 2,1–20 radikal anderes.
[5] Franz Werfel, *Das Lied von Bernadette*, Stockholm: Bermann-Fischer Verlag, 1941.
[6] G. d'Annunzio, *Trionfo della morte*, Milano: Treves, 1894.
[7] H. Kessler, „Auferstehung? Was die biblische Hoffnung für die Toten zu denken gibt", 3.4 in diesem Band; H. Kessler, *Auferstehung? Der Weg Jesu, das Kreuz und der Osterglaube*, Eschbach: Grünewald, 2021.

Immerhin: „seinem eigenen Gesetz" deutet schon auf den Kern unserer Untersuchung.

Das Wunder als Widerspruch zum Naturgesetz ruft sofort die strenge, exakt genannte Naturwissenschaft selbst auf den Plan. Schon von Amts wegen hat sie auf die Einrede göttlichen Wirkens zu verzichten. Für prominente Beispiele, selbst aus der längst verselbständigten Disziplin der Naturphilosophie, siehe z.B. Drossel.[8] In der Domäne von Ursache und Wirkung ist die wundermächtige göttliche Hand auf eine unerwünschte seltene Störung reduziert, oder auf eine ferne „erste Ursache" irgendwo im diffusen Quantenschaum. Atheismus, oder genauer *methodischer Agnostizismus*, ist Voraussetzung wissenschaftlichen Denkens: Gott als Ursache einer beobachteten Wirkung zu postulieren ist beliebig unspezifisch, eine denkfaule Ausrede, also schlicht unwissenschaftlich. Gerade die Besonderheit der göttlichen Willkür, und zugleich ihre Universalität, schließen das Wunder von vornherein aus jeder wissenschaftlichen Betrachtung aus. Der Begriff wurde übrigens durch den Biologen Thomas H. Huxley (1825–1895) geprägt, der seinerseits sehr hübsch aus Augustinus *De Civitate Dei* zitiert:

> Niemand suche also bei mir ein Wissen von dem, wovon ich weiß, dass ich's nicht weiß. Sonst müsste er lernen wollen, das nicht zu wissen, wovon man wissen muss, dass man's nicht wissen kann.[9]

Umgekehrt hat Naturwissenschaft, so lernen wir, angeblich auf jede Stellungnahme zur Existenz oder Nicht-Existenz des Göttlichen zu verzichten. Was zählt sind allein Fakten, Empirie, Daten, ein (selbst)beschränkter Materialismus und eine Art wissenschaftlicher Realismus emsiger Datenkrämer. Reproduzierbare Wirklichkeit ist nicht nur Voraussetzung, sondern alleiniger Gegenstand aller wissenschaftlichen Tätigkeit. Das Wunder wird bestenfalls zum lästigen Stiefkind der Wissenschaft, zur unwahrscheinlichsten Ausnahme, zum knirschenden Sandkorn in der perfekten Gesetzlichkeit der Wirklichkeit. Statistische Ausreden[10] werden dem Wunder jedoch ebenso wenig gerecht wie die Abschätzung, a priori, dass Lügen, Täuschung und Unkenntnis allesamt wahrscheinlicher seien als behauptete Wunderdinge.[11]

Thomas, der wunderbar ungläubige Apostel, vertritt eine ergebnisoffene Zwischenhaltung. In Joh 20,25 heißt es:

---

[8] B. Drossel, „Zehn Fragen zum Wesen der Naturgesetze", *Evangelium und Wissenschaft* 37,1 (2016): 3–17.
[9] Augustinus von Hippo, *De Civitate Dei. Liber XI*.
[10] J. E. Littlewood, *A Mathematician's Miscellany*, London, 1953, 413–426.
[11] P. Diaconis und F. Mosteller, „Methods for studying coincidences", *J. Amer. Stat. Assoc.* 84 (1989): 853–861.

> Da sagten die andern Jünger zu ihm: Wir haben den Herrn gesehen. Er aber sprach zu ihnen: Wenn ich nicht in seinen Händen die Nägelmale sehe und lege meinen Finger in die Nägelmale und lege meine Hand in seine Seite, kann ich's nicht glauben.

Acht Tage später sieht er, so wird erzählt – und er glaubt.

Wir aber sehen nicht. Deshalb zunächst nichts weiter über Wunder. Wenden wir uns in den weiteren Abschnitten zuerst der Mathematik zu: das ist die dornenreiche Sprache im Hintergrund, in der die Naturwissenschaft Naturgesetze der materiellen Wirklichkeit in streng logischer Form kristallisiert; siehe Abschnitt 2. Über ihr Verhältnis zur Theologie zitiert der kaiserliche Hofastrolog Johannes Kepler (1571–1639) im Buch III seiner Weltharmonik den Proklus Diadochus (412–485):

> Für die Theologie arbeitet die Mathematik dem gedanklichen Aufbau vor. Denn was für die Erkenntnis der Wahrheit über das Göttliche den Uneingeweihten schwierig und hoch erscheint, das legen die mathematischen Begriffe mit Hilfe von Bildern als überzeugend, offenkundig und unwiderleglich dar. Sie zeigen die Offenbarungen der überwesentlichen Eigenschaften in den Zahlen auf ... Daher gibt uns Plato viele wunderbare Lehren über das Göttliche mit Hilfe der mathematischen Begriffe, und die Philosophie des Pythagoras verbirgt hinter diesen wie hinter einem Vorhang die Einführung in die Mysterien der göttlichen Lehren.[12]

Wir aber gehen zunächst ganz agnostisch-wissenschaftlich vor. In Abschnitt 3 wappnen wir uns gegen die diffusen Nebel vager Beliebigkeit durch drei konkrete Beispiele aus der Mathematik und ihren Anwendungen in Astronomie und Biologie. Wissenschaftlich gestärkt legen wir in Abschnitt 4 einige spätere Vorurteile und Instrumentalisierungen missbrauchter „Aufklärung" beiseite. In Abschnitt 5 kehren wir zu den Naturgesetzen zurück und stellen die zentrale Frage nach der bemerkenswerten Gesetzlichkeit der sogenannten „Natur"gesetze selbst. Die dogmatisch selbstverordnete Blindheit der Naturwissenschaft gegenüber dieser verbotenen Frage erkennen wir als historischen Irrweg. Die Suche nach Wahrheit[13] und ihrer kleinen Schwester, der Widerspruchsfreiheit[14], verpflichtet uns geradezu, dogmatische Blindheit – diesmal seitens der Naturwissenschaft – zu überwinden. Unsere Antwort erkennt schließlich, dass die Gesetzlichkeit „der Natur" weit wunderbarer ist als die meisten sogenannten Wunder; siehe Abschnitt 6. Diese unerklärliche Gesetzlichkeit selbst, statt ihrer Aufhebung im Wunder, wird

---

[12] J. Kepler, *Harmonices Mundi Libri V*, Linz: J. Plank, G. Tampach, 1619.

[13] B. Fiedler, „Absolute Truth – a toxic chimera?" in *The Impact of Academic Research on Character Formation, Ethical Education, and the Communication of Values in Late Modern Pluralistic Societies.*, ed. W. Schweiker/M. Welker/J. Witte/S. Pickard, Evangelische Verlagsanstalt Leipzig, 2021.

[14] Ibn Rushd (*Averroës*), *The Incoherence of the Incoherence*, Gibb Memorial Series, n.s. XIX, Oxford Univ. Press, 1954.

zum knirschenden Sandkorn im Räderwerk blind beschränkter „Wissenschaftlichkeit". Im Vergleich zum traditionellen Zugang stoßen wir so auf eine doppelte Offenbarung: im *Liber Naturae*, dem Buch der als Schöpfung verstandenen Natur einerseits, *und* in den Texten der Schrift andererseits, dem *Liber Scripturae*. Als Konsequenz unseres zunächst agnostischen Ansatzes öffnet sich in Abschnitt 7 eine Deutung von Wein- und Schöpfungs-Wunder, deren theologisch-teleologische Form schon auf Augustinus von Hippo (354–430), Thomas von Aquin (1225–1274), Kepler und andere zurückgeht.

2. Naturwissenschaft und Mathematik

Schon Nikolaus Kopernikus (1473–1543) schrieb in seiner Vorrede an Papst Paul III. recht saftig:

> Wenn aber vielleicht Schwätzer kommen, die, obgleich in allen mathematischen Wissenschaften unwissend, dennoch sich ein Urtheil darüber anmaßen und es wagen sollten, wegen einer Stelle der Schrift, die sie zu Gunsten ihrer Hypothese übel verdreht haben, dieses mein Werk zu tadeln oder anzugreifen: aus denen mache ich mir nichts, und zwar so sehr nichts, dass ich sogar ihr Urtheil als ein dummdreistes verachte.[15]

Galileo Galilei (1564–1642) verkündete, das Buch der Natur sei in der Sprache der Mathematik geschrieben.[16] Isaac Newton (1643–1727) machte die Mathematik vollends zur Grundlage seiner Natur-Philosophie[17] (heute: Naturwissenschaft[18]). Den Kern naturwissenschaftlicher Erkenntnis umrankt seitdem die Sprache mathematischer Formalismen als dornenreiche Hecke. Sie trennt das Heer der Laien von den sich eingeweiht Wähnenden als eine höchst praktische Schranke, die, ähnlich den philologischen und philosophischen Präliminarien der Theologie, tatsächlich nur in Jahren mühsamer Hingabe überwunden werden kann.

Die Mathematik selbst tritt auch gleich als stolze Garantin absoluter wissenschaftlicher Unfehlbarkeit herein – unbestechlich und widerspruchsfrei[19], ganz, als sei sie die absolute Wahrheit selbst. Thomas von Aquin definiert *Wahrheit* in

---

[15] N. Kopernikus, *De revolutionibus orbium coelestium*, Nürnberg: J.Petreius, 1543.

[16] G. Galilei, *Il Saggiatore*, Rom, 1623; J. Hüfner, „Wie konnte es gelingen, die Quantenwelt mathematisch zu verstehen?" in diesem Band.

[17] I. Newton, *Philosophiae Naturalis Principia Mathematica*, London, 1687.

[18] Die Naturwissenschaftler in unserem Band bemühen sich erkennbar, die heute weithin etablierte Trennung von einer verselbständigten Naturphilosophie zu überwinden.

[19] *Ibn Rushd* (Averroës), *The Incoherence of the Incoherence*.

I.Q16 seiner Summa[20] als wechselseitige „Entsprechung der Sache und des Intellekts" (adaequatio rei et intellectus). Naturwissenschaft reduziert die „Sache" flugs auf die materielle, dingliche, mess- und zählbare Wirklichkeit, und den „Intellekt" auf den letztlich mathematisch fundierten theoretischen Überbau. Für eine genauere Untersuchung dieses reduktionistischen Filter-Prozesses siehe Drossel[21] und Reinhard[22].

Den Nimbus absoluter mathematischer Wahrheit plagen jedoch Paradoxa[23], Antinomien[24] und vor allem die Unmöglichkeit, für wenigstens halbwegs interessante axiomatische Systeme deren Widerspruchsfreiheit zu beweisen.[25] So geht der absolute Wahrheitsanspruch der Mathematik aus ihrer Grundlagenkrise im 20. Jhdt. einigermaßen lädiert hervor.[26]

Aber zunächst: worum geht es der Mathematik überhaupt? Unter dem etwas prätentiösen Titel „Summa Technologiae" skizziert der Literaturwissenschaftler und Science-Fiction Autor Stanisław Lem (1921–2006) in „V. Prolegomena der Allmacht – Wahnsinn mit Methode" folgende Allegorie der Mathematik:

> Stellen wir uns einen wahnsinnigen Schneider vor, der alle möglichen Kleider näht. Von Menschen, Pflanzen und Vögeln ist ihm nichts bekannt. Die Welt interessiert ihn nicht, er fragt nicht nach ihr. Er näht Kleider. Für wen, weiß er nicht. Er denkt darüber nicht nach. Manche Kleider sind kugelförmig, ohne jede Öffnung; anderen näht er Röhren an, die er als „Ärmel" oder „Hosenbeine" bezeichnet, und zwar in wechselnder Anzahl. Die Kleider bestehen aus unterschiedlich vielen Teilen. Den Schneider interessiert nur eines: er möchte konsequent sein. Er macht symmetrische und asymmetrische Kleider, große und kleine, dehnbare und solche, die sich nie mehr verändern. Wenn er sich anschickt, ein neues Kleid herzustellen, macht er bestimmte Annahmen. Es sind nicht immer dieselben. Hat er sie aber einmal gemacht, dann folgt er ihnen genau, und es ist sein Wunsch, daß sich aus ihnen kein Widerspruch ergibt. Wenn er Hosenbeine annäht schneidet er sie anschließend nicht wieder ab; was genäht ist, trennt er nicht wieder auf; er legt Wert darauf, daß es Kleider werden und nicht Bündel von blindlings zusammengeflickten Lumpen. Die fertigen Kleider trägt er in ein riesiges Lager. Wenn wir dort Zutritt hätten, würden wir feststellen, daß einige der Kleider die richtige Passform haben für einen Kraken, andere für Bäume, für Schmetterlinge oder für Menschen. Wir würden Kleider für den Zentaur und für das Einhorn sowie für

---

[20] *Thomas von Aquin, Summa Theologica*, 1265–1274.
[21] B. Drossel, „Auferstehung und die Gesetze der Physik", in diesem Band.
[22] P.-G. Reinhard, „Stärken und Grenzen von Naturwissenschaft", in diesem Band.
[23] F. Hausdorff, *Grundzüge der Mengenlehre*, Leipzig: Veit; Company, 1914.
[24] B. Russell, „Russell an Frege, 16.06.1902," in *Wissenschaftlicher Briefwechsel*, Hamburg: Felix Meiner Verlag, 1976.
[25] K. Gödel, „Über formal unentscheidbare Sätze der Principia Mathematica und verwandter Systeme I", *Monatsh. Math. Phys* 38 (1931): 173–98.
[26] Fiedler, „Absolute Truth – a toxic Chimera?"

Wesen entdecken, wie sie bisher noch niemand ersonnen hat. Für die überwältigende Mehrheit der Kleider bestünde überhaupt keine Verwendung. Jeder wird zugeben, daß die Sisyphusarbeit jenes Schneiders heller Wahnsinn ist.

Genau wie er geht die Mathematik vor. ...[27]

Tatsächlich ist die innere Widerspruchsfreiheit ein Hauptkriterium mathematischer Tätigkeit: „er möchte konsequent sein". Auch wenn damit subtile Probleme verbunden sind,[28] zeichnet gerade diese Eigenschaft die Mathematik als geistige Trägerin wissenschaftlicher Naturerkenntnis aus. Der mathematische Begriff absoluter Widerspruchsfreiheit ist viel strenger, aber auch weit weniger pragmatisch als der eher evolutionäre Begriff bei Kessler.[29] Dieser verlangt, viel praktischer, dass kein konkreter Widerspruch innerhalb seiner bestehenden Argumentationen nachgewiesen wurde – bis jetzt. Solch ein konkreter Widerspruch ist auch innerhalb der Mathematik nicht mehr aufgetreten, nach Beseitigung der Russelschen Antinomie und ihrer Verwandten.

Der britische Mathematiker Godfrey H. Hardy (1877–1947) hätte Lem sicher zugestimmt, wenn er 1941(!) über die „Verwendbarkeit" seiner Mathematik schreibt:

> ... ‚Große' Zahlen [wie in der Zahlentheorie] kommen [sonst] nur in der Astronomie und der Atomphysik vor, und diese Gebiete sind bisher von kaum größerer praktischer Bedeutung als die abstrakteste reine Mathematik.[30]

Einige dieser „Ladenhüter" waren schnell en vogue. Die Atomphysik erweckte schon bald entfesseltes Interesse. Zahlentheoretische Verschlüsselungen sind heute zentral für die hart umkämpfte Sicherheit unserer Daten.

Mathematische Modelle im Sinne von Heinrich Hertz[31] (1857–1894) sind in den Naturwissenschaften allgegenwärtig.[32] Jörg Hüfner beschreibt die „Kleiderkammer" als einen Supermarkt mathematischer Modelle, aus dem sich die Theoretische Physik und andere Naturwissenschaften nach Kräften mit denjenigen Strukturen bedienen, die zum jeweils konkreten Aspekt der Physik „passen,"[33] alles im Sinne einer Thomistischen „adaequatio". Albert Einstein (1879–1955) fragt jedoch:

---

[27] S. Lem, *Summa technologiae*, Krakow, 1964.
[28] *Fiedler*, „Absolute Truth – a toxic Chimera?"
[29] Kessler, „Auferstehung? Was die biblische Hoffnung für die Toten zu denken gibt".
[30] G. H. Hardy, *A Mathematician's Apology*, Cambridge Univ. Press, 1940.
[31] H. Hertz, *Die Principien der Mechanik in neuem Zusammenhange dargestellt*, Leipzig: J.A. Barth, 1894.
[32] Reinhard, „Stärken und Grenzen von Naturwissenschaft" in diesem Band; B. Fiedler, „Absolute Truth – a toxic Chimera?".
[33] Hüfner, „Wie konnte es gelingen, die Quantenwelt mathematisch zu verstehen?"

> Wie ist es möglich, daß die Mathematik, die doch ein von aller Erfahrung unabhängiges Produkt des menschlichen Denkens ist, auf die Gegenstände der Wirklichkeit so vortrefflich paßt? Kann denn die menschliche Vernunft ohne Erfahrung durch bloßes Denken Eigenschaften der wirklichen Dinge ergründen?[34]

Der Physiker Wigner hat das die „unfassliche Wirksamkeit der Mathematik in den Naturwissenschaften" genannt.[35]

3. Beispiele

Um nüchterne Schlüsse zu ziehen, betrachten wir Kraft und Grenzen mathematischer Modelle ein wenig konkreter. Wir beginnen mit Keplers Weltharmonik und seinen Gesetzen der Planetenbewegung, betrachten das alte Gegensatzpaar kontinuierlich-diskontinuierlich als eine mathematisch-physikalische Grundlagenfrage und schließen mit einem Blick auf ein metabolisches Netzwerk aus der Biologie. Für einen umfassenderen methodischen Rahmen siehe auch die weiteren naturwissenschaftlichen Beiträge in unserem Band.

3.1 Kepler-Ellipsen

In seiner Weltharmonik[36] betrachtet Kepler scheinbar weit auseinanderliegende Fragen. Er beginnt mit der Konstruktion regelmäßiger n-Ecke als Unterteilungen der Kreislinie in gleiche Abschnitte. Hier steht $n = 3$ für gleichseitige Dreiecke, $n = 4$ für Quadrate, $n = 5, 6$ für Pentagon und Hexagon. Er gibt dann einen nicht recht nachvollziehbaren geometrischen „Beweis" für die Unmöglichkeit, einen gegebenen Kreis mit Zirkel und Lineal in $n = 7$ gleiche Abschnitte zu unterteilen. Die entsprechende Behauptung Keplers für alle Primzahlen $n > 7$ hat erst Carl Friedrich Gauss (1777–1855) für $n = 17$ widerlegt.[37] Gegenbeispiele sind nur die *Fermatsche Primzahlen*, das heißt Primzahlen n der Form $n = 2^{2^k} + 1$. Bis heute sind nur die Fälle $k = 0,1,2,3,4$ als prim bekannt, also nur zwei weitere Fälle, in denen Kepler irrte.

Die Musik bezieht Kepler im dritten Buch seiner Weltharmonik durch die Hypothese ein, dass nur solche musikalischen Intervalle wohlklingend seien, deren

---

[34] A. Einstein, „Geometrie und Erfahrung", *Sitzungsber. Preuss. Akad. Wiss.* (1921), 123–30.

[35] E. P. Wigner, „The unreasonable effectiveness of mathematics in the natural sciences", *Comm. Pure Appl. Math.* 13 (1960): 1–14.

[36] Kepler, *Harmonices Mundi Libri V.*

[37] C. F. Gauss, *Untersuchungen über höhere Arithmetik (Disquisitiones Arithmeticae)*, Berlin: J. Springer, 1889.

Saitenlängen zu konstruierbaren Proportionen gehören. Das mag sonderbar klingen, ist aber nun mal sein Postulat.

Leicht verkürzt lauten die drei berühmten Keplerschen Gesetze zur Bewegung eines Planeten um sein Zentralgestirn:
1. Planetenbahnen sind Ellipsen, mit der Sonne im Brennpunkt;
2. Eine gedachte Strecke von der Sonne zum Planeten überstreicht in gleichen Zeiten gleiche Flächen;
3. Die quadrierten Umlaufzeiten der Planeten verhalten sich wie die dritten Potenzen der großen Halbachsen ihrer Ellipsen.

Siehe auch Reinhard.[38] Die ersten beiden Gesetze hatte der kaiserliche Hofastrolog Kepler bereits früher veröffentlicht.[39] Das dritte Gesetz ist in Buch V, Kapitel 3.8 der Weltharmonik[40] formuliert.[41]

Die Gesetze hatte Kepler aus Daten destilliert.[42] Das waren schier endlose Tabellen jahrelanger astronomischer Beobachtungen und Auswertungen, die sein Vorgänger Tycho Brahe (1546–1601) und dessen Töchter in Prag erstellt hatten. Big data, schon damals. Die Gesetze fassen jedoch alle Daten in ungeheuer eleganter geometrischer Weise knapp zusammen. Zum Beispiel gelten dieselben Gesetze, in dieser Form, für jeden einzelnen Planeten[43], unabhängig von seiner Masse, seinem Abstand zur Sonne, oder seiner Geschwindigkeit.[44] Sie gelten auch für Planeten anderer (Einzel-)Sterne, einschließlich rein hypothetischer Fälle, die nirgends im Universum vorkommen. Umgekehrt konnte Kepler seine Gesetze benutzen, um aus sehr wenigen Bahnelementen unserer Planeten präzise Vorhersagen für deren künftige Konfigurationen am Himmel zu treffen.[45] Dadurch war es erstmals möglich, Kaiser-Horoskope für künftige Zeitpunkte verlässlich im Voraus zu stellen – und Horoskope, nicht etwa astronomische oder mathematische Naturgesetze, waren Keplers eigentliche Aufgabe als Hofastrolog.

Erst Isaac Newton gelang es, die Kepler-Gesetze in noch universellerem Rahmen als Spezialfall der Bewegung zweier Himmelskörper unter einem einzigen

---

[38] Reinhard, „Stärken und Grenzen von Naturwissenschaft".
[39] J. Kepler, *Astronomia Nova*, Linz, 1619.
[40] J. Kepler, *Harmonices Mundi Libri V*.
[41] Ein wenig missverständlich muss dort der „mittlere Abstand" nicht als zeitlicher Mittelwert sondern als arithmetisches Mittel des maximalen (Aphel) und des minimalen (Perihel) Abstands von der Sonne gedeutet werden, also eben als große Halbachse.
[42] Zunächst nur für den Mars. Dabei musste die Exzentrizität der Erdbahn selbst mit berücksichtigt werden. Die Exzentrizität der Venus ist erstaunlich gering.
[43] Unter Vernachlässigung ihrer Wechselwirkung untereinander und relativistischer Korrekturen.
[44] Für Experten: das dritte Keplersche Gesetz postuliert insbesondere gleiche Umlaufzeiten aller Ellipsen mit gleich großer Halbachse, aber unterschiedlicher Exzentrizität. Das folgt zwar auch aus Newtons späterem Gravitationsgesetz, aber *nicht* durch ein einfaches Skalierungsargument.
[45] J. Kepler, *Tabulae Rudolphinae* (Ulm, 1627).

Kraftgesetz zu erkennen: dem Newtonschen Gravitationsgesetz gegenseitiger Anziehung durch eine beschleunigende Kraft $F(r) \sim 1/r^2$, die umgekehrt proportional zum Quadrat r^2 des gegenseitigen Abstands r abnimmt.[46] Ferner wächst die Anziehungskraft proportional zu jeder der beteiligten Massen. Die einzig verbleibende freie Größe in Newtons Gravitationsgesetz ist die sogenannte Gravitationskonstante.

Vladimir I. Arnold (1937–2010) weist darauf hin, dass unter allen Newtonschen Zentralkräften $F(r)$ das Hookesche Gesetz $F(r) \sim r$ für die Schwingung einer Masse an einer elastischen Spiralfeder und das Gravitationsgesetz $F(r) \sim 1/r^2$ die beiden einzigen Kraftgesetze sind, welche stets zu rein periodischen beschränkten Bahnen führen.[47] In Lemscher Schneider-Manier werden hier auch Kraftgesetze betrachtet, die vielleicht nirgends im Universum tatsächlich vorkommen.

Die Einstein-Gleichung der Allgemeinen Relativitätstheorie[48] liefert gewisse nicht-Keplersche Beispiele. Grob vereinfacht assoziiert sie zu Massen gewisse Krümmungen unseres gewöhnlichen Raum-Zeit-Kontinuums. In diesem Kontinuum bewegen sich zum Beispiel Licht-Teilchen auf kürzesten Pfaden, also abstrakten „Geraden", der gekrümmten nicht-euklidischen Geometrie. In diesem Sinne sagen also die Massen dem Raum, wie er sich zu krümmen hat – und umgekehrt schreibt der gekrümmte Raum Teilchen ihre Bewegung vor. Zu kosmologischen Wirkungen der Allgemeinen Relativitätstheorie „im Großen" siehe auch Hüfner und Löhken.[49] Die Raumkrümmung durch das statische Gravitationsfeld der Sonne, aber auch die klassische Gravitationskraft des Jupiters, bewirken dann eine konkrete Abweichung der Bahn des Merkur von einer starr periodischen Bahn zu einer aperiodischen Ellipse, die selbst langsam um die Sonne kreiselt. Die tatsächliche Drehung steht in Einklang mit Einsteins Theorie.[50] So ist das mit der astronomisch autonomen, absoluten Wirklichkeit, auf die weder wir selbst noch unsere Theoriebildungen Einfluss haben. Siehe auch ein viel genaueres Zitat von Max Planck.[51]

---

[46] I. Newton, *Philosophiae Naturalis Principia Mathematica*.

[47] V. I. Arnold, *Huygens and Barrow, Newton and Hooke* (Basel: Birkhäuser Verlag, 1990).

[48] A. Einstein, „Die Grundlagen der allgemeinen Relativitätstheorie", *Ann. Physik* IV 49 (1916): 769–822.

[49] J. Hüfner und R. Löhken, „Die zwei Wege des Georges Lemaître zur Erforschung des Himmels", in *Stabilität im Wandel*, ed. M. Wink and J. Funke (Heidelberg University Publishing, 2016), 69–77.

[50] A. Einstein, „Erklärung der Perihelbewegung des Merkur aus der allgemeinen Relativitätstheorie", *Sitzungsber. Preuss. Akad. Wiss.* 47 (1915): 831–39.

[51] Hüfner, „Wie konnte es gelingen, die Quantenwelt mathematisch zu verstehen?"

3.2 Kontinuum und Diskontinuum

Der anschauliche Begriff des Kontinuums ist inzwischen ein rein mathematisches Konstrukt, das, nach Anfängen in der Antike, in der heutigen Form erst im 19. Jhdt. von Georg Cantor (1845–1918), Richard Dedekind (1831–1916), Karl Weierstrass (1815–1897) und anderen präzisiert wurde. Scheinbare Paradoxa wie Zenons Schildkröte, die von Achilles nicht überholt werden kann, reflektieren die Schwierigkeiten, eine unendlich lange Gerade zu denken, die angeblich aus Punkten ohne jede Ausdehnung zusammengesetzt ist: wieviel mal Null ergibt unendlich? Im Zeit-Kontinuum trennte schon Augustinus[52] in XI.20 das Jetzt, an der Nahtstelle, vom Vorher und Nachher. In ganz ähnlicher Weise konstruierte viel später Dedekind die reellen Zahlen als Trennzahlen seiner Schnitte rationaler Zahlen (d.h. ganzzahliger Proportionen).[53]

Oder geht es auch ganz ohne Kontinuum? Versucht haben das bereits die *Mutakallimun*, also die Vertreter des Kalam. Das ist eine muslimische Variante theologischer Dialektik, die bis ins 8. Jhdt. zurückreicht. Moses Maimonides[54] (ca. 1135–1204) berichtet davon in I.LXXIII. Die Mutakallimun gehen von einer radikalen Endlichkeit aller materiellen Wirklichkeit aus – allein Allah bleibt das Unendliche schlechthin.[55] Als Folgerungen ergeben sich „Atome" von Raum und Zeit. Heute mögen wir uns das umgekehrt als eine Diskretisierung der Kontinua vorstellen, wie wir sie in der numerischen Mathematik vornehmen, um physikalische Kontinua wie elastische Körper, Flüssigkeiten, Felder usw. für Computer zu digitalisieren. Auch physikalisch kommen wir vom Kontinuum her und denken vielleicht an eine kleinste Planck-Länge und Planck-Zeit. Nur mit dem Unterschied, dass im Kalam die Wirklichkeit selbst von vornherein „digital" gedacht wird und eben nicht als Kontinuum.

Als Konsequenzen solch radikaler Endlichkeit erhalten wir sofort die endliche Zeitdauer und Ausdehnung des Universums (einschließlich Big Bang und Big Crunch, alias Schöpfung und Apokalypse), die Existenz einer maximalen (Licht-) Geschwindigkeit[56], die Quantisierung[57] von (damals noch nicht entwickelten Konzepten wie) Impuls, Drehimpuls, Energie und vieles mehr.[58] Maimonides „widerlegt" den Ansatz der Mutakallimun mit seiner Frage wie sich wohl ein Mühlstein drehe. Insbesondere verlangt er eine genaue Beschreibung der räumlich-zeitlich

---

[52] Augustinus von Hippo, *Confessiones*, 397–401.
[53] R. Dedekind, *Stetigkeit und irrationale Zahlen* (Braunschweig: Vieweg, 1872).
[54] M. Maimonides, *The Guide for the Perplexed* (Cairo, ca. 1176–1190).
[55] Unsere extrem verkürzte Darstellung kehrt viel genauere und ausführlichere Argumentationen um, die bei Maimonides auf den Versuch eines Gottesbeweises hinauslaufen.
[56] Bewegung um ein Raum-Atom pro Zeit-Atom; in der implizit geforderten Adjazenz dieser „Atome" steckt noch ein Rest von Kontinuität.
[57] Hüfner, „Wie konnte es gelingen, die Quantenwelt mathematisch zu verstehen?"
[58] Der Ansatz von Max Planck ging allerdings vom mathematischen Kontinuum aus.

atomistischen Abfolge der Raum-Punkte, die vom Mühlstein jeweils materiell besetzt sind, und ihrer Nachbarschaftsrelationen zueinander. Wir brauchen nur einen Film der Drehbewegung über unsere Bildschirme flimmern zu lassen, um seine Pixel-Frage in Nah-Auflösung zu genießen.

Vor diesem Hintergrund ist es amüsant bis erschreckend, wie fast alle derzeitigen Theorien der Physik, von den String-Theorien bis zur Kosmologie, auf dem Konzept der reellen Zahlengeraden und der komplexen Zahlebene beruhen – einer rein mathematischen Erfindung des 19. Jhdt., ursprünglich von stolzem Abstraktionsgrad und jeder konkret physikalischen Absicht entkleidet.

Der Unterschied zwischen diskreter und kontinuierlicher Zeit ist auch mathematisch bedeutsam. Am Beispiel einer Pendelbewegung, die Keplers Bahnen extrem vereinfacht karikiert, wurde gezeigt, wie sich ruckartige und makroskopisch sichtbare Zeitschritte erst nach vielfacher Vergrößerung im Sinne einer chaotischen, aber rein deterministischen Dynamik qualitativ auswirken – ganz ohne Quantentheorie.[59] So ein Zoom würde allerdings atomare Nano-Skalen auf den Radius der Erdbahn vergrößern. Tieferes mathematisches Verständnis derartiger Computerexperimente erfordert übrigens zwingend die Erweiterung auf eine mathematisch komplexwertige Zeit, die unsere physikalische und die Augustinische Anschauung eines geordneten Vorher-Jetzt-Nachher sprengt und durch *zwei* eng verwobene reelle Zeit-Dimensionen ersetzt. Für eine physikalische Zeit, als Halbkreislinie, bis zum Mittelpunkt erfüllt mit Ewigkeit.[60]

3.3 Glukose-Metabolismus

Selbst die einfachsten lebenden Organismen realisieren ungeheuer viele Wirk-Mechanismen von jeweils ganz erstaunlicher Komplexität. Von einem systematischen Verständnis sind wir weit entfernt. Einstweilen müssen wir uns mit tastenden Versuchen zu einzelnen Aspekten begnügen. Die Beschreibung durch *Netzworke* von Wirk Zusammenhängen ist ein solcher Versuch, zu dem auch die Mathematik beitragen kann. Ökologische Netzwerke, zum Beispiel, modellieren die Wechselwirkungen der Populationen in einem Ökosystem. Neuronale Netze versuchen das Rätsel der Kognition zu ergründen. In der Molekularbiologie tritt die Gen-Expression und -Regulation hunderttausender Proteine hervor. Tausende „bekannte" metabolische Netzwerke wiederum beschreiben einige wenige der

---

[59] B. Fiedler und J. Scheurle, *Discretization of Homoclinic Orbits, Rapid Forcing, and „Invisible" Chaos* (Memoirs Amer. Math. Soc. 570, Providence R.I., 1996).
[60] U. Lüke, „Auferstehung im Jüngsten Tag als Auferstehung im Tod", in diesem Band. Siehe auch in diesem Band: Kessler, „Auferstehung? Was die biblische Hoffnung für die Toten zu denken gibt".

mannigfachen, enzymatisch äußerst effizient katalysierten chemischen Vorgänge, auf denen Leben überhaupt erst beruht. Siehe zum Beispiel Referenz-Datenbanken wie KEGG.[61]

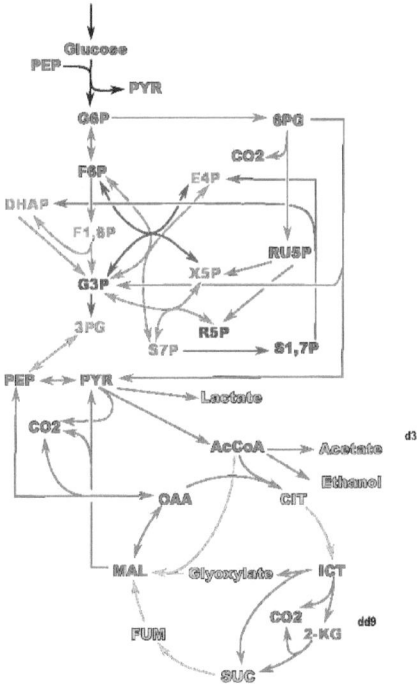

Abb. 1: Glukose-Metabolismus von E.coli. Zufuhr von Glukose (oben), Phosphorylierung (mitte) und Verwertung im Zitronensäure-Zyklus (unten) von E. coli. Zum Reaktionsschema siehe Ishii.[62] Zur Mathematik siehe Brehm[63] und weitere Referenzen dort.

Als einfaches Beispiel greifen wir den berühmten Zitronensäure-Zyklus heraus (auch Krebs-Zyklus genannt), der (mit einigen Varianten) beschreibt, wie praktisch jedes Lebewesen aus Zucker (Glukose) Energie gewinnt. Für *E. coli* sind einige Aspekte im metabolischen Netzwerk von Abb. 1 beschrieben.[64] Der Zuckerstoffwechsel verläuft über diverse Zwischenprodukte, die hier mit Buchstaben-

---

[61] M. Kanehisa und S. Goto, „KEGG: Kyoto encyclopedia of genes and genomes", *Nucl. Acids Res.* 28 (2000): 27–30.
[62] N. Ishii, K. Nakahigashi, und andere, „Multiple high-throughput analyses monitor the response of E. *coli* to perturbations", *Science* 316 (2007): 593–97,.
[63] B. Brehm und B. Fiedler, „Sensitivity of chemical reaction networks: A structural approach. 3. Regular multimolecular systems", *Math. Meth. Appl. Sc.* 41 (2017): 1344–1376.
[64] N. Ishii, K. Nakahigashi, und andere, „Multiple high-throughput analyses monitor the response of E. *coli* to perturbations", *Science* 316 (2007): 593–97.

gruppen wie PEP, PYR, CIT, usw. abgekürzt sind. Buchstabengruppen bezeichnen Zwischenstufen des Stoffwechsels, Zahlen markieren (meist enzymatisch katalysierte) Reaktionsschritte. Knockout Experimente, die einzelne Reaktionsschritte unterbinden, führen auf eine streng hierarchische Ordnungsstruktur der Beeinflussung, die sich auch mathematisch manifestiert. Einige Zwischenprodukte sind mehrfach notiert, um die Übersichtlichkeit zu erhöhen.

Die Balance dieser fundamentalen Energie-Maschine des Lebens ist sehr delikat. Falls der umkehrbare Reaktionsschritt $7: 3PG \rightleftharpoons PEP$ beispielsweise nur vorwärts verläuft, $7: 3PG \rightarrow PEP$, bricht der ganze Mechanismus zusammen. Die „spontanen" Evolutions-Schritte von einer „Ursuppe", die einige organische Elemente bereitstellt, zu einem wohl-orchestrierten Zyklus wie diesem – einem von vielen – sind völlig ungeklärt.

Mathematisch gesehen ist der Wirk-Mechanismus aus Abb. 1 streng hierarchisch geordnet.[65] Grob gesprochen dirigieren höher gelegene Teile trotz umfangreicher feedback Strukturen tiefer gelegene Teile so, dass Änderungen in den Reaktionsgeschwindigkeiten oben Auswirkungen nach unten haben, aber nicht umgekehrt. Die theoretische Deutung bestätigt die Resultate früherer Knockout-Experimente[66], welche die Gen-Expression eines erforderlichen Enzyms unterdrücken; der entsprechende Reaktionsschritt findet dann nicht statt. Aus der eigenen Arbeit darf ich vielleicht bekennen wie erstaunlich fein „die Natur" diesen Wirk-Mechanismus fügt, den zu erfinden – bei aller mangelnden Bescheidenheit – jedenfalls meine kühnste Vorstellungskraft bei weitem übersteigt. Und das ist nur ein winziges konkretes Detail aus dem Gesamtkomplex Leben.

4. Aufklärung

Die Geschichte der Naturwissenschaften und ihrer Lichtgestalten wird uns heute allzu oft ganz sonderbar erzählt. Siehe Abb. 2: erst 1888 als mittelalterliche anmutender Holzschnitt fabriziert, durchbricht ein Wanderer die Himmelssphäre dort, wo sie die flache Erde berührt. Das tatsächliche mittelalterliche Weltbild war keineswegs so flach: schon der Reichsapfel der deutschen Kaiser, der das Kreuz über den ganzen Erdball erhöht, straft die Anmutung Lügen. Die Irrfahrten des Cristoforo Colombo (1451–1506) setzen die als aristotelisch bekannte Kugelgestalt ebenso voraus wie der Nürnberger Globus des Martin Behaim (1459–1507) von 1493.

---

[65] B. Brehm und B. Fiedler, „Sensitivity of chemical reaction networks: A structural approach. 3. Regular multimolecular systems".
[66] Ishii, Nakahigashi, und andere, „Multiple high-throughput analyses monitor the response of E. coli to perturbations".

Galileo Galilei gilt dann, recht eurozentrisch, als Begründer der experimentell-wissenschaftlichen Methode[67] schlechthin – der er nicht war. Jahrhunderte vor ihm, zum Beispiel, hatte der große Ibn al-Haytham (Alhazen, 965–1040) in seiner Optik moderne wissenschaftliche Methodik einschließlich genauer Beschreibungen seiner Experimente zur Lichtbrechung und einer ersten theoretischen Deutung vollständig entwickelt.[68] Sein Werk lag seit dem 14. Jhdt. in lateinischer Übersetzung vor.

Kopernikus, Galilei und Kepler werden schließlich zu Heroen der Aufklärung verklärt[69] und krass verfälscht[70], die dem finsteren Mittelalter und kirchlicher Dogmatik die revolutionäre Stirn bieten. Der historische Konflikt entzündete sich freilich weniger an der Heliozentrik des Kopernikus oder Keplers oder an der wissenschaftlichen Methode.[71]

Abb. 2: Angeblich mittelalterliches Weltbild, nach Flammarion.[72] Die fälschende Anmutung des Holzstichs aus dem 19. Jhdt. als Holzschnitt aus dem 15./16. Jhdt. täuscht ein Weltbild vor, in dem der pilgernde Mönch auf flacher Erde die Himmelssphäre durchbricht. Public domain.

---

[67] Reinhard, „Stärken und Grenzen von Naturwissenschaft".
[68] Hasan Ibn al-Haytham (Alhacen), „*Optics VII: On Refraction*". *Trans. Amer. Phil. Soc.* 100 (2010): 213–550.
[69] Zu Galilei und der römischen Inquisition siehe zum Beispiel die Gemälde von J.-R. Fleury (1847) und C. Banti (1857).
[70] D. Brown, *Angels and demons (Dt. Illuminati)*, New York: Simon & Schuster, 2000.
[71] Galilei, *Il Saggiatore*.
[72] C. Flammarion, *L'atmosphère. Météorologie populaire*, Paris: Hachette, 1888.

Den ursprünglichen Anstoß zur kopernikanischen Revolution[73] von 1543 hatten ja die Schwierigkeiten einer päpstlichen Kommission unter Leo X. zur Kalenderreform gegeben. Denn ein Kalender setzt zumindest Klarheit über den genauen Begriff des Jahres voraus, also der Umlaufzeit ... etwa der Sonne? Den neuen gregorianischen Kalender setzte Papst Gregor 1582 in kraft.

Übrigens ist dem revolutionären Werk eine Empfehlung von 1536 beigefügt: durch Nicolaus Schonberg, Cardinal von Capua, der die Heliozentrik ganz hellsichtig beim Namen nennt – und enthusiastisch begrüßt. Aus der sehr freimütigen Vorrede von Kopernikus selbst an Papst Paul III. hatten wir schon in Abschnitt 2 zitiert. Der einflussreiche Nürnberger Reformator Andreas Osiander (ca. 1496–1552) hatte in seinem anonym hinzugefügten, nicht autorisierten Vorwort[74] dann jedoch listig betont, dass die Heliozentrik eigentlich nur ein mathematischer Kunstgriff sei, der die astronomischen Rechnungen stark vereinfache, ohne Anspruch auf „Wirklichkeit" zu erheben. Sein recht moderner Standpunkt der freien Koordinatenwahl erleichterte im protestantischen Nürnberg die Publikation – gegen den Osiander wohlbekannten Widerstand Luthers und Melanchthons, der vorerst nur die Astronomie betraf. Zur argen Geozentrik Melanchthons gibt es noch 1963 eine rührend missglückte Apologetik.[75]

Verletzender als die Heliozentrik war fast ein Jahrhundert später im Fall Galilei[76] eher, dass der einfältigen Figur des Simplicio im – aus populärwissenschaftlicher Sicht brillanten und noch heute sehr lesenswert formelfreien – Dialog über die zwei Weltsysteme[77] Worte seines früheren Freundes und späteren Papstes Urban VIII. in den Mund gelegt waren.[78] Der französische Mönch und Mathematiker Marin Mersenne (1588–1646) beispielsweise schwenkte nach anfänglicher Skepsis sehr früh auf die Keplersche Lehre ein, ohne je dafür behelligt zu werden. Auch der Protestant Kepler selbst, Hofastrolog der katholischen Habsburger, wurde zwar durch konfessionelle Streitigkeiten, die Wirren des dreißigjährigen Krieges und ausbleibendes Gehalt, kaum aber seiner Astronomie wegen behindert.[79]

Noch der Komponist Paul Hindemith (1895–1963) wurde, unter anderem für seine Kepler-Oper „Harmonie der Welt" (1957), verrissen und durch Theodor W.

---

[73] Kopernikus, *De revolutionibus orbium coelestium*.

[74] „An den Leser über die Hypothesen dieses Werkes".

[75] K. Müller, „Ph. Melanchthon und das Kopernikanische Weltsystem", *Centaurus* 9 (1963), 16–28.

[76] Keplers Weltharmonik hatte Galilei zwar erhalten, aber kaum gelesen: er vertrat zeitlebens die längst durch Tycho Brahes Messungen überholten Kreisbahnen des Kopernikus.

[77] G. Galilei, *Dialogo sopra i due Massimi Sistemi del Mondo, Tolemaico e Copernicano*, Florenz, 1632.

[78] Die Publikation selbst war durch die Inquisition genehmigt und päpstlich autorisiert.

[79] Er konnte sogar seiner Mutter Katharina K. (1546–1622) helfen, die im protestantischen Leonberg 1615 als Hexe angeklagt und erst 1621 freigesprochen wurde.

Adorno (1903–1969), pünktlich zum ersten Todestag, gehässig als schlimmer Reaktionär beschimpft.[80] In Wirklichkeit hatte Hindemith einen universellen, mathematisch-physikalisch regelbasierten und gerade deshalb bis heute gültigen kompositorischen Anspruch erhoben.[81] Damit war er offenbar einem längst zur revolutionären Lichtgestalt einer instrumentalisierten „Aufklärung" verfälschten Kepler-Klischee nicht mehr genügend gerecht geworden.

5. Naturgesetze

Unsere obigen Beispiele berühren nur einen winzigen Ausschnitt der Mathematik in den Naturwissenschaften. Siehe auch die Artikel von Drossel, Reinhard und Hüfner.[82] James C. Maxwell (1831–1879) hat die gesamte Elektrodynamik in nur vier Gleichungen zusammengefasst. Die grundlegenden mathematischen Begrifflichkeiten waren schon Jahrzehnte zuvor entwickelt worden, auch angeregt durch den physikalisch völlig anderen Kontext der Mechanik strömender Flüssigkeiten. Die Erfolge der Quantenmechanik sind legendär. Siehe auch den Artikel von Hüfner. Ihre diversen Näherungen beherrschen heute weite Bereiche der Halbleitertechnologie und der Chemie. Wir haben in Abschnitt 3.1 die Gravitation kurz gestreift und in Abschnitt 3.3 auf die ungeheure Vielfalt metabolischer Netzwerke in der Systembiologie hingewiesen. Mathematisch gestärkt erinnern wir uns, dass schon Galileo Galilei[83] die Mathematik und ihre geometrischen Figuren als die Sprache bezeichnet hatte, in der das Buch der (Natur-)Philosophie geschrieben sei. Ein Gemeinplatz, vierhundert Jahre später?

Keineswegs, meine ich. Ganz im Gegenteil sollten wir uns über diese Erfolgsgeschichte mehrerer Jahrhunderte sehr wundern!

Zum Beispiel sind die mathematisch-naturwissenschaftlichen Gesetze stets mit gewissen quantitativen *Naturkonstanten* verbunden.[84] In Abschnitt 3.1 hatten wir bereits die Gravitationskonstante kennengelernt. Das Argument der *Feinabstimmung* der Naturkonstanten weist nun darauf hin, dass bereits kleinste Abweichungen einiger Naturkonstanten von ihren tatsächlichen Werten unser Universum zur Unmöglichkeit werden lassen – uns selbst eingeschlossen. Siehe auch Drossel und Kessler.[85] Neben physikalisch besser fundierten Einwänden postuliert

---

[80] Th.W. Adorno und R. Stephan, „Was ist mit Hindemith geschehen?" *Hessischer Rundfunk*, November 1964.

[81] P. Hindemith, *Unterweisung im Tonsatz I. Theoretischer Teil.*, Mainz: Schott, 1937.

[82] Reinhard, „Stärken und Grenzen von Naturwissenschaft"; Hüfner, „Wie konnte es gelingen, die Quantenwelt mathematisch zu verstehen?"

[83] Galilei, *Il Saggiatore*.

[84] Siehe etwa de.wikipedia.org/wiki/Physikalische_Konstante.

[85] Drossel, „Auferstehung und die Gesetze der Physik"; Kessler, *Auferstehung? Der Weg Jesu, das Kreuz und der Osterglaube*.

das *anthropische Prinzip* Myriaden „paralleler Universen". Unser Universum besitze dann einfach deshalb die uns günstigen Naturkonstanten, weil wir eben da sind und sie messen können. Das pure Postulat ungezählter paralleler und toter Universen, ein Lieblingskind der „Science"-Fiction ohne weitere Evidenz als irgendwelche postulierten „Quantenschäume", ist allerdings eine extrem gewagte Kapriole, nur um der Frage nach der Feinabstimmung zu entfliehen.

Unsere eingangs verbotene Frage ist allerdings weit radikaler:

Wieso sind Naturgesetze mathematisch?

Anders gesagt: was hat Mathematik mit Wirklichkeit denn zu schaffen? Warum sollte sie, als rein intellektuelles Konstrukt, überhaupt irgendetwas mit irgendeiner Wirklichkeit zu tun haben, außer vielleicht mit ihrer eigenen, immanent abstrakten Gedankenwelt? Wieso „funktioniert" Mathematik aber dann, sogar in den Ingenieurwissenschaften? Wie kommt es denn zu dem unfassbaren[86] „Wunder", dass – in den Worten von Albert Einstein[87] und Max Planck[88] – Mathematik zu irgendwelchen Daten der Wirklichkeit „passt"?

Die Feinabstimmung zum Beispiel setzt ja, stillschweigend und ein wenig einfallslos, alle Naturgesetze schon so voraus wie sie eben sind. Nur die Änderung gewisser Natur„konstanten" wird zugelassen. Aber warum sollte denn überhaupt irgendein Gesetz sein? Von vornherein gesetzt, irgendwie, von irgendwem? Wieso sollte denn alle Tage wieder „die Sonne aufgehen und Regen fallen über Gerechte und Ungerechte"? Wieso nicht jeden Tag neues Chaos, andere „Natur", andere Gesetze, andere Sternbilder oder gar keine, neues Elend, anderes Glück? Oder vielleicht gar keine Zeit mehr, zugleich gedächtnis- und hoffnungslos, oder mehrdimensionale Zeiten? Siehe z.B. die einfallsreichen Versuche von Liu,[89] die jedoch einer gewissen halb-konsistenten Komik nicht entbehren. Oder gänzliche Diskontinuität von allem und jedem? Ein Pandämonium weit jenseits eines fantastischen Hieronymus Bosch mit seinen phänomenal irdischen Vorstellungen von Qual und Glück. Die Frage „Warum ist überhaupt etwas und nicht vielmehr nichts?" ist nur scheinbar radikaler: die antinomistische Schein-Option „Nicht-Sein" enthält ja nichts und niemand zum wundern. Wer fragt dann also und wonach? Zur theologischen Sicht siehe hingegen auch Kessler.[90]

Ein erkenntnistheoretischer Einwand postuliert, dass wir gar nichts anderes erkennen können als eben solche widerspruchsfreien Gesetzmäßigkeiten, in Raum und Zeit, die sich letztlich mathematisch fassen lassen. Dann wäre also unsere Frage einfach falsch gestellt und ein wenig dumm. Der eben skizzierte – und durchaus vorstellbare – Alptraum einer gesetzlosen Natur völlig teilnahmsloser

---

[86] E. Wigner, „The unreasonable effectiveness of mathematics in the natural sciences".
[87] Einstein, „Geometrie und Erfahrung".
[88] Hüfner, „Wie konnte es gelingen, die Quantenwelt mathematisch zu verstehen?"
[89] Cixin Liu, *The Three-Body Problem (trilogy)*, China: Chongqing Publishing Group, 2008–2010.
[90] Kessler, „Auferstehung? Was die biblische Hoffnung für die Toten zu denken gibt"; Kessler, *Auferstehung? Der Weg Jesu, das Kreuz und der Osterglaube*.

Willkür und Inkonsistenz widerlegt das ebenso, wie die langen historischen Entwicklungen unserer Begriffe von Raum und Zeit, die durchaus unvorstellbare Umwälzungen erfahren haben. Gerade die buchstäblich all-umfassend erfahrene Gesetzlichkeit der uns umgebenden Wirklichkeit, einer Gesetzlichkeit, die keine Nischen zuzulassen scheint, widerspricht dem schalen Einwand, der sich einen Erkenntnis-Filter vor die Nase setzt, und der ausgerechnet diese Grundlage alles Faktischen als von vornherein nicht erkennbar ausgrenzen will.

Worauf also die mathematische Gesetzlichkeit der wissenschaftlich beschriebenen Wirklichkeit gründen, die durch Jahrhunderte rationaler Forschung evident geworden ist? Am einfachsten machen wir es uns, wenn wir die Mathematik selbst als intellektuelles Abbild der Wirklichkeit nehmen, als Thomistischen „intellectus", von der Wirklichkeit her abstrahiert. Dann brauchen wir uns nicht weiter zu wundern, woher die Übereinstimmung der Abstraktion mit der Wirklichkeit, also ihre Wahrheit, kommt.

Die *Evolutionäre Erkenntnistheorie* bietet, hier grob zusammengefasst und von Hüfner[91] genauer ausgeführt, folgende Verfeinerung an:
- Die neuronale Entwicklung, bis hin zu unserem Gehirn, unterliegt Darwins Prinzip von Mutation und Selektion. Dadurch können nur solche neuronale Strukturen entstehen, welche ein wirksames Abbild[92] der materiellen Wirklichkeit liefern.
- Beim Menschen tritt ein (formal ähnlicher) kultureller Mechanismus hinzu, der vorwissenschaftliche und wissenschaftliche Erkenntnis durch Hypothesen und deren Falsifikation erarbeitet, selektiert und bewahrt.

Am Beispiel der zunächst unanschaulichen, sogar scheinbar widersprüchlichen Quantenmechanik wird das eindrucksvoll demonstriert. Die Mathematik wäre dann nicht reine gedankliche Abstraktion, sondern stets vom Substrat konkreter Wirklichkeit her abstrahiert. Aber ist das wirklich so einfach?

Zunächst beschreibt die Evolutionäre Erkenntnistheorie einen Prozess des Erkennens, nach und nach, in vielen Approximationen, durch Versuch und Irrtum. Über das Erkannte selbst oder, genauer, über das vom Erkennen losgelöst Absolute, sagt sie nichts. Das Erkannte kann in vielen Sprachen, auch in vielerlei Formelsprache, formuliert sein – es bleibt sich dennoch essentiell gleich. Die Mathematik achtet besonders auf diese reine Abstraktion.

Denken wir an unseren verrückten Schneider. Wir hatten den Vorrat mathematischer Modelle als eine Art Selbstbedienungsladen bezeichnet, in dem fertige Modelle der Wirklichkeit nach ihrer Passform ausgesucht werden. Tatsächlich gehen viele mathematische Konzepte ihrer wissenschaftlichen Anwendung weit voraus. Die Kepler-Ellipsen waren als Kegelschnitte und geometrische Konstruktionen, vielleicht auch in Zusammenhang mit Spiegelungen und der Strahlen-Optik,

---

[91] Hüfner, „Wie konnte es gelingen, die Quantenwelt mathematisch zu verstehen?"
[92] Als eine Urform der Thomistischen adaequatio.

seit der Antike bekannt. Das mag als einfache Abstraktion konkreter Beobachtungen hingehen. Aber wieso, um Himmels willen, sollten dieselben Ellipsen als Planetenbahnen wirklich auftreten? Da ist kein Kegel weit und breit, und die Strahlen-Optik liefert keine Handhabe. Sicherlich war es ein Glücksfall, für Kepler und Newton, dass ausgerechnet die tatsächlich beobachteten Planetenbahnen bereits aus der abstrakten Euklidischen Geometrie von alters her bekannt waren. Aber dass dieselben alten Kleider zur Einkleidung neuer Daten einer völlig neu entdeckten Wirklichkeit „passen", grenzt an ein Wunder.

Die Liste der Beispiele lässt sich beliebig fortsetzen; ein weiteres mag genügen. Nehmen wir die Allgemeine Relativitätstheorie[93], die in der schon erwähnten Einstein-Gleichung gipfelt. Mathematisch handelt es sich um eine Gleichung für gewisse (Ricci-)Krümmungen der Raum-Zeit. Die mathematischen Konzepte beruhen auf Ideen von Bernhard Riemann (1826–1866), die er auf Anregung von Gauss in seinem Göttinger Habilitationsvortrag 1854 entwickelt hatte.[94] Da war von Relativitätstheorie noch keine Spur.

Riemann hatte sich die Frage gestellt, wie etwa die Krümmung einer Fläche rein intrinsisch zu bestimmen wäre, also ohne heimlich aus der Fläche herauszutreten und sie „von außen" in ihrem umgebenden Raum zu betrachten. Ein einfaches Beispiel sind Dreiecke auf der Sphäre, deren Winkelsumme stets „größer als ..." ist. Wir brauchen ja nur, vom Äquator aus, dem Greenwich Längengrad bis zum Nordpol zu folgen, dann entlang östlicher Länge zum Äquator zurückzukehren und das Dreieck längs des Äquators nach Westen zu schließen, um eine Winkelsumme von mehr als 180° zu erhalten. Übrigens widerlegt die sphärische Geometrie eine Bemerkung in der *Summa* des Thomas von Aquin, nach der selbst Gott nichts so Widersprüchliches schaffen könne wie ein Dreieck mit einer Winkelsumme ungleich zweier rechter Winkel.[95]

Gekrümmte Flächen der abstrakten Geometrie komplexer Zahlen waren Riemann aus der Mathematik bestens vertraut. Als konkrete äußere Anschauung seiner höchst abstrakten „Geo"-metrie dürften ihm auch unser Globus und andere gekrümmte und kunstvoll verheftete Flächen im gewöhnlichen drei-dimensionalen Raum gedient haben. Um so bemerkenswerter ist es, wie seherisch Riemann in seiner Schlussbemerkung III.3 über den gekrümmten dreidimensionalen physikalischen Raum spekuliert, damit unsere Vorstellung

> ...nicht durch die Beschränktheit der Begriffe gehindert und der Fortschritt im Erkennen des Zusammenhangs der Dinge nicht durch überlieferte Vorurtheile gehemmt

---

[93] Einstein, „Die Grundlagen der allgemeinen Relativitätstheorie".
[94] B. Riemann, „Über die Hypothesen welche der Geometrie zu Grunde liegen", *Abh. Königl. Ges. Wiss. Göttingen* 10 (1868), 133–50.
[95] Thomas von Aquin, *Summa Theologica*, Suppl. q. 83, a. 3, obj. 2.

wird. Es führt dies hinüber in das Gebiet einer andern Wissenschaft, in das Gebiet der Physik, welches wohl die Natur der heutigen Veranlassung nicht zu betreten erlaubt.[96]

Riemann hatte seine Vorstellungen rein inner-mathematisch entwickelt, als reine Abstraktion einer Idee des Raumes. Seine Idee hatte er nicht von konkreter Wirklichkeit abstrahiert. Denn die noch fünfzig Jahre später heftig umstrittenen Einsteinschen Abstands-Metriken unseres wirklich gekrümmten Raums konnte Riemann noch nicht kennen – von deren Schwingungen als Gravitationswellen (LIGO-Experiment) ganz zu schweigen.

Man mag versuchen, das alles als „kulturelle Evolution" einordnen. Worin aber besteht dann die Selektion? Sehen wir von äußeren Einflüssen, von Moden und Medaillen, von Hypes, militärischen Allmachts-Phantasien und Forschungsgeldern einmal ab. Die Anwendbarkeit, etwa in der Physik, taugt auch nicht als Kriterium mathematischer Selektion: die (noch) nicht passenden Kleider des verrückten Schneiders können nicht schon vorab, mangels „fitness", in die kulturelle Lumpensammlung aussortiert werden. Passung taugt nicht im Voraus zur Selektion. Und mathematische Wahrheit fragt nicht nach außer-mathematischer Anwendbarkeit. Unsere Grundfrage nach der mathematischen Struktur der Naturgesetze überhaupt wird also weder durch Darwinistische noch durch kulturelle Evolution beantwortet. Noch nicht einmal umgangen wird die Frage. Denn innermathematisch kann es nur die Widerspruchsfreiheit selbst sein, die Falsches durch Versuch und Irrtum des arbeitenden Forschers selbst ausmerzt[97], oder vielleicht durch Gegenbeispiele der lieben Kollegen.[98]

Als letzte Zuflucht bleibt uns also die, wenn auch prekäre, Idee der Widerspruchsfreiheit der Mathematik selbst. Auch die Wirklichkeit wird ja in ihrer erfahrenen Gesetzlichkeit als widerspruchsfrei empfunden. Wenn dem tatsächlich so ist, und wenn Mathematik, wenigstens prinzipiell, alle widerspruchsfreien Strukturen ausschöpfen und darstellen kann, dann sollten umgekehrt wenigstens allen widerspruchsfreien Strukturen der Wirklichkeit gewisse mathematische Strukturen entsprechen[99]: irgendwann, vielleicht.

Nehmen wir doch probeweise einmal an, dass dem wirklich so wäre. Dann müssten wir also die materielle Natur-Wirklichkeit selbst als in sich widerspruchsfrei voraussetzen. Statt nach der mathematischen Form der Naturgesetze fragen wir also jetzt: Wieso sind Naturgesetze widerspruchsfrei?

---

[96] Riemann, „Über die Hypothesen welche der Geometrie zu Grunde liegen".
[97] H. Poincaré, „L'invention mathématique", *Bull. Inst. Gén. Psych.* 8 (1908), 175–87.
[98] Wir erinnern uns an die Kreisteilungen durch Kepler und Gauss.
[99] Aber keineswegs alle: schon die Naturkonstanten oder die Skalenverhältnisse unseres Sonnensystems zeigen, dass nicht alles widerspruchsfrei Mögliche auch materielle Wirklichkeit sein muss.

Wir erinnern uns ja, dass die Mathematik bei dem Versuch, ihre eigene Widerspruchsfreiheit nachzuweisen, prinzipiell versagt.[100] Stattdessen schreiben wir jetzt „der Natur" selbst eine zutiefst logische Eigenschaft zu. Wir dürfen dabei den universellen Anspruch der Naturwissenschaft nicht vergessen, die eine prinzipiell vollständige Erkenntnis der materiellen Welt postuliert – notfalls als Kollektion aller falsifizierbaren Aussagen und nach kultureller Elimination der tatsächlich falsifizierten, irgendwann.

Wir sehen also: wenn wir die Mathematik als von der Natur-Wirklichkeit „evolutionär" abgeleitet sehen, wird die Sache auch nicht besser. Zwar gibt es Beispiele zur Geometrie, zur linearen Ausgleichsrechnung, zur Stochastik und Statistik, zur Algebra, Topologie und vielen anderen Bereichen der Mathematik, die tatsächlich ganz „evolutionär" starke Impulse aus den naturwissenschaftlichen Anwendungen sowohl erfahren haben und erfahren, als auch geben. Die Ursache der empirisch evidenten Widerspruchsfreiheit in den so abgeleiteten mathematischen Konzepten würden wir aber dann erst recht in „der Natur" selbst zu suchen haben.

Wir stehen vor einem Dilemma. Die Mathematik liefert ihre eigene Widerspruchsfreiheit nicht mit. Die Naturwissenschaft schweigt zur Grundfrage nach ihrer eigenen Gesetzlichkeit, ihrer immanenten „Logik". Und wir sprechen hier nicht von (hoffentlich) temporären Schwierigkeiten und Unstimmigkeiten wie den vagen Hilfs-Postulaten von „Dunkler Materie" und „Dunkler Energie", oder divergenten Präzisionsmessungen[101] der Gravitationskonstante. Wir sind mit unserer Wissenschaft am Ende dort, wo sich ihre wissentlich und freiwillig beschränkte Methodik als zu enger Schrebergarten selbst entlarvt.

Zugleich war, ist und bleibt die Forderung nach widerspruchsfreier Erkenntnis eine der bedeutendsten Triebfedern naturwissenschaftlicher Forschung. Jörg Hüfner führt das am Beispiel Max Planck eindrucksvoll vor Augen.[102] Die Frage nach der Energiequelle unserer Sonne ist ein weiteres konkretes Beispiel. Die wahre Größenskala unseres Sonnensystems war aus den Keplerschen Gesetzen oder Newtons Gravitationsgesetz allein nicht zu ermitteln. Erst Messungen des Venus-Transits vor der Sonne hatten 1761 und 1769 die ungeheure Distanz zwischen Erde und Sonne enthüllt. Durch damals bekannte physikalische Prozesse konnte der so resultierende Energiebedarf des Sonnen-„Feuers" aber nur für wenige Jahrtausende gedeckt werden.[103] Im 19. Jhdt. ergaben sich dann deutliche Widersprüche zur Geochronologie der Sedimente und Fossilien. Erst 1939 lieferte

---

[100] Gödel, „Über formal unentscheidbare Sätze der Principia Mathematica und verwandter Systeme I".
[101] C. Rothleitner und S. Schlammginer, „Measurements of the Newtonian constant of gravitation, G", *Rev. Sci. Instrum.* 88 (2017): 111101, https://doi.org/10.1063/1.4994619.
[102] Hüfner, „Wie konnte es gelingen, die Quantenwelt mathematisch zu verstehen?"
[103] Die 6000 Jahre der zeitgenössischen biblischen Chronologie passten vorzüglich zu dieser wissenschaftlichen Lehrmeinung.

das Postulat der solaren Kernfusion (unter anderem von Bethe[104]) eine ausreichende Energiequelle. Die genaue experimentelle Bestätigung, inklusive Korrekturen für die Neutrino-Oszillation, ließ dann noch bis 2002 auf sich warten: Widerspruch aufgelöst – mit über zwei Jahrhunderten Verspätung.

Bis heute sind Physiker-Träume von einer „Weltformel", einer „Theory of Everything" (TOE), oder einer „Grand Unified Theory" (GUT) erstaunliche Zeugnisse eines Triebes zur widerspruchsfreien Erkenntnis, ja eines geradezu religiösen Drangs nach *dem* einheitlichen Prinzip, das „die Welt im Innersten zusammenhält". Aber woher soll so ein „innerster" Superlativ denn kommen? Warum sollte eine „innerste Einheit" überhaupt existieren? Erliegt die aufgeklärte Naturwissenschaft einem religiösen Wahn auf ihrer obsessiven Suche nach widerspruchsfreier Erkenntnis, nach dem tiefsten „Logos"? Woher aber dann ihr tatsächlicher Erfolg, durch Jahrhunderte?

Dürfen wir uns als Naturwissenschaftler wirklich ins beschränkte, flache Gehege eines Entmündigten zwingen lassen, namens einer sogenannten „Aufklärung", die höchst dogmatisch und reduktionistisch verbietet, *alle* Wirklichkeit zu erforschen? Dürfen wir uns wirklich einen Filter auf die Nase setzen, der wissenschaftlich zentrale Fragen wie die mathematische Struktur und die Widerspruchsfreiheit der Naturgesetze in die folgenlose Nabelschau spekulativer Naturphilosophie abschiebt? Oder ist es Zeit, endlich Einspruch zu formulieren „gegen den als alternativlos propagierten Dogmatismus des empirischen Realismus"?[105]

6. Buch der Natur

Unsere naturwissenschaftlichen, erkenntnistheoretischen und mathematischen Exkurse haben die zentrale Frage nach der mathematischen Struktur der Naturgesetze nicht beantwortet. Dieses Scheitern ist natürlich kein Gottesbeweis. Es ist aber mindestens legitim, auch nach theologischen Antworten zu suchen.

Von Felix dem Manichäer herausgefordert, lehnt Augustinus es in Kapitel I.10 seiner Antworten[106] allerdings rundweg ab, die Bibel als naturwissenschaftlichen oder gar mathematischen Text im engeren Sinn zu lesen:

> ... im Evangelium steht nicht, dass der Herr etwa sage: ‚Ich sende euch den Heiligen Geist, der euch über die Bahn des Mondes und der Sonne belehre.' Denn Er wollte Christen erschaffen, nicht Mathematiker.

---

[104] H. A. Bethe, „Energy production in stars", *Phys. Rev.* 55 (1939), 434–56.
[105] Zimmermann, „Wirklichkeit in Metaphern und Erzählungen", Vortrag Forum Humanum, 2018.
[106] Augustinus von Hippo, *De actis contra felicem Manichaeum*, 404 AD.

Immerhin ist die grundsätzliche Antwort der Schrift in Joh 1,1–3 klar: Ursprung aller Gesetzlichkeit „der Natur" ist das göttliche Schöpfungswort, der *Logos* schlechthin. Damit steht aber dem *Liber Scripturae*, dem Buch der Schrift, bereits im Anfang das *Liber Naturae*, das Buch der geschaffenen Natur, zur Seite.

Das ist kein blinder „Creationism": die Gesetzlichkeit „der Natur" schließt die Möglichkeit der Evolution durchaus ein, selbst wenn der Ursprung des Lebens ungeklärt bliebe. Siehe dazu die wunderbaren Zitate von Gregor von Nyssa (335–394) und Charles Darwin (1809–1882) bei Kessler.[107]

Das ist auch kein „deus ex machina" als Lückenbüßer: die Frage nach der Gesetzlichkeit „der Natur" überhaupt liegt prinzipiell, und nicht nur momentan, außerhalb der Reichweite naturwissenschaftlicher Methodik und ihrer Filter, die solche Gesetzlichkeit immer voraussetzt, ja voraussetzen muss.

Naturwissenschaft, so muss man inzwischen extra betonen, verbietet keineswegs die Frage nach Gott – ganz im Gegenteil. Isaac Newton sagt beispielsweise im Scholium Generale noch:

> ...es gehört sicherlich zur Experimental-Philosophie[108], aus [deren] Phänomenen auf Gott zu schließen.[109]

Die Natur tritt, in ihrer durch Vernunft erkannten (oder wenigstens prinzipiell erkennbaren) Gesetzlichkeit als Gottes Schöpfung gedacht, als Quelle der Gotteserkenntnis neben das Studium der Schrift. Das oft geschmähte erste Vatikanische Konzil entscheidet in Canon II.1 kategorisch:

> Wenn jemand sagt, der eine und wahre Gott, der Schöpfer und unser Herr, könne durch das, was geschaffen ist, mit dem natürlichen Licht der menschlichen Vernunft nicht sicher erkannt werden, so sei er verflucht.[110]

Natürlich stellt das Konzil den Schöpfer-Gott diesem sicheren Erkennen voran: das wird schon zu Anfang des Caput 2 unter Berufung auf die Schrift sorgfältig ausgeführt.

Die Widerspruchsfreiheit, als innigster Wunschgedanke der Mathematiker und als Grundhypothese aller Naturwissenschaft im Bestreben „sicher zu erkennen", sollte jedoch streng vom Göttlichen selbst unterschieden werden. Es kann uns hier nicht um einen platten Deismus gehen, der einen personal gedachten Schöpfer-Gott auf die Gesetzlichkeit seiner Schöpfung reduziert und so in allen Dingen aufgehoben sieht. Wir dürfen und müssen aber die erstaunliche Analogie,

---

[107] Kessler, *Auferstehung? Der Weg Jesu, das Kreuz und der Osterglaube*; Kessler, „Auferstehung? Was die biblische Hoffnung für die Toten zu denken gibt".
[108] In der dritten Auflage: Natur-Philosophie; heute eigentlich: Naturwissenschaft.
[109] Newton, *Philosophiae Naturalis Principia Mathematica*.
[110] Erstes Vatikanisches Konzil, „Dogmatische Konstitution Dei Filius" (Rom, 1870).

ja sogar Übereinstimmung, des Attributs „widerspruchsfrei" in beiden Denksystemen konstatieren.

Wie der Konfliktfall zwischen Natur und Schrift entschieden wird, bleibt schwierig. Erkennbar beeinflusst der Jesuit und Kosmologe Lemaître[111] die optimistischen Worte des zweiten Vatikanischen Konzils in Abschnitt 36:

> Vorausgesetzt, dass die methodische Forschung in allen Wissensbereichen in einer wirklich wissenschaftlichen Weise und gemäß den Normen der Sittlichkeit vorgeht, wird sie niemals in einen echten Konflikt mit dem Glauben kommen, weil die Wirklichkeiten des profanen Bereichs und die des Glaubens in demselben Gott ihren Ursprung haben.[112][113]

Die Sphären des Glaubens und der Wissenschaft überlappen. Die Frage der Übereinstimmung von Wissenschaft und Offenbarung stellt sich deshalb in der Praxis ständig weiter, notfalls auch zu Lasten etablierter Interpretationen der Schrift, dort wo sich Gottes Schöpfung offenbart: unberührt und unverfälscht durch menschlichen Einfluss. Das gewissenhafte Bemühen um wissenschaftliche Objektivität und Ethik, „sine ira et studio", gewinnt so eine durchaus religiöse Qualität und Tragweite: Wissenschaft wird Gottesdienst.

Kepler ist sich immerhin sicher, dass die planetaren Sphären jedem menschlichen Einfluss von vornherein entzogen sind, und dass seine Gesetze deshalb einen göttlichen Schöpfungs-Logos unverfälscht offenbaren. Bereits in seinem „Mysterium Cosmographicum" hatte er die Proportionen der damals bekannten Planetenbahnen geometrisch durch um- und einbeschriebene Platonische Körper gedeutet; siehe Abb. 3. Dabei werden die Planetenbahnen durch Kugelschalen repräsentiert, deren Dicke den (später beschriebenen) Exzentrizitäten entspricht. In Buch V von Keplers Weltharmonik[114] werden die wirklichen Daten und Proportionen zu Musik. Er deutet die langsamsten und schnellsten Winkelgeschwindigkeiten der Planeten, jeweils im Aphel beziehungsweise Perihel, als Frequenzen, das heißt als Stufen einer dem Menschen nicht mit dem Ohr, sondern nur durch die Vernunft hörbaren musikalischen Tonleiter. Keplers Tonleitern resultieren also direkt aus der Schöpfung. Er erhält nicht alle alten Kirchentonarten, sondern nur das damals aufkeimende und noch heute übliche Dur und Moll. Beginnend mit G für den langsamen Saturn gelangt er bei der Erde zum mehr als vier Oktaven höheren e_4 und f_4, also *mi* und *fa*, die er als „*mi*seria et *fa*mes" deutet: Elend und Hunger. Im genauen Titel „Die vollkommensten Harmonien der Himmelsbewe-

---

[111] Hüfner und Löhken, „Die zwei Wege des Georges Lemaître zur Erforschung des Himmels".
[112] Zweites Vatikanisches Konzil, „Pastoralkonstitution Gaudium Et Spes", Rom, 1965.
[113] Ganz ähnlich postuliert muslimische Gelehrsamkeit die prinzipielle Übereinstimmung von Koran und Wissenschaft, a priori.
[114] Kepler, *Harmonices Mundi Libri V.*

gungen und der Ursprung der Exzentrizitäten aus den harmonischen Proportionen" geht das „astronomische und metaphysische" Buch V sogar noch weiter: als Ursprung und Ursache der elliptischen Exzentrizität sieht Kepler die (himmlische) Harmonie – und nicht etwa umgekehrt. Zuerst die Musik, als reines Schöpfungswort, erst danach die Physik!

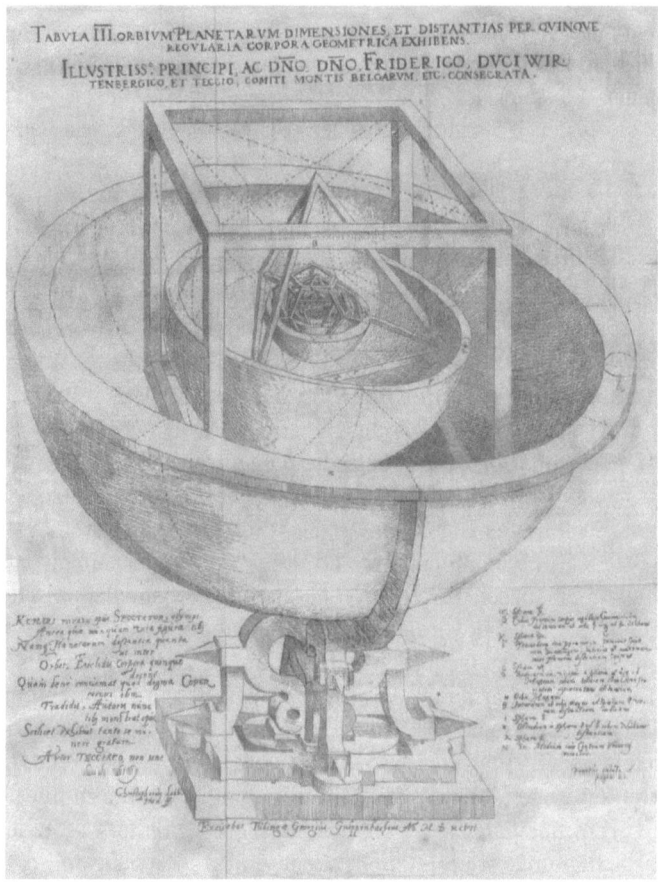

Abb. 3: Keplers „Mysterium Cosmographicum"[115] beschreibt die Proportionen der damals bekannten Planetenbahnen durch ein- und umbeschriebene Platonische Körper. Von außen nach innen: Saturn – Würfel – Jupiter – Tetraeder – Mars – Dodekaeder – Erde – Ikosaeder – Venus – Oktaeder – Merkur. Public domain.

Vordergründig scheinen Keplers ausgedehnte Spekulationen zu den Proportionen in unserem eigenen Sonnensystem heute obsolet, durch die Entdeckungen weiterer Planeten und erste Ansätze zum Studium exosolarer Himmelsmechanik. Sie lassen aber wenigstens das Ausmaß seiner Suche nach dem Finger Gottes in

---

[115] J. Kepler, *Mysterium Cosmographicum*, Tübingen, 1596.

der als Schöpfung verstandenen Natur ahnen. In neuerem Gewand können wir allerdings auf die KAM-Theorie von Kolmogorov, Arnold und Moser[116] im 3-Körper Problem Sonne-Jupiter-Planet und auf die diophantischen Eigenschaften der Kettenbrüche zu Keplers konstruierbaren Proportionen verweisen.

Natürlich verweist der Liber Scripturae selbst auf den Liber Naturae, etwa im Paulusbrief Röm 1,20:

> Denn sein unsichtbares Wesen – das ist seine ewige Kraft und Gottheit – wird seit der Schöpfung der Welt, wenn man es wahrnimmt, ersehen an seinen Werken, ...

oder im Psalm Davids 19,2–5:

> Die Himmel rühmen die Herrlichkeit Gottes, vom Werk seiner Hände kündet das Firmament. Ein Tag sagt's dem andern, und eine Nacht tut's kund der andern, ohne Worte und ohne Reden, unhörbar bleibt ihre Stimme. Ihr Schall geht aus in alle Lande und ihr Reden bis an die Enden der Welt. ...

Das redet nicht einer „natürlichen Theologie" das Wort, die allein aus Natur und Vernunft – heute: Naturwissenschaft – Gott zu erkennen vorgibt, nach Art eines „sola natura". Ganz ähnlich wie beim schon zitierten Proklus Diadochus steht für Thomas von Aquin in I.Q1.A5.II seiner Summa[117] der Primat der Theologie ohnehin fest:

> Auch ist es durchaus nicht wahr, dass diese Wissenschaft [Theologie] von den philosophischen Wissenschaften[118] etwas empfange, weil sie dessen bedürfte. Aber sie bedient sich der profanen Gelehrsamkeit, um ihre Wahrheiten dem Geiste der Hörer näher zu bringen und sie ihnen gemäß dem, was letztere bereits kennen, deutlicher zu machen. Denn sie entlehnt ihre Principien nicht der natürlichen Wissenschaft, sondern sie hat dieselben vermittelst der Offenbarung. Vielmehr gleichwie die Baukunst sich der Schreinerei und Schlosserei usw. bedient, wie die Politik die Militärwissenschaft zu ihrem Zwecke gebraucht, wie die Königin ihre Mägde hat; – in diesem Verhältnisse steht die heilige Wissenschaft zu den übrigen. Sie benutzt dieselben wegen der Schwäche unseres Verstandes, der vermittelst dessen, was er an natürlichem Wissen hat, leichter befähigt wird für die Auffassung dessen, was über die Vernunft ist.

Wir sind umgekehrt von einem strikten „sola natura" ausgegangen – und dabei auf erhebliche Schwierigkeiten gestoßen. Unser Zugang entscheidet nicht einmal zwischen dem ein oder anderen der religiösen Weltsysteme, die heute in unter-

---

[116] J. K. Moser, *Stable and Random Motions in Dynamical Systems: With Special Emphasis on Celestial Mechanics,* Ann. Math. Studies 77, Princeton Univ. Press, 1973.
[117] Thomas von Aquin, *Summa Theologica*.
[118] Dazu gehören auch die Naturwissenschaften.

schiedlichen kulturellen Traditionen um Deutungshoheit ringen und zugleich Träger ethischer Normen sind. Wir kommen nicht einmal bis dorthin. Dazu war unsere Argumentation viel zu abstrakt.

Selbst wenn wir die Widerspruchsfreiheit der Naturgesetze als empirischen Hinweis auf einen Schöpfungs-Logos deuten wollen, sagt die bloße Gesetzlichkeit keineswegs, dass diese Schöpfung schlechthin gut sei. Das ist sie nicht: dieselben Gesetze wirken heilend und zerstörend, je nachdem.[119] Wir können höchstens die optimistische Möglichkeit postulieren, dass Menschen die ethisch indifferenten, ehernen Naturgesetze nutzen und zum schlechthin Guten wenden könnten – irgendwann, irgendwie. Die Begrifflichkeit dieses Guten kann sich dann aber nicht aus dem Naturgesetz selbst herleiten: das muss sich aus anderer Quelle offenbaren. Hans Kessler[120] verdanke ich das auf Jesus bezogene und ganz diesseitig gemeinte Zitat 1487. von Bloch[121] „Hier wirkte ein Mensch als schlechthin gut, das kam noch nicht vor."

Nach Jahrhunderten abendländisch christlicher Tradition und Naturwissenschaft stellt sich jedoch auch die umgekehrte Frage: ob nicht der Rückzug auf ein „sola scriptura" theologischer Forschung und Formung die als Gottes Schöpfung verkündete Wirklichkeit des Liber Naturae allzu blind vernachlässigt. Immerhin ist diese letztere, als reine Quelle der Erkenntnis, deutlich weniger von späten Niederschriften, Zeugnissen, Auslegungen, historischem Kontext, Machtverhältnissen, Redaktionen, Übersetzungen, Auslassungen und Streitigkeiten geplagt als jene. Offen liegt das Buch der Natur allen zutage, die darin lesen mögen.

Jenen aber, die ohnehin jede Wirklichkeit als bloße Chimäre oder inneres Konstrukt letztlich beliebiger kultureller Prozesse abtun, sagt das alles nichts. Sie brauchen nicht einmal den Finger in die Nägelmale zu legen oder den Phantomschmerz Stigmatisierter zu betrachten. Zwar gibt es philosophisch gewichtige Auseinandersetzungen zur Wirklichkeitsproblematik unseres stillschweigend vorausgesetzten objektiven Idealismus.[122] Um wenigstens der Gravitations-Wirklichkeit wieder objektiv gewahr zu werden, mag es aber auch genügen, ein wenig auf einem Bein zu hüpfen nach der Kinder Weise.

7. Wahre Wunder

Und wie steht's nun um das Wunder selbst? Das als naives Faktum gedachte Wunder mag zwar das liebste Kind des Glaubens sein, aber kaum der Theologie und

---

[119] Diesen nachdrücklichen Hinweis verdanke ich Michael Welker.
[120] Kessler, *Auferstehung? Der Weg Jesu, das Kreuz und der Osterglaube*.
[121] E. Bloch, *Das Prinzip Hoffnung*, Frankfurt: Suhrkamp, 1959.
[122] V. Hösle, *Die Krise der Gegenwart und die Verantwortung der Philosophie*, München: C.H. Beck, 1990.

erst recht nicht der Naturwissenschaft. Das Wunder als Widerspruch zum Naturgesetz hallt uns jetzt erst recht in den Ohren, wenn wir gerade die Gesetzlichkeit der Natur als wesentliches Indiz des Logos, des göttlichen Schöpfungsworts, erkennen. Widerspricht sich Gott, also die Absolute Wahrheit selbst?

Gehen wir umgekehrt vor und fragen: Was ist schon die Aufhebung eines Naturgesetzes im Vergleich zu seiner Gültigkeit? Etwa im Sinne der Frage: „Was ist ein Einbruch in eine Bank gegen die Gründung einer Bank?"[123] Genauer fragen wir:

Ist die Gesetzlichkeit der Natur das wahre Wunder?

Eine kalte Zumutung, gewiss. Nichts mehr vom wunderbaren Raunen und Staunen, von wohligen Schauern Heiliger Allmacht, dank derer Blinde sehen, Lahme gehen, die Wasser sich teilen, und längst Totgeglaubte dem Leben wieder erweckt werden.

Nein: das Allergewöhnlichste, stets Gegenwärtige, das verlässlich Wiederholbare in all seiner Vergänglichkeit und unentrinnbaren Gesetzlichkeit – das soll das eigentliche Wunder sein; Schöpfung und Gleichnis des göttlichen Logos. Ein Wunder, auf dem jedes materielle Substrat beruht, alle Gegenstände der Naturwissenschaft, alles Dasein, alle Wirklichkeit und sogar ihre mannigfachen Interpretationen. Ja, und mit allem Leid, allem Schmerz, allem Bösen, und dem Theodicee-Problem. Doch ohne Welt kann man sich den Rest auch gleich schenken. So wird aus dem Naturgesetz das eigentliche Wunder, aus dem Gewöhnlichsten das Erstaunlichste, aus dem Vergänglichen das Gleichnis des Ewigen. Zur natürlichen Theologie, etwa des Thomas von Aquin in I.Q2.A3 seiner Summa,[124] fehlt nun allerdings die teleologische Komponente „gubernatione rerum".

Neu ist unsere Sichtweise nicht. Hans Christian Andersen lässt in einer seiner Erzählungen einen mysteriösen „polytechnischen Kandidaten" sagen:

> Die ganze Welt ist eine Reihe von Wunderwerken, ..., aber wir sind so an dieselben gewöhnt, dass wir sie Alltagsgeschichten nennen.[125]

Jahrhunderte zuvor schreibt Augustinus in seiner Auslegung 8.1 zum Weinwunder aus dem Johannes-Evangelium:

> Das Wunder unseres Herrn Jesu Christi, wodurch er aus Wasser Wein machte, ist für jene nicht erstaunlich, welche wissen, dass Gott es wirkte. Der nämlich machte an jenem Tag bei der Hochzeit den Wein in sechs Krügen, die er mit Wasser zu füllen befahl, der dies jedes Jahr in den Weinstöcken tut. Denn wie das, was die Diener in die Krüge gossen, in Wein verwandelt wurde durch das Tun des Herrn, so wird auch, was die Wolken ausgießen, in Wein verwandelt durch das Tun desselben Herrn. Darüber

---

[123] B. Brecht, *Die Dreigroschenoper. Der Erstdruck 1928*, Frankfurt: Suhrkamp, 2004.
[124] Thomas von Aquin, *Summa Theologica*.
[125] H. C. Andersen, „Marionetspilleren", *Eventyr* 126 (1868).

aber wundern wir uns nicht, weil es alljährlich geschieht; durch die stete Wiederholung ist es nicht mehr auffallend. Lieber betrachten wir, was in den mit Wasser gefüllten Krügen geschehen ist.

Denn wer kann die Werke Gottes, durch welche die ganze Welt geleitet und verwaltet wird, betrachten und muss nicht staunen und von den Wundern gleichsam überwältigt werden? Es ist etwas Großes, ein Gegenstand des Erstaunens für den Betrachtenden, wenn er die Kraft eines einzigen Kornes betrachtet, eines beliebigen Samens. Allein weil die Menschen, auf anderes bedacht, die Aufmerksamkeit auf die Werke Gottes verloren haben, in der sie täglich den Schöpfer preisen sollten, so hat sich Gott vorbehalten, gewisse außerordentliche Dinge zu tun, um die gleichsam schlafenden Menschen zu seiner Verehrung in auffallenderer Weise zu regen.

Ein Toter ist aufgestanden, die Menschen haben sich verwundert; so viele werden täglich geboren, und niemand wundert sich.[126]

Und was war Keplers Haltung zum wahren Wunder der Schöpfung? Lassen wir ihn selbst zu Wort kommen, ungefiltert durch Fälschungen und Instrumentalisierungen späterer Jahrhunderte. Er schließt seine buchstäblich bahnbrechende Weltharmonik im Buch V.9 mit folgender Betrachtung:

Das ist es also, was ich über das Werk des göttlichen Schöpfers vorbringen wollte. Es ist jetzt Zeit, dass ich endlich Augen und Hände von den Blättern voller Sätze und Beweise weg zum Himmel erhebe und zum Vater des Lichts in Andacht und Demut bete:

O Du, der Du durch das Licht der Natur das Verlangen nach dem Licht Deiner Gnade in uns mehrst, um uns so zum Licht Deiner Herrlichkeit zu geleiten, ich sage Dir Dank, Schöpfer, Gott, weil Du mir Freude gegeben hast an dem, was Du gemacht hast, und ich frohlocke über die Werke Deiner Hände. Siehe, ich habe jetzt das Werk vollendet, zu dem ich berufen wurde. Ich habe dabei alle Kräfte meines Geistes genutzt, die Du mir verliehen hast. Ich habe die Herrlichkeit Deiner Werke den Menschen, die meine Ausführungen lesen werden, geoffenbart, soviel von ihrem unendlichen Reichtum mein enger Verstand fassen konnte.

Mein Geist ist bereit gewesen, den Weg richtigen und wahren Forschens einzuhalten. Wenn ich etwas Deiner Absichten Unwürdiges vorgebracht habe, ich kleiner Wurm, im Sumpf der Sünden geboren und aufgewachsen, so sag mir, was Du die Menschen wissen lassen willst, damit ich meine Sache besser mache. Wenn ich mich durch die staunenswerte Schönheit Deiner Werke zu Verwegenheit habe verleiten lassen, oder wenn ich an meinem eigenen Ruhm bei den Menschen Gefallen gefunden habe in dem erfolgreichen Fortgang meines Werks, das zu Deinem Ruhm bestimmt ist, so vergib mir in Deiner Milde und Barmherzigkeit. Und würdige Dich, gnädig dafür zu

---

[126] Augustinus von Hippo, *Tractatus in Evangelium Iohannis.*, 416 AD.

sorgen, dass meine Ausführungen zu Deinem Ruhm und zum Heil der Seelen dienen und dem in keiner Weise im Weg stehen.[127]

Danksagung. Vor allem danke ich Klaus Böhmer, dem Initiator unseres Sammelbandes, für die auch in seinen persönlich schwersten Stunden unermüdliche Hingabe an diese Herzensangelegenheit. Staunend höre und lese ich, als einfacher Mathematiker, die Vielfalt und weite Zusammenschau besonders der Kollegen aus der Theologie. Ohne die vielen überaus anregenden Diskussionen und sehr konkreten Hilfestellungen der Mitautoren unseres Bandes hätte ich mich an diese Thematik nicht wagen dürfen. Namentlich darf ich viele Hilfestellungen durch Jörg Hüfner, Hans Kessler und Michael Welker dankbar hervorheben. Paul-Gerhard Reinhard verdanke ich zusätzlich die Übertragung meines verwickelten LATeX Manuskripts in Word. Besonders habe ich auch den jungen und kulturell recht diversen Mitgliedern meiner mathematischen(!) Arbeitsgruppe in Berlin zu danken, die durch viele Jahre hindurch an langen Abenden unschätzbare Ansichten und Einsichten über Gott und die Welt freimütig mit mir geteilt haben und so Freunde geworden sind. Die Unterstützung durch die Udo-Keller-Stiftung Forum Humanum und ihre Mitarbeiter in Neversdorf, sowie durch die Universität Marburg im idyllischen Gästehaus, haben wesentlich zum Gelingen beigetragen.

---

[127] Kepler, *Harmonices Mundi Libri V.*

Jörg Hüfner

Wie konnte es gelingen, die Quantenwelt mathematisch zu verstehen?

Zusammenfassung: Schon Galilei hatte bemerkt, dass das „Buch der Natur" in mathematischen Zeichen geschrieben ist, d.h. dass die Vorgänge in der Natur mithilfe der Mathematik verstanden werden können. Die Frage, warum das so ist, insbesondere bei der Erforschung der atomaren und subatomaren Welt, wird in diesem Aufsatz diskutiert. Der Weg, auf dem Planck das Strahlungsgesetz entdeckte, wird nachgezeichnet und im Rahmen der Evolutionären Erkenntnistheorie interpretiert.

Die Frage, die ich in der Überschrift formuliert habe, beschäftigte mich jedes Mal, wenn ich vor Studenten die Vorlesung über Quantenmechanik hielt. Dieses Teilgebiet der Physik beschreibt und erklärt die Phänomene der „Quantenwelt", d.h. die Welt der Atome, der Atomkerne und der Elementarteilchen. Diese Objekte sind unseren Sinnen und damit auch unserem Denken nicht direkt zugänglich. Dennoch gelang es Wissenschaftlern, ihre Eigenschaften zumindest mathematisch zu verstehen. Wie war das möglich?

Der Druck der Tagesgeschäfte verhinderte, dass ich dieser Frage nachging. Als ich die Einladung zu diesem Workshop bekam, dachte ich, es sei eine gute Gelegenheit, die aufgeschobene Frage aufzugreifen und zu versuchen, sie sauber zu formulieren und vielleicht sogar eine Antwort zu finden. Besonders attraktiv war für mich, dass ich bei diesem Gespräch Denkern begegnen würde, die in philosophischen Fragen viel kompetenter als ich sind und die meine Überlegungen kritisch kommentieren können.

1. Definition des Problems

Max Planck war der Erste, der ein Quantenphänomen aufklärte. Wie ihm das gelang, soll uns im Folgenden beschäftigen. Beginnen möchte ich mit einem Zitat aus seiner wissenschaftlichen Selbstbiographie, die er 1945 am Ende seines Lebens im 87. Lebensjahr verfasste. Darin heißt es:

"Was mich zu meiner Wissenschaft führte und von Jugend auf für sie begeisterte, ist die durchaus nicht selbstverständliche Tatsache, dass unsere Denkgesetze übereinstimmen mit den Gesetzmäßigkeiten im Ablauf der Eindrücke, die wir von der Außenwelt empfangen, dass es also dem Menschen möglich ist, durch reines Denken Aufschlüsse über jene Gesetzmäßigkeiten zu gewinnen. Dabei ist von wesentlicher Bedeutung, dass die Außenwelt etwas von uns Unabhängiges, Absolutes darstellt, dem wir gegenüberstehen, und das Suchen nach den Gesetzen, die für dieses Absolute gelten, erschien mir als die schönste wissenschaftliche Lebensaufgabe."[1]

Man beachte die fast Thomas Mannsche Qualität der Sprache. Zentral für Plancks Verständnis von naturwissenschaftlicher Forschung ist die Aussage, „dass unsere Denkgesetze übereinstimmen mit den Gesetzmäßigkeiten im Ablauf der Eindrücke, die wir von der Außenwelt empfangen." Man bemerke, wie genau Planck formuliert: Er spricht nicht von einer Übereistimmung von Denkgesetzen mit Gesetzmäßigkeiten in den Vorgängen der Natur, sondern von einer Übereinstimmung von Denkgesetzen mit Gesetzmäßigkeiten im Ablauf der *Eindrücke*, die wir von der Außenwelt, d.h. der Natur empfangen. Im Folgenden werden wir diesen feinen Unterschied im Kopf behalten, aber der Einfachheit halber und verkürzt von einer Übereinstimmung zwischen Denkgesetzen und Naturvorgängen sprechen. Für diese Übereinstimmung werden wir manchmal auch das Wort „Passung" benutzen. Planck bezeichnet die Passung als „nicht selbstverständliche Tatsache".

Planck ist nicht der erste, der auf diese Übereinstimmung hinwies. Schon bei Galilei finden wir den berühmten Ausspruch, dass das „Buch der Natur" in mathematischen Zeichen geschrieben ist, genauer

„Die Philosophie ist geschrieben in jenem großen Buch, das immer vor unseren Augen liegt; aber wir können es nicht verstehen, wenn wir nicht zuerst die Sprache und die Zeichen lernen, in denen es geschrieben ist. Diese Sprache ist Mathematik, und die Zeichen sind Dreiecke, Kreise und andere geometrische Figuren, ohne die es dem Menschen unmöglich ist, ein einziges Wort davon zu verstehen; ohne diese irrt man in einem dunklen Labyrinth herum."[2]

Aber selbst noch in unserer Zeit ist die wichtige Rolle der Mathematik bei der Erforschung der Natur zwar anerkannt, aber immer noch nicht verstanden. Ganz klar sagt das der Nobelpreisträger Eugene Wigner in einem berühmt gewordenen Vortrag mit dem Titel „The Unreasonable Effectiveness of Mathematics in the Natural Sciences", wo es am Ende heisst: „The miracle of the appropriateness of the

---

[1] *Max Planck*, Wissenschaftliche Selbstbiographie, Leipzig, Barth, 1948.
Gerhard Vollmer, Im Lichte der Evolution, Darwin in Wissenschaft und Philosophie, Stuttgart, Hirzel, 2017.
[2] Galileo Galilei, Saggiatore, 1623, Abschnitt 6.

language of mathematics for the formulation of the laws of physics is a wonderful gift which we neither understand nor deserve."³

Doch zurück zu Planck. Was er als eine nichtselbstverständliche Tatsache hinnimmt, ist für mich eine Quelle von Fragen:

- Was ist der Ursprung der Übereinstimmung zwischen Denkgesetzen und Naturvorgängen?
- Gibt es Grenzen dieser Übereinstimmung? Gibt es vielleicht Bereiche der Natur, die dem forschenden Geist verschlossen sind?

Große Fragen! Ich maße mir nicht an, sie beantworten zu können, aber ich stelle vor, was ich darüber gelernt habe.

Naiver weise hatte ich erwartet, dass der Mensch nur fähig ist, die ihm durch seine Sinneserfahrungen vertraute Umwelt wissenschaftlich zu verstehen, wie z.B. das Bewegungsgesetz fallender Körper, aber dass er bei der Untersuchung der Quantenwelt an die Grenzen seiner Erkenntnisfähigkeit stoßen würde. Denn die Vorgänge dieser Welt liegen jenseits seiner Erfahrung. Entgegen meiner naiven Erwartung ist es gelungen, auch die Gesetze der Quantenwelt zu entschlüsseln. Wie das geschehen konnte, werde ich an einem konkreten Bespiel erläutern, nämlich Plancks Entdeckung des Strahlungsgesetzes. Doch zunächst werde ich den philosophischen Rahmen skizzieren, innerhalb dessen ich argumentieren werde. Es ist die Evolutionäre Erkenntnistheorie mit ihren zwei Mechanismen, dem biologischen und dem kulturellen Mechanismus.

2. Der biologische Mechanismus der Evolutionären Erkenntnistheorie

Die Evolutionäre Erkenntnistheorie ist eine Erkenntnistheorie, die mit dem Naturalismus die Grundthese gemeinsam hat, dass die Welt als rein naturhaftes Geschehen zu begreifen ist. Insbesondere haben sich nach dieser These alle körperlichen und geistigen Eigenschaften der Lebewesen, Menschen eingeschlossen, im Rahmen der Naturgesetze entwickelt ohne Eingriff höherer Wesen.

Die beobachtete Übereinstimmung zwischen Denkgesetzen und Naturvorgängen wird in der Evolutionären Erkenntnistheorie im Rahmen der Darwinschen Lehre von der Entstehung der Arten erklärt: Die Ansammlung von Nervenzellen, die wir Gehirn nennen, und einiges dort gespeichertes vorgeburtliches Grundwis-

---

³ *Eugene Wigner*, The Unreasonable Effectiveness of Mathematics in the Natural Sciences, Communications in Pure and Applied Mathematics, Vol. 13, No. I (February, 1960).

sen sind während der Evolution entstanden und im genetischen Material gespeichert. In den Jahrmillionen biologischer Evolution konnten sich nur solche Hirn- und Denkstrukturen zur Informationsverarbeitung durchsetzten, die den Lebewesen von Nutzen waren. Das Überleben in der umgebenden, oft feindlichen Lebenswelt erforderte, dass die Informationsverarbeitung *passen* musste d.h. dass die Lebewesen aus den Sinneseindrücken die richtigen Schlüsse zogen. Nach dieser Vorstellung ist die die *Passung* des Denkapparats, d.h. die Übereinstimmung zwischen Denkgesetzen und Naturvorgängen, unter dem Druck der *Anpassung* an die Umwelt entstanden. Für Tiere scheint diese These fast evident, und wir nennen das Produkt der Passung den Instinkt. Für den Menschen steht der empirische Nachweis vorgeburtlicher Denkstrukturen noch auf schwachen Füßen.[4]

Einer der ersten Denker, der die Thesen der Evolutionären Erkenntnistheorie vertrat, war der theoretische Physiker Ludwig Boltzmann, der Ende des 19. Jahrhunderts lebte und auch Vorarbeiten zur Quantentheorie geleistet hatte. Ich zitiere:

„Nach meiner Überzeugung sind die Denkgesetze dadurch entstanden, dass sich die Verknüpfung der inneren Ideen, die wir von den Gegenständen entwerfen, immer mehr der Verknüpfung der Gegenstände anpasste. Alle Verknüpfungsregeln, welche auf Wiedersprüche mit der Erfahrung führten, wurden verworfen und dagegen die allzeit auf Richtiges führenden mit solcher Energie festgehalten und dieses Festhalten vererbte sich".[5]

Es ist erstaunlich, dass seine Gedanken selbst unter Physikern keine Resonanz gefunden haben. Später wurden solche Ideen auch von dem Biologen und Verhaltensforscher Konrad Lorenz und besonders von dem Philosophen Gerhard Vollmer vertreten.[6]

3. Der kulturelle Mechanismus der Evolutionären Erkenntnistheorie

Neben der oben skizierten biologischen Entwicklung des Denkapparates, die für alle Lebewesen gilt, gibt es für den Menschen eine zweite, die kulturelle Evolution des Denkens. Der Mensch beobachtet die Vorgänge in der Natur *bewusst*, erkennt

---

[4] *Gerhard Vollmer*, Im Lichte der Evolution, Darwin in Wissenschaft und Philosophie, Stuttgart, Hirzel, 2017.
[5] *Ludwig Boltzmann*, Über eine These Schopenhauers, in Populäre Schriften, Braunschweig, Vieweg, 1979.
[6] *Max Planck*, Wissenschaftliche Selbstbiographie, Leipzig, Barth, 1948.
Gerhard Vollmer, Im Lichte der Evolution, Darwin in Wissenschaft und Philosophie, Stuttgart, Hirzel, 2017.

Regelmäßigkeiten und stellt Vermutungen (Hypothesen) an, warum die Vorgänge so und nicht anders ablaufen. Diese Vermutungen, die manchmal auch religiöse Elemente enthalten, werden dann an anderen Ereignissen in der Natur überprüft und – je nachdem wie das Ergebnis ausfällt – behalten oder verworfen. Aus den zunächst noch unscharfen und qualitativen Überlegungen haben sich dann die Wissenschaften entwickelt, wie wir sie heute mit ihren strengen methodologischen Regeln kennen. Die bewussten vorwissenschaftlichen oder wissenschaftlichen Erkenntnisvorgänge bilden den kulturellen Mechanismus der Evolutionären Erkenntnistheorie.

Zwischen der biologischen und der kulturellen Evolution des Denkens gibt es formale Ähnlichkeiten. Den zufälligen Mutationen, die die Veränderungen in der biologischen Welt hervorrufen, entsprechen die probierenden Hypothesen, die der beobachtende und fragende menschliche Geist entwirft. Mutationen, die nicht passen, bzw. Hypothesen, die nicht passen, werden verworfen und nur die erfolgreichen werden behalten. Diese werden allerdings nicht in Genen sondern in Büchern aufbewahrt. „Gezieltes Probieren" könnte ein Begriff sein, der beide Mechanismen beschreibt.

Den Begriff der Evolutionären Erkenntnistheorie hat David Campell eingeführt, um Karl Poppers Erkenntnistheorie zu charakterisieren.[7] Übersichtsartikel zu den biologischen und kulturellen Mechanismen der Evolutionären Erkenntnistheorie findet man in der Stanford Encyclopedia of Philosophy und in der Internet Encyclopedia of Philosophy.

Auf unsere eingangs gestellte Frage, wie es gelingen konnte, die Quantenwelt mathematisch zu beschreiben, kann die biologische Evolutionäre Erkenntnistheorie sicher keine Antwort geben. Denn die Vorgänge in der Welt der Atome sind zu klein, als dass der Mensch sie während seiner biologischen Evolution hätte wahrnehmen können. Wie die Quantenwelt mithilfe des Mechanismus der kulturellen Evolutionären Erkenntnistheorie entschlüsselt werden konnte, wird im Folgenden an einem Bespiel gezeigt.

4. Plancks Weg zur Entdeckung des Wirkungsquantums

Max Planck war der erste, der ein Phänomen der Quantenwelt erfolgreich mathematisch beschrieb. Wie gelang ihm das? Glücklicherweise hat er über den Prozess seiner Entdeckung ausführlich berichtet.[8] Gestützt auf seine Ausführungen zeichne ich seinen Weg nach.

---

[7] *Donald Campell*, Evolutionary Epistomology, in The Philosophy of Karl Popper, P.A. Schilpp (Hrsg.), La Salle Ill., Open Court, 1974.

[8] *Max Planck*, Zur Geschichte der Auffindung des physikalischen Wirkungsquantums. Die Naturwissenschaften, 31 (1943), 153–59.

Wir befinden uns am Ende des 19. Jahrhunderts. Planck ist Professor für theoretische Physik an der Universität in Berlin und beschäftigt sich mit theoretischen Fragen zur Wärmelehre. Gleichzeitig hält er Kontakt zu Heinrich Rubens, seinem Kollegen aus der Experimentalphysik, der zusammen mit Ferdinand Kurlbaum die Hohlkörperstrahlung untersucht. Bei diesem Phänomen handelt es sich um Licht, genauer elektromagnetische Strahlung, die aus einem Hohlkörper entweicht, der auf einer festen Temperatur gehalten wird. Übrigens tritt diese Strahlung auch im Alltag auf. Sie wird von einer warmen oder heißen Herdplatte abgestrahlt und kann mit einer darüber gehaltenen Hand nachgewiesen werden. Rubens und sein Kollege hatten die Intensität dieser Strahlung als Funktion der Temperatur des Hohlkörpers und als Funktion der Frequenz (d.h. der Farbe des Lichtes) gemessen. Für sehr große und für sehr kleine Frequenzen des Spektrums – im Roten und im Violetten – lässt sich das experimentelle Frequenzspektrum schon im Rahmen der klassischen Physik verstehen (Gesetze von Wien und Raleigh/Jeans). Aber es fehlte eine Beschreibung des mittleren Teils des Spektrums.

Planck geht das Problem in drei Schritten an.

Schritt 1: Er kennt die experimentellen Kurven und weiß um die erfolgreichen Beschreibungen der Daten bei niedrigen und hohen Frequenzen. Mit geschicktem Probieren gelingt es Planck, eine Interpolationsformel abzuleiten, die das *gesamte* experimentelle Spektrum genau beschreibt. Sein erster Erfolg! Aber er genügt ihm nicht, denn die dahinter liegende Physik ist noch unverstanden:

> „Aber selbst, wenn man ihre absolut genaue Gültigkeit voraussetzt, würde die Strahlungsformel lediglich in der Bedeutung eines glücklich erratenen Gesetzes doch nur eine formale Bedeutung besitzen. Darum war ich von dem Tag ihre Aufstellung an mit der Aufgabe beschäftigt, ihr einen wirklichen physikalischen Sinn zu verleihen."[9]

Schritt 2: Planck sucht nach einer Theorie und einem Modell für die Hohlkörperstrahlung, um die empirische Interpolationsformel abzuleiten. Welche Theorien stehen ihm zur Verfügung? Da die von Maxwell etablierte Elektrodynamik, die bis dahin Licht so erfolgreich beschrieb, nur den niederfrequenten Teil der Daten erklären kann, kommt sie nicht infrage. Stattdessen setzt Planck seine Hoffnung auf die Statistische Mechanik, die damals einen neuen Zugang zur Wärmelehre darstellte. Boltzmann hatte sie vor nicht langer Zeit mit Hilfe der Wahrscheinlichkeitsrechnung entwickelt.

Welches Modell wählt Planck für die Schwarzkörperstrahlung? Er stellt sich vor, dass die Strahlung aus einer sehr großen Zahl von vollständig gleichartigen Oszillatoren besteht. Oszillatoren sind schwingende Systeme. Dabei lässt Planck

---

[9] *Max Planck*, Wissenschaftliche Selbstbiographie, Leipzig, Barth, 1948.
Gerhard Vollmer, Im Lichte der Evolution, Darwin in Wissenschaft und Philosophie, Stuttgart, Hirzel, 2017.

offen, um was es sich bei diesen Oszillatoren handeln könnte. Um die Eigenschaften dieses Modellsystems im Rahmen der Statistischen Mechanik berechnen zu können, muss Planck herausfinden, wie viele verschiedene Zustände das System bei gegebener Gesamtenergie einnehmen kann oder anders ausgedrückt, auf wie viele Arten die Gesamtenergie des Systems auf die Einzelresonatoren verteilt werden kann. Vermutlich probiert Planck viele Möglichkeiten aus, die er im Nachhinein nicht mehr erwähnt, da sie nicht auf seine empirisch gefundene Strahlungsformel führen. Endlich teilt er die Gesamtenergie in sehr viele gleichgroße Energiepakete ε auf und ordnet jedem Oszillator eine gewisse Anzahl von diesen Energiepaketen zu. Gerade diese Hypothese fällt ihm nicht leicht, wie er später bekannte:

> „Kurz zusammengefasst kann ich die ganze Tat als einen Akt der Verzweiflung bezeichnen. Denn von Natur bin ich friedlich und gedanklichen Abenteuern abgeneigt. Aber ich hatte mich nun schon seit 6 Jahren [seit 1894] mit dem Problem des Gleichgewichtes zwischen Strahlung und Materie herumgeschlagen, ohne einen Erfolg zu erzielen; ich wusste, dass dies Problem von fundamentaler Bedeutung für die Physik ist, ich kannte die Formel, welche die Energieverteilung im normalen Spektrum wiedergibt; eine theoretische Deutung musste daher um jeden Preis gefunden werden, und wäre er noch so hoch. Die klassische Physik reichte nicht aus, das war mir klar."[10]

Nun ist es in der Mathematik, z.B. in der Infinitesimalrechnung, nicht unüblich, beim Rechnen mit kontinuierlichen Größen diese in endlich große Teilstücke aufzuteilen, die Operation auszuführen und am Ende die Größe der Teilstücke gegen Null gehen zu lassen. Das Interessante bei Plancks Ergebnis aber ist, dass er mit der Annahme der Energiepakete, das gewünschte Ergebnis, nämlich die von ihm gefundenen Strahlungsformel, nur ableiten kann, wenn die Größe ε der Energiepakete einen ganz bestimmten, endlich großen Wert annimmt $\varepsilon = h \cdot \nu$. Hier bedeutet ν die Frequenz und h eine Konstante, die später Plancksches Wirkungsquantum genannt wird. Die Aufteilung in Energiepakete ist also kein mathematisches Hilfsmittel, sondern die Energiepakete haben eine wohldefinierte physikalische Realität.

Was Planck das große Kopfzerbrechen bereitet, ist das Folgende: Die Oszillatoren, die schwingenden Systeme, nehmen die Energie nicht *kontinuierlich* auf, wie es aus der klassischen Physik vertraut war, sondern nur in Häppchen, d.h. Quanten, von wohl definierter Größe ε. Darin besteht das revolutionär Neue.

Sein Ergebnis trägt Planck am 14. 12. 1900 bei der Sitzung der Physikalischen Gesellschaft zu Berlin vor. Dieser Tag gilt seitdem als der Geburtstag der Quantenphysik, obwohl damals keinem der anwesenden Wissenschaftler die Bedeu-

---

[10] *Max Planck*, Brief vom 7. Oktober 1931 an den amerikanischen Experimentalphysiker Robert Williams Wood.

tung und Tragweite der Formel oder der Konstanten hbewusst war. Auch und gerade Planck selbst ist mit dieser Lösung nicht zufrieden. Deshalb folgt ein dritter Schritt.

Schritt 3: Er untersucht, ob es nicht andere Wege zur Ableitung der Strahlungsformel gibt, die keinen Bruch mit der klassischen Physik erfordern, und schreibt über diese Phase:

> „Meine vergeblichen Versuche, das Wirkungsquantum irgendwie der klassischen Theorie einzugliedern, erstreckten sich auf eine Reihe von Jahren und kosteten mich viel Arbeit. Manche Fachgenossen haben darin eine Art Tragik erblickt. Ich bin darüber anderer Meinung, denn für mich war der Gewinn, den ich durch solch gründliche Aufklärung davontrug, umso wertvoller. Nun wusste ich ja genau, dass das Wirkungsquantum in der Physik eine viel bedeutendere Rolle spielt, als ich anfangs geneigt war anzunehmen und gewann dadurch ein volles Verständnis für die Notwendigkeit der Einführung ganz neuer Betrachtungs- und Rechenmethoden bei der Behandlung atomistischer Probleme."[11]

Als Planck keine andere Erklärung für die Interpolationsformel finden kann, ist zwar er zufrieden, aber nicht die Community. Denn in der Physik wird eine Hypothese erst dann als passende Beschreibung einer Gesetzmäßigkeit der Natur akzeptiert, wenn aus der vorgeschlagenen Hypothese eine Voraussage für den Ausgang eines *anderen* Experimentes gemacht werden kann und diese Voraussage bestätigt wird. Planck erklärt zwar die Strahlungsformel, aber er kann keine Voraussage machen, die auf der Quantenhypothese aufbaut.

5. Photonen, die Quanten des Lichtes

Wenn wir uns die Entwicklung der Wissenschaft als Staffellauf vorstellen, dann übernimmt im Jahr 1905 Albert Einstein das Staffelholz von Planck. Ihm gelingt es, der Planckschen Quantenhypothese eine anschauliche Deutung zu geben, und – noch wichtiger – er kann ein Experiment zu ihrer Verifikation vorschlagen.

Anschauliche Deutung: Nach Einstein sind die mysteriösen Planckschen Energiequanten keine mathematischen Hilfsgrößen, sondern sie sind die *Teilchen* des Lichtes, die man heute Photonen nennt. Einstein behauptet also, dass das Licht der Schwarzkörperstrahlung nicht durch elektromagnetische Wellen beschrieben wird, sondern durch Teilchen. Das klingt zunächst einfach, aber ist zu dieser Zeit ein schwer verdaulicher Brocken. Denn es ist noch nicht lange her, dass ein zwei

---

[11] *Max Planck*, Wissenschaftliche Selbstbiographie, Leipzig, Barth, 1948.
Gerhard Vollmer, Im Lichte der Evolution, Darwin in Wissenschaft und Philosophie, Stuttgart, Hirzel, 2017.

Jahrhunderte währender Streit über die Natur des Lichtes zu Ende gegangen war. Dabei ging es gerade darum, ob Licht aus Teilchen bestünde oder als Wellen großer Ausdehnung beschrieben werden müsste. Der Nachweis der Interferenz war das entscheidende Experiment, das die Wellennatur des Lichtes bewiesen hatte. Jetzt, im Jahr 1905, kommt der junge Einstein mit der Behauptung: Nein! Licht besteht aus winzigen Teilchen. Kaum ein anderer Physiker, Planck eingeschlossen, kann sich mit dieser Vorstellung anfreunden.

Experiment: Einstein schlägt ein Experiment vor, in dem die von Planck vorausgesagte Energie $\varepsilon = h \cdot \nu$ der Photonen gemessen werden kann. Bei dem damals schon bekannten photoelektrischen Effekt schlägt Licht, das auf die Oberfläche bestimmter Metalle, z.B. Natrium fällt, Elektronen aus diesen Metallen. Wenn nun Licht – nach der Vorstellung von Planck und Einstein – aus Quanten (Photonen) der Energie $\varepsilon = h \cdot \nu$ besteht, dann muss jedes herausgeschlagene Elektron genau diese Energie wegtragen. Man muss nur die Energien der Elektronen messen. Allerdings ist das Experiment sehr schwierig. Erst 1914, also 14 Jahre nach Plancks Entdeckung und 9 Jahre nach Einsteins Voraussage gelingt es Robert Andrews Millikan, die Energien der Elektronen zu messen und damit die Plancksche Hypothese bestätigen.

Das Experiment war so zentral für die Entwicklung der Quantentheorie, dass dafür zwei Nobelpreise verliehen wurden: 1921 an Einstein für den Vorschlag und 1923 an Millikan für seine Ausführung. Übrigens wurde Planck schon 1918 mit dem Nobelpreis ausgezeichnet.

6. Über mögliche Grenzen wissenschaftlicher Erkenntnis

Die theoretischen Werkzeuge der Quantenmechanik, von denen ich nur einen kleinen Teil erklärt habe, erlauben es, Strukturen und Vorgänge in der Welt der Atome und der subatomaren Teilchen mathematisch zu beschreiben und Voraussagen zu machen, die quantitativ mit den Resultaten von Experimenten übereinstimmen. Damit ist erreicht, „dass unsere Denkgesetze übereinstimmen mit den Gesetzmäßigkeiten im Ablauf der Eindrücke, die wir von der Außenwelt empfangen", wobei die „Eindrücke, die wir von der Außenwelt empfangen", durch komplizierte Experimente gewonnen werden.

Auf dem Weg zu einer solchen Übereinstimmung wird viel probiert: Hypothesen werden aufgestellt, werden mathematisch formuliert und durch Experimente verifiziert oder falsifiziert. Mit dieser Methode des „gezielten Probierens", gelang es sogar, Naturvorgänge, die unseren Sinnen nicht unmittelbar zugänglich sind, zu verstehen. Können wir deshalb hoffen, dass mithilfe dieser Methode *alle* Geheimnisse der Natur gelüftet werden können?

Dazu werde ich einen noch unausgegorenen Gedanken vorstellen. Bei dem Probieren, dem Aufstellen wissenschaftlicher Hypothesen, bewegt sich der Forscher in einem „Denkraum". Mit diesem Begriff bezeichne ich den Raum denkbarer Hypothesen, den man sich als eine Art „geistigen Supermarkt" vorstellen kann. In dessen Regalen sind die Erkenntnisse aus der bisherigen biologischen Evolution wie auch die aus der bisherigen kulturellen Evolution aufbewahrt. Für die Physiker sind die Ergebnisse mathematischer Forschungen von besonderem Interesse. Wenn er mit einem neuen Problem konfrontiert ist, sucht der Forscher in dem Denkraum nach einer einer Anregung. Nicht immer wird er fündig. Denn ich bin überzeugt, dass der Denkraum zwar für die einzelnen Menschen unterschiedlich groß ist, aber dass er dennoch für jeden einzelnen grundsätzlich begrenzt ist. Daraus folgt, dass nicht allen Vorgängen oder Strukturen in der Natur eine passende Hypothese, d.h. ein Denkgesetz entsprechen kann. Ein naheliegendes Beispiel ist die Sprache der Tiere, die wir bisher weder innerhalb der biologischen noch der kulturellen Evolution entschlüsseln konnten. Aber auch in der Physik gibt es Probleme, an denen Forscher bis jetzt gescheitert sind, z.B. bei der Berechnung der Elementarladung des Elektrons oder der Gravitationskonstante. Ob es sich hier um grundsätzliche Grenzen menschlichen Erkenntnisvermögens handelt, wird erst die Zukunft zeigen. Zum Verständnis der Quantenmechanik aber war der verfügbare Denkraum groß genug.

Danksagung: Herrn PD Oliver Schlaudt danke ich eine Korrespondenz über e-Mail und Herrn Professor Gerhard Vollmer für eine Reihe von anregenden Gesprächen und Korrespondenzen.

Paul-Gerhard Reinhard

Stärken und Grenzen von Naturwissenschaft

Zusammenfassung: Die Sprache der Naturwissenschaften (genauer: exakten Wissenschaften) ist Mathematik. In diesem Beitrag geht es um die Frage, wie viel Wirklichkeit sich im Rahmen mathematischer Gesetzmäßigkeiten, also mit Naturwissenschaft, erfassen lässt. Kernpunkt ist, dass diese nur einen Teilbereich erfasst und dass es viel existentiell erfahrbare Wirklichkeit außerhalb des naturwissenschaftlichen Zugriffs gibt. Ein Merkmal ist die Sprache. Jeder Bereich hat seine Sprache. Wir reden je anders in der Naturwissenschaft, in Fragen des Lebens und im Ausdruck von Gotteserfahrung. Ebenso hat jeder Bereich der Wirklichkeit eigene Kriterien für Wahrheit. Dieser Buchbeitrag versucht, den Bereich der Naturwissenschaft sowie der weiteren Lebensbereiche abzustecken und deren jeweilige Eigenarten zu beschreiben.

1. Vorbemerkungen

In diesem Beitrag geht es darum, das Verhältnis von den Naturwissenschaften zur Wirklichkeit als Ganzes beleuchten und, wie der Titel des Buches betont, einschließlich des Verhältnisses zur unsichtbaren Welt. Dabei werden wir den Begriff Naturwissenschaft im engeren Sinne einer exakten Wissenschaft verstehen, also einer Wissenschaft, welche diejenigen Phänomene zu beschreiben versucht, die sich durch Zahlen und mathematische Modelle beschreiben lassen.

Im Abschnitt 1 nähern wir uns dem Thema mit einem Abriss über die frühen Entwicklungen von Mathematik und Astronomie. Zentraler Teil des Beitrags ist Abschnitt 2, in dem wir die Methode der Naturwissenschaften vorstellen und an Beispielen vertiefen. Dieser Teil gibt die erkenntnistheoretische Reflexion wieder, die führende Physiker Mitte des 20. Jahrhunderts erarbeitet haben.[1] Meines Wissens sind diese Aussagen auch heute noch aktuell. In dieser Reflexion werden wir

---

[1] Vgl. C.F. von Weizsäcker, Die Tragweite der Wissenschaft, S. Hirzel Verlag, Stuttgart 1976; W. Heisenberg, Der Teil und das Ganze, R. Piper Verlag, München 1969; K.M.H. Müller, Die präparierte Zeit, Radius Verlag, Stuttgart 1971.

sehen, dass Naturwissenschaft sich prinzipiell auf einen, vermutlich kleinen, Teilbereich der Wirklichkeit beschränkt. Die größere Wirklichkeit versuchen wir in den Abschnitten 3 und 4 zu beleuchten. Dabei widmet sich Abschnitt 3 der innerweltlichen, alltäglichen Lebens-Wirklichkeit und Abschnitt 4 schließlich der unsichtbaren Welt. Abschließend folgt in Abschnitt 5 eine thesenartige Zusammenfassung.

2. Von der Erfahrung zur Naturwissenschaft

Die Intention der Naturwissenschaften ist die Beschreibung und das Verstehen der Naturvorgänge. Enger gefasst ist der Begriff der exakten Wissenschaften. Hier geht es um die Beschreibung der Natur durch mathematische Modelle. In diesem Sinne werden die Begriffe Naturwissenschaft und exakte Wissenschaft oft synonym verwendet und so werden wir es hier auch tun, selbst wenn das nicht ganz korrekt ist, weil es auch deskriptive Naturwissenschaften gibt.

Wenn Mathematik derart im Mittelpunkt steht, erhebt sich die Frage: wo kommt Mathematik eigentlich her? Es gibt den Gedanken, Plato folgend, dass Mathematik im Reich der Ideen zuerst da war und dass die sichtbare Wirklichkeit davon abgeleitet ist, dass also Mathematik Wirklichkeit schafft und die Wirklichkeit nur eine Annäherung an die mathematisch vorgegebenen Ideale darstellt. Die pragmatische Sicht ist, dass wir Mathematik an Lebenserfahrung entlang entwickelt haben und die mathematischen Gesetze eine Annäherung an die Wirklichkeit sind.[2] Zweifelsfrei entscheidbar ist diese Frage nicht. Sicher ist zumindest, dass in der historischen Entwicklung Notwendigkeiten des alltäglichen Lebens die Entwicklung geeigneter mathematischer Methoden herausgefordert haben.[3] Zählen und Rechnen mit Zahlen braucht man spätestens beim Warenaustausch einer seßhaften Bevölkerung. Geometrie brauchten die alten Ägypter, um die Flächen im Nildelta gerecht zuzuteilen. Eine bereits sehr leistungsfähige Algebra entwickelten die Babylonier, um Sonnen- und Mondfinsternisse durch Extrapolation von beobachteten Regelmäßigkeiten vorhersagen zu können. Und wahrscheinlich steckt auch einige Mathematik in der Himmelsscheibe von Nebra oder im Heiligtum von Stonehenge.

Inwieweit diese frühen Anwendungen von Mathematik nur pragmatische Fortschreibung von Beobachtung war oder schon Elemente eines begrifflichen Verstehens enthielt, wissen wir nicht. Sicher ist, dass die alten Griechen mit ihrem Sinn für Schönheit und Philosophie Mathematik und Naturforschung mit dem

---

[2] Vgl. den Beitrag von *J. Hüfner* in diesem Band: Wie konnte es gelingen, die Quantenwelt mathematisch zu verstehen?
[3] H. Wußing, 6000 Jahre Mathematik: Eine kulturgeschichtliche Zeitreise – 1. Von den Anfängen bis Leibniz und Newton Springer Spektrum, Heidelberg 2008

Ziel des tieferen Verstehens betrieben. Ein frühes Beispiel für eine konsistente Theoriebildung ist Euklid, der die geometrische Erfahrung seiner Zeit in eine axiomatisch saubere Formulierung kondensiert hat.[4]

Ein grundsätzlich neuer Ansatz entwickelte sich im späten Mittelalter als die griechische Wissenschaft, vermittelt und ausgebaut durch die Araber, im Abendland ankam. Die christliche Kultur hat die materielle Welt als Gottes Schöpfung hoch geachtet und damit auch dem Handwerk einen ehrbaren Stand zugesprochen, was sich zum Beispiel im Leitspruch „Ora et labora" des heiligen Benedikt von Nursia ausdrückt. Philosophie wie sie in der Scholastik weiter ausgebaut wurde und Zuwendung zur Welt gingen eine Verbindung ein, aus der die neuzeitliche Naturwissenschaft hervorging. Ein früher Zeuge der sich anbahnenden Entwicklung ist der Franziskaner Roger Bacon (1214–1292):

> In den Naturwissenschaften kann man ohne Erfahrung und Experiment kein zureichendes Wissen ermitteln. Das Argument als Rückgriff auf eine Autorität bringt weder Sicherheit, noch beseitigt es Zweifel. Denn nur das Experiment verifiziert, nicht aber das Argument.[5]

Damit ist schon ein bis heute entscheidende Kriterium formuliert: ein mathematisches Modell, und sei es noch so ästhetisch und schön, muss sich an der Realität prüfen lassen. Gleichwohl bleiben mathematische Eleganz, Harmonie und Symmetrie inspirierende Leitprinzipien bei der Suche nach neuen Theorien. Beweiskraft hat aber nur der Vergleich mit den Messdaten. So hat sich zum Beispiel Kepler (1571–1630) bei der Aufstellung seiner Theorie der elliptischen Planetenbahnen von dem harmonischen Aufbau des Kosmos als verschachtelte platonische Körper leiten lassen.[6] Begründet hat er seine Thesen aber durch Vergleich mit den zuvor gewonnenen astronomischen astronomischen Daten.

Nach diesem kleinen Gang durch die Geschichte sind wir schon nahe an die Kriterien der exakten Wissenschaften herangekommen. Diese werden im folgenden Abschnitt eingehen dargestellt.

---

[4] C. Thaer (Hrsg.), Euklid: Die Elemente. Bücher I–XIII., Harri Deutsch, Frankfurt a. M. 2003
[5] Vgl. R. Lay, Die Ketzer, Von Roger Bacon bis Teilhard, Albert Langen·Georg Müller Verlag 1981, 34f.
[6] J. Kepler, Weltharmonik. Übersetzung und Einleitung von M. Caspar, Oldenburg Wissenschaftsverlag, München 2006

3. Die Methodik der exakten Wissenschaften

3.1 Die Methodik kurzgefasst

Im vorigen Abschnitt haben wir an Beispielen gesehen, dass Mathematik und Naturwissenschaften sich langsam voran tastend entwickelt haben, oft motiviert durch Alltagsfragen, deren Lösung stetig verbessert wurde. Am Ende einer Entwicklung konnte man das Erreichte meist in einer einfachen Struktur zusammenfassen, wie zum Beispiel in der Euklid'schen Geometrie geschehen. Ein Beispiel aus neuerer Zeit für die verschlungenen Pfade zu einer Erkenntnis ist im Beitrag von Prof. J. Hüfner gegeben.[7] Die Umwälzungen der Physik zu Beginn des zwanzigsten Jahrhunderts (siehe Abschnitt 2.3) haben ein erkenntnistheoretisches Nachdenken über Naturwissenschaft, insbesondere Physik, angeregt. Hier werde ich versuchen, die Essenz der naturwissenschaftlichen Methode auf die wesentlichen Punkte reduziert darstellen.

Der erste Schritt ist Definieren, das heißt, den Teil der Wirklichkeit abzugrenzen, den man beschreiben will. Das bedeutet aber auch, dass man den Rest der Wirklichkeit, in der Praxis den größeren Teil, a priori ausblendet. In der Beschränkung liegt gerade die Stärke, weil man nur für einen kleinen Teilbereich hoffen kann, Überblick zu gewinnen. Für exakte Wissenschaften gilt insbesondere, dass man sich auf die Teile der Wirklichkeit beschränken muss, die sich quantitativ, das heißt durch Zahlen, fassen lassen. Das ist notwendige Voraussetzung, weil man Strukturen der Wirklichkeit sucht, die sich durch mathematische Gesetzmäßigkeiten beschreiben lassen. Am Anfang der exakten Wissenschaften steht also eine beherzte Beschränkung auf den engen Teil der Wirklichkeit, der sich messen lässt. Was nicht durch den Filter der Messbarkeit passt, bleibt ausgeblendet. eine Zusammenfassung in Stichworten ist im Schema 1 skizziert. Das mag auf den ersten Blick einleuchten, es genügt nun aber nicht, einfach zu sagen, wir beschränken uns auf Messbares. Man muss schon dazu sagen wie man es zu messen gedenkt. Das bedeutet, der Forschungsgegenstand ist erst dann richtig definiert, wenn man einen Messprozess angibt. Zum Beispiel, genügt eine reproduzierbare Vorschrift zur Messung von Längen, um den ganzen Reichtum der Euklid'schen Geometrie zu entfalten. Oder, die Festlegung der Messung von Längen, Zeiten und Massen liefern uns alle Bestimmungsstücke für die gesamte Physik.

Im zweiten Schritt geht es um das Sammeln von Messdaten. Das mag nach einer stupiden Tätigkeit klingen. Es ist aber höchst anspruchsvoll und braucht einen hellwachen, zielstrebigen Geist. Jedes Detail der Vorbereitung und Messung muss sauber protokolliert werden, damit es jederzeit reproduzierbar ist. Das erfordert viel Geduld. Der Experimentator muss immer alle denkbaren Fehlerquellen im Blick behalten und er muss ein sehr gutes Gespür für weitere mögliche

---

[7] Vgl. den Beitrag von *J. Hüfner* in diesem Band: Wie konnte es gelingen, die Quantenwelt mathematisch zu verstehen?

Messungen haben. Er will mit den gerade verfügbaren technischen Möglichkeiten der Natur so viel Geheimnisse wie eben möglich entreißen. Ein prototypisches Beispiel für das Sammeln ist die Lebensarbeit von Tycho de Brahe (1546–1601), der die Messgenauigkeit astronomischer Beobachtungen erheblich verbessert hat und mit seinem Team in unermüdlichem Fleiß eine bewundernswerte Menge von Daten zu den Planetenbewegungen zusammengetragen hat, die später wesentliche Grundlage der physikalischen Modellbildung wurden.[8] Man kann an dieser Stelle schon eine interessante Beobachtung machen. Die Schlussweise der exakten Wissenschaften ist logisch distanziert, streng den Regeln der Mathematik folgend. Aber der Weg zu den Ergebnissen involviert die ganze Forscherpersönlichkeit mit Inspiration, Motivation, Instinkt und Verstand. Mindestens hier ist die Fülle der Wirklichkeit mit der abgegrenzten Welt der Naturwissenschaften verschränkt.

Der dritte Schritt ist Ordnen. Die Abbildung der physikalischen Welt in Zahlenkolonnen, die im vorigen Schritt erreicht wurde, ist schon eine riesige Leistung. Aber der Forschergeist ist noch nicht zufrieden, denn damit haben wir noch nichts verstanden. Und der Praktiker wird das Hantieren mit riesigen Tabellenwerken unpraktisch finden. Die Grundannahme naturwissenschaftlicher Forschung ist, dass hinter den vielen messbaren Phänomenen, die auf uns zu kommen, kausale Gesetzmäßigkeiten stecken müssten, die sich in einfachen mathematischen Zusammenhängen formulieren lassen. Also macht man sich auf den Weg, diese erhofften, einfachen Zusammenhänge herauszufinden. Wie das Sammeln erfordert auch das Ordnen unermüdliche Geduld und Spürsinn. Anders als beim Sammeln, wo praktisches Geschick zählt, braucht es hier Menschen, die mühelos mit Mathematik umgehen können. Man baut meist auf vorhandenen Vorstellungen auf, versucht sie anzupassen und zu vereinfachen. Dabei geht man viele Irrwege und kommt oft erst nach langem Rechnen zum Ziel. Auch hier spielt die Forscherpersönlichkeit eine entscheidende Rolle. Neben Geduld und Frustrationstoleranz braucht es den kritischen Geist der Irrwege als solche erkennt und den Mut, liebgewordene Vorstellungen beherzt zu verwerfen. Idealerweise steht am Ende eine verblüffend einfache Theorie, der man nicht mehr ansieht, wie mühevoll sie destilliert wurde. Ein Beispiel für diesen dritten Schritt sind die Arbeiten Keplers (1571–1630), die sich direkt an die Errungenschaften Tycho Brahe's anschließen. Er erkannte, dass sich die Planetenbahnen, die sich für den Beobachter auf der Erde als verwickelte Zykloide darstellen, als einfache Ellipsenbahnen mit der Sonne in einem der beiden Brennpunkte ordnen lassen. Voraussetzung, dies eindeutig schließen zu können, war die hervorragende Genauigkeit der Brahe'schen Messungen.

---

[8] J.R. Christianson, On Tycho's Island: Tycho Brahe and His Assistants, 1570–1601, Cambridge Unviversity Press, Cambridge 2000

Mit den Schritten eins bis drei wäre das Ziel naturwissenschaftlicher Forschung im engeren Sinne erreicht: Es ist gelungen physikalische Phänomene zu verstehen in dem Sinne, dass man sie durch einfache mathematische Gesetzmäßigkeiten abzubilden kann. Als notwendige Abrundung folgt das Anwenden als vierter Schritt. Das ist nötig, weil eine physikalische Theorie nicht eigentlich bewiesen werden kann, sondern nur durch die Bewährung in der Praxis erhärtet wird. Eine gute Theorie muss zuverlässige Vorhersagen erlauben. Für Kepler, zum Beispiel, war es eine starke Bestätigung, dass er mit seinen Keplerbahnen einen Venustransit durch die sichtbare Sonnenscheibe im Jahre 1631 vorhersagen konnte. Eine einzige geglückte Vorhersage alleine genügt dem kritisch forschenden Geist natürlich nicht. Eine Theorie muss laufend auf die Probe gestellt werden, denn sie gilt nur so lange wie man keine widersprüchliche Erfahrung findet. Aber Anwendung hat mehrere Motivationen. Es ist nicht nur Erkenntnisdrang, der Naturwissenschaften antreibt. Es ist auch der Wille zur Weltgestaltung und Weltbeherrschung, kurz: der Wille zur Macht. Wie schon bei bei den alten Babyloniern und Ägyptern gehen auch in der Neuzeit wissenschaftliche Erkenntnis und technische Anwendung Hand in Hand. Die ethische Frage, welche Anwendungen wünschenswert sind und welche nicht, bleibt außerhalb des naturwissenschaftlichen Diskurses, weil, wie wir sehen werden (Abschnitt 3.2), Naturwissenschaft keine Ethik liefern kann.

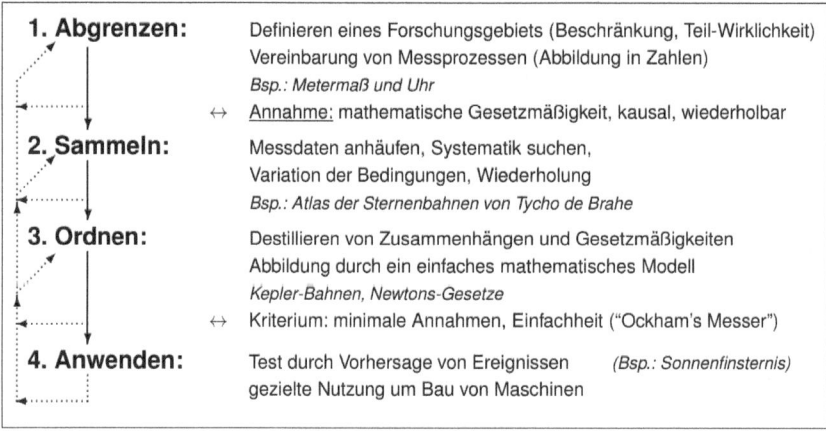

Abb. 1: Schematische Zusammenfassung der Methode der exakten Wissenschaften.

Die vier Schritte sind in Tabelle 1 schematisch skizziert. Die vollen Linien mit Pfeil nach unten zeichnen das idealisierte Bild eines geradlinig voranschreitenden Erkenntniswegs. In der Praxis läuft das nicht so einfach. Sondern man baut auf bestehender Erkenntnis sowie vorhandenen Techniken auf, stellt neue Fragen und verbessert Methoden. Das deuten die gepunkteten Linien im Schema 1 an. In jeder Phase gibt man Fragen zurück an vorherige Schritte. Beim Sammeln mag man feststellen, dass die Messvorschrift verbessert werden muss. Beim Ordnen merkt man oft, dass noch Messpunkte fehlen, um zwischen alternativen Modellen unterscheiden zu können. Und nicht zuletzt die Anwendung wirft oft neue Fragen auf, die einen neuen Durchlauf durch die Erkenntnisschritte erfordern. Dazu mehr in den nächsten Abschnitten.

3.2 Das Paradebeispiel: Newton's Mechanik

Einer der größten Erfolge der Naturwissenschaften ist die Formulierung der klassischen Mechanik durch Isaac Newton (1643–1727). Hier werden Erfahrungen vieler Forscher, unter anderem die oben schon erwähnten Kepler'schen Gesetze, aus einigen wenigen Axiomen hergeleitet. Die berühmte Newton'sche Bewegungsgleichung und das Gravitationsgesetz, das man für astronomische Berechnungen braucht, sind in Abbildung 2 wiedergegeben. Das Faszinierende ist, dass man jetzt nur noch die anfänglichen Orte und Geschwindigkeiten aller Teile des Systems eingeben muss. Dann kann man den weiteren Verlauf in allen Details vorausberechnen. Das gilt nicht nur für für Astronomie. Die Newton-Gleichungen gelten ebenso für alle mechanischen Systeme auf der Erde und habe sich in allen mechanischen Anwendungen glänzend bewährt (zu den Grenzen der Gültigkeit siehe Abschnitt 2.3). Der Erfolg hat Spuren im Denken hinterlassen. Zum einen mag es ernüchternd gewesen sein, den faszinierend geheimnisvollen Sternenhimmel als kosmisches Uhrwerk entlarvt zu haben. Zum Anderen beflügelt es das Selbstvertrauen in die menschlichen Möglichkeiten, salopp gesagt „Haben wir dies verstanden, werden wir bald alles beherrschen. Etwas gewählter ausgedrückt hat es P.S. Laplace (1749–1827):

> Eine Intelligenz, welcher für einen Augenblick alle Kräfte der Natur und die gegenseitige Lage aller Massen gegeben würden, ... könnte mit derselben Formel die Bewegung der größten Massen und der kleinsten Atome begreifen; nichts wäre ungewiss für sie und die Zukunft und die Vergangenheit läge offen vor ihren Augen.[9]

Man spricht darum auch vom Laplace-Determinismus. Der wurde zur Inspiration für den Materialismus, beziehungsweise Naturalismus, des 19. Jahrhunderts.

So großartig es ist, alle planetarischen Ereignisse im Vor- und Nachhinein berechnen zu können, so lässt die Newton'sche Mechanik eine Frage offen: Warum liegen die Planetenbahnen alle in einer Ebene und reihen sich in harmonischen Abständen auf? Mit beliebigen Anfangsbedingungen könnte man sich beliebige Konfigurationen vorstellen. Kepler hatte die Sequenz der Planetenbahnen noch mit der Idee einer Harmonie des Kosmos begründet, nach der die Bahnen in verschachtelte platonische Körper eingebettet seien.[10] Dies ästhetische Argument ist

---

[9] P.S. de Laplace, Philosophischer Versuch über die Wahrscheinlichkeiten (Ostwald's Klassiker der exakten Wissenschaften 233), Akademische Verlagsgesellschaft, Leipzig 1932, 4

[10] J. Kepler, Weltharmonik. Übersetzung und Einleitung von M. Caspar, Oldenburg Wissenschaftsverlag, München 2006

Ockhams Messer zum Opfer gefallen (benannt nach W. v. Ockham, 1288–1347). Die Tatsache, dass die Bahnen in einer Ebene liegen, konnte man mit einem Modell für die Entwicklungsgeschichte des Sonnensystems aus einer rotierenden Staubwolke erklären (zu Entwicklungsmodelle siehe Abschnitt 3.1). Eine Lösung fand sich schließlich innerhalb der klassischen Mechanik, interessanterweise genau an einer Beobachtung, die den Determinismus prinzipiell in Frage stellt (siehe Abschnitt 2.3). Angeregt durch das Theorem von Poincaré (1854–1912) haben die Mathematiker Kolmogorov, Arnold und Moser mit hochentwickelter Mathematik die Stabilität der Lösungen der Newton-Gleichungen untersucht.[11] Sie finden, dass die vorhandenen Planetenbahnen die einzigen stabilen Lösungen für das solare System darstellen.

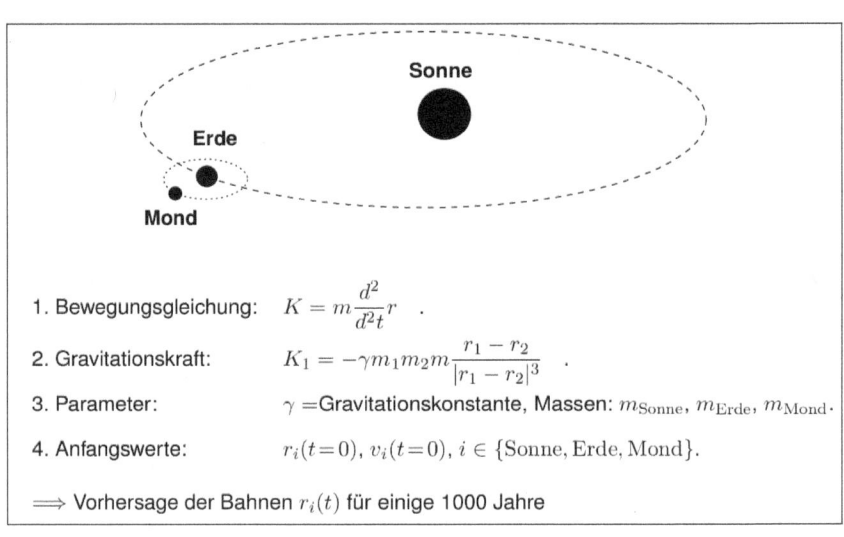

Abb. 2: Schematische Darstellung der Ellipsenbahnen von Erde und Mond und Zusammenfassung der Newton'schen Gleichungen. K steht für Kraft, m für Masse, r für Ort und v für Geschwindigkeit. Zur Vereinfachung ist die Darstellung reduziert auf die drei Wechselwirkungspartner Sonne, Erde und Mond. Die präzise Vorhersage für lange Zeiten erreicht man nur, wenn man alle Planeten mit einbezieht.

Trotz der beeindruckenden Erfolge der Naturwissenschaften bleibt die Frage unbeantwortet, warum überhaupt so große Bereiche unserer Lebenswirklichkeit sich in mathematische Strukturen fassen lässt. Das ist alles andere als selbstverständlich. Man kann es staunend als Wunder bezeichnen.[12]

---

[11] H. Scott Dumas, the KAM story: A friendly introduction to the content, history, and significance of classical Kolmogorov-Arnold-Moser theory, World Scientific, Singapore 2014

[12] Vgl. den Beitrag von *B. Fiedler* in diesem Band: Wunder – Widersprüche – Wirklichkeiten.

3.3 Erschütterungen und Paradigmenwechsel

Ein weiterer, mindestens ebenso beeindruckender Erfolg der klassischen Physik ist die Maxwell'sche Theorie der Elektrodynamik. Mit den Maxwell-Gleichungen siehe Abbildung 3, kann man alle elektromagnetischen Prozesse exakt beschreiben. Die praktische Lösung der Maxwellgleichungen ist zwar nicht nur für Studenten eine immense Herausforderung. Aber die Maxwelltheorie als solche strahlt für den Kenner ästhetische Schönheit aus.

Maxwell-Gleichungen:

$$\nabla E = 4\pi\rho \qquad \nabla \times E + \frac{\partial B}{\partial t} = 0$$

$$\nabla B = 0 \qquad \nabla \times B - \frac{1}{c^2}\frac{\partial E}{\partial t} = \frac{4\pi}{c}J$$

Abb. 3: Die Maxwell'schen Gleichungen der Elektrodynamik E ist das elektrische Feld, B das magnetische Feld, ϱ die elektrische Ladungsdichteverteilung, J die elektrische Stromverteilung, t die Zeit, c die Lichtgeschwindigkeit.

Mit klassischer Mechanik und Maxwelltheorie hatte man Ende des 19. Jahrhunderts alle bis dahin bekannten physikalischen Phänomene erfasst. Man wähnte sich am Ende der physikalischen Forschung. Doch ein kleines Problem blieb noch offen: die Maxwellgleichungen sind nicht komplett mit den Newtongleichungen verträglich. In den Maxwellgleichungen wird eine Geschwindigkeit ausgezeichnet, die Lichtgeschwindigkeit c. Aber in der Newtontheorie sind alle Geschwindigkeiten gleichwertig. In der Maxwelltheorie ist c Grenzgeschwindigkeit aller Transportprozesse, während es in der Newtontheorie keine Grenze nach oben gibt. Albert Einstein (1879–1955) löste das Dilemma in seiner speziellen Relativitätstheorie. Allerdings musste er dazu einige Vorstellungen der klassischen Physik aufgeben, insbesondere das Konzept eines absoluten Raums mit einer absoluten Zeit. Das Ergebnis ist eine Theorie, die die Mechanik erfolgreich in den Bereich sehr großer Geschwindigkeiten erweitert, die aber noch abstrakter ist als es die klassische Mechanik bereits war. Einen weiteren Schritt der Abstraktion ist Einstein mit seiner allgemeinen Relativitätstheorie gegangen, in der er Newtons Theorie der Gravitation revidierte. Hier werden Raum-Zeit und Materie als gleichwertige Größen gegenübergestellt, eins bedingt das andere.

Die nächste Erschütterung, etwa um die gleiche Zeit (frühes 20. Jahrhundert), kam mit dem Vorstoß in die Welt der Atome. Mindestens zwei Beobachtungen ließen sich nicht in der Welt der klassischen Physik unterbringen. Erstens können die diskreten Spektrallinien des Wasserstoffatoms nicht durch klassische (d.h. kontinuierliche) Bahnen des Elektrons um den Atomkern beschrieben werden und zweitens können Lichtwellen nur in wohldefinierten Portionen, den Licht-Quanten, abgegeben und aufgenommen werden. Letzteres lässt sich aus der durchgehend kontinuierlichen Elektrodynamik nicht begründen. Max Planck (1858–1947) war der Erste, der nach langem Ringen die Quantenhypothese für

Lichtquanten aufstellte (mehr dazu im Beitrag von J. Hüfner)[13]. Gut zwei Jahrzehnte nach dem Aufstellen der Hypothese war mit der Quantenmechanik die Theorie zur Beschreibung der Quantenphänomene fertig. Auch hier musste ein zentrales Konzept der klassischen Physik geopfert werden: der Determinismus. In der Welt des Allerkleinsten kann man nur noch Wahrscheinlichkeitsaussagen machen. Statt Determinismus regiert nun der Zufall. Ein Paradigmenwechsel, wie man ihn sich dramatischer kaum vorstellen kann.

Noch eine weitere Überraschung kam aus dem ureigensten Gebiet der klassischen Mechanik. Bei Untersuchungen zur Stabilität des Sonnensystems entdeckte Poincaré, dass die allermeisten klassischen Bahnen auf kleinste Veränderungen der Anfangsbedingungen mit exponentiell anwachsender Abweichung im weiteren Verlauf reagieren. Er schreibt:

> Eine sehr kleine Ursache, die wir nicht bemerken, bewirkt einen beachtlichen Effekt, den wir nicht übersehen können, und dann sagen wir, der Effekt sei zufällig. ... Es kann vorkommen, dass kleine Abweichungen in den Anfangsbedingungen schließlich große Unterschiede in den Phänomenen erzeugen. Ein kleiner Fehler zu Anfang wird später einen großen Fehler zur Folge haben. Vorhersagen werden unmöglich, und wir haben ein zufälliges Ergebnis.[14]

Im Alltag kennen wir das vom Wetter „Vorhersage unmöglich". Bei den Gestirnen mag es überraschen, denn die Vorhersage von Planetenkonstellationen war doch gerade der große Erfolg der klassischen Mechanik. Aber bei der Entfaltung der Vorhersagefehler kommt es auf die Zeitskala an. Bei dem doch noch vergleichsweise übersichtlichen Sonnensystem wächst der Fehler so langsam, dass das Zeitfenster für zuverlässige Vorhersagen (und Rückrechnung) noch etliche Tausend Jahre beträgt, aber eben doch limitiert ist. Bemerkenswert ist, dass Poincarés Entdeckung eigentlich eine enttäuschende Fehlanzeige ist. Im späteren Verlauf haben Mathematiker und Physiker die missliche Situation näher erforscht und formalisiert. Ergebnis ist die faszinierende Chaostheorie[15], mit der es gelingt, auch im Zufall noch Struktur aufzuspüren. Diese Theorie hat weit über die Physik hinaus Anwendungsbereiche erschlossen, unter anderem auch bei Versicherungen und Bankgeschäften.

Mit den eben geschilderten drei Überraschungen hat das 20.Jahrhundert die Physiker gewaltig auf die Probe gestellt. Trotzdem hat sich die in Abschnitt 2.1 dargestellte Methodik der exakten Wissenschaften in dieser Herausforderung glänzend bewährt. Mit Relativitätstheorie, Quantenmechanik und Chaostheorie

---

[13] Vgl. den Beitrag von *J. Hüfner* in diesem Band: Wie konnte es gelingen, die Quantenwelt mathematisch zu verstehen?

[14] Zitiert nach: Chaos und Fraktale, Spektrum der Wissenschaft Verlagsgesellschaft, Heidelberg, 10.

15 H.-O. Peithgen, H. Jürgens, D. Saupe, Chaos, Bausteine der Ordnung, Klett-Cotta Verlag, Stuttgart 1994.

hat man gewohnte Vorstellung aufgeben müssen, und deshalb zum Beispiel die streng deterministische Kausalität zu einer Wahrscheinlichkeitsprognose aufgeweicht. Das hat das physikalische Weltbild dramatisch verändert. Man kann von einem Paradigmenwechsel sprechen. Aber die Methodik selber ist dadurch nur um so klarer durchdacht worden. Darum sind es unter den Naturwissenschaftlern vor allem Physiker, die die Grenzen ihrer Erkenntnis selbstkritisch einschätzen und mit weitreichenden Schlussfolgerungen vorsichtig sind.

Die Umwälzungen der Physik im 20. Jahrhundert hatten sich an vermeintlich kleinen Unstimmigkeiten der klassischen Physik entzündet. Auch die gegenwärtigen physikalischen Theorien lassen ungelöste Punkte offen. So hat man zum Beispiel noch nicht verstanden, warum die Zeit der Erfahrung eine eindeutige Richtung hat, also klar zwischen Vergangenheit und Zukunft unterscheidet. Aber die Grundgleichungen der klassischen Physik, der Relativitätstheorie und der Quantenmechanik kennen keinen Unterschied zwischen vorwärts und rückwärts in der Zeit. Man muss ad hoc eine Vorzugsrichtung der Zeit postulieren, was man in der statistischen Physik implizit macht, indem man durch Mittelungsprozesse Detailinformation verliert, genauer gesagt verwirft.[16] Noch gravierender ist wahrscheinlich die große offene Frage der Feldtheorie: es ist noch nicht gelungen Einsteins Gravitationstheorie mit der Quantenmechanik zu vereinheitlichen, und in der Elementarteilchenphysik ist man noch nicht bei einer geschlossenen Theorie angekommen. Es ist nicht einmal sicher, ob man je eine einheitliche und geschlossenen Theorie aller physikalischen Phänomene finden kann. Vielleicht müssen wir noch weitere „selbstverständliche" Vorstellungen aufgeben.

3.4 Die Stellung von Evolutionstheorien

In der biologischen Evolutionstheorie geht es darum, die gegenwärtig vorgefundene Lebenswelt durch einen sehr langen Entwicklungsprozess zu erklären. Ähnlich versuchen Kosmologie und Astrophysik, aus den Signalen, die wir heute auf der Erde und in ihrer Umgebung aus dem Weltraum empfangen, eine Milliarden Jahre lange Entwicklung des Universums zu rekonstruieren. Auch die Geologie arbeitet mit dem Konzept einer Entwicklung des Erdballs und seiner Oberfläche. Alle diese Ansätze kann man unter dem Oberbegriff Evolutionstheorien zusammenfassen. In allen genannten Beispielen handelt es sich um die Beschreibung von Natur. Auf den ersten Blick würde man sie als Naturwissenschaft einordnen. Allerdings erfüllen Evolutionstheorien nicht die strengen Voraussetzungen einer exakten Wissenschaft, wie sie in Abschnitt 2.1 erläutert sind. Man kann Evolutionsprozesse nicht nach Belieben im Labor wiederholen und unter variierten Bedingungen gezielte Fragen an die Natur stellen. Evolutionstheorien enthalten ein Element von Geschichtswissenschaften: sie leben von den Dokumenten, die aus

---

[16] P. Castiglione, M. Falcioni, A. Lesne, A. Vulpiani, Chaos and Coarse Graining in Statistical Mechanics Cambridge University Press, Cambridge 2008.

der Vergangenheit in unser Blickfeld gekommen sind. Im Falle der Astrophysik oder Kosmologie sind diese Dokumente die Signale, die wir aus dem Universum empfangen können. Selbstverständlich spielen die Naturwissenschaften eine große Rolle bei der Modellierung der Vorgänge, wie sie wahrscheinlich abgelaufen waren. Erstens, müssen die Modelle mit allen bekannten Naturgesetzen kompatibel sein. Zweitens, sind die Modelle falsifizierbar, wenn man ein neues Dokument findet, das nicht zum bisherigen Modell passt. Solange man kein störendes Dokument findet, bleibt das Modell unwidersprochen, ist aber noch nicht bewiesen. Drittens, gibt es die Option einer „Vorhersage" in dem Sinne, dass man aus dem Modell auf ein Signal schließt, was man eigentlich sehen müsste, bisher aber noch nicht gesehen hat. Oft schon hat man dann gezielt nach einem solchen Signal gesucht und gefunden. Ein ganz frisches Beispiel ist der Nachweis von Gravitationswellen, die von der allgemeinen Relativitätstheorie prognostiziert werden.[17] Trotz dieser starken Verknüpfung mit naturwissenschaftlichen Methoden bleibt Evolutionstheorien ein Rest von Ungewissheit: Man kann sie nicht beweisen, bestenfalls erhärten; es bleibt offen, ob es nicht vielleicht noch ganz andere Modelle gäbe, welche die Beobachtungen ebenso gut erklären; und neue Dokumente können eine Revision erfordern. Letzteres ist in der Vergangenheit oft genug geschehen und es wird sicher weiterhin passieren.

4. Die Grenzen von Naturwissenschaft und die Wirklichkeit des Lebens

4.1 Der Zirkelschluss des Materialismus

Wie wir in Abschnitt 3.2 gesehen haben, verführt die klassische Physik des 19. Jahrhunderts zu der Annahme, dass alles determiniert sei und um es mit dem Laplace-Zitat aus dortigem Abschnitt zu sagen „die Zukunft und die Vergangenheit läge offen vor ihren Augen". Der überwältigende Erfolg der Naturwissenschaften um diese Zeit, hat viele zu dem Schluss geführt, dass nicht nur dynamische Prozesse der Materie, sondern ganz und gar alles in der Welt mit Naturwissenschaften erklärt und beherrscht werden kann. Bis in unsere Gegenwart, kann man diese Schlussfolgerung hören. Siegmund Freud, zum Beispiel, schreibt:

> Wissenschaft ist keine Illusion. Aber es wäre eine Illusion anzunehmen, wir könnten etwas bekommen, was sie uns nicht zu geben vermag.[18]

---

[17] H. Grote, Gravitationswellen: Geschichte einer Jahrhundertentdeckung, C.H.Beck, München 2018.
[18] S. Freud, Die Zukunft einer Illusion, Int. Psychoanalytischer Verlag, Leipzig 1927.

Dabei ist nicht klar, ob er hier Wissenschaft allgemein oder Naturwissenschaft im engeren Sinne gemeint hat. Im Zitat von Bertrand Russells ist das klarer, weil das englische „science" genau Naturwissenschaften meint:

> Die Wissenschaft kann unsere Enkel befähigen, das gute Leben zu führen, indem sie ihnen das Wissen, Selbstkontrolle und einen Charakter vermittelt, der Harmonie hervorbringt anstatt Hader.[19]

Am prägnantesten sagt es das jüngere Zitat von Peter W. Atkins (*1940):

> Es gibt keinen Grund anzunehmen, dass die Wissenschaft nicht mit jedem Aspekt der Existenz fertig werden kann.

Aus diesen Zitaten kommt uns ein fast pathetischer Wissenschaftsoptimismus entgegen, im philosophischen Fachjargon Wissenschaftspositivismus genannt. Die Frage ist, ob sich diese Aussagen wissenschaftlich begründen lassen. Bereits in den Hoch-Zeiten der klassischen Physik gab es vorsichtigere Stimmen, so zum Beispiel Hermann v. Helmholtz (1821–1894):

> Ich bitte sie, nicht zu vergessen, dass auch der Materialismus eine metaphysische Hypothese ist, eine Hypothese, die sich im Gebiete der Naturwissenschaften allerdings als sehr fruchtbar erwiesen hat, aber doch immer noch eine Hypothese.

Hier steht nun Aussage gegen Aussage.

Um die starken Behauptungen des Wissenschaftspositivismus einordnen zu können, müssen wir uns an die Grundannahmen naturwissenschaftlichen Arbeitens aus Abschnitt 2.1 erinnern. Man beschränkt sich a priori auf den Teil der Wirklichkeit, der sich in Zahlen fassen lässt, und hofft, dass sich darin Strukturen finden, die sich durch einfache mathematische Gesetze beschreiben lassen. Die Arbeitshypothese ist also:

Es gibt einen Teil der Wirklichkeit, der messbar und berechenbar ist.

Es ist von vornherein nicht klar, wie weit man mit dieser Annahme kommt.[20] Der Erfolg der Naturwissenschaften hat aber dann gezeigt, dass die Annahme überraschend weit trägt, oder, wie Helmholtz sagt, sehr fruchtbar ist. Dann ist man leicht verführt zu behaupten:

Alles ist messbar und berechenbar.

Solange man dies klar als Hypothese herausstellt, kann man das sagen. Man hört aber bei den oben genannten Thesen des Wissenschaftspositivismus, heraus, dass

---

[19] B. Russell, What I believe, E.P. Dutton & Co., New York 1925.
[20] Vgl. den Beitrag von *B. Fiedler* in diesem Band: Wunder – Widersprüche – Wirklichkeiten.

sie sich als wissenschaftlich erwiesen verstehen. Wenn Atkins sagt „es gibt keinen Grund", dann klingt ein rationaler Beweis durch, und wenn Freud von „keine Illusion" spricht, suggeriert er, dass sein Satz der einzig mögliche vernünftige Schluss ist. Letztlich sagt man, die Naturwissenschaften hätten erwiesen, dass die Naturwissenschaften alles erklären. Das aber ist ein (logisch unzulässiger) Zirkelschluss: die Beschränkung auf den mess- und berechenbaren Teil der Wirklichkeit ist die Vorannahme naturwissenschaftlichen Arbeitens; dann kann man am Ende nicht als bewiesen herausholen, dass alle Wirklichkeit komplett im Berechenbaren aufgeht. Diese Sehweise, die alle Wirklichkeit auf die materielle Welt einschränkt, nennt man Reduktionismus. Dazu mehr im nächsten Abschnitt.

Betrachten wir das Zitat von Bertrand Russell noch einmal genauer. Da fallen die Worte „gutes Leben", „Harmonie", „Hader" auf. Die wird man in keinem Physikbuch finden, denn es sind keine naturwissenschaftlichen Begriffe. In dem Zitat werden unter der Hand die Kategorien gewechselt. Der Satz beginnt mit „Wissenschaft" und endet mit ethischen Begriffen, die mit dem Zusammenleben der Menschen und ihrem Wohlergehen zu tun haben. Ähnlichen Übersprung von Nüchternheit in Pathos findet oft in den philosophischen und literarischen Texten des 20. Jahrhunderts. Soviel wir auch reduzieren wollen, landen doch immer im ganzen Leben. Dem wollen wir im folgenden Abschnitt etwas nachgehen.

4.2 Die größere Wirklichkeit des Lebens

Im vorigen Abschnitt haben wir gesehen, dass man bei der Deutung der Naturwissenschaft unvermeidlich die streng naturwissenschaftlichen Kategorien verlässt und bei Lebensfragen landet, für die naturwissenschaftlichen Kriterien unangemessen sind. Mathematik und Physik helfen uns nicht, zu entscheiden, was ein gutes Leben ist. Sie mögen beschreiben, wie das Universum tickt und vielleicht auch, wie es sich entwickelt hat. Aber die Frage, warum es existiert und was unser Sinn und Zweck im Weltganzen ist, liegt außerhalb des Zuständigkeitsbereichs von Physik.

Eine Antwort auf existentielle Fragen kann nicht bewiesen werden, wie man einen mathematischen Satz beweist. Die Antwort enthält immer eine persönliche Entscheidung, ein existentielles Wagnis. Wohin der Weg nach der Entscheidung führt, ist im Moment der Entscheidung ungewiss. Ich muss Vorwegvertrauen investieren. Im christlichen Glauben vertrauen wir den Zusagen des dreieinigen Gottes, der Positivist vertraut der ordnenden Kraft der Wissenschaften, und ein Marxist setzt auf die Eigengesetzlichkeit der Geschichte. Natürlich geht es nicht darum, dass wir blindlings vertrauen müssten. Auch für existentielle Entscheidungen haben wir Kriterien. Wie schon gesagt, berechenbar ist hier wenig und zwingende Beweise gibt es nicht. Das hier angemessene Kriterium ist, ob ein Angebot stimmig ist, ob es vertrauenswürdig ist, ob es tragfähig ist in allen Lebenslagen, und ob es zu einem erfüllten Leben führt. Hierbei lernen wir aus unserer eigenen Lebenserfahrung und der Erfahrungen anderer Menschen. Ein gutes Beispiel ist eine liebende Beziehung: Wenn ich die Liebe laufend ängstlich messen wollte, ist sie schon dahin. Nur wenn ich vertrauend Liebe riskiere, wird sich Liebe bewähren, täglich neu. Und „bewähren" ist das Kriterium in Existenzfragen. Es lässt sich mit einem leicht anderen Begriff auch in einem Wortspiel ausdrücken: Man kann die Existenz Gottes nicht „beweisen", aber seine Treue wird sich „erweisen", wenn ich darauf setze. Jesus gibt uns für alle weltanschaulichen Ratgeber dies Kriterium plastisch in seinem Wort „An ihren Früchten sollt ihr sie erkennen" (Matthäus 7,16).

Nun ist es ein instruktives Experiment, dieses Kriterium der Bewährung und der Früchte auf die optimistischen Aussagen aus Abschnitt 3.1 anzuwenden. Wir leben seit zwei Jahrhunderten unter dem Vorzeichen der Vernunft, im stetigen Fortschritt von Wissenschaft und Technik. Was hat es gebracht? Eine nachdenkliche Analyse von G. Howe (1967) kommt zum Schluss

> Besonders erschreckend ist, dass unser wie nie zuvor von Wissenschaft durchdrungenes und beherrschtes Jahrhundert zugleich das Jahrhundert der Konzentrationslager, der Massenaustreibungen und der Massenmorde, der Gehirnwäsche und der planmäßigen Folterungen geworden ist – alles Auswirkungen tiefer geistiger Verfinsterung, die sich gleichsam im Rücken einer hochspezialisierten Wissenschaft ansiedeln konnte.

Ich ziehe daraus den Schluss, dass der Wissenschaftspositivismus den Praxistest „Bewährung" nicht besteht. Um auf das Zitat von Bertrand Russel aus Abschnitt 3.1 zurückzukommen: Wissenschaft alleine wird weder notwendig Hader überwinden noch automatisch das gute Leben installieren. Wissenschaft ist in diesen Fragen schlicht wertneutral. Die Lösung muss aus anderen Quellen kommen.

Naturwissenschaften beschränken sich auf den Teil der Erfahrung, der sich auf einfache, mathematische Zusammenhänge reduzieren lässt. Erweitert man diesen Ansatz zum Prinzip für „Alles" kommt man zum oben schon erwähnten Reduktionismus. Man erkennt ihn auch oft an der Redensart „nicht als". Auf den Menschen angewandt heißt das: der Mensch ist nichts als ein komplexes System von Atomen und Molekülen; unsere Gefühle sind nichts als Hormonwallungen; ich bin vollständig durch meine medizinischen Kennzahlen beschrieben, Blutdruck, Leberwerte, Hirnströme und dergleichen. Gewiss, es ist die Stärke der Naturwissenschaften, durch Reduktion, d.h. durch die gedankliche Konstruktion idealer Bedingungen, und durch Annahme einer strengen Kausalkette einfache und wirkmächtige Zusammenhänge aufzuspüren. Das hat auch der Medizin gewaltige Fortschritte beschert. Und doch wird dies monokausale Denken der Komplexität des Lebens nicht gerecht. Das „nicht als" auf alle Lebensbereiche anzuwenden verengt den Blick auf die Fülle der Wirklichkeit. Solange das Leben so vor sich hin dümpelt, mag man sich mit dieser Sicht arrangieren. Jeder Ausschlag auf der Lebensskala, nach oben oder nach unten, stellt das sofort in Frage. Ein Zahnschmerz genügt und schon sitzt die ganze Welt im hohlen Zahn. Ich spüre mich, ich spüre ein „Ich" das leben will. Wenn ich mein Leben wahrnehme, entdecke ich meinen Willen, ich erfahre Schmerz und Freude, ich habe Erwartungen und

Hoffnungen. Alles dies sind Kategorien, die im „nicht als" schwer unterzubringen sind.

Und es bleibt nicht bei den alltäglichen Erfahrungen von Wille, Hoffnung, Freude und Schmerz. Tief im Menschen wirkt eine Sehnsucht nach „mehr". Wir sehnen uns nach Sinn, wir sehnen uns nach Liebe und Schönheit, wir sehnen uns nach Gerechtigkeit und ahnen sehr wohl, was Gut und was Böse ist. Wir konnten dies bereits beim Zitat von Bertrand Russell in Abschnitt 3.1 entdecken, wo die Begriffe „gutes Leben", „Harmonie", oder „Hader" unvermittelt durchbrechen. Als weiteres Beispiel bringe ich ein dem Existentialismus nahes Zitat des Biochemikers J. Monod (1910–1976):

> Der Mensch weiß endlich, dass er in der teilnahmslosen Unermesslichkeit des Universums allein ist, aus dem er zufällig hervortrat. Nicht nur sein Los, auch seine Pflicht ist nirgendwo geschrieben. Es ist an ihm, zwischen dem Reich und der Finsternis zu wählen.

Die ersten beiden Sätze benennen (anders als Freud und Russell) ehrlich die Konsequenz eines materialistischen Weltbilds. Um so dramatischer kommt im dritten Satz die Wende in existentielle Begriffe, nein, mehr noch in religiöse Sprache. Bei „Reich" und „Finsternis" höre ich doch eindeutige Anspielungen auf biblische Begriffe heraus. In der tiefsten Tiefe unseres Wesens sehnen wir uns nach Gott. Das lesen wir nicht nur aus Zitaten kluger Denker heraus. Das spüren sehe ich in unserer heutigen Lebenswelt, die gottvergessen scheint, aber in ihrem ausufernden Lebenshunger nach Gott schreit. In allen Süchten suchen wir Gott, seien es die Sucht nach Drogen, Sex, Nervenkitzel oder Anerkennung. Diese weist auf die größere Wirklichkeit Gottes hin, die wir im nächsten Abschnitt beleuchten.

5. Die unsichtbare Welt

Wir haben in Abschnitt 2 gesehen, dass Naturwissenschaft trotz ihrer überwältigenden Erfolge vom methodischen Ansatz her begrenzt ist. Bescheidene Wissenschaftler bleiben sich der Grenzen bewusst. Im Abschnitt 3 wurde versucht aufzuzeigen, dass das meiste Leben sich jenseits der engen Grenzen von Naturwissenschaft abspielt. Den existentiellen Fragen nachspürend sind wir wie zwangsläufig bei der Frage nach Gott angekommen. Der wollen wir in diesem abschließenden Abschnitt unter der Perspektive des christlichen Gottesbildes nachgehen.

5.1 Das Schlüsselereignis: Auferstehung

Gotteserfahrung umfasst existentielle Erfahrung und weist darüber hinaus. Sie zu vermitteln, braucht eine eigene Sprache. Vorbilder dafür findet man vor allem im grundlegenden Glaubenszeugnis der Christenheit, der biblischen Bücher des alten und neuen Testaments. Hier sind Gotteserfahrungen und Lebensfragen von sehr verschiedenen Autoren aus verschiedenen Epochen gebündelt. Man spürt eine Entwicklung heraus, ein Ringen, von der unsichtbaren Welt in angemessener Weise zu reden. Dies Ringen setzt sich fort bis in die Gegenwart, besonders bei dem entscheidenden Thema des christlichen Glaubens: Kreuz und Auferstehung. Dem ist dieser Abschnitt gewidmet.

Dass Jesus Christus am Kreuz gestorben ist, wird in christlichen Kreisen weitgehend akzeptiert. Hier dreht sich der innertheologische Disput um die Bedeutung des Geschehens. Aber das Thema Auferstehung ist wesentlich umstrittener. Man sieht es oft in einer Spannung zwischen Naturwissenschaft und Glaube. Von Seiten einer Naturwissenschaft, die sich ihrer Grenzen bewusst ist, gibt es keinen Konflikt, vielleicht Berührungsflächen (dazu mehr weiter unten). Es hat aber in den letzten zwei Jahrhunderten eine heftige Debatte darum gegeben, die sich unter dem weit gesteckten Schlagwort „moderne Theologie" einordnen lässt. Im engeren Sinne geht es um die historisch-kritische Exegese. Sie kam im 18. Jahrhundert auf, wurde im 19. Jahrhundert ausgebaut und wirkte tief ins 20. Jahrhundert hinein. Unter dem Eindruck des Erfolgs der neuzeitlichen Wissenschaften hat man versucht, einen Teil deren Methodik auf das Bibelstudium anzuwenden. Unter den von Ernst Troeltsch (1865–1923) formulierten Grundprinzipien der historisch-kritischen Analyse[21] sind die beiden Knackpunkte die Forderung, dass jedes Geschehen eine geschichtliche Analogie haben muss, und die Hypothese der kausalen Geschlossenheit der Welt. Letzteres kann man so verstehen, dass alle natürlichen Phänomene auf nachweisbare physikalische Ursachen zurückführbar sein müssen. Man erkennt darin die Nähe zu den Grundannahmen der naturwissenschaftlichen Methodik wieder, insofern als außerphysikalische Ursachen nicht messbar und damit für die mathematische Modellbildung nicht verwertbar sind. Die werden beim historisch-kritischen Ansatz auf Theologie übertragen. Man spürt den Geist des 19. Jahrhunderts, der geprägt ist vom Optimismus der Aufklärung untermauert durch die Erfolge der Naturwissenschaften und der alle Lebenserfahrung mit der wissenschaftlichen Methode erfassen will. In dieser Sicht werden die Auferstehungsberichte zum Problem.

Entscheidend ist die Frage, wie man die Grundannahmen der historisch-kritischen Exegese einordnet. Natürlich ist es legitim, mit diesem Filter an die biblischen Texte heranzugehen, wenn man sich nur dessen bewusst bleibt, dass man sein Sichtfeld a priori eingeschränkt hat. Die Analyse der biblischen Texte unter dem historisch-kritischen Filter hat auch viele wichtige und interessante Aspekte erbracht. Bedenklich ist es aber, die historisch-kritische Methode als einzig zulässigen und umfassenden Zugang zur Bibel auszugeben. Auch hier haben wir es mit einer Hypothese zu tun, auf gleicher Ebene wie der Wissenschaftspositivismus eine existentielle Hypothese ist (vgl. 3.1). Dann müssen wir nach Kriterien für

---

[21] U. Wilckens, Theologie des Neuen Testaments, Band III: Historische Kritik der historisch-kritischen Exegese, Vanddehoek & Ruprecht, Göttingen 2017.

existentielle Entscheidungen schauen. Eines der Kriterien, auf biblische Exegese zugespitzt, lautet: ist die Entscheidung für den historisch-kritischen Filter stimmig? Ich denke, beim Blick in die Bibel sehen wir schnell den inneren Widerspruch. Die Texte verstehen sich selber als Zeugnisse eines Dialogs von Gott mit den Menschen, als Offenbarung der unsichtbaren Welt in die sichtbare Welt hinein, und als Einladung zur Fortführung dieses Dialogs mit dem Leser. Mit dem Filter der historisch-kritischen Exegese blendet man a priori das zentrale Selbstverständnis der biblischen Texte aus.

Besonders deutlich wird die Unstimmigkeit bei den zentralen Ereignissen von Kreuz und Auferstehung. Mit den Maßstäben unserer Welt ist das Kreuz ein tragisches und unnützes Scheitern, Christi Weg der Ohnmacht schlicht naiv. Erst durch die Auferstehung wird dieser Weg als Gottes Weg beglaubigt und damit Nachfolge zu einer vernünftigen Entscheidung. Nun ist aber Auferstehung, wie sie die Evangelien beschreiben, ohne geschichtliche Analogie und sie durchbricht die kausale Geschlossenheit. Auferstehung kann darum in der historisch-kritischen Sicht nicht stattgefunden haben, zumindest nicht so wie in den Texten vermittelt. Dieser Schluss ist direkte Folge einer Vorentscheidung über das Wirklichkeitsverständnis.

Den biblischen Berichten wird man nur gerecht, wenn man aus allen Aspekten der Wirklichkeit betrachtet, denn Gott steht nicht nur gegenüber der Welt, sondern wirkt in ihr und durch sie. Das wird besonders wichtig für die zentrale Botschaft von der Auferstehung. Die müssen wir auf verschiedenen Ebenen lesen, in jeder Wissenschaft nach ihren je eigenen Kriterien. Einiges davon ist in diesem Buch vertreten. Für die Theologie verweise ich auf den Beitrag von H. Kessler, „Auferstehung? Was biblische Hoffnung für die Toten zu denken gibt" oder für Seelsorge auf U. Lüke, „Sterben, Tod und Hoffnung auf Auferstehung aus der Perspektive des Krankenhausseelsorgers" in diesem Buch. Viel umstritten war die Frage der historischen Verlässlichkeit der Auferstehungsberichte. Das betrifft die Geschichtswissenschaften. Hier kommen Historiker zum Schluss, dass die Auferstehungsberichte nach den Kriterien ihrer Zunft stimmig und als historische Dokumente zuverlässig sind. Auch die Naturwissenschaft wurde als Kronzeuge gegen die Glaubwürdigkeit der Auferstehungsberichte angeführt. Wie oben schon dargelegt, lässt das eine Wissenschaft, die sich ihrer Grenzen bewusst ist, nicht zu. Mehr dazu findet man auch im Beitrag B. Drossel, „Auferstehung und die Gesetze der Physik" in diesem Buch.

Man kann sich auch die Frage stellen, ob Naturwissenschaften im positiven Sinne Indizien für das Auferstehungsgeschehen liefern könnte. Im strengen Sinne wird das nicht gehen, weil wir die Auferstehung nicht ins Labor holen können und unter variierten Bedingungen nachvollziehen. Wir sind hier, ähnlich wie in der Kosmologie, auf materielle Spuren vom vergangenen Geschehen angewiesen, die, wenn wir sie fänden, heute naturwissenschaftlicher Analyse zugänglich wären. Mir fehlt die Fantasie, vorwegzusagen, wie solche Spuren aussehen müssten, um aussagekräftig zu sein.

5.2 Bewährung

Im ureigensten Zentrum des christlichen Glaubens steht die Gottesbeziehung in Gottes Berufung und des Menschen Antwort. Gott will Beziehung zum Menschen und der Mensch findet seine tiefste Erfüllung in der Erfahrung des Glaubens. Aber dies geschieht nicht in einem isolierten Raum, abgetrennt vom Rest der Wirklichkeit. Glauben ist eng verschränkt mit dem Leben. Und so muss sich christlicher Glaube auch den existentiellen Kriterien der Lebens-Wirklichkeit stellen. Das soll in diesem Abschnitt kurz geprüft werden.

Ein Kriterium existentieller Aussagen ist „Tragfähigkeit" und „Früchte". Wir haben gesehen, dass Naturwissenschaft uns keine ethischen Maßstäbe für unser Leben geben. Ich gehe davon aus, dass auch jede andere innerweltliche Wissenschaft oder Philosophie dazu nicht genügt. Wir brauchen den Bereich der Religion, wie der Physiker Max Planck (1858–1947) schreibt:

> „Die Naturwissenschaften braucht der Mensch zum Erkennen, den Glauben zum Handeln. Religion und Naturwissenschaft schließen sich nicht aus, wie heutzutage manche glauben und fürchten, sondern sie ergänzen und bedingen einander. Für den gläubigen Menschen steht Gott am Anfang, für den Wissenschaftler am Ende aller Überlegungen.

Also müssen wir unseren christlichen Glauben auf Tragfähigkeit und Fruchtbarkeit hin prüfen. Im persönlichen Bereich muss, das ein jeder für sich tun und ich kenne eine Fülle überzeugender persönlicher Zeugnisse. Ich will hier, weiter ausgreifend, die gesellschaftliche Wirkung betrachten.

Die biblische Botschaft schenkt uns einen epochal neuen Zugang zur Welt, der geprägt ist von Freiheit in Verantwortung, Wahrheit, Gerechtigkeit und Liebe. Der Gipfel der Botschaft ist die Hoffnung auf ewiges Leben in der Gemeinschaft mit Gott. Die Auferstehung besiegelt, dass dieser ungewöhnliche Weg Gottes Segen hat. Ich behaupte, dass die Segnungen unserer abendländischen Kultur, wie zum Beispiel bürgerliche Freiheiten, funktionierendes Rechtswesen, Schutz der Kranken und Schwachen, weltliche Frucht christlichen Lebens sind. Hierfür zwei Zitate von bedeutenden Zeitgenossen, die sicher nicht aus dem Zentrum der christlichen Szene kommen. Der Physiker Werner Heisenberg (1901–1976) schreibt in „Der Teil und das Ganze":

> Wenn man in dieser westlichen Welt fragt, was gut und was schlecht ist, so findet man doch immer wieder den Wertmaßstab des Christentums auch dort, wo man mit den Bildern und Gleichnissen dieser Religion nichts mehr anfangen kann. Wenn aber einmal die magnetische Kraft ganz erloschen ist, die diesen Kompass gelenkt hat, dann fürchte ich, dass Dinge geschehen können, die über die Konzentrationslager und Atombomben noch hinausgehen.

Und von Jürgen Habermas (*1929) stammt:

> Ich glaube nicht, dass wir als Europäer Begriffe wie Moralität und Sittlichkeit, Person und Individualität, Freiheit und Emanzipation ernstlich verstehen können, ohne uns die Substanz des heilsgeschichtlichen Denkens jüdisch-christlicher Herkunft anzueignen.[22]

Es gibt genügend gute Gründe, die Geschichte des christlichen Europas als Segensgeschichte zu sehen.

Nun wird man sofort einwenden, dass es aber auch in dieser Geschichte eine Blutspur von Gewalt, Schuld und Verbrechen gibt. Das ist richtig. Es ist aber auch innerhalb der biblischen Botschaft stimmig. In seinem Gleichnis vom Unkraut und Weizen (Matthäus 13,24–30) sagt Jesus klar voraus, dass unsere Geschichte immer gemischt ist, Segen und Schuld. Das ist heilsamer Realismus, der uns vor irreführenden Utopien bewahrt. Geborgen in der Auferstehungshoffnung bekommen wir die Kraft, uns den Brüchen des Lebens zu stellen. Es ist gerade die Stärke biblisch geprägter Kultur, mit der Fehlerhaftigkeit des Menschen zu rechnen. Das öffnet den Raum für Ehrlichkeit, für Kritik üben und Kritik annehmen. Nicht von ungefähr ist kritisches Denken die Grundlage abendländischer Wissenschaft und des demokratischen Diskurses. Im Wissen darum, dass auch Herrscher Sünder sind, haben wir Strukturen wechselseitiger Kontrolle („balance of powers") entwickelt. Wo Fehler erlaubt sind, darf experimentiert werden, was Fortschritt fördert. Und nicht zuletzt, wo Sünde benannt wird, gibt es Vergebung, eines der kostbarsten Geschenke unseres Glaubens.

Nach alledem sehen wir, dass der christliche Glaube den Realitätstest nach den existentiellen Kriterien von Stimmigkeit, Tragfähigkeit und Fruchtbarkeit nicht scheuen braucht.

5.3 Von der Wahrnehmungsfähigkeit

Zum Abschluss ein Gedanken zum Weiterdenken. In diesem Beitrag und in vielen anderen Beiträgen dieses Buches geben wir uns große Mühe in der jeweiligen Argumentationsweise unserer Wissenschaften den Raum für die unsichtbare Welt freizuhalten. Nun müsste der Raum auch gefüllt werden und dazu braucht es, wie ich oben entwickelt habe, geeignete Sprache, beziehungsweise Wahrnehmungsfähigkeit. Ich beobachte, dass viele Menschen unserer Tage im einlinigen, monokausalen Denken der Naturwissenschaften gefangen sind. Sie sind unempfänglich geworden für die reichen Facetten des Lebens und gänzlich verschlossen für die unsichtbare Welt. Es gibt die Erfahrung, dass wir nur das sehen, was zu sehen wir uns erlauben und erwarten. Wenn wir auf die Prämisse hinleben, dass der Mensch nichts als die Summe seiner Atome und Moleküle ist, dann werden wir uns über kurz oder lang auch als Maschine erfahren. Diese Änderung der Wahrnehmung geschieht nicht auf einen Schlag. Die Antenne für Glaubenserfahrung verlieren

---

[22] J. Habermas, Nachmetaphysisches Denken, Suhrkamp Verlag, Berlin 1992.

wir langsam, wenn wir sie nicht ständig üben. Und damit kommt auch die passende Sprache für Gotteserfahrung abhanden. Umgekehrt können wir die religiöse Wahrnehmungs- und Sprachfähigkeit nicht einfach wieder anknipsen, wenn wir sie zurückholen wollen. Unsere beste Argumentation hilft dem Menschen nicht, wenn er die Antenne für Gott verloren hat. Wir brauchen Übungsräume für Gottes-Rede und Kreativität. Das sehe ich als die große Zukunftsaufgabe christlicher Gemeinschaften und Kirchen an, junge Menschen mit den biblischen Geschichten und Psalmen so wie sie sind, vertraut zu machen. Die Texte haben ihre eigene Wirksamkeit in sich: sie prägen Gottes-Sprache und öffnen für geistliche Wahrnehmung, sie entwickeln Herz und Gemüt sowie kreative Gaben, jenes Geschenk unseres Schöpfers, das es uns erlaubt, unaussprechliches auszusprechen. Man müsste dieses Buch eigentlich noch ergänzen um eine Anleitung zum Lesen und Beten biblischer Texte mit Kindern.

6. Zusammenfassung in Thesen

1. Exakte Wissenschaften beschränken sich prinzipiell auf den Teilbereich der Wirklichkeit, der sich sich in Zahlen fassen (messen) lässt, einem nachvollziehbaren Ursache-Wirkungs-Zusammenhang (Kausalität) gehorcht und durch einfache mathematische Gesetze beschrieben werden kann.
2. Die strenge Methodik der Naturwissenschaft hat sich in ihrem Bereich glänzend bewährt. Sie konnte mit der erschütternden Erfahrung, dass bewährte Naturgesetze nur begrenzt gültig sind, fertig werden, indem sie Modelle zunehmender Abstraktion entwickelte. Dazu nahm man in Kauf, Konzepte wie einen strengen Determinismus oder einer absoluten Zeit aufzugeben.
3. Die Behauptung, dass Naturwissenschaften das Ganze der Wirklichkeit beschreiben und alle Lebensfragen lösen können, ist nicht wissenschaftlich beweisbar. Sie bleibt eine Hypothese. Diese Hypothese zur Grundlage einer Weltanschauung und Lebensentscheidungen zu machen ist ein existentieller Schritt, der nicht nach wissenschaftlichen Kriterien beurteilt werden kann (siehe Punkt 5).
4. Er gibt genügend Hinweise, dass die erfahrbare Wirklichkeit größer ist als der Teilbereich, den Naturwissenschaft erfassen kann. Man erkennt dies zum Beispiel daran, dass unser Reden, auch das der Wissenschaftspositivisten, meist unversehens in Lebenskategorien (wie „Harmonie", „gutes Leben") landet. Mit rein wissenschaftlicher Begrifflichkeit erfassen wir die Fülle des Lebens nicht. Der Mensch ist mehr als die Summe seiner Atome und Moleküle. An der Erfahrung von Liebe, Freud und Leid spüren wir unseren Lebenswillen. Wir nehmen uns als „Ich" war, als Person.
5. In der Lebens-Wirklichkeit sind logisch zwingende Beweise selten angemessen. Mit Lebens-Entscheidungen geht man immer ein existentielles Risiko ein. Das erfordert einen Schritt des Vertrauens. Aber für Vertrauenswürdiges gibt es auch

Kriterien: ein Angebot muss stimmig sein, tragfähig in allen Lebenslagen, und sich im Leben bewähren, biblisch gesprochen „Früchte tragen".

6. Die Geschichte des 20. Jahrhundert bedenkend, kann man bezweifeln, dass der Wissenschaftspositivismus (zumindest in seiner optimistischen Variante) der Prüfung nach den existentiellen Kriterien (Punkt ...) standhält.

7. Die unsichtbare Welt, umschrieben als Bereich von Religion, Glauben, und Gotteserfahrung greift noch weiter als die oben besprochene Lebens-Wirklichkeit. Hier gilt umso mehr, dass sie die Grenzen der naturwissenschaftlichen Welt überschreitet, denn Gott ist nicht beweisbar, nicht messbar, geschweige denn beherrschbar. Das Selbstverständnis des christlichen Glaubens (und auch anderer Religionen) ist, dass der Mensch erst als Gegenüber Gottes seine wahre Identität, genauer gesagt Erfüllung, findet, und das hierin auch ethische Orientierung für das Leben begründet ist.

8. Eine Glaubensentscheidung ist, ähnlich wie Entscheidungen in der Lebens-Wirklichkeit, ein existentieller Schritt, für den ich Vertrauen investieren muss. Für die Prüfung der Vertrauenswürdigkeit hat man dieselben Kriterien, wie in Punkt entwickelt. Schlüssel christlichen Lebens ist die Auferstehungshoffnung. Deren Erfüllung können wir zu Lebzeiten nicht nachprüfen. Aber wir sehen viele segensreiche Konsequenzen für uns und die Welt. Auf der persönlichen Ebene lernen wir von persönlichen Zeugnissen. Auf der gesellschaftlichen Ebene können wir an den Segnungen chhristlicher Lebensführung in die umgebende Kultur hinein die Wirksamkeit der biblischen Botschaft ablesen.

9. Wir sehen, was wir zu sehen uns erlauben. Erfahrungen, die ich a priori ausblende, werden mit der Zeit für mich unerfahrbar. Darum brauchen wir Übungsräume religiöser Erfahrung vor allem für Kinder und Jugendliche. Dazu braucht es nicht mehr als den stetigen Umgang mit biblischen Geschichten und Gebeten. Die entfalten ganz von selbst ihre Kraft und schulen die religiöse Sprachfähigkeit.

Ulrich Lüke

Sterben, Tod und Hoffnung auf Auferstehung aus der Perspektive des Krankenhausseelsorgers

1. Zur Einführung: Memento mori[1]

Das Mittelalter und die Neuzeit bis hin zur Aufklärung kannten eindrucksvolle Totentanzgemälde; sie waren ein frommes memento mori, die Erinnerung daran, dass der Tod in jedem Alter hautnah oder schon inwendig da ist. Und sie bebilderten, was der Psalm 90, 12 sagt: *„Unsere Tage zu zählen, lehre uns. Dann gewinnen wir ein weises Herz."*

Ein großartiges Exemplar dieser Totentanzgemälde ist oder besser war der Basler Totentanz aus dem 15. Jahrhundert ursprünglich gemalt auf die sechzig Meter lange und zwei Meter hohe Innenseite der Friedhofsmauer an der Predigerkirche und vielfach restauriert bis zum Abbruch der Mauer im Jahr 1805. Die Aufklärung mochte keine Totentänze, sie tanzte ums selbst gegossene Goldene Kalb ihrer eigenen Vernunft.

Die geretteten Reste dieses letzten Totentanzes und diverse Abbildungen von ihm, u. a. Stiche von Merian, finden sich heute im Kunstmuseum und im Historischen Museum Basel.

Außer den teils opulenten Totentanzbildern gab es auch zahllose Vanitas-Bilder, die schon im Mittelalter, vor allem aber in der Renaissance und im Barock in Vielzahl und in immer neuen Variationen gezeichnet, gemalt, als Relief oder Vollplastik erstellt wurden. Häufig prangt in den Vanitas-Bilder ein menschlicher Totenschädel, oft sind erlöschende Kerze, auslaufende Sanduhren, verwelkende Blumen zu sehen.

Hofnarren hatten im Mittelalter auch die Aufgabe mit dem Mittel ihrer Theatralik, den Herrscher an die Vergänglichkeit seiner Macht und seines Lebens zu erinnern, indem sie ihm im Spiegel ihrer Lächerlichkeit seine eigene Lächerlichkeit angesichts der Endlichkeit vor Augen führten.

---

[1] Es handelt sich bei diesem Beitrag um die überarbeitete und erweiterte Fassung meines Beitrags aus Lüke, U. (Hrsg.): Tod – Ende des Lebens!? Freiburg/München 2014, 9–30.

Auch die Dichtung, die in Deutschland vor allem im Umfeld des Dreißigjährigen Krieges entstand (Andreas Gryphius u. a.), fand im Vanitas-Motiv eines ihrer Hauptthemen.

Gibt es keine zeitgenössischen Vanitas-Bilder, keine zeitgenössischen Totentänze mehr? Oder ist das die für uns Heutige angemessene Form eines postmodernen Totentanzes, was wir in Gunther von Hagens Körperwelten zu sehen bekommen: Plastinierte Körper, gehäutet, mit freipräparierten Geweben und in Scheiben geschnitten, beim Basketball oder Hochsprung, am Saxophon, sogar beim Sex? Was zunächst als Bereitstellung von Objekten zum medizinischen Ausbildungs- und Forschungsbedarf legitimiert, präsentiert und schließlich als Lehrmittel vermarktet wurde, bringt längst weit höhere Gewinnmargen in den allgemein zugänglichen und inzwischen weltweit präsentierten Ausstellungen. Sind hier Lehrmittel zu Kunstgegenständen oder zu existentiellen Warnhinweisen mutiert, transformiert oder geadelt worden?

Einmal vorausgesetzt, dass nur mit denen, die das vor dem Tod so gewollt haben, das geschieht, was von Hagens nach dem Tod mit ihnen gemacht hat, bleibt doch zu fragen: Ist das die merkantile Kombination von einem Voyeurismus derer, die die Ausstellung besuchen, und dem ins Postmortale zielenden Exhibitionismus, derer, die ihren Körper dazu verkauft haben? Ist das die plastiniert somatisierte Sehnsucht nach „Leben" über den Tod hinaus? Ist das ein neues renditeorientiertes Genre zwischen Gruselkabinett, Sexismus und gezieltem Tabubruch? Ist das künstlerische Darstellung und medizinische Aufklärung in einem, wie der Propagator dieser Veranstaltung zu betonen nicht müde wird, oder eher keines von beiden? Ist Gunther von Hagens also der die Endlichkeit in Erinnerung rufende Hofnarr unserer Tage. Oder ist das ganze Gewese ein memento mori ohne Gott?

Nehmen wir den Tod nicht mehr ernst? Oder nahmen ihn frühere Generationen zu ernst? Sollte man den Tod leichter oder gar auf die leichte Schulter nehmen?

Der Mensch, jeder Mensch hat ein unverfügbares Lebensrecht von Gott, und er hat eine von jedem abzugeltende Sterbepflicht vor Gott. Gott ist es, der das Leben gibt und nimmt; so jedenfalls wurde es vormals im christlichen Abendland gedacht. An beiden Stellen, an der Gabe des Lebens und der Aufgabe des Sterbens versucht sich der moderne Mensch in Eigenregie. In der auf Gentechnik gestützten Bio-Medizin versucht er, die essentiellen Lebensbausteine zu synthetisieren, um daraus – auf lange Sicht – selbst Leben zu kreieren. In der modernen Hochleistungsmedizin versucht er, das Leben zu optimieren und zu prolongieren. In der durch Sterbehilfeorganisationen merkantilisierten Festlegung von Todesart und Todeszeitpunkt versucht er, unter Kosten-Nutzen-Abwägung für seine „Restlaufzeit" selbstbestimmt sein Leben zu terminieren.

Als Krankenhauspfarrer eines modernen Akut-Krankenhauses mit nahezu siebenhundert Betten, mit Einrichtungen von der Neonatologie bis zur Palliativmedizin und mit angeschlossenem Hospiz benötige ich keine Totentanz- oder Vanitas-Bilder. Ich muss nur mit offenen Augen und Ohren über die Stationen gehen.

2. Der Tod in Aphorismen und philosophischen Sentenzen

Wie jeder Mensch sein individuelles Leben lebt, so stirbt jeder seinen individuellen Tod. Ich möchte im Blick auf die vielen Todesarten und Todesalter und Todesdeutungen, mit denen ich zu tun bekomme, auf den schier unübersehbaren Schatz an Aphorismen und Sentenzen zurückgreifen, die auf ihre Weise den Tod thematisieren. Da wird der Tod mit leichtem Ernst und mit ernster Leichtigkeit zur Sprache gebracht. Die Aphorismen und Sentenzen zum Thema Tod sind quasi Brühwürfelsätze, sind konzentrierte Extrakte, manchmal die sprachlich auf ein Minimum eingedampfte Weisheit dickleibiger Thanatologien. In den Aphorismen und Sentenzen klingen wie in einer Ouvertüre die Aspekte des Todes, die Deutungen des Todes und die Haltungen zum Tod an und werden als sprachlich-gedankliche Verdichtungsgebilde raumzeitlich gegenwärtig und abrufbar. Unter Rückgriff auf diese Aphorismen und Sentenzen versuche ich Ordnung in das Vielerlei der erfahrenen Sterbenöte, Todesdeutungen und Lebens- bzw. Auferstehungshoffnungen zu bringen. Denn mit ihnen lassen sich die konkreten Krankenhauserfahrungen in Klassen von Aspekten, Deutungen und Haltungen zum Thema Tod bündeln. Dabei kann das Ineinander von essentieller Todesdeutung und existentieller Selbstdeutung in den Blick genommen werden.

2.1 Der Tod als Transformation, als Durchgang und Übergang

Diese Position ist in der vorchristlichen griechischen Antike bis heute bestens belegt. In der Antike wird sie häufig mit einer Seelenlehre kombiniert, bei der die nach griechischer Vorstellung zeitlebens an den Leib gebundene Seele, im Tode das Gefängnis des Leibes nun endlich verlassen und wieder in göttlich-ewige Dimensionen zurückkehren kann.

Diese mit einer Präexistenz gekoppelte griechische Seelenlehre ist allerdings keine christliche Vorstellung. Gleichwohl ist ausgehend von einer christlichen Seelenlehre, die der Seele einen Anfang in der Zeit zuordnet der Tod auch als Transformation, als Durchgang oder Übergang denkbar. Was der Mediziner Exitus nennt ist aus dieser christlichen Perspektive eher Exodus oder Transitus. Diese Deutung des Todes höre ich des Öfteren bei Gläubigen und mit dem Sterben ausgesöhnten Menschen oder ihren Angehörigen.

Der Begründer der Psychophysik und experimentellen Psychologie Gustav Theodor Fechner (1801–1897) vertrat ein solches Transformations-, Durchgangs- oder Übergangsmodell: *„Der Tod ist nur eine zweite Geburt zu einem freieren Sein, wobei der Geist seine enge Hülle sprengt und liegen und verfaulen lässt, wie das Kind die seine nach der ersten Geburt."*[2]

---

[2] Dieses und die folgenden Zitate sind, wenn nichts anderes angegeben ist, der Internetseite http://www.aphorismen.de entnommen.

Als eine aus dezidiert christlichem Nährboden wachsende Position vertritt z. B. der Philosoph, Theologe Dichter Johann Gottfried von Herder (1744–1803) die Transformationsthese: *„Nehmt die äußere Hülle weg, und es ist kein Tod in der Schöpfung; jede Zerstörung ist Übergang zum höheren Leben."*

Bei Augustinus von Hippo (354–430) ist diese Sicht des Todes als Transformation, als Durchgang oder Übergang zu einem anderen Leben in seinem ganzen Werk belegt, vielfach mit einer seelsorglich-pastoralen Intention. Die Transformation führt bei ihm trotz all ihrer Irreversibilität aber nicht zur völligen Beziehungslosigkeit zwischen Lebenden und Toten:

„Die Toten sind nicht tot, sie sind nur nicht mehr sichtbar. Sie schauen mit ihren Augen voller Licht in unsere Augen voller Trauer."

Oder: „Wir wollen nicht trauern, dass wir ihn verloren haben, sondern danken, dass wir ihn gehabt haben, ja auch jetzt noch haben; denn wer in Gott stirbt, der bleibt in der Familie."

Ganz dezidiert übernimmt die Liturgie der Katholischen Kirche diese Position, Tod als Transformation bzw. Tod als Durchgang und Übergang in der Präfation der Totenmesse:

„Bedrückt uns auch das Los des sicheren Todes, so tröstet uns doch die Verheißung der künftigen Unsterblichkeit. Denn deinen Gläubigen, O Herr, wird das Leben gewandelt nicht genommen. Und wenn die Herberge der irdischen Pilgerschaft zerfällt, ist uns im Himmel eine ewige Wohnung bereitet."[3]

Hier wird der Tod – wie ein Umzug – ein letzter Durchgang und Übergang aus der vorläufigen Heimatlosigkeit der irdischen Existenz in die endgültige Beheimatung bei Gott gedeutet.

2.2 Der Tod als Vollstrecker einer umfassenderen Gesetzmäßigkeit

Die Annahme einer umfassenderen Gesetzmäßigkeit, in der der Tod nur ein Element ist, nimmt dem Tod natürlich auch etwas von seiner Omnipotenz und Absolutheit. Er wird im Dienste einer höheren, möglicherweise sinnvolleren Ordnung funktionalisiert. Die Bhagavadgîta, das indische Lehrgedicht aus dem 6. Buch des Mahâbhârata, formuliert diesen Gedanken so:

„Das Ende der Geburt ist Tod, des Todes Ende ist Geburt. So ist's verordnet..."

Verordnet ist dies in der vorgegebenen Weltordnung, hier im hinduistischen und andernorts im buddhistischen Dharma.

---

[3] Vgl. u. a. Benediktiner der Erzabtei Beuron (Hrsg.): *Schott*, Messbuch für die Wochentage, Teil II, Freiburg/ Basel/ Wien, 1984 ff., 1041.

Ähnliches scheint auch dem Diktum des römischen Kaisers und Philosophen Mark Aurel (121–180) zugrunde zu liegen:

> „Verachte nicht den Tod, sondern befreunde dich mit ihm, da auch er eines von den Dingen ist, die die Natur will."

Hier wird eine stoische Gleichmut dem Tode gegenüber als letzte Freiheitstat des Menschen und Ausdruck seiner Größe postuliert. Hier wird die Natur zur umfassenderen Gesetzmäßigkeit erhoben, die überdies in der Lage ist, etwas wollen zu können.

Die umfassendere Gesetzmäßigkeit ist bei vielen antiken Philosophen griechischer und nachmals römischer Provenienz das Schicksal, gr. anángke, lat. fatum. In den vom Schicksal verfügten Tod willigt man ein. Bei Seneca heißt es daher:

> „Wenn du einwilligst, führt dich das Schicksal, wenn nicht, zwingt es dich. Die Philosophie mahnt, füge dich dem Schicksal."[4]

Schließlich wird der Tod zu einem Exerzitium für die Freiheit:

> „Richte deine Gedanken auf den Tod! Das will sagen: richte deine Gedanken auf die Freiheit! Wer sterben gelernt hat, hat verlernt ein Knecht zu sein."[5]

Affekte sind des stoischen Philosophen und des wirklich Weisen unwürdig; seine Affektkontrolle ist der personale Reflex auf die umfassende Gesetzmäßigkeit des fatum.

Ob und inwieweit ein solcher Fatalismus ein Trostpotential in sich birgt, oder ob sogar auch die Trostbedürftigkeit unter das Verdikt der nicht bewältigten Affektkontrolle fällt, ist in der griechisch-römischen Antike unterschiedlich und je nach Autor ggf. von Fall zu Fall zu betrachten. Menschen, die im Sterben das Walten einer nicht personal gedeuteten, umfassenden oft als anonym begriffenen Ordnung sehen, begegnen mir häufiger bei religiös nicht gebundenen Menschen.

2.3 Der Tod als unbegreifliche Dimension

Die bleibende Unbegreiflichkeit des Todes thematisiert auch der Chemiker Justus von Liebig (1803–1873). Das vom Glauben an eine nahezu unbegrenzte Leistungsfähigkeit des naturwissenschaftlichen Zugriffs auf die Welt geprägte 19. Jahrhundert, mochte solche Sätze wohl nicht:

---

[4] *Seneca*, L. A.: Epistulae morales 107, 11; 16, 5.
[5] *Seneca*, L. A.: Epistulae morales 26, 10.

> „Was wir vom Leben wissen, hilft uns nicht den Tod zu begreifen, der für uns ein unerforschliches Geheimnis bleibt."

Der Schweizer Pfarrer und Dichter Kurt Marti (1921–2017) wird mit einem Aphorismus zitiert, der seiner sonstigen in zahlreichen Gedichte zum Ausdruck gebrachten Glaubensoption zu widersprechen scheint.[6] Aber die Diskrepanz liegt in der Differenz der Begriffe glauben und wissen begründet.

> „Nein, vom Tod wissen wir nichts. Seriös bleibt allein die Tautologie: Der Tod ist der Tod ist der Tod."

Für das, was wir vom Leben wissen, haben wir zeitlebens zwei Zugangswege die Objekt-Perspektive oder Dritte-Person-Perspektive einerseits und die Subjekt-Perspektive oder Erste-Person-Perspektive andererseits. Wir haben also einerseits die objektivierende Außenansicht z. B. des naturwissenschaftlichen Beobachters und andererseits die subjektive Innenansicht des teilnehmenden Subjekts.

Was immer wir gemäß der Erste-Person-Perspektive vom Tod zu wissen meinen, wissen wir als Lebende und nicht als Tote. Damit behält der Tod aus dieser Perspektive seine hermetische Unbegreiflichkeit oder anders formuliert: Damit sind wir aus dieser Perspektive von einer prinzipiell bleibenden Inkompetenz gekennzeichnet. Das von vielen Naturforschern heftig bestrittene, nicht selten sogar als Verrat an der Wissenschaft eingestufte „ignoramus et ignorabimus", das DuBois Reymond in Bezug auf das Geist-Gehirn-Problem formulierte, könnte hier in der Deutung des Todes einen weiteren Anwendungsfall finden. Manchmal ist die Betonung der Unbegreiflichkeit des Todes auch Ausdruck der krankheitsbedingten Erschöpfung oder Lebensmüdigkeit.

2.4 Der Tod als ambivalentes Ereignis – Freund oder Feind

Der Philosoph und Aphoristiker Hanspeter Rings (*1955) bringt diese Position auf die kürzeste Formel mit der Frage: „Ist der Tod nun Aus- oder Einfall?"

Beide Begriffe, Aus- und Einfall, bringen nicht nur im Miteinander die Ambivalenz zu Ausdruck, stehen nicht nur zueinander konträr, sie sind es auch in sich selbst.

Ist der Tod als Ausfall von Organen, als Ausfall des ganzen Organsystems Mensch, also aus der Defizit-Perspektive zu sehen? Oder ist er wie ein Ausfall aus der belagerten Festung der irdischen Endlichkeit, als Erweiterung und Entgrenzung, also eher aus der Profit-Perspektive zu sehen?

Ist der Tod ein Einfall von außen in den Bezirk des Lebens, etwas wie ein tödlicher Keim, ein Trauma mit dramatischen Konsequenzen, also ein terminales invasives Ereignis? Oder ist der Tod so etwas wie ein blitzgescheiter Einfall des

---

[6] Vgl. z.B. den Gedichtband von Marti, K.: Leichenreden. Luchterhand.

Lebens zur Optimierung des Erbguts, zur Verteilung und zum Schutz von biotischen und abiotischen Ressourcen? In dem Sinne wäre zu sagen: Der Tod ist lebensnotwendig und das Leben todespflichtig.

Wer, wie offenbar die meisten Menschen, die unentscheidbare Ambivalenz nicht aushält, wird zu einer zumindest angedeuteten theistischen oder atheistischen Glaubensoption seine Zuflucht nehmen oder sein agnostisches Credo beten. Der evangelische Theologe und bedeutende Kirchenhistoriker Adolf von Harnack (1851–1930) sieht diese Ambivalenz des Todes und fragt nach: *„Wissen wir denn, ob Gottes Sache oder unser Bestes besser gefördert wird durch unser Leben oder durch unseren Tod?"* Unter Hinweis auf die menschliche Unkenntnis hält er zwar die Ambivalenz des Todes offen, bringt aber Leben wie Tod in einen Sinn- und Funktionskontext zur Sache Gottes oder zum Besten des Menschen. Und insofern löst er die Ambivalenz doch implizit auf. Ganz ähnlich formuliert es der griechische Philosoph Platon (427–347), der seinen Sokrates sagen lässt:

> „Niemand weiß, was der Tod ist. Nicht einmal, ob er nicht für den Menschen das größte ist unter allen Gütern."

Und in diesem Kontext entwirft er die Alternative, der Tod sei entweder so etwas wie ein tiefer traumloser Schlaf, den sich sogar Xerxes von Persien wünsche, aber vermutlich nur selten habe, oder er sei Begegnung mit den schon vorher Gestorbenen:

> „Falls der Tod aber gleichsam ein Auswandern ist von hier an einen anderen Ort, und wenn es wahr ist, was man sagt, dass alle, die gestorben sind, sich dort befinden, welch ein größeres Glück gäbe es wohl als dieses?"

Rainer Kunze[7] hat eines seiner Gedichte unter eine Überschrift gesetzt, die fast triumphal anmuten könnte und hält doch die Ambivalenz aufrecht:

> Ostern
>> Die glocken läuteten,
>> als überschlügen sie sich vor freude
>> über das leere grab
>> Darüber, daß einmal
>> etwas so tröstliches gelang,
>> und das staunen währt
>> seit zweitausend jahren
>> Doch obwohl die glocken
>> so heftig gegen die mitternacht hämmerten –
>> nichts an finsternis sprang ab

---

[7] Kunze, R.: Gedichte, Frankfurt am Main, 2001, 218.

Die Osterbotschaft, auch an die große Glocke gehängt, auch mit einer groß angelegten österlichen Verkündigungsattacke versehen, ändert an der Faktizität dieser tiefsten mitternächtlichen Dunkelheit nichts, ist aber immerhin Zeugnis dafür, dass die Mitternacht als Anfang eines neuen lichtvollen Tages gedeutet werden kann.

2.5 Der Tod als marginales Ereignis

„Der Tod ist nichts, die Angst ist alles." So bringt Manfred Hinrich (Philosoph und Schriftsteller *1926) eine Version der Marginalisierung des Todes ins Wort. Und es fragt sich, ob nicht genau diese Behauptung, alles sei nur Angst und insofern von überschaubarer und durchstehbarer Endlichkeit, gerade eine Funktion der Angst ist, die dem Tode als einer unüberschaubaren undurchdringlichen Wirklichkeit geschuldet ist.

„Der Tod ist eigentlich nur die Angst vor dem Tode." So äußert sich auch Martin Luther (1483–1546). Und diese Angst kann man ja eigentlich nur als Lebender haben. Soll das heißen: Überwinde die Angst vor dem Tod und der Tod ist weg?

In die gleiche Richtung zielt Augusto Caesar Sandino (1895–1934 ermordet), der Guerillaführer und Kopf des Widerstands in Nikaragua gegen die US-Besatzer:

> „Den Tod darf man nicht ernst nehmen. Er ist nichts weiter als ein unangenehmer Moment."

Das Unangenehme dieses Moments ist dann offenbar das Abdimmen und Erlöschen der Erste-Person-Perspektive. Was bleibt ist lediglich die Dritte-Person-Perspektive der Anderen auf den Verstorbenen. Post mortem gibt es nach dieser Vorstellung nur noch eine Hinterbliebenenperspektive aber keine Verstorbenenperspektive mehr.

Der Stoiker Epiktet (50–168 n. Chr.), dessen Lehre eine große Wirkung auf das noch junge Christentum ausgeübt hat, behauptet:

> „Der Tod ist nichts Schreckliches, sondern die Meinung von dem Tode, dass er etwas Schreckliches sei, das ist das Schreckliche."

Das Problem der beängstigenden Konfrontation eines Lebenden mit dem oder seinem Tod, wird der irrigen Einschätzung des verängstigten Subjekts und nicht der Objektivität der Todesbedrohung zugeschrieben.

Die Marginalisierung des Todes kann auch mit der Hoffnung auf ein Leben nach dem Tod verbunden sein und aus dieser resultieren. Eine solche Position, die auch nahe an der Sokratischen Sicht auf den Tod ist, findet sich bei Werner Braun (1951–2006), einem deutschen Aphoristiker:

> „Warum sollten wir Angst vor dem Tod haben? Gibt es ein Leben nach dem Tod – wovon ich überzeugt bin –, dann brauchen wir ihn nicht zu fürchten, im Gegenteil. Wenn es danach jedoch ‚nichts' gibt: wie könnten wir ‚nichts' fürchten?"

Der Klassiker dieser Marginalisierung des Todes ist der griechische Philosoph Epikur von Samos (341–271 v. Chr.). Das Mittel seiner Marginalisierung ist der Versuch den Tod zu einer ausdehnungslosen Grenzgröße zu machen:

> „So ist der Tod für uns ein Nichts. Solange wir da sind, ist er nicht da, und wenn er da ist, sind wir nicht mehr da. Folglich betrifft er weder die Lebendigen noch die Gestorbenen."

Epikur von Samos negiert also auch das sich im Sterbevorgang vollziehende prozessuale Abdimmen der Erste-Person-Perspektive unseres Bewusstseins, indem er, bildlich gesprochen, das Lebenslicht mit einem simplen An-Aus-Schalter verbindet. Das Sterben wird dabei trickreich zu einem nicht erlebbaren Grenzereignis herabgestuft. Diese Hoffnung bewegt auch manche Sterbenden, und die Erfüllung dieser Hoffnung erwarten manche von der Palliativmedizin, von der terminalen Sedierung oder der Sterbehilfeorganisation.

Eine Marginalisierung des Todes, diesmal durch Euphemisierung des Todes lässt sich auch bei Friedrich Schiller (1759–1805) ausmachen:

> „Etwas, das so allgemein ist wie der Tod, muss eine Wohltat sein."

2.6 Der Tod als rein materielles Ereignis

Eine materialistisch-reduktionistische Perspektive auf den Tod sieht in ihm nur den Umschlag von miteinander verschränkten anabolisch-katabolischen Stoffwechselprozessen, wie sie zu Lebzeiten eines individuellen Lebewesens ablaufen, zu ausschließlich katabolischen Stoffwechselprozessen, wie sie posthum als Verwesungsprozess auftreten. Der Aphoristiker August Pauly (1850–1914) bringt das verbal so auf den Punkt:

> „Als Geheimrat Hofschänzel begraben war, da zerfiel er in die Geheimräte Kohlensäure, Ammoniak, Wasser und Asche."

Der Immunbiologe und Aphoristiker Gerhard Uhlenbruck (*1929) formuliert es mit ähnlicher Süffisanz:

> „Sobald einer unter der Erde ist, ‚übergeht' man ihn."

Die Deutung des Todes als rein materielles Ereignis erlebe ich bei manchen Sterbenden in Verbindung mit einer tiefen Lebensenttäuschung, mit dem Gefühl des Zu-kurz-gekommen-Seins oder des um das Leben Betrogen-worden-Seins. Und dann ist die materialistisch-reduktionistische Deutung die Ausschaltung dieses schmerzhaften Gerechtigkeits- bzw. Ungerechtigkeitsaspekts durch den dann als hilfreich empfundenen materialistischen Reduktionismus. Was im Sterben geschieht ist die Exekution des moralisch indifferenten „Nichts als Natur".

Brechts Gedicht „Gegen Verführung" steht gedanklich in dieser Linie einer Deutung des Todes als rein materielles Ereignis:

> Laßt euch nicht vertrösten!
> Ihr habt nicht zu viel Zeit!
> Laßt Moder den Erlösten!
> Das Leben ist am größten:
> Es steht nicht mehr bereit.
>
> Laßt euch nicht verführen
> Zu Fron und Ausgezehr!
> Was kann euch Angst noch rühren?
> Ihr sterbt mit allen Tieren
> Und es kommt nichts nachher.

Gemeinhin sagt man „Nichts bewirkt nichts!" Außerdem: Ursache und Wirkung folgen dem Zeitpfeil. Hier ist es anscheinend anders: Das prognostizierte „Nichts-Nachher" evoziert hier ein „Alles-Jetzt-Vorher". So kann ein „Nichts" noch dazu aus der Zukunft ein „Alles-Jetzt" in der Gegenwart bewirken, ein materialistisches „Carpe diem" initiieren.

Der Schriftsteller und Philosoph Günther Anders (1902–1992) hat als Achtzigjähriger ein eigenes Todesnäheerlebnis protokolliert:

> „Morgenübel. Es ist wohl so weit. Soll also, was Millionen von Wesen zugestoßen ist und momentan zustößt, auch mir zustoßen. Bitte schön. Bin weder ängstlich, noch, wie Bloch kokett meinte, ‚neugierig'. Es wird nichts als nichts sein."[8]

Wenn der Tod nichts ist als dies materielle Widerfahrnis, wenn er kein Nachspiel hat, ihm keine ausgleichende Gerechtigkeit folgt, wenn er also nichts als nichts ist, dann ist er all dem zum Trotz eben doch etwas, nämlich der große Gleichmacher und damit der Bestätiger aller Verhältnisse, seien sie zu Lebzeiten und nach menschlichem Ermessen auch gerecht oder ungerecht gewesen. Ein Tod, der – an den Umschlag von katabolisch-anabolischen zu ausschließlich katabolischen Stoffwechselprozessen gekoppelt – jenseits des Materiellen „nichts als nichts" sein sollte, wäre wie eine Verewigung des Endlichen, wie eine Verunendlichung endlicher Ungerechtigkeiten.

---

[8] Zitiert nach Lüke, U.: Nachdenkliche Ruhestörung. Anstößige Gedanken im Kirchenjahr, Regensburg 1995, 36f.

3. Der Tod, seine Deutungsoffenheit und Deutungsbedürftigkeit

Es ist keine Frage, die mehr oder weniger ernst gemeinten und argumentativ mehr oder weniger substantiiert vorgetragenen Positionen zum Thema Tod machen in ihrer Disparatheit zumindest die Deutungsoffenheit und Deutungsbedürftigkeit des Themas Tod deutlich.

3.1 Der Klassiker

Im Jahr 399 vor Christus wird in Athen der Philosoph Sokrates (469–399) wegen angeblicher Gottlosigkeit, in dieser Hinsicht aber sicher schuldlos zum Tode durch den Schierlingsbecher verurteilt. Aus dem Gefängnis könnte er fliehen, da die Wächter durch seine Schüler bestochen worden sind. Er aber bleibt und unterwirft sich im Respekt vor den Gesetzen dem Urteil, auch wenn er es selbst für falsch hält.

Er hält es für möglich, dass der Tod nicht nur nicht das schrecklichste Ereignis des Lebens, sondern sogar das Größte unter allen Gütern ist, die dem Menschen zuteilwerden können.

Die Alternative, mit der er sich jenseits der Todesgrenze konfrontiert glaubt, sieht für ihn so aus: Entweder ist dieses Jenseits des Todes wie ein tiefer, leidloser, traumloser Schlaf, ein Zustand, den sich selbst der Großkönig von Persien ersehnt und oft nicht hat. Oder, und darauf setzt Sokrates, dieses Jenseits des Todes ist die beglückende Begegnung mit den großen Gestalten der Geschichte, den Seligen, den guten Göttern und damit ein höchst beglückender und erhebend kommunikativer Zustand:

> „Wenn ich nicht glauben könnte Simmias und Kebes, dass ich erstlich zu anderen weisen und guten Göttern komme und dann aber auch zu gestorbenen Menschen, und zwar zu besseren als hier auf Erden, dann hätte ich wohl unrecht, über den Tod nicht unwillig zu sein. Nun aber müsst ihr wissen, dass ich die bestimmte Hoffnung habe, zu guten Menschen zu kommen. Freilich kann ich das nicht ganz sicher behaupten; dass ich jedoch zu Göttern kommen werde, die ganz besonders gute Herren sind, das, sollt ihr wissen, möchte ich, wenn irgendetwas von diesen Dingen, mit Gewissheit behaupten."[9]

Diese Annahme einer postmortalen Existenz des Menschen setzt eine die unbestreitbare Diskontinuität des Todes überdauernde Kontinuität und Identität vo-

---

[9] Vgl. Phaidon 63 b c in Platon: Meisterdialoge. Phaidon- Symposion – Phaidros. Zürich/München, 2. Aufl. 1986, 12.

raus, die auch vom unübersehbaren postmortalen Verfall des Leibes nicht konterkariert und irritiert wird. Der Tod ist demnach die Trennung der Seele vom Leib, wobei eine Art Reinkarnation für die Seele und damit eine Art Wiedergeburtslehre nicht ausgeschlossen wird.[10]

Diese den Tod überdauernde Identität und Kontinuität des Menschen sieht Platons Sokrates in der als immateriell, präexistent und unsterblich charakterisierten Seele realisiert, und für deren Existenz führt er gegen zahlreiche Einwürfe und Bestreitungen seine höchst beachtlichen Argumente ins Feld.[11]

Es fällt nicht schwer, die außerordentlichen Gleichheiten und Ähnlichkeiten im Bereich der Eschatologie zwischen platonischen und christlichen Glaubensvorstellungen aufzuzeigen. Es gibt auch bei Platon postmortal ein Gericht und eine Art Dreigliedrigkeit des Jenseits: Es gibt einen Himmel in Herrlichkeit und Ewigkeit, einen Reinigungsort als Ort zeitlicher Läuterung und einen Tartaros als Ort ewiger Qual.[12] Und es gibt überdies fünf Gerichtskriterien, ob nämlich das irdische Leben orientiert war an Besonnenheit, Gerechtigkeit, Tapferkeit, Freiheit und Wahrheit.[13] Hierzu werden in abgewandelter Form die klassischen Kardinaltugenden bemüht.

Platons Sokrates tritt aber auch zu dieser eschatologischen Konkretion nochmals in eine philosophisch-kritische Distanz:

> „Dass freilich alles genau so sei, wie ich es geschildert habe, das dürfte ein verständiger Mensch wohl nicht behaupten. Dass sich aber die Sache mit unseren Seelen und mit ihren Wohnsitzen so oder so ähnlich verhält, das dürfte, da ja unsere Seele ohne allen Zweifel unsterblich ist, ein berechtigter Glaube sein und wert, dass man es wagt, sich ihn zu eigen zu machen; denn schön ist dieses Wagnis, und wir brauchen ja so etwas, gleichsam um uns damit zu bezaubern."[14]

Wie erlebt oder durchlebt man den realen Tod, wenn man eine solche als bildhaft distanzierte platonisch-theoretische Vorstellung vom Tod entwickelt hat? Scheitert sie an den Klippen der Todesrealität, oder ist sie durchzuhalten? Der Phaidon gibt folgendes Bild:

> Seine Freunde sind um Sokrates versammelt, um die letzten Stunden noch mit ihm zu verbringen. Da fragt einer von ihnen den Sokrates: „*Wie sollen wir dich begraben?*" Und der antwortet: „*Wie ihr wollt, wenn ihr mich fangen könnt und ich euch nicht entwische.*"[15]

---

[10] Vgl. Phaidon 81d ff. und 83 e in Platon: Meisterdialoge, 44–47.
[11] Vgl. Phaidon 70 a bis 107 c in Platon: Meisterdialoge, 23–87.
[12] Vgl. Phaidon 113 c ff. in Platon: Meisterdialoge, 96–98.
[13] Vgl. Phaidon 114 d e in Platon: Meisterdialoge, 97f.
[14] Vgl. Phaidon 114 d e in Platon: Meisterdialoge, 97f.
[15] Vgl. Phaidon 115c in Platon: Meisterdialoge, 98 f.

Und dann setzt er seinen Schülern auseinander, dass er der Sokrates sei, der jetzt mit ihnen rede und nicht jener andere, den sie in Kürze als Leichnam sehen werden. Denn wenn er das Gift getrunken habe, wird er allem Augenschein zum Trotz nicht bleiben, sondern zum herrlichen Leben der Seligen eingehen. Ganz offenbar erwartet er die bereits vorgestellte umfassende und ideale Kommunikationsgemeinschaft dort.

Er trinkt schließlich das Gift, geht nach Anweisung des Gefängnisaufsehers auf und ab, bis ihm die Beine schwer werden und legt sich dann hin. Seine Schüler und Freunde sitzen weinend am Sterbebett. Sein bekanntester Schüler, Platon, durch dessen Schriften wir überhaupt erst die Gestalt des Sokrates kennen, berichtet im Phaidon: *„Schon war um seinen Unterleib fast alles erkaltet, da deckte er sich noch einmal auf – er hatte sich schon ganz verhüllt –, und sagte: ‚Kriton' und das waren seine letzten Worte, ‚wir schulden dem Asklepios einen Hahn; entrichtet ihm den und versäumt es nicht.'"*[16]

Asklepios war der Gott der Ärzte. Man opferte ihm, wenn man von einer schweren Krankheit genesen war. Sokrates hielt offenbar dieses Leben, verglichen mit dem Leben, das er erwartete, für eine schwere Krankheit und sah im Sterben einen Genesungsprozess, für den man zu danken hat.

3.2 Essentielle Todes- und existentielle Selbstdeutung

Der Tod ist nicht der Vorfall, der nur andere trifft, auch wenn die Namen in den Todesanzeigen, die ich lese, nie meinen Namen und meine Lebensdaten führen, oder wenn ich mich subjektiv im jugendlichen Unsterblichkeitswahn für den einzig Unsterblichen auf der Welt halte.

Der Tod ist nicht als ein rational zu distanzierender Sachverhalt zu behandeln oder gar abzuhandeln; er macht, selbst wo er anderen geschieht, mich betroffen, und ich bin betroffen, lebenslänglich todsicher.

Es ist definitiv so, dass keine der hier vorgestellten und vermutlich keine der denkbaren Einstellungen und Haltungen zum Tod mit rein sachlichen, philosophischen, wissenschaftlichen oder rein naturwissenschaftlichen Begründungen und Auskünften hinkommt, d. h. den Menschen zufrieden stellen kann.

Das heißt, dass alle denkbaren, alle praktizierten oder nur propagierten Einstellungen und Haltungen zum Tod auch immer eine existentiell mutmaßende Antwort auf dessen essentielle Deutungsoffenheit und konstitutionelle Deutungsbedürftigkeit sind und also ohne Anleihen bei irgendeiner Form von theistischem oder atheistischem oder agnostischem Glaubensbekenntnis unmöglich sind.

Das „mementoi mori" ist schon eine seit der römischen Antike bekannte Sentenz. Sie fand u. a. Verwendung beim Triumphzug eines siegreichen Feldherrn in Rom. Hinter dem Triumphator stand ein Sklave, der ihm einen Lorbeerkranz oder

---

[16] Vgl. Phaidon 117e – 118 in Platon: Meisterdialoge, 103.

die Jupiter-Tempel-Krone über den Kopf hielt und ihn ununterbrochen mit den Worten *„Memento mori" zu mahnen hatte.*

„Memento mori" heißt nicht „Gedenke des Todes", wie minderbemittelte Lateiner glauben mögen. Und weil der Tod erst am Ende und das Ende vielleicht noch weit seien, darum habe es mit dem „memento mori" keine Eile. „Memento mortis" wäre die lateinische Version des deutschen „Gedenke des Todes."

„Memento mori" ist möglicherweise eine Kurzform und stammt vermutlich vom „memento moriendum esse", gedenke, dass zu sterben ist. „Memento mori" heißt genau übersetzt: Gedenke zu sterben. Eigentlich muss es immer entweder heißen „memento te mori", „gedenke, dass du stirbst." Dann lasse ich es mir sagen, dann bin ich betroffen.

Oder es muss heißen: „Memento me mori", „gedenke, dass ich sterbe." Dann sage ich etwas über mich und mache ggf. jemand anderen betroffen, schlimmstenfalls glücklich.

Und dies Sterben (mori) vollzieht sich immer jetzt und lebenslänglich und todsicher, aber zumeist unterhalb der Bewusstseinsschwelle. Es kommt erst im Tod (mors) zum Ende oder zur Vollendung. Aber die Worte Ende wie Vollendung sind wiederum Deutungen.

Wenn wir den Tod (mors, mortis) auch nicht verstehen, so verstehen wir doch das Sterben (mori, morior, mortuus sum) in seiner Prozessualität, als Mehrung schon gelebten Lebens und gleichzeitige Minderung noch zu lebenden Lebens.

Erst das Partizip Perfekt von mori, mortuus, hat den Punkt, den mors anspricht, erreicht. Bis dahin aber wird das „mori" nolens volens permanent vollzogen und zumindest dann und wann bewusst erlebt. Wir zeitigen uns aus bis zur Definitivität unseres Gewordenseins auf dem Totenbett.

Aber weil die Abnahme der noch je ausstehenden Lebenszeit und ihre noch ausstehende Gestaltung und weil die Zunahme der je schon gelebten Lebenszeit und ihre erstellte Gestalt, tendenziell verstehbar sind, ist auch der Tod als je meiniger tendenziell verstehbar.

Darum ist auch die Frage nach dem Tod nicht als eine allgemeine, sondern immer nur als eine hoch individualisierte zu beantworten. Es gibt den Tod nicht an sich, sondern je nur für mich, für dich. Und was immer er ist, die ihm in einem Glaubensakt, einem theistischen, atheistischen oder agnostischen Glaubensakt zugewiesene Deutung ist ihm essentiell. Und die vom Deuter gegebene essentielle Todesdeutung ist damit die im Gegenzug vom Deuter sich selbst gegebene existentielle Selbstdeutung.

Damit kann der Tod (mors) „Transformation, Durchgang, Übergang", „Vollstrecker einer umfassenderen Gesetzmäßigkeit", „unbegreifliche Dimension", in seiner „Ambivalenz Freund oder Feind", ein „marginales Ereignis", ein primär „materielles Ereignis" sein, etc. Die Deutung der mors ergibt sich aus der lebenslänglichen Erfahrung des mori, also aus einer Lebenserfahrung.

Die römische Spruchweisheit „Tempus nascendi – tempus moriendi." Die Zeit des Geborenwerdens ist die Zeit des Sterbens, ist sachlich, wissenschaftlich, naturwissenschaftlich richtig. Denn es ist sicher nachweisbar, dass der Neugeborene definitiv nicht mehr durchgehend mit der ersten Zellgeneration ausgestattet ist. Das Sterben, genauer das Zellsterben, hat bei ihm bereits eingesetzt. Der Satz „Tempus nascendi – tempus moriendi" kann gelesen werden wie eine Gleichung, a = b.

Es bei diesem Satz – zumal in dieser Reihung „Tempus nascendi – tempus moriendi" – bewenden zu lassen, ist aber, wie wissenschaftlich gesichert er auch immer sein mag, zugleich Interpretation, ist eine der möglichen essentiellen Todesdeutungen, die im Rückbezug dem Deuter zur existentiellen Selbstdeutung werden. Das geschieht genau dadurch, dass die Reihenfolge der Formulierung das Sterben implizit zur definierenden Zielbestimmung des Geborenwerdens macht, also dem Tod das letzte Wort lässt.

Wenn der gegebene Satz „tempus nascendi – tempus moriendi" aber die Struktur a = b hat, dann müsste, folgt man dem Kommutativgesetz in der Mathematik, auch die Umkehrung gelten: b = a. Dann hieße der Satz: „Tempus moriendi – tempus nascendi." Die Zeit des Sterbens ist die Zeit des Geborenwerdens. Nachweisen ließe sich, dass auch im Sterbenden, ja sogar im Toten noch, natürlich zeitlich limitiert, Zellteilungen stattfinden.

Auch dieser Satz wäre demnach sachlich, wissenschaftlich, naturwissenschaftlich richtig, zumindest aber beanstandungsfrei. Aber an diesem Satz zwei wird der interpretatorische Anteil, der auch schon, wenn auch besser kaschiert, im Satz eins steckte, besser erkennbar.

Zugleich ist dieser Satz zwei eine andere Interpretation, eine andere der möglichen essentiellen Deutungen des Todes, die aber diesmal dem Leben das letzte Wort lässt. An Satz zwei „tempus moriendi – tempus nascendi" wird aber der Deutungsanteil, den unbemerkt auch Satz eins „tempus nascendi – tempus moriendi" enthält, besser erkennbar. Der Tod ist auch im biologischen Sinne lebensnotwendig und das Leben todespflichtig.

„Ave, Caesar, morituri te salutant." Das war der bei Sueton[17] belegte Gruß der zum Tode Verurteilten, möglicherweise auch der Christen vor einem Schaukampf. *„Die, die im Begriff sind zu sterben, grüßen dich, Kaiser."* Dass alle Gladiatoren vor ihren Kämpfen diesen Gruß entboten haben, ist nicht zu belegen und wird daher als historisch unsicher angesehen.

Eine christliche Deutung des „morituri vos salutant" ist immerhin möglich. Dass die, die im Begriffe sind zu sterben, denen, die am Leben sind, das Heil (salus) wünschen können, könnte auch etwas von der Ambivalenz im „Tempus nascendi – tempus moriendi" und im „Tempus moriendi – tempus nascendi" an sich haben und ist dann verstehbar, wenn ein Heil jenseits des nasci und mori angenommen wird, zu dem das Eine wie das Andere der Durchgang und der Zugang sein können.

---

[17] Sueton: Claudius 21.

4. Leben (un)möglich? – Ein Gleichnis

Die Bedingungen, unter denen menschliches Leben möglich ist, kennen wir einigermaßen: Wir hängen am Tropf der Sonne und brauchen Energie, die wir durch pflanzliche und tierische Nahrung zu uns nehmen. Wir brauchen eine wohldosierte Menge an Wasser und Mineralstoffen. Wir brauchen Wärmestrahlung in einem eng begrenzten thermischen Spektrum, ist es zu niedrig erfrieren wir, ist es zu hoch denaturieren unsere Körperproteine. Wir brauchen ein ziemlich präzises Mengenverhältnis von Kohlendioxid und Sauerstoff in der Luft zur Atmung. Wir haben einen hochspezifischen Stoffwechsel, um leben und überleben zu können. Kurzum: Menschliches Leben ist an ein außerordentlich diffiziles Bedingungsgefüge geknüpft und höchst prekär. Nach menschlichem Ermessen ist jenseits dieser Bedingungen Leben nicht mehr möglich. Wer den letzten, finsteren Weg des Sterbens geht, der ist endgültig und todsicher am Ende. Es ist jedenfalls noch keiner wiedergekommen. Niederschmetternde Argumente der Hoffnungslosigkeit gegen ein Leben nach dem Tod? – Und dennoch und deshalb feiern wir Ostern!

Ich will ihnen zur Qualität dieser Argumente der Hoffnungslosigkeit eine Geschichte erzählen:

> Im Uterus einer schwangeren Frau wuchsen Drillinge heran. Zuerst wussten sie nichts voneinander, ja sie wussten nicht einmal, dass sie nichts wussten. Doch ihre kleinen Herzen schlugen schon um die Wette, und sie wuchsen prächtig. Und dann bildete sich ein Neuralrohr, die Arm- und Beinknospen, der Blutkreislauf wurde immer vollständiger, und das Nervengeflecht verdichtete sich. Es bildete sich ein ganz komplexes Gehirn, einschließlich Großhirn aus, das sie befähigte, Empfindungen, Bewegungen und Erfahrungen zu speichern und zu steuern. Sie lernten die eigenen schnellen Herztöne von den anderen langsamen der Mutter zu unterscheiden. Und immer öfter fühlten sie einander beim Strampeln und beim Purzelbaumschlagen. Es war wunderbar warm, Nährstoffe kamen im Herztakt der Mutter zur Plazenta und wurden im eigenen Herztakt durch den kleinen Körper weitergepumpt. Sie lernten das Hören von Innen- und Außengeräuschen und als echte Säugetiere das Daumenlutschen. Sie hatten Träume und in der wohligen Dämmerung sogar manchmal schwache Lichterscheinungen. Die drei wuchsen und aus Embryos wurden Föten. Alle Organe waren bereits angelegt und wuchsen unaufhörlich. Irgendwann aber wurde es eng im Uterus.
>
> Da dachten die Drillinge über ihre Zukunft nach. So kann es hier nicht weitergehen, wir sind zu viele, sagte der Eine. Hier können wir nur bleiben, wenn wir nicht weiterwachsen, meinte der Andere.
>
> Es gibt nur einen Ausgang. Aber wer seinen Kopf durch diesen engen Muttermund zwängen muss, stirbt an einem schweren Schädeltrauma, sagte der Erste. Wir sind nur an Temperaturen von 36 bis 39 Grad angepasst, sagte der Zweite, und jenseits dessen ist nach allem, was wir wissen, weder embryonales noch fötales Leben möglich. Wir können nur überleben im richtig konzentrierten und temperierten Fruchtwasser.

Ohne Fruchtwasser hat noch kein Embryo längere Zeit überlebt. Wir sind nur auf optische Reize im Rotlichtbereich eingestellt, sagte der Erste, gelbes, grünes, gar blaues oder ultraviolettes Licht kann ein Embryo nicht vertragen, das zerstört die Augen. Wir können nur den ans Hämoglobin des Blutes gebundenen Sauerstoff verwerten, meinte der Zweite, nie haben Embryonen freien Luftsauerstoff aufnehmen und verwerten können. Die entscheidende Bedingung für ein Leben als Embryo ist die Nabelschnur, ergänzte der Erste. Wenn die reißt, dann gibt es definitiv keine Energiezufuhr und keine Rettung mehr. Und nach diesen außerordentlich bedenklichen und sehr berechtigten Erwägungen sagten beide, wie aus einem Munde: Es ist noch keiner wiedergekommen.

Weil der Dritte nie etwas sagte zu den Befürchtungen seiner beiden Geschwister, wurden sie ärgerlich. Du hast in deinem Embryonenleben aber auch wirklich gar nichts gelernt. Einer, der vom Embryo zum Fetus herangereift ist, darf nicht mehr so ohne Problembewusstsein leben wie du es tust. Du bist unverantwortlich gedankenlos, bedenke doch, was auf uns zukommt! – Aber der Dritte meinte nur: Schauen wir mal!

Da schüttelten schwere Wehen die Mutter, so dass sie schrie. Und mit den Presswehen kontrahierte die Muskulatur des Uterus. Die Fruchtblase platzte und das Fruchtwasser wurde herausgespült. Die lang erwartete Katastrophe nahm ihren Lauf. Und dann mit einer weiteren Wehe erfasste es zuerst den Dritten. Er wurde kopfüber in den engen dunklen Gang gepresst und mit immer neuen Wehen verschwand er. Kurz darauf hörten die beiden verbliebenen Drillinge ein markerschütterndes Geschrei von draußen. Es musste wohl etwas unvorstellbar Entsetzliches geschehen sein. Und sie wussten: Es ist noch keiner wiedergekommen.

Sie und ich, wir sind wie die Embryonen und Föten im Diesseits der Fruchtblase. Angst haben wir um dies eine, kleine, beengende und beengte Leben. Es wurde uns ohne unser Zutun geschenkt. Warum sollte sich der, der so freigebig und unverdient Leben und Liebe schenkt, plötzlich als kleinkarierter Abkassierer entpuppen? „Tempus nascendi – tempus moriendi." Die Zeit des Geborenwerdens ist die Zeit des Sterbens. Aber die Zeit des Sterbens könnte eben auch die Zeit des Geborenwerdens sein. „Tempus moriendi – Tempus nascendi", sollte man dann ergänzen. Das Endliche wird uns genommen, damit wir des Unendlichen ansichtig werden können. Einer ist uns vorausgegangen durch die Geburtswehen des Todes hindurch in eine neue Dimension von Leben. Ganz anders wird es sein als dieses, in ungeahnter Weite, mit nie erfahrenen Dimensionen. Der Osterglaube sagt uns: Das, was wir in der Fruchtblase dieser Welt nur als den Todesschrei des Gekreuzigten identifizieren, das ist der Geburtsschrei, mit dem wir entbunden werden in eine neue unermessliche Dimension von Leben. Der Tod ist das Tor zum (wirklichen) Leben.

Autorenverzeichnis

Alkier, Stefan, Dr. theol., geb. 1961; ordentlicher Professor für Neues Testament und Geschichte der Alten Kirche an der Johann-Wolfgang-Goethe-Universität Frankfurt am Main.

Drossel, Barbara, Dr. rer. nat., geb. 1963; ordentliche Professorin für Theoretische Physik an der TU Darmstadt, Institut für Physik kondensierter Materie.

Evers, Dirk, Dr. theol., geb. 1962; ordentlicher Professor für Systematische Theologie/Dogmatik an der Martin-Luther-Universität Halle-Wittenberg.

Fiedler, Bernold, Dr. rer. nat., geb. 1956; emeritierter Professor für Mathematik an der Freien Universität Berlin.

Hüfner, Jörg, Dr. rer. nat., geb. 1937; emeritierter Professor für Theoretische Physik an der Universität Heidelberg.

Kessler, Hans, Dr. theol., geb. 1938; emeritierter Professor für Systematische Theologie (Dogmatik und Fundamentaltheologie) an der Johann-Wolfgang-Goethe-Universität Frankfurt am Main.

Lüke, Ulrich, Dr. theol., geb. 1951; emeritierter Professor für Systematische Theologie an der Rheinisch-Westfälischen Technischen Hochschule Aachen; seither leitender Krankenhauspfarrer am St. Franziskus-Hospital Münster.

Reinhard, Paul-Gerhard, Dr. phil. nat. Dr. h.c., geb. 1945; emeritierter Professor für Theoretische Physik an der Universität Erlangen.

Schnelle, Udo, Dr. theol., geb. 1952, emeritierter Professor für Neues Testament an der Martin-Luther-Universität Halle-Wittenberg.

Spieß, Jürgen, Dr. phil., geb. 1949; Althistoriker, Gründer des *Instituts für Glaube und Wissenschaft* in Marburg (1999), dessen Leiter er bis 2015 war.

Welker, Michael, Dr. theol., Dr. phil., Dres. h.c., geb. 1947, Seniorprofessor für Systematische Theologie/Dogmatik und Direktor des Forschungszentrums Internationale und Interdisziplinäre Theologie an der Universität Heidelberg.